# 早わかり日本史

ビジュアル図解で
わかる時代の流れ!

JAPANESE
HISTORY

河合敦

日本実業出版社

❶復元された大型掘立柱建物と大型竪穴住居

❷復元された掘立柱建物

出土した土偶、岩偶、三角土製品

# 三内丸山遺跡

三内丸山遺跡は、青森市の郊外で発掘された縄文時代中期末の大集落跡で、竪穴住居跡、大型掘立柱建物跡、環状配石墓、貯蔵穴などが見つかっている。とくに遺跡の北西端にある大型掘立柱建物跡は、直径１ｍほどの穴が６つ、長方形に配置され、神殿、物見櫓、モニュメントなどが想定されている。

❸周囲を石で囲った環状配石墓

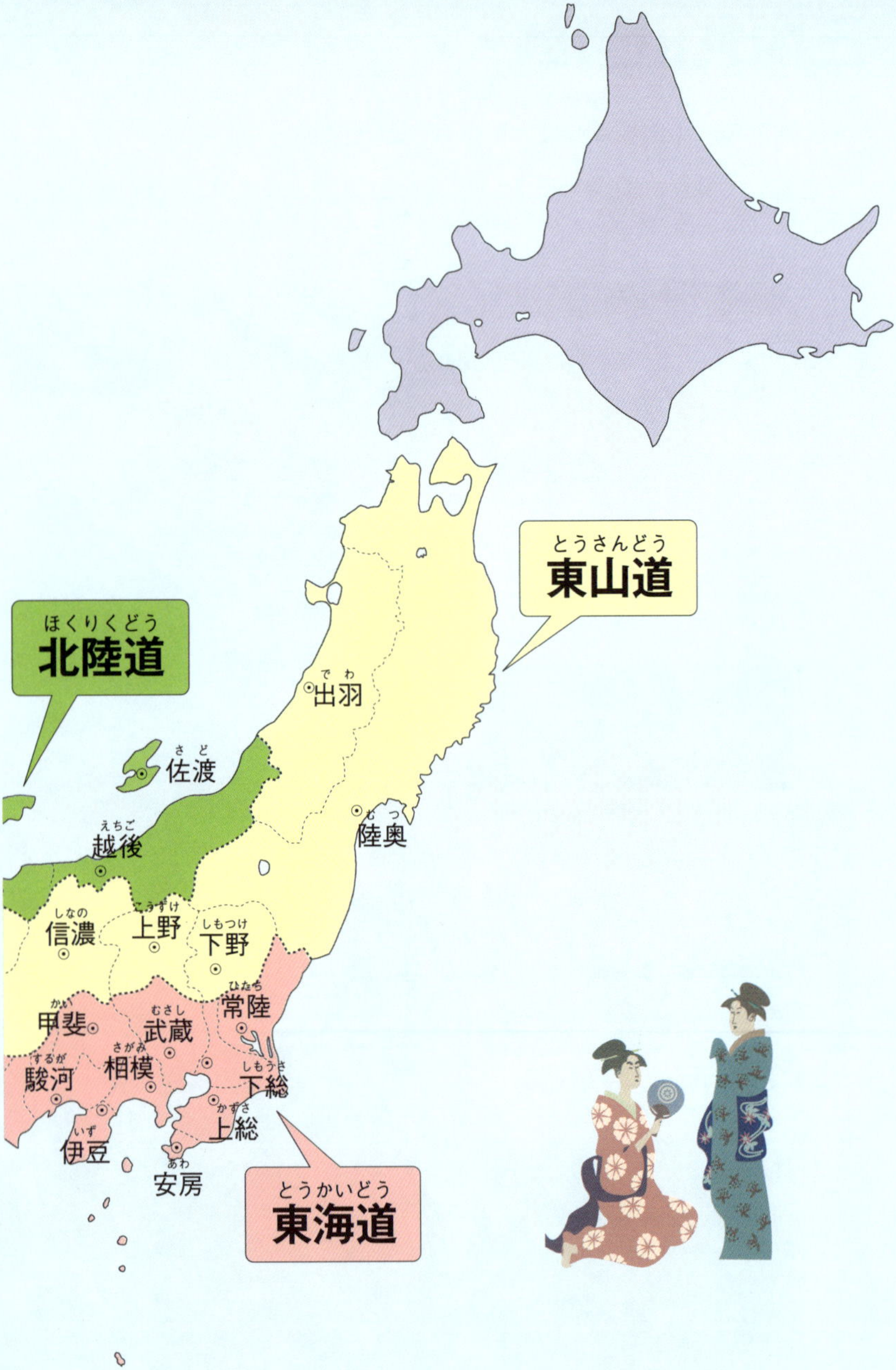

東山道《とうさんどう》
北陸道《ほくりくどう》
出羽《でわ》
佐渡《さど》
陸奥《むつ》
越後《えちご》
信濃《しなの》
上野《こうずけ》
下野《しもつけ》
常陸《ひたち》
甲斐《かい》
武蔵《むさし》
駿河《するが》
相模《さがみ》
下総《しもうさ》
上総《かずさ》
伊豆《いず》
安房《あわ》
東海道《とうかいどう》

# 古代の行政区分（五畿七道）

五畿七道は、８世紀初頭、律令制の完成とともに全国に置いた行政区分。朝廷の支配のおよぶ地域を畿内（山城、大和、河内、摂津、和泉）と七道（東海道、東山道、北陸道、山陰道、山陽道、南海道、西海道）に分け、同名の幹線でつないだ。

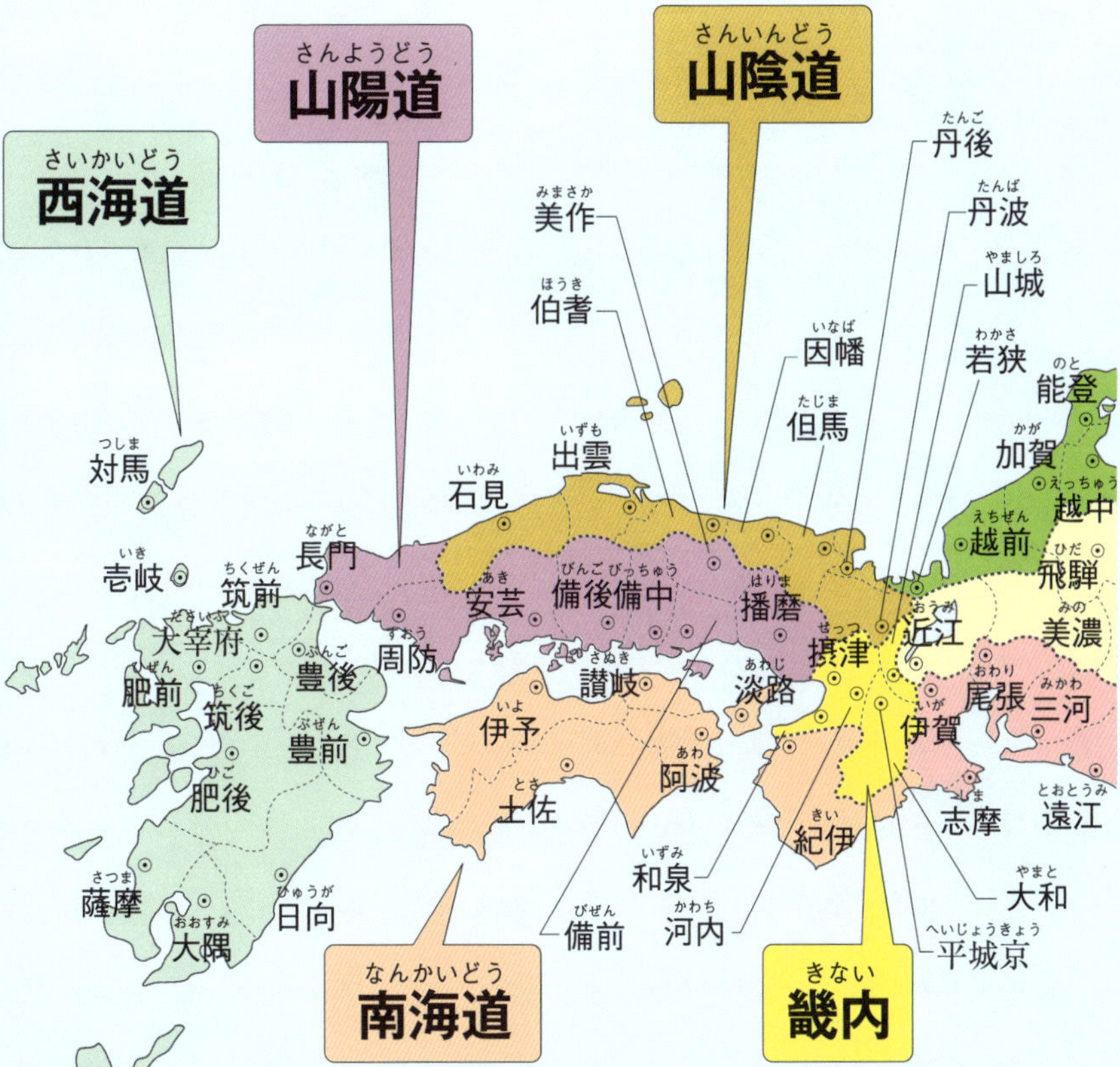

1183年5月

## 倶利伽羅峠の戦い

源義仲が「火牛攻め」を用いて平氏の大軍を破ったといわれる。礪波山の戦いともいう。

1184年1月

## 宇治川の戦い

頼朝が派遣した源氏軍が、京都を制する源義仲を倒した戦い。

1180年10月

## 富士川の戦い

頼朝を倒すため派遣された平維盛軍は、水鳥の羽音を敵とカンちがいし、戦わずして敗北した。

1180年8月

## 石橋山の戦い

以仁王の令旨を奉じて挙兵した頼朝だったが、平氏方の大庭景親《おおばかげちか》らに敗れ、安房に逃れた。

1180年5月

## 源頼政の挙兵

以仁王を奉じて挙兵した頼政だったが、宇治川の戦いで敗北。しかし、これを機に反平氏勢力が次々と挙兵。

# 源平の合戦と平氏の滅亡

以仁王の挙兵から壇ノ浦の戦いまで、およそ6年間にわたり日本各地で大規模な内乱が繰り広げられた。この結果、平氏一門は滅亡し、源頼朝の全国支配が完成することになった。

源（木曽）義仲軍のルート
源頼朝勢のルート
主な合戦地
厳島


1184年2月
## 一ノ谷の戦い

源義経が平氏軍を「鵯越の逆落とし」で奇襲したことで有名。

1185年2月
## 屋島の戦い

荒天の中で舟をこぎ出した源義経は、平氏の背後から奇襲をかけ、屋島から平氏を追い出した。

1185年3月
## 壇ノ浦の戦い

潮の流れを利用して源氏軍が勝利。これにより安徳天皇は入水。リーダーの平宗盛は捕虜に。ここに平氏一門はほとんど死に、滅亡した。

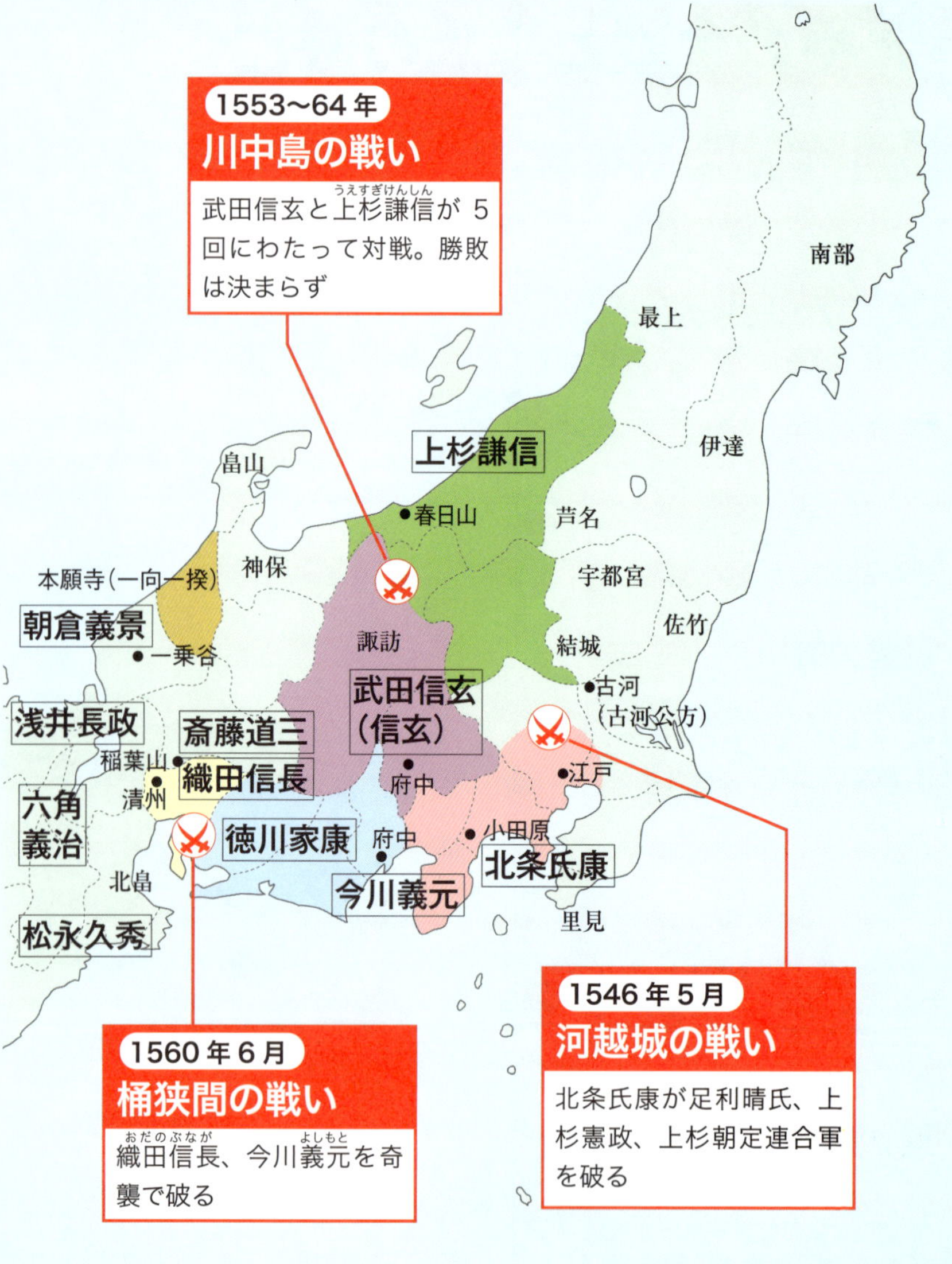
1553〜64年
川中島の戦い
武田信玄と上杉謙信《うえすぎけんしん》が 5 回にわたって対戦。勝敗は決まらず
南部
最上
伊達
上杉謙信
畠山
春日山
芦名
本願寺(一向一揆)
神保
宇都宮
朝倉義景
諏訪
佐竹
結城
一乗谷
武田信玄
(信玄)
古河
(古河公方)
浅井長政
斎藤道三
稲葉山
織田信長
府中
江戸
六角
義治
清州
徳川家康
府中
小田原
北条氏康
北畠
今川義元
松永久秀
里見
1546年5月
河越城の戦い
北条氏康が足利晴氏、上杉憲政、上杉朝定連合軍を破る
1560年6月
桶狭間の戦い
織田信長《おだのぶなが》、今川義元《よしもと》を奇襲で破る

# 戦国時代の有力大名

応仁の乱以降、下剋上の風潮が高まり、伝統や権威に寄りかかることなく武力のみで一国一城の主となる武将が登場するようになった。そのなかから織田信長が頭角を現わし、京都を制して近江の地に安土城を築いた。

## 庶民の商売

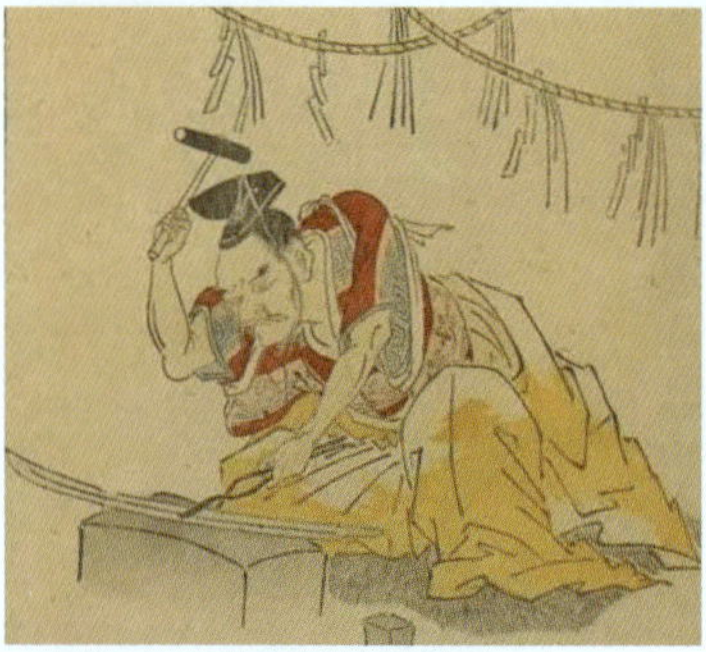

▲刀鍛冶（『彩色職人部類』）

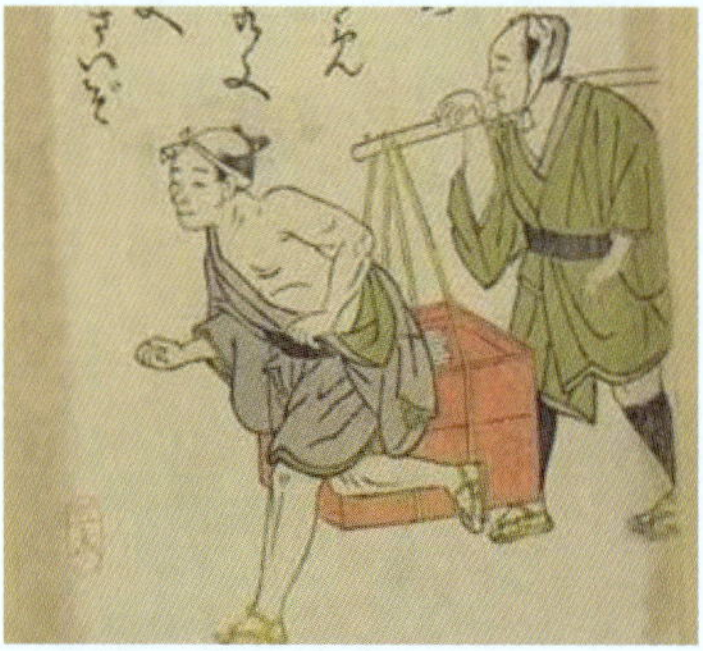

▲飴売り（『恵合余見』）

## 判じ物看板

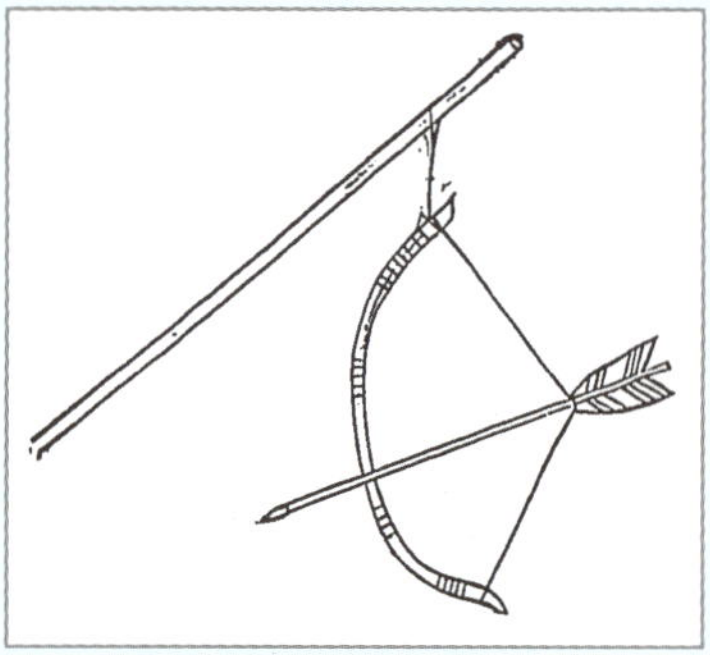

▲銭湯の看板→弓射る（湯入る）
（『類聚近世風俗志』）

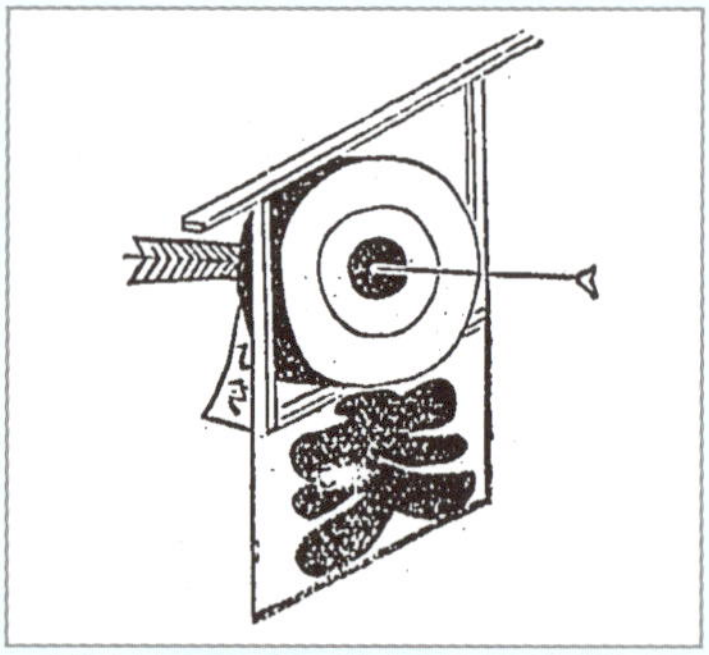

▲芝居小屋の看板→的を射た弓(大当たり)
（『類聚近世風俗志』）

▲質屋の看板→将棋の駒（入ると金になる）

▲饅頭屋の看板→荒馬（あらうまい）
（『工商技芸看板考』）

# 江戸庶民の暮らし

江戸時代、ほとんどの町人は長屋に家族全員で住み、日々の生活を送っていた。長屋には、風呂や便所もなく、押し入れもない。水は裏長屋の一角にある井戸から組み上げて桶で運び、大切に使った。長い日本の歴史の中、江戸時代は、こうした庶民の文化がはじめて花開いた時代でもあった。

▲井戸のある風景（『画帖時世粧』）

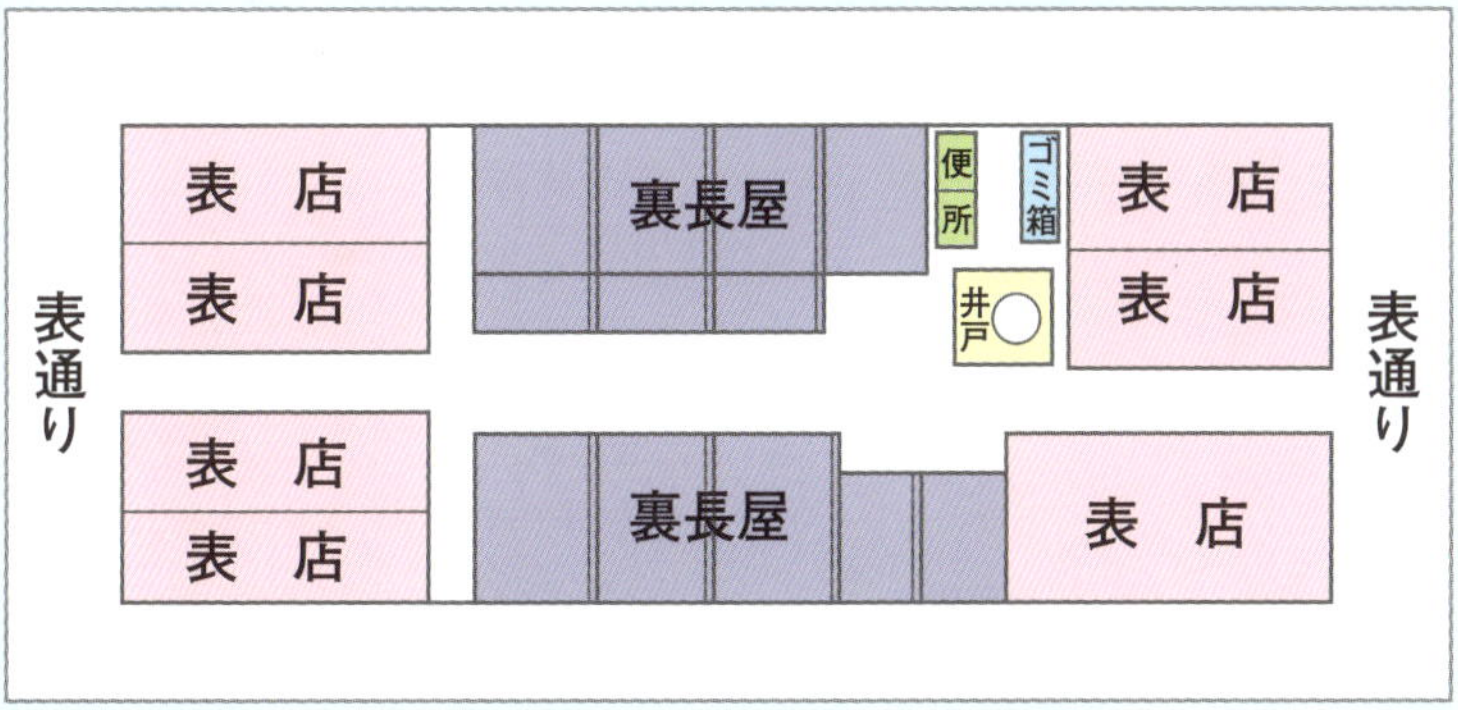


▲長屋の構造

▲長屋のある風景（『竈の賑ひ』）

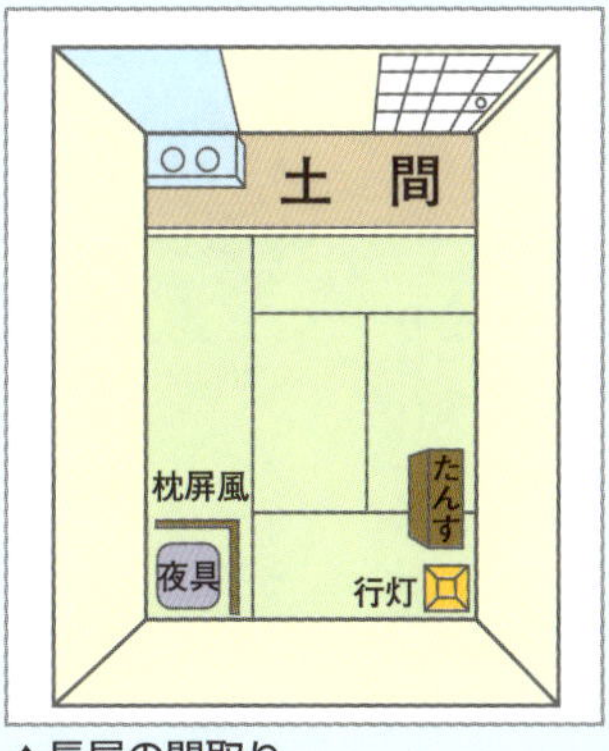


▲長屋の間取り

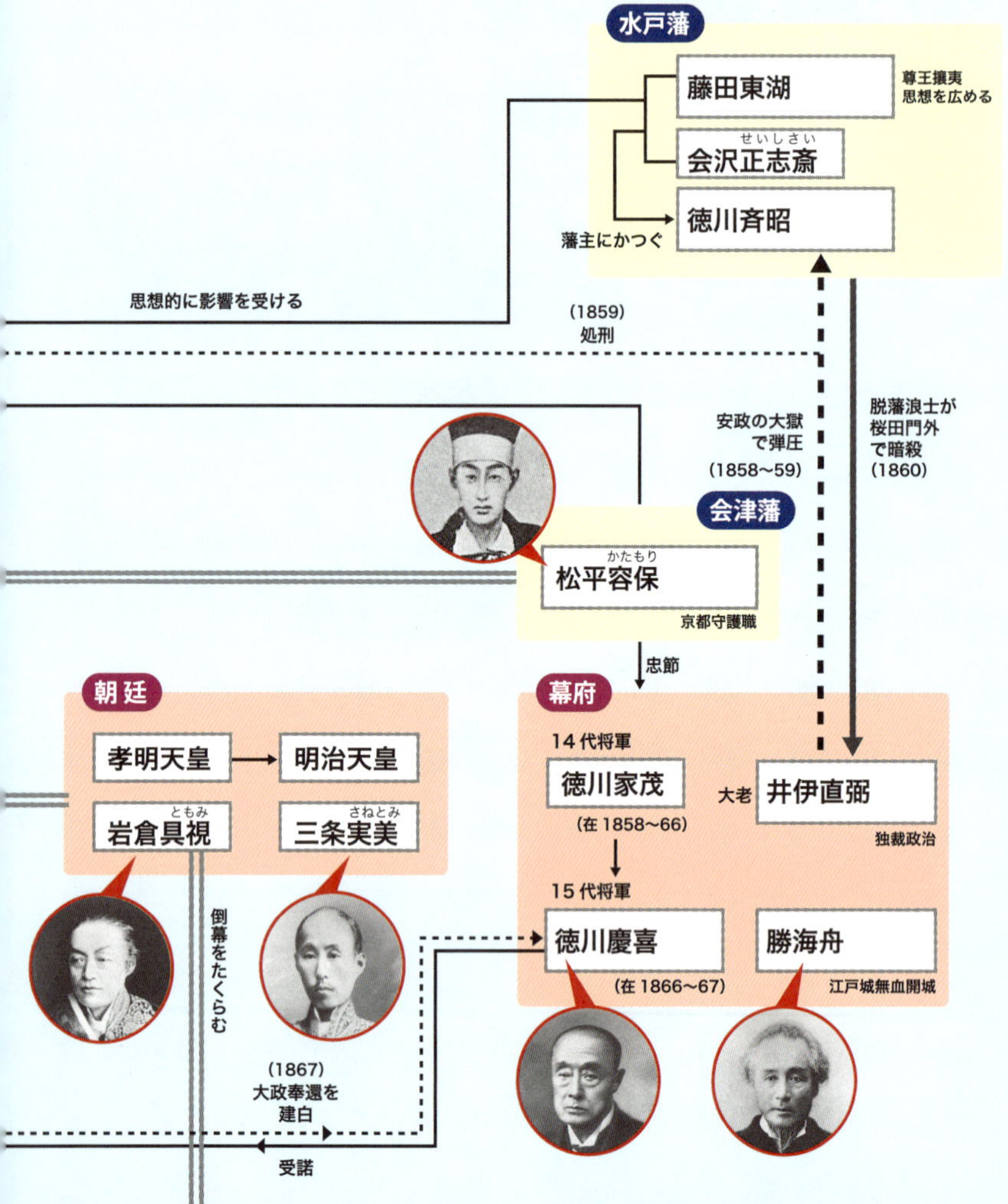
水戸藩
藤田東湖
尊王攘夷
思想を広める
会沢正志斎《せいしさい》
徳川斉昭
藩主にかつぐ
思想的に影響を受ける
(1859)
処刑
安政の大獄
で弾圧
(1858〜59)
脱藩浪士が
桜田門外
で暗殺
(1860)
会津藩
松平容保《かたもり》
京都守護職
忠節
朝廷
孝明天皇
明治天皇
岩倉具視《ともみ》
三条実美《さねとみ》
倒幕をたくらむ
幕府
14代将軍
徳川家茂
(在 1858〜66)
大老
井伊直弼
独裁政治
15代将軍
徳川慶喜
(在 1866〜67)
勝海舟
江戸城無血開城
(1867)
大政奉還を
建白
受諾

# 幕末をめぐる人間関係図

尊王攘夷、公武合体、討幕運動とめまぐるしく主役が交代し、複雑をきわめる幕末の人間関係。ほんの10年ほどの間に幕府の威信は失墜し、最終的には薩長軍主体の新政府軍による江戸入城で徳川幕府は瓦解した。

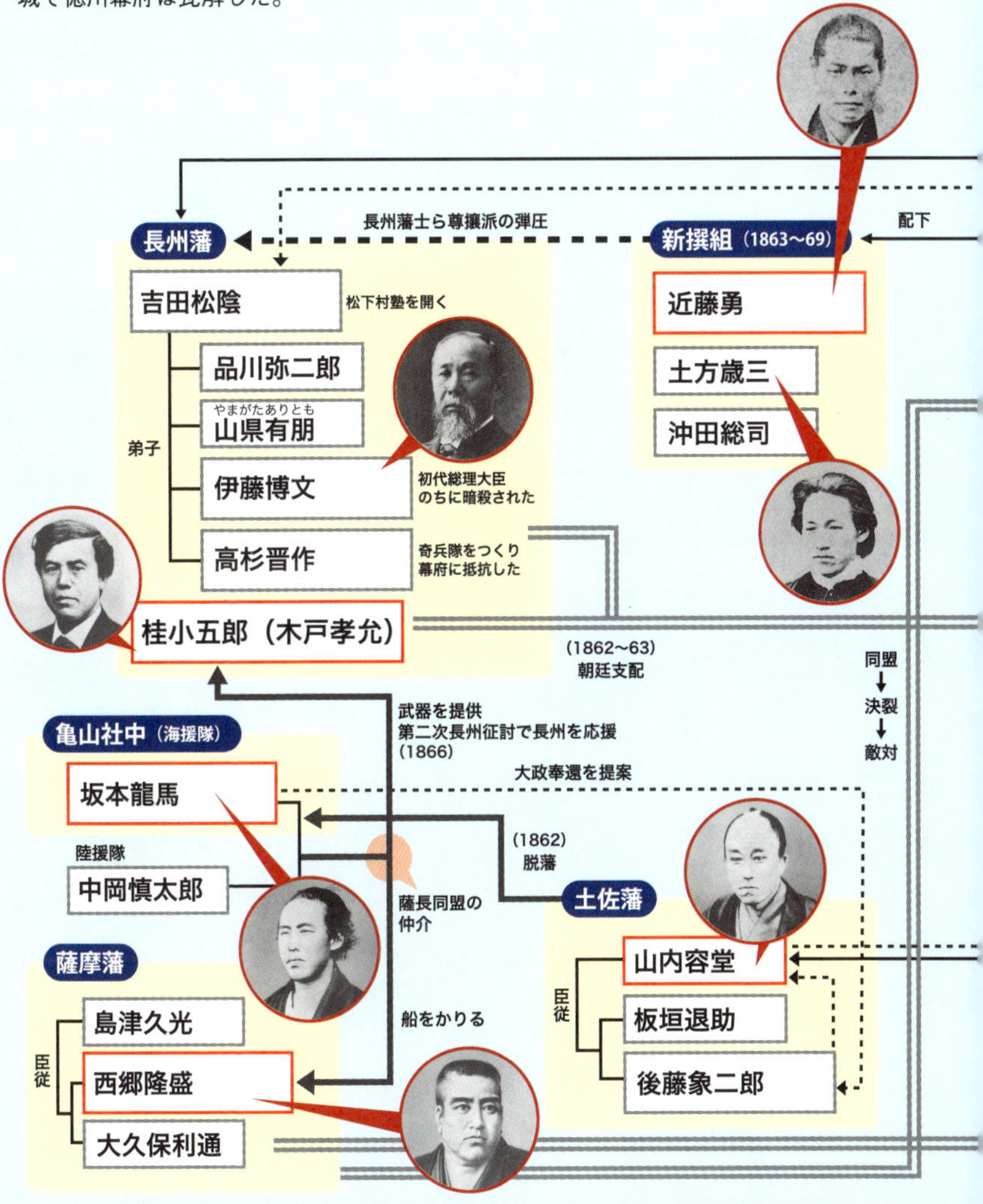

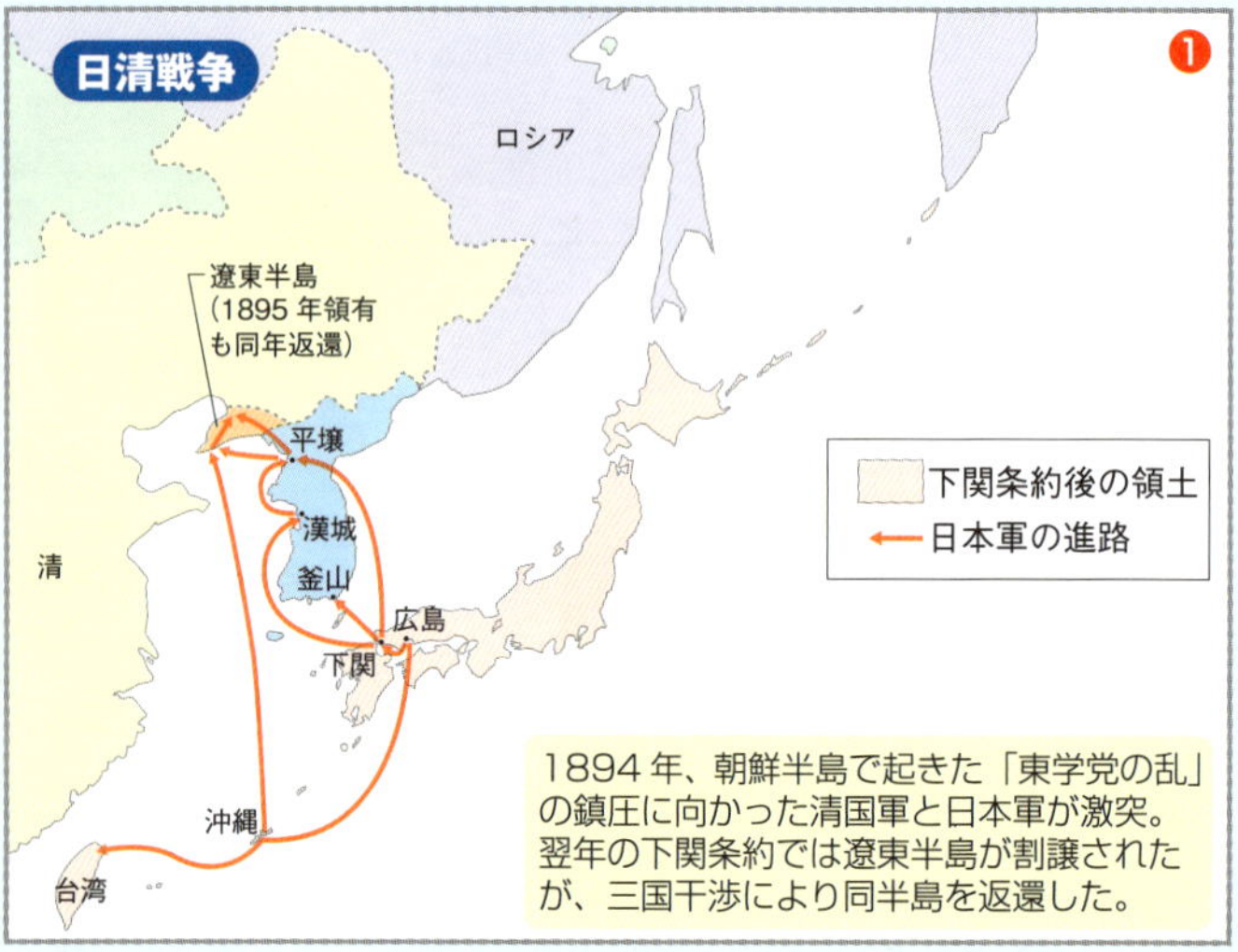


1894 年、朝鮮半島で起きた「東学党の乱」の鎮圧に向かった清国軍と日本軍が激突。翌年の下関条約では遼東半島が割譲されたが、三国干渉により同半島を返還した。

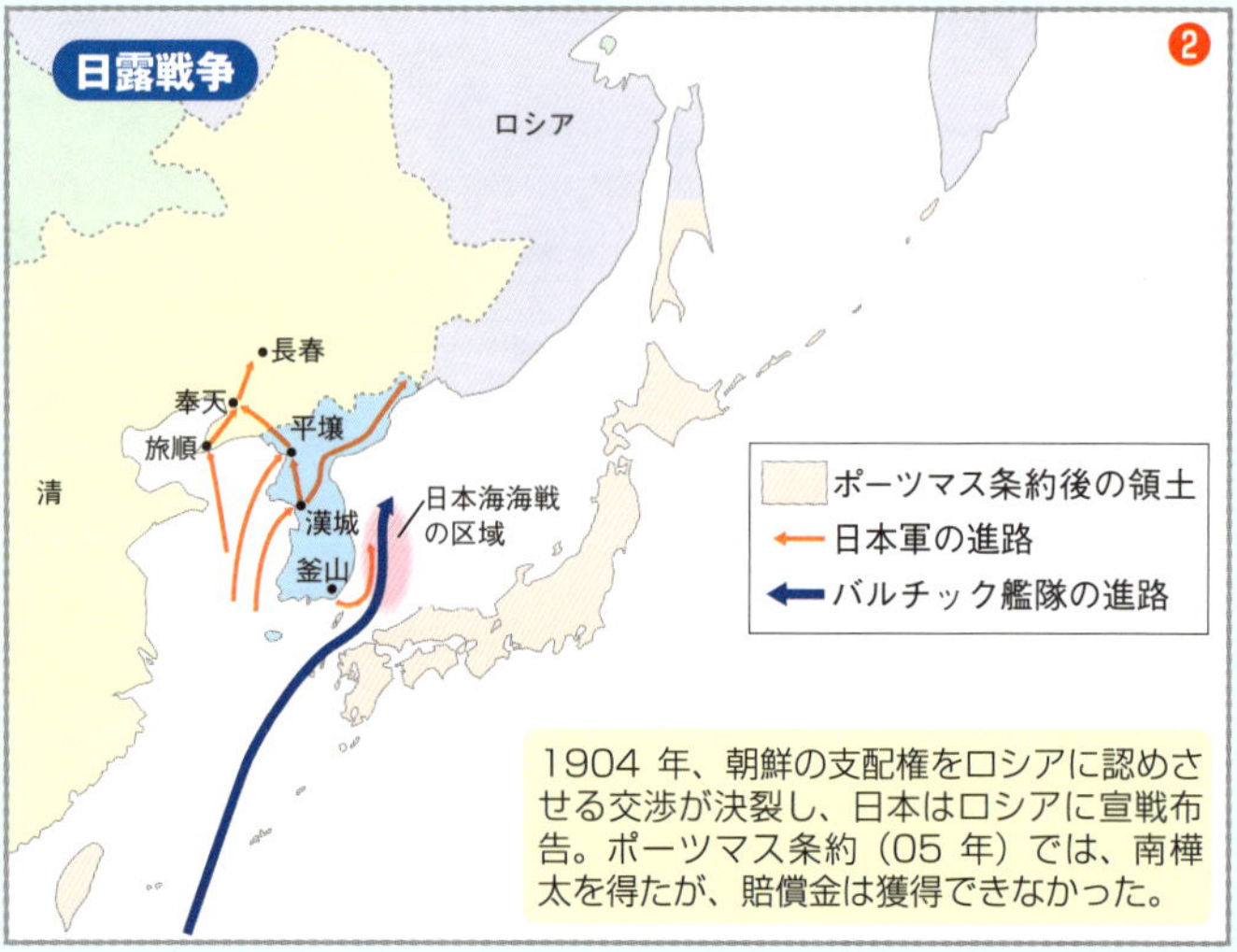


1904 年、朝鮮の支配権をロシアに認めさせる交渉が決裂し、日本はロシアに宣戦布告。ポーツマス条約（05 年）では、南樺太を得たが、賠償金は獲得できなかった。

# 日本の領土の拡大

アジアでいち早く近代化に成功した日本は、「富国強兵」をスローガンに、アジアに進出して植民地政策を推し進めた。韓国を併合したあとは中国と戦争を続けた末、太平洋戦争に突入。当初こそ戦線を拡大できたが、物量にまさる連合国軍に圧倒され、1945年無条件降伏に至る。

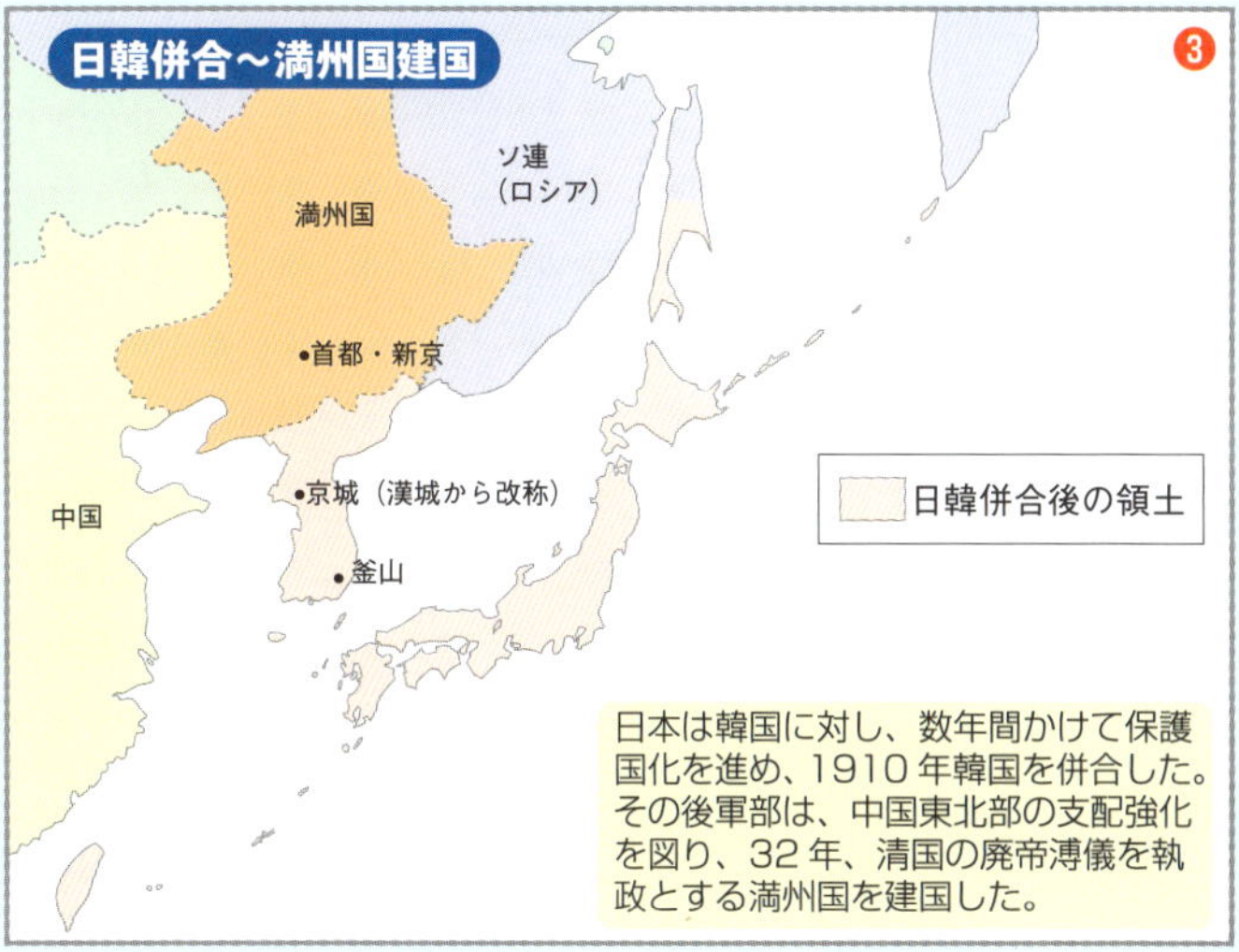


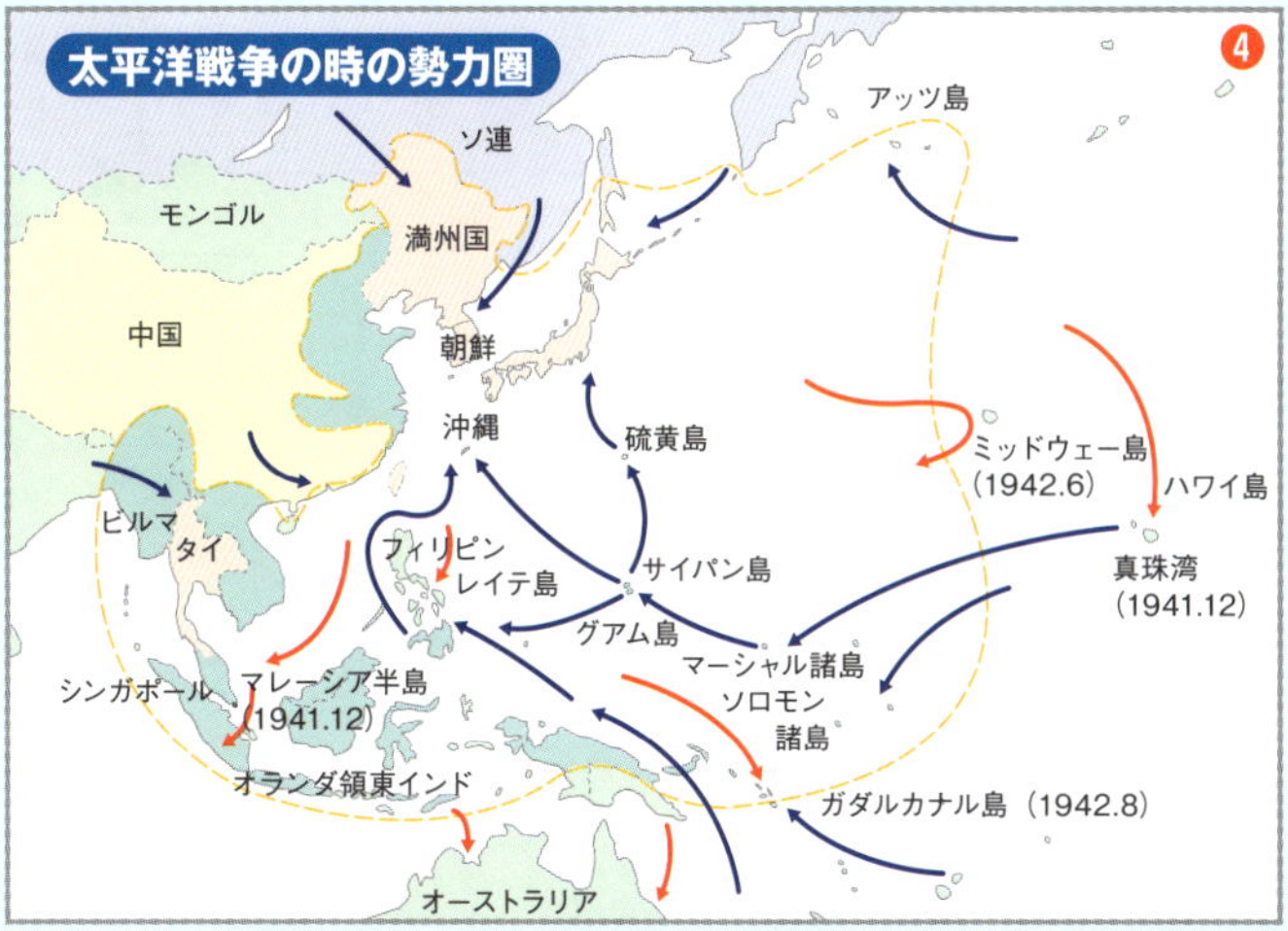


日本の進出線　日本軍の攻撃進路　連合国軍の攻撃進路

## 戦後の主な政党の変遷

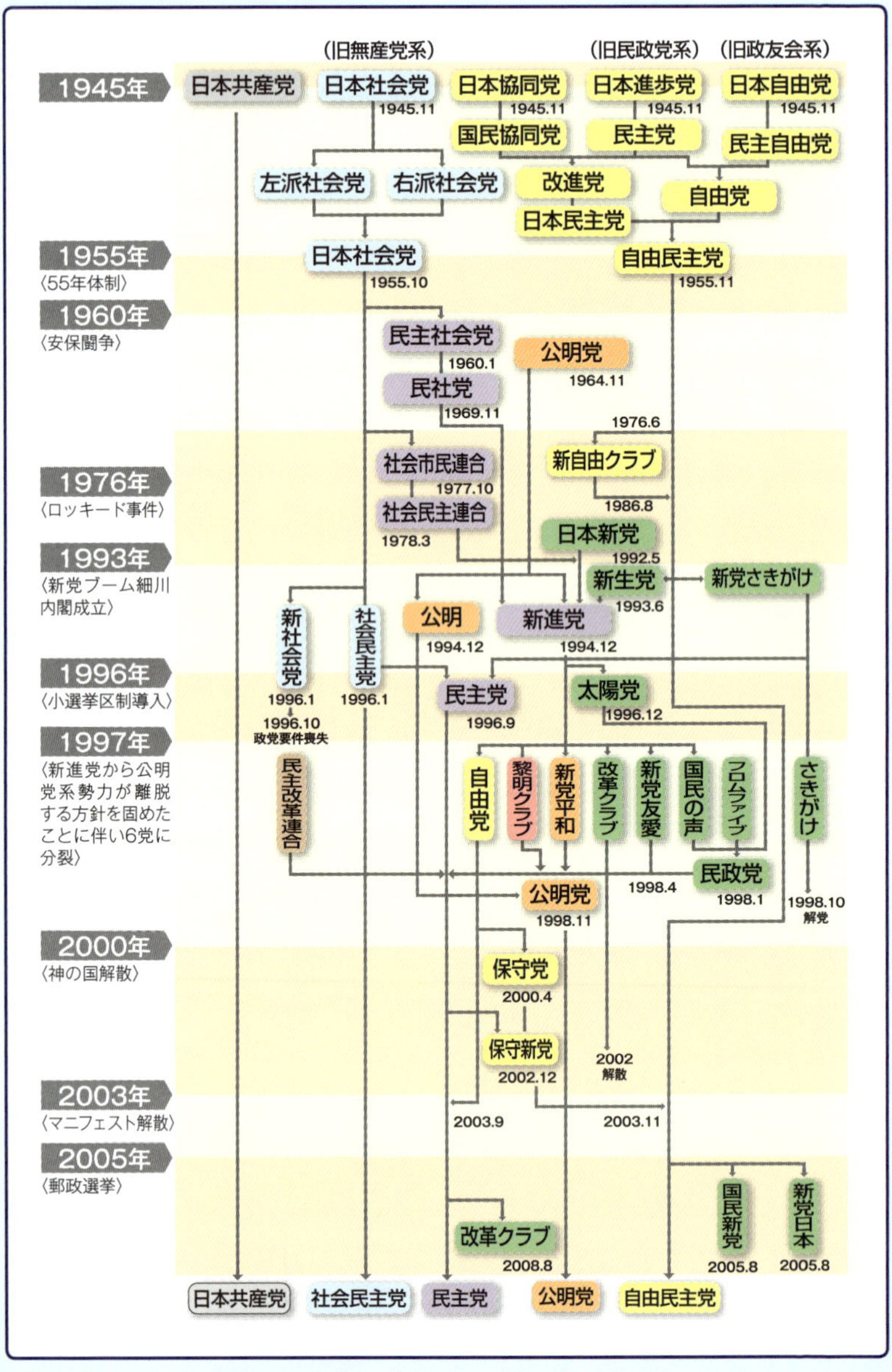

(旧無産党系)
(旧民政党系)
(旧政友会系)
1945年
日本共産党
日本社会党
1945.11
日本協同党
1945.11
日本進歩党
1945.11
日本自由党
1945.11
国民協同党
民主党
民主自由党
左派社会党
右派社会党
改進党
自由党
日本民主党
1955年
〈55年体制〉
日本社会党
1955.10
自由民主党
1955.11
1960年
〈安保闘争〉
民主社会党
1960.1
公明党
1964.11
民社党
1969.11
1976.6
新自由クラブ
1986.8
1976年
〈ロッキード事件〉
社会市民連合
1977.10
社会民主連合
1978.3
日本新党
1992.5
1993年
〈新党ブーム細川内閣成立〉
新生党
1993.6
新党さきがけ
新社会党
社会民主党
公明
1994.12
新進党
1994.12
1996年
〈小選挙区制導入〉
1996.1
1996.1
民主党
1996.9
太陽党
1996.12
1996.10
政党要件喪失
1997年
〈新進党から公明党系勢力が離脱する方針を固めたことに伴い6党に分裂〉
民主改革連合
自由党
黎明クラブ
新党平和
改革クラブ
新党友愛
国民の声
フロムファイブ
さきがけ
民政党
1998.4
1998.1
公明党
1998.11
1998.10
解党
2000年
〈神の国解散〉
保守党
2000.4
保守新党
2002.12
2002
解散
2003年
〈マニフェスト解散〉
2003.9
2003.11
2005年
〈郵政選挙〉
国民新党
2005.8
新党日本
2005.8
改革クラブ
2008.8
日本共産党
社会民主党
民主党
公明党
自由民主党

# はじめに

私たちはなぜ、歴史を学ぶ必要があるのだろう。

その答えは、歴史というものが、必ず繰り返されるものだからである。

もちろん、過去と全く同じ出来事は起こらない。しかし、人類の長い歩みの中で、同じような出来事は、これまで無数に繰り返されてきたはずである。

だから、歴史を詳しく学ぶことによって、私たちは将来起こりうる事態をある程度予測でき、あらかじめリスクを回避したり、自分の人生に役立てることができるのだ。

それに歴史は、英知の宝庫でもある。さまざまな困難や苦難を乗り越えてきた人びとの記憶が刻まれている。驚くべき発想やアイディアがつまっている。偉人たちのすごいエピソードや感動秘話がある。

そんな歴史という学問を学ばないのは、非常にもったいないことだと思う。

しかし、現在の学校教育では、歴史は受験のための暗記科目になり果ててしまっている。ためしに、高校日本史の教科書を開いてみるといい。その膨大な事実の羅列は、見ただけでうんざりするだろう。しかも、読んでも文章はゼンゼン面白くない。

これでは、日本史を学ぼうという気はさらさらおこらない。むしろ、歴史嫌いをつくるばかりだ。

それに歴史教科書は、章や節によって歴史の奔流をいたるところで分断してしまっている。これでは流れとして日本史全体を把握するのはむずかしい。

本書は、学校で勉強した日本史に興味が持てなかった人のためにつくられた本である。同時に、これから日本史を学ぶ人が歴史嫌いにならないために書かれた本でもある。

本書には、人生に役立ちそうな事象や偉人の興味深い逸話をたくさん盛り込んだ。しかも、すべての項目が図解入りの見開きで完結し、流れとして日本史がすんなり理解できる工夫をこらしてある。

だから本書を読めば、きっとこれまでの日本史のイメージが一変するはずだ。

この本を読破した後、あなたはきっと、歴史は面白くてためになる学問だということを理解してくれるだろう、そう確信している次第である。

2008年　9月

河合　敦

# 早わかり日本史◉もくじ

カラー口絵

三内丸山遺跡 …… 002
古代の行政区分（五畿七道） …… 004
源平の合戦と平氏の滅亡 …… 006
戦国時代の有力大名 …… 008
江戸庶民の暮らし …… 010
幕末をめぐる人間関係図 …… 012
日本の領土の拡大 …… 014
戦後の主な政党の変遷 …… 016

はじめに

第1章 日本文化のはじまり
▼縄文から弥生時代へ

文明が動き出し国家が誕生する …… 032
原始時代の10大ニュース …… 034

◆日本人の起源
日本人は大陸からやってきたのか？ …… 036

◆縄文人の暮らし
長い長い縄文時代、人々は定住しはじめる …… 038

◆土偶の働き
土偶は壊すためにつくられた！ …… 040

◆縄文時代の食生活
胡桃に猪に鯵、縄文人はけっこうグルメ……042
◆道具の誕生
原始時代の道具の移り変わり……044
◆農耕の発達
農耕の発達により争いがはじまった……048
◆弥生人の暮らし
優雅に安全に弥生の暮らしはあった……050
◆邪馬台国論争
邪馬台国の位置で日本史が変わる！……052
◆日本の神話
神話が語るもう一つの原始日本……054
◆原始の葬式
地域で違うお墓の形……056

COLUMN
三内丸山遺跡で大きく変わった縄文の風景 046
縄文時代の始まりは定説より数千年さかのぼる！ 047
はたして出雲に大王朝があったのか？ 058

## 第2章 律令国家の誕生
▼大和政権から奈良・平安の時代へ

統一国家の登場と権力闘争の時代……060
古代の10大ニュース……062
◆古墳について
古墳が教える時代の移り変わり……064

◆古代の文化
貴族的仏教文化から日本独自の文化へ……066
◆仏教伝来
仏教が中央集権化を促した？……068
◆推古朝の改革
世界情勢の変化に見事に対応した推古朝……070
◆大化改新
大化改新はなぜなされたのか……072
◆律令格式とは
律令国家ってどんなしくみ？……074
◆壬申の乱
「壬申の乱」は中大兄皇子のルール違反が原因！……076
◆日本の土地制度①
土地を私有できるのは8世紀になってから……080
◆日本の土地制度②
土地は武士から農民のものへ……082
◆対中国外交の推移
古代、日本は頻繁に中国と交流していた……084
◆日朝関係
昔から複雑だった!? 古代の日朝関係……086
◆古事記・日本書紀
古事記と日本書紀の隠された目的……088
◆奈良時代の政治
奈良時代はドロドロの権力闘争時代……090
◆平安京遷都
桓武天皇が平安京に遷都した本当のワケ……092
◆平将門の乱
貴族を震撼させた、はじめての武士の反乱……096
◆摂関政治のしくみ
藤原道長が栄えた秘密……098
◆院政のしくみ
院政は武士に支えられていた……100

◆保元の乱
不倫が招いた貴族社会の崩壊……102
◆平氏政権の誕生
平氏政権の誕生は清盛の出生に秘密があった……104
◆源平の争乱
なぜ平氏は源氏に滅亡させられたのか……106
◆平泉文化
壮麗な平泉文化はなぜ芽生えたのか……108

COLUMN
最古の文字はどれだ！ 078
日本独自の騎乗法は古墳時代にルーツがあった 079
流刑に値する小野妹子の大失態とは？ 094
鑑真和上の日本での知られざる功績 095
藤原京は本を見てつくった失敗作だった？ 110

## 第3章 武士が主導する時代
▼鎌倉幕府の誕生から室町時代へ

武士が主導、庶民が台頭する……112
中世の10大ニュース……114
◆鎌倉幕府
鎌倉幕府の誕生は1192年ではない!?……116
◆鎌倉時代の権力者の推移
権力は源氏から執権北条氏へ……118
◆中世文化の移り変わり
公家中心の文化から武士の東山文化へ……120

◆鎌倉新仏教を知る①
念仏による救いを説く3宗……122
◆鎌倉新仏教を知る②
日本の「禅」は鎌倉時代に花開いた!……124
◆鎌倉時代の建築
東大寺の再建で使われた新しい建築様式……126
◆鎌倉時代の彫刻
鎌倉時代に彫刻の黄金期があった……128
◆承久の乱
後鳥羽上皇の強気が武士政権を確立させた……132
◆御成敗式目
武士による武士のための法……134
◆元寇
日本が経験したはじめての侵略「元寇」……136
◆建武政府の成立①
鎌倉幕府はなぜ倒されたのか……138
◆建武政府の成立②
2人の武将の寝返りで滅んだ幕府……140
◆建武の新政
たった2年で終わった建武の新政……142
◆南北朝時代
南北朝の動乱はなぜ60年も続いたのか……144
◆室町幕府の15代将軍像①
北山文化を出現させた足利義満……146
◆室町幕府の15代将軍像②
聡明かつ剣豪だった足利義輝……148
◆関東の支配
関東人の願い―関西からの独立―……152
◆惣村とは何か
一揆の下地になった惣村というシステム……154
◆一揆の歴史
庶民の底力を見せつけた土一揆……156

◆倭寇
倭寇と呼ばれた人々の正体……158
◆中世の都市
自由都市「堺」はなぜ繁栄したのか……160
◆琉球の歴史
日本に組み込まれた独立国・琉球……162
◆応仁の乱
母の子への盲愛が招いた乱……164
◆お茶の歴史
お茶は「闘茶」で広まった!……166
◆川中島の合戦
川中島の決戦、いったい勝者はどっち?……168
◆軍師とは
軍師たちの本当の仕事とは?……170
◆城の歴史
城はなぜ現在のような形になったのか……172

COLUMN
源頼朝の死にまつわる珍説奇説 130
武士がこの世を謳歌した中世という時代 131
執権北条一族が集団自決した屋敷あと 150
1392年の南北朝合体の後も京都へ帰らなかった天皇 151
武田信玄の書いたラブレターのお相手は? 174

# 第4章 日本統一と太平の時代

▼戦国時代を経て江戸幕府へ

戦乱の世から長い平穏な時代へ……176
近世の10大ニュース……178
◆織田信長の天下統一
織田信長という男の革新性……180
◆豊臣秀吉の天下統一
秀吉が短期間で日本を統一できたワケ……182
◆キリスト教の歩み
耐えて耐えて300年、キリスト教の苦悩の道……184
◆関ヶ原の戦い
関ヶ原合戦の勝敗は「運」のみで決まった!?……186
◆江戸幕府の誕生
家康は将軍になれないはずだった!?……188
◆大坂冬の陣、夏の陣
大坂夏の陣で家康は自殺しようとしていた……190
◆江戸幕府の統制政策
幕府の力を維持する絶妙の統治方法……194
◆鎖国の歴史
鎖国になっていない鎖国制度の不思議……196
◆近世の4文化
江戸時代、文化の担い手は武士から町人へ……198
◆江戸時代の絵画
謎の浮世絵師、写楽の正体……200
◆江戸時代の読み物
人気作家も筆だけでは食えない!?……202
◆江戸時代の政治史①
浮き沈みの激しい幕府の財政……204
◆江戸時代の政治史②
貨幣経済に翻弄され、3回の改革を行なう……206

◆徳川15代将軍像①
幕府を確立させた当初3代の将軍……210
◆徳川15代将軍像②
名君・家宣と異色の将軍・吉宗……212
◆徳川15代将軍像③
幕政を混乱させた家斉から一時代を終わらせた慶喜へ……214
◆徳川光圀とは
水戸黄門の驚くべき実像……216
◆仇討ちの流行
江戸時代にはなぜ仇討ちが盛んだったのか……218
◆御家騒動の実態
御家騒動として有名な「黒田騒動」の真相……222
◆儒学の歴史
お江戸の道徳・儒学とは何だったのか？……224
◆国学の歴史
江戸の中期に現れた新しい〝日本の〟学問……226
◆蘭学の歴史
蘭学は翻訳からはじまった……228
◆北海道の歴史
北海道には独自の歴史がある……230
◆天明の飢饉
死体も食べた？　東北地方の惨状……232
◆大塩平八郎の乱
反乱鎮圧後も全国に現れた平八郎の幽霊……234

COLUMN

織田信長が人妻に出した手紙!?　192
戦国時代にはやった公衆便所づくり　193
3代将軍家光の実父は徳川家康、実母は春日局だった？　208
火付盗賊改長谷川平蔵の意外な実像　209

江戸時代にも生活協同組合があった!? 220
新撰組を脱走した者に近藤勇の息子がいた 221
能力を伸ばす勝海舟の人との接し方 236

## 第5章 近代化する日本
▼明治維新から太平洋戦争へ

急速な近代化と破滅、そして復興へ 238
近代の10大ニュース 240
◆黒船の来航
幕末に続々とおしかける外国船 242
◆尊王攘夷運動
長州人の一徹さが時代を大きく動かした 244
◆日米修好通商条約とは
日米修好通商条約は何が不公平? 246
◆開国後の幕府の対外貿易
対外貿易によって幕府の崩壊が早まった 248
◆幕末思想の変遷
幕末の思想は15年間でこんなに変わった 250
◆戊辰戦争の推移
新政府による全国平定はどう進められたのか 252
◆日本の南北国境
危うく外国領だった!? 小笠原諸島 254
◆廃藩置県の目的
廃藩置県は政府による一か八かの策謀だった 256
◆地租改正の理由
物納から金納へ——地租改正の目的は? 258

◆不平士族の乱と西南戦争
不平士族の乱はなぜ起こったのか……260
◆自由民権運動の高まり
自由民権運動が大ブームになった理由……262
◆政党のはじまり
日本の政党政治は3党でスタートした……264
◆政党の系統
戦前の政党は大政翼賛会にいたる……266
◆秩父事件
松方デフレが引き起こした激化事件……270
◆言論・思想の弾圧立法
言論と思想は常に弾圧されてきた……272
◆不平等条約の改正
不平等条約を正すのに半世紀もかかった！……274
◆選挙制度の推移
少しずつ獲得してきた選挙の権利……276
◆大日本帝国憲法
大日本帝国憲法の隠された秘密……278
◆日清戦争と日露戦争
日清・日露戦争の相手はいずれもロシア……280
◆日韓併合への流れ
日韓併合はこうして行なわれた……282
◆学校教育制度の移り変わり
義務教育がわずか16か月のときもあった……284
◆第一次世界大戦
日本は「漁夫の利」で世界の大国に……286
◆帝国主義の暴走過程
政党が信用を失い、軍部への期待が高まる……288
◆太平洋戦争
日本はどうして太平洋戦争へ突入した？……290
◆敗戦後の日本
ＧＨＱが行なった巧妙な日本統治法……292

◆民主主義への道
非軍事化と民主化が日本再建の2大方針……294
◆日本の経済成長
何度も復活する奇跡の日本経済……296
日本の出来事年表……299
さくいん

COLUMN

駐日総領事ハリスは日本に楽園を見た 268
秩父事件の首魁井上伝蔵の逃亡者人生 269
「君死にたまふこと勿れ」に詠まれた弟はその後どうなった? 298

◎写真、資料提供者一覧
・2〜3ページ
三内丸山遺跡写真／青森県教育庁文化財保護課所蔵
・10〜11ページ
『恵合余見』『彩色職人部類』『工商技芸看板考』『画帖時世化粧』『竈の賑ひ』／国立国会図書館貴重書画像データベース
・12〜13ページ
「幕末をめぐる人間関係図」肖像画／国立国会図書館画像データベース

◎カバーデザイン／渡邊民人（TYPE FACE）
◎イラスト／藤本知佳子
◎組版・図版／ムーブ

# 第1章

# 日本文化のはじまり

▼縄文から弥生時代へ

# 文明が動き出し国家が誕生する

## 1万年以上続いた平和な縄文時代

日本人はその昔、少数で洞窟や穴蔵を転々としながら、狩猟中心の生活をして過ごしていた。それは、十数万年もの長きにわたった。

やがて1万数千年前、土器という利器を発明したことで食物の貯蔵と煮炊きが可能になり、さらに狩猟具の改良で獲物の捕獲率が高まった結果、人間の暮らしはとてつもなく豊かなものに変わった。人々は竪穴住居に定住するようになり、ムラを形成しはじめる。縄文《じょうもん》と呼ばれる社会の成立である。この時代は1万年以上続くが、人間どうしが互いに武器をとって殺し合う戦争はなく、まことにのどかで平和な時代であった。

## 稲作により戦争がはじまる

この安定した生活を崩したのが、縄文晩

OUTLINE

期に導入された稲作技術である。稲作は日本の社会を根本的に変えた。

良い田をもつ者ともたざる者、高い稲作技術を有する者とそうでない者の間に貧富の差が生まれ、他人の収穫物や土地、富や労働力を奪う人間が現れた。こうして戦争がはじまり、それに勝ち残ったものが王(支配者)、負けたものが奴隷となった。弥生時代の開始である。

## 厳然たる貧富の差が

中国の史書には、弥生時代中期の日本が小国に分立し、大変な争乱状態だった、と記されている。小国の王たちは戦いに明け暮れるとともに、競って中国に使者を遣わし、その政治的威光を後ろ盾にして、勢力を拡大しようとした。

3世紀に入ると、日本列島にある小国は、滅亡や統合によって拡大整理される。なかでも30カ国を支配下におく邪馬台国が、最大級の国家であったと思われる。

女王卑弥呼の支配するこの国の様子は、『魏志』倭人伝(『魏書』東夷伝倭人の条)に詳しく書かれているが、それによれば、人々の間には厳然とした尊卑の差があり、庶民が道で支配者とすれ違うときは、すぐさま端に飛びのいてひざまずき、身体を地にすりつけて礼拝したという。

その光景からは、かつて互いに協力しながら獲物を倒し、仲良く獣肉を分け合った素朴な縄文人の姿は、完全に消失してしまっている。

# 原始時代の10大ニュース

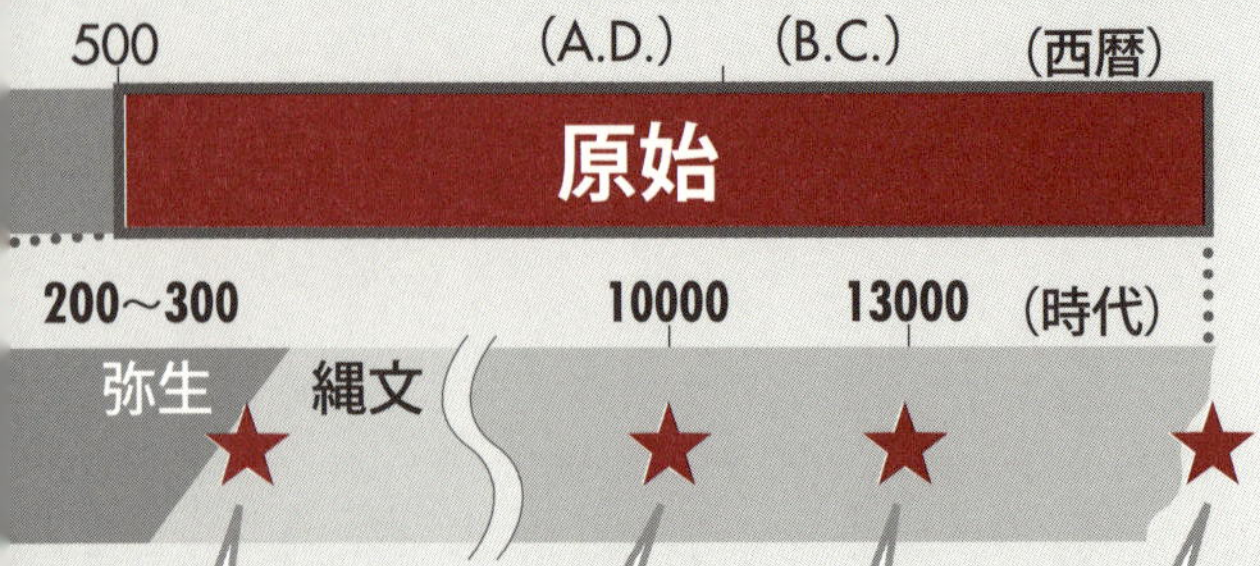


**日本列島に人類の痕跡**
（十数万年前）

現在、日本でこの年代までさかのぼれる旧石器が見つかっている。

**縄文時代はじまる**
（1万3000年前〜）

最古の土器の年代。このころ、縄文時代がはじまったと考えられる。縄文時代は6期に分類され、1万年以上続く。

**日本列島が大陸から分離**
（1万年前〜）

この時期、温暖化により日本列島は大陸から分離され、以後、独自の縄文文化が開花。

**稲作文化の伝来**
（紀元前3世紀〜）

縄文晩期に稲作技術が伝来。このころ、日本全体に伝播する。

2000年
1500
1000
近代
近世
中世
古代
500
400
300
200
100
(A.D.)
(B.C.)
100
(古墳)

**倭、小国が分立（紀元前後）**

『漢書』地理志によれば、この時代の日本は、100余国が分立していたといわれ、定期的に漢の楽浪郡に使者を送っていたといわれる。

**倭の奴国王、後漢へ遣使（57）**

この年、奴国王の使者が後漢の洛陽を来訪し、光武帝から印綬を授けられたと、『後漢書』東夷伝にのる。

**倭の国王帥升《すいしょう》ら、後漢へ遣使（107）**

『後漢書』東夷伝によれば、倭の国王帥升らが後漢へ奴隷160人を献上したとされる。

**倭に大乱が起こる（147〜）**

この頃、小国同士の争いが激しくなり、全国的な争乱状態に陥ったと、『後漢書』東夷伝が伝える。

**邪馬台国の女王卑弥呼、魏に遣使（239）**

倭の大乱に勝ち残り、30カ国を支配するほどに大きくなった邪馬台国の女王卑弥呼は、同年、魏に使いを送り、多数の銅鏡と「親魏倭王」の称号をもらう。

**倭の女王壹与《いよ》、晋へ遣使（266）**

卑弥呼の死後、邪馬台国は乱れたが、一族の壹与が王の座についておさまった。その後彼女は晋へ使者を送ったとされる。

約十万年前◆日本人の起源

# 日本人は大陸からやってきたのか？

**はたして日本人はどこからきたのか？ その謎が解明される日も遠い未来ではない。**

## ◉日本人は最初から混血？

日本人の先祖は、いつどこから日本列島にやって来たのか――。これについての研究は数多くあるが、いまだ定説はなく、よくわかっていないというのが現状である。

まず、日本列島にいつから人が住みついたかという問題だが、約10万年前の地層から旧石器が見つかっており、これが確実な生活痕跡と考えられる。最近では、考古学の調査方法が急速に進展しているため、今後の状況次第では、さらに時代をさかのぼる可能性がある。しかし、この時期に生活していた人類は主に旧人といわれる種であった。ただ、私たちの直接の先祖である新人も10万年前に登場してくるから、この石器を使用していたのが旧人か新人か判断するのはむずかしい。

原日本人は、人種的には古モンゴロイドに属する。まだ日本列島が大陸や東南アジアと陸続きであった洪積世（200万〜1万年前）に、朝鮮半島や華南、インドシナや台湾、沿海州やシベリアなどから列島に移り住み、混血された結果形成されたのが、日本人の原型（縄文人）だという。

のち（弥生時代）に朝鮮半島から多数の渡来人が来航、縄文人と混血したり彼らを辺境へと駆逐し、主流に取って代わった。そのため、列島は古来からの縄文人と新参の弥生人が共存する二重構造社会になった、とする説がいまのところ有力である。とすれば、現代のわれわれは、縄文人と弥生人の混血といっていいだろう。

## ◉南米の原住民と祖先が同じ？

ところで、日本人の由来を、骨格や血液型分布、稲作や文化、神話や言語などの比較によって求めようとする従来の研究方法にくわえ、近年ではテクノロジーの進歩により、思わぬ角度から日本人の先祖を突きとめようとする試みがなされている。

東大医学部の十字猛夫教授（当時）らは、１９８９年にＨＬＡと呼ばれる白血球の型に日本人特有の配列があることに着目、周辺諸国の同種配列の比率を調べ、日本人の渡来ルートを特定した。そのルートは、従来いわれてきた説とほぼ一致するという。

### 日本人の渡来ルート

沿海州
樺太
樺太方面から
沿海州方面から
華北
朝鮮半島
日本列島
朝鮮方面から
華北方面から
華南方面から
太平洋方面から
台湾
東南アジア方面から

また、愛知県がんセンターの田島和雄疫学部長（当時）は、白血病ウイルスの型から南米の原住民と日本人が遠い祖先を共有することを１９９３年に確認した。

さらに１９９６年、国立遺伝学研究所の宝来聰助教授（当時）らは、母系がたどれるミトコンドリア遺伝子を２９３人（日本人、沖縄住人、アイヌ人、韓国人、台湾系中国人）から採取、日本人の遺伝子群の65％が弥生時代以降、朝鮮半島をへて大陸からもたらされたものだと判定した。いずれにしても、このようなテクノロジーの進歩によって、日本人の祖先が解明される日も近いと思われる。



**歴史メモ** 東大の坪井正五郎氏は明治時代、日本の旧石器時代人はイヌイットと同系列のコロボックルという小さい人間であると主張した。

# 長い長い縄文時代 人々は定住しはじめる

**約1万年にも及ぶ縄文時代、人々が定住し、植物を栽培し、動物を狩りはじめた。**

## ◉縄文は土器で6時代に分けられる

縄文時代は、土器の形状の変化によって、左の表のように草創期・早期・前期・中期・後期・晩期と、六つの時期に区分される。

はじめて土器が現れるのは草創期で、いまから1万3000年前頃のことである。まだ気候は寒冷で、人々は寒さをしのぐために洞窟や岩陰を住居とし、狩猟中心の移動生活を営んでいた。学者のなかには、この時期を縄文時代と考えず、旧石器時代とする人もいる。

## ◉大規模な集落の出現

縄文早期になると、人々は台地上に竪穴住居を建て、10人前後の小規模な集落を形成して集団生活をはじめる。漁労もさかんとなり、ゴミ捨て場である貝塚が出現する。

前期には、荏胡麻《えごま》や瓢箪《ひょうたん》、漆《うるし》や栗などの植物栽培が行なわれるとともに、丸木舟を使用しての沖合漁労が開始される。住居には炉が設置され、土器は地べたに置いて煮炊きしやすいよう底が平たくなり、盛りつけ用の浅鉢土器も登場する。また、土偶が盛んに製作されるのもこの頃で、人々の定住化はいっそう進展する。

中期の特徴は、集落の変化であろう。中心に

| 後期 | 晩期 |
|---|---|
| 4000年前〜 | 3000年前〜 |
| 注口土器  | 亀ヶ岡式土器  |
| 配石遺構<br>環状貝塚<br>装身具の多様化 | 叉状研歯<br>水田農耕（稲作）<br>東北に遺跡集中 |
| 堀ノ内貝塚（千葉県） | 亀ヶ岡遺跡（青森県） |

## 土器でみた縄文時代の流れ

| 区分 | 草創期 | 早期 | 前期 | 中期 |
|---|---|---|---|---|
| 年代 | 13000年前〜 | 10000年前〜 | 6000年前〜 | 5000年前〜 |
| 形状 | 丸底土器 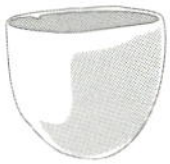 | 尖底土器  | 平底土器 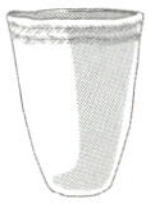 | 火炎土器  |
| 特徴 | 石鏃の使用<br>釣針の使用<br>土器の使用<br>洞窟住居 | 貝塚の出現<br>土偶の出現<br>弓矢の使用<br>竪穴式住居<br>屈葬 | 丸木舟の使用<br>集落の形成<br>原初的農耕 | 抜歯の風習<br>集落の大規模化<br>伸展葬<br>人口増加 |
| 遺跡 | 福井洞穴（長崎県） | 館平遺跡（青森県） | 南堀貝塚（神奈川県） | 尖石遺跡（長野県） |

広場をもつ円形や馬蹄形の環状集落が多くみられるようになり、規模も100戸を超えるところが出てくる。また、石を環状に配列する配石遺構が現れるが、これは墓地施設と推定される。

この時期、人口の増加が著しく（とくに東日本）、人間にとっては生活しやすい環境だったようだ。土器は火炎《かえん》土器にみられるように、その形状が多様化し、芸術的でさえある。

### ◉貧富の差が早くも登場!?

後期に入ると、縄文人は住居をさらに低い土地に構えるようになる。これは、原初的農業や稲作の導入と無縁ではなかろう。

また、この時期以後、漆器や籠《かご》、櫛《くし》などの壮麗な漆製品や装身具の出土が急増する。

晩期については、農耕具が多く出土することから、かなり広範囲に農耕が営まれていたことが判明。また、遺体の埋葬状況から、貧富の差が厳然と存在しはじめていたことがわかる。すでに、弥生時代への変化ははじまっていたのである。

歴史メモ　貝塚（ゴミ捨て場）は、さまざまなものが捨ててあり、考古学の宝庫といえるが、たまに食べかけの人間の骨も出てくるという。

# 土偶は壊すためにつくられた！

**1万5000点以上も出土している「土偶」。形もさまざまだが、何のためにつくられたのだろうか。**

## ◉土偶の大半は女性の姿をしている

土偶とは、縄文時代につくられた土製の人形である。しかし、現在まで1万5000点以上も出土していながら、その用途については明確な定説をもたない不思議な存在だ。

土偶は縄文早期にはじめて出現する。初期のころは腕を水平に広げ、足をそろえた扁平十字型のものが多いが、やがて地方によって形状は多彩化する。出土件数は東日本が圧倒的に多く、縄文晩期になると、東北地方がその中心となってゆく。とくに遮光器《しゃこうき》土偶と呼ばれる土偶は、前衛芸術のようでさえある。

土偶の大半は、女性の姿をしており、妊婦をかたどったものが多い。そんなことから縄文人は、生命を産み出す神秘的な力を有する女性を土でこしらえ、豊穣を祈ったという説がある。

ところで、土偶のほとんどは完全な形で出土しない。手、足、顔、腹など、どこかしら恣意的に壊されているのだ。しかも興味深いことに、壊された部分は本体といっしょに出てこない。また、各所が壊しやすくつくられている土偶も多く、さらには最初から身体の一部をつくらないものさえ存在する。すなわち、壊されるためにつくられたということだろう。

なぜ壊すのか——。この解釈の仕方によって、実は学説が三つに分かれている。

一つは疾病治療説。もう一つが呪人形説。そして三つめが、先に述べた豊穣祈願説だ。

病や傷の平癒《へいゆ》を祈って、土偶を自分自身に見立て、患部をもぎ取って身代わりにすることで再生を果たすというのが、疾病治療説である。これとは逆に呪人形説は、

## 土偶をめぐるさまざまな説

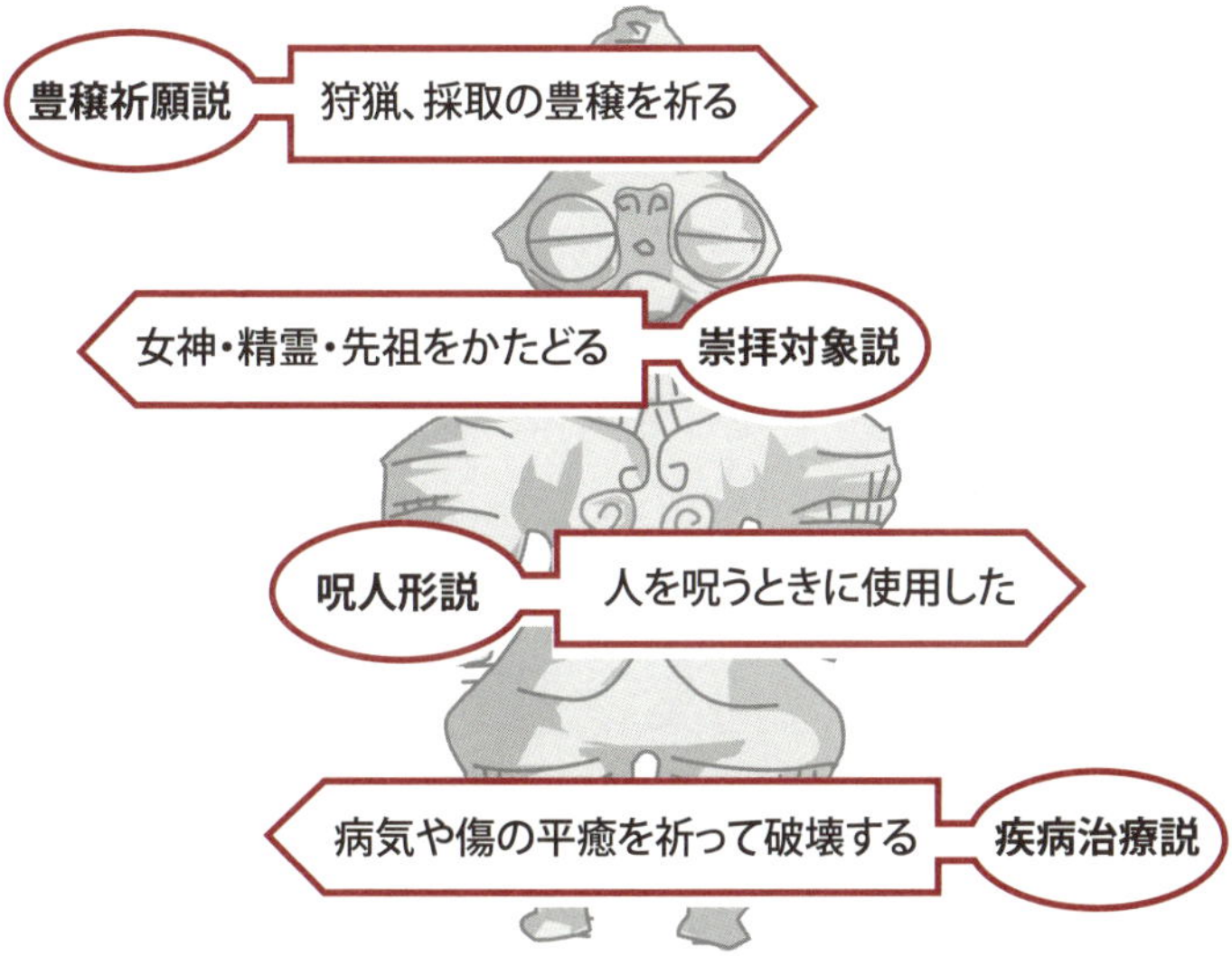
豊穣祈願説
狩猟、採取の豊穣を祈る
女神・精霊・先祖をかたどる
崇拝対象説
呪人形説
人を呪うときに使用した
病気や傷の平癒を祈って破壊する
疾病治療説

憎い相手を土偶になぞらえ、その不幸を祈って像を破壊するという考え方をとる。

三つめの豊穰祈願説とは次のようなもの。『古事記』に登場するオオゲツヒメは、スサノオの怒りに触れて殺されるが、その死体から稲や麦などの穀物や蚕が発生したという。また、『日本書紀』にも殺害された女神ウケモチの遺骸から作物が出てくるという同様の神話が残る。ここから、縄文人は土偶を女神に見立ててこれを破壊（殺害）することによって、作物の豊穣を祈ったのではないかというのが豊穰祈願説だ。ちなみに縄文時代の早期には、すでに植物栽培が行なわれている。

実は、説はまだある。土偶のなかには、石囲いをして丁重に埋葬された例が見られ、先祖像、精霊像、女神像として崇拝されていたのではないか、というものだ。これを崇拝対象説という。

さらには、土偶の用途は一つではなかった、と用途複数説をとなえる学者もいる。

かくも土偶は、不可思議な存在なのだ。





歴史メモ　遮光器土偶は、とても人間の形をかたどったものに見えないことから、この土偶は宇宙人の姿を模写したのだとする珍説もある。

# 胡桃に猪に鯵 縄文人はけっこうグルメ

**さかのぼること1万数千年の縄文時代だが、現代とそれほど変わらない食生活だった。**

## ◉縄文人はクルミとクリとドングリが好き

縄文人は、主として狩猟や漁労、採取によって食物を獲得していたが、最近では前期においてすでに原初的農耕が営まれていた事実も判明している。

縄文人の食生活は、貝塚（ゴミ捨て場）の分析により、四季おりおりに多彩な食物を摂取していたことがわかり、地域によってかなり差があったこともはっきりしている。

縄文人が好んで食べたものを左の図に示した。主食になったのは、木の実やイモ類などの植物性の食料である。これらは、全摂取カロリーの8割以上を占めていたといわれ、とくにクルミとクリとドングリが圧倒的に多かった。ただ、ドングリはアク抜きをしなければ食べられないので、当時すでに加熱処理や水さらしによるアク抜き術が発達していたことを物語っている。

また、食物の保存技術も進み、貯蔵穴に大量に木の実を保存したり、干物や塩漬け食品も存在したようだ。面白いことに、クルミやクリの粉に卵や肉汁をまぜ、塩味をつけて焼いたクッキーのような保存食まで存在したのである。

## ◉メインディッシュはイノシシとシカ?

さて、貝塚から出土する獣骨の9割は、イノシシとシカであり、人々が好んで食べていたことがわかる。縄文人は、これらの獲物を主に弓矢によって射止めた。弓矢は縄文時代に出現した狩猟具で、それまでの投げ槍と比較すると、獲物の捕獲率は格段に上がった。

しかし、獣骨の分析の結果、狩猟は冬から春に限定されており、幼獣は殺さなかったことがわかる。動物をとり尽くしてしまうようなことはせず、節度ある狩りを行なっていたのである。

## 縄文人の四季の食生活

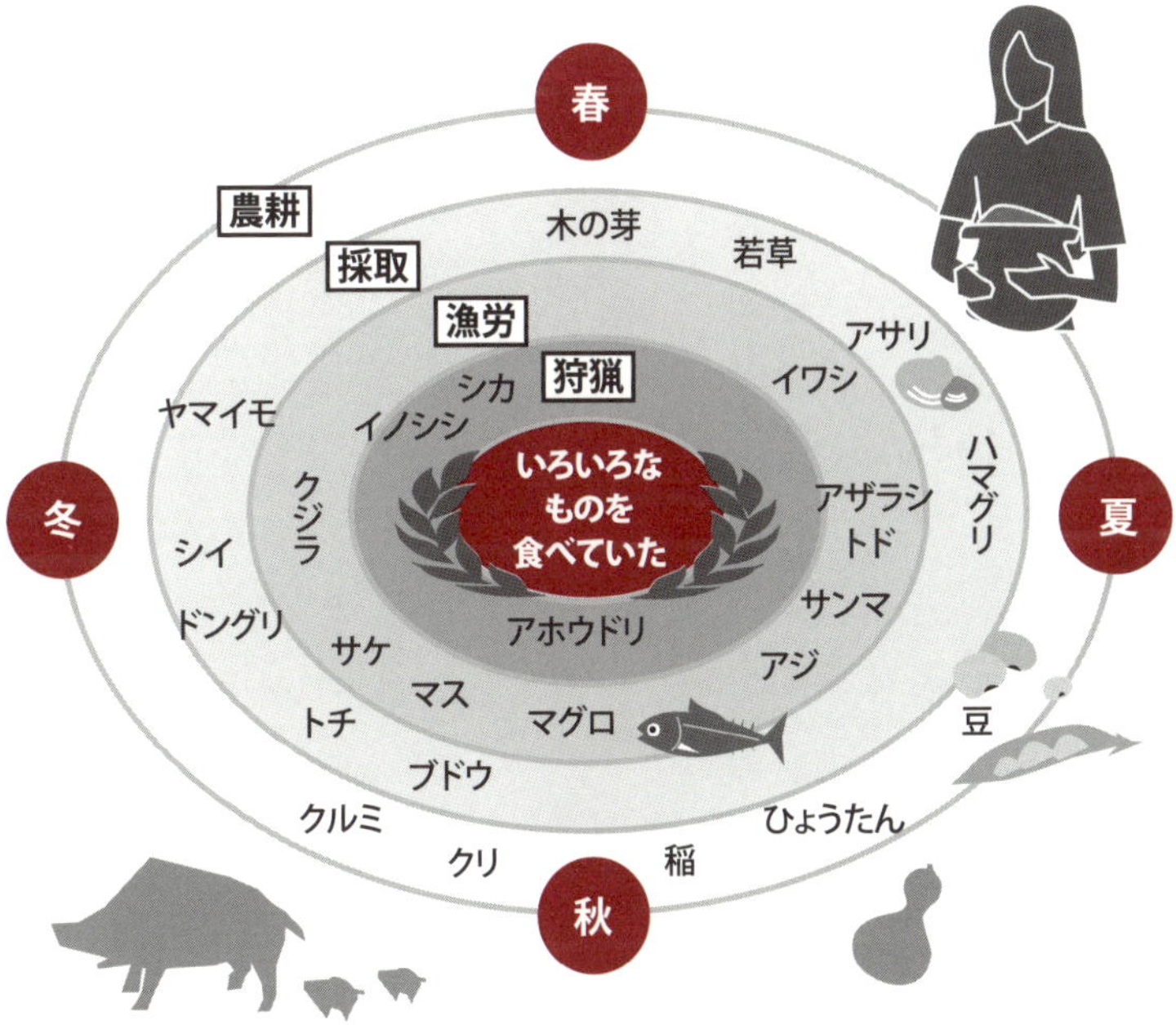
春
夏
秋
冬
農耕
採取
漁労
狩猟
いろいろなものを食べていた
木の芽
若草
アサリ
イワシ
ハマグリ
アザラシ
トド
サンマ
アジ
豆
ひょうたん
稲
クリ
クルミ
ブドウ
マグロ
マス
トチ
サケ
ドングリ
シイ
クジラ
ヤマイモ
イノシシ
シカ
アホウドリ

### ◉新兵器「回転式離頭モリ」の登場

漁労も大きく進化した。回転式離頭モリの登場である。このモリは、獲物に刺さると柄から矢が外れ、両方をつなぐ紐を引くと、矢尻が回転して深く食い込み離れない。おかげで大型の魚やイルカ・クジラなど海獣の捕獲も比較的容易になった。

さらに丸木舟の出現で遠洋へも乗り出すことが可能になり、釣り針やヤスといった漁労具の発達で、水揚げ量は次第に増えていった。

ところで、先に述べた主食のクリは、縄文前期から人間の手で栽培されていた可能性が高い。さらに中期に入ると、焼き畑農耕でソバ、ウリ、アズキ、エゴマなどがつくられたらしい。しかし、畦や水路を有する本格的な水田が現れるのは縄文晩期のことで、水田で稲作が行なわれたことにより、社会構造に大きな変革をきたし、弥生時代へと移り変わってゆくのである。

歴史メモ　縄文人のクッキー状保存食は、100グラムあたり500カロリーもあり、一つ食べれば朝食相当のエネルギーが取れてしまう。

# 原始時代の道具の移り変わり

**石器や木器、そして土器、やがて鉄器・青銅器が現れる。古代人はこれらの道具をどう使ってきたのか。**

## ◉人類最初の道具・石器と木器

人間の3条件とは、「言葉を話すこと」「火が使えること」、そしてもう一つが「道具を利用できること」である。それほど道具というのは、人間にとって縁が深く、重要な存在であった。

人間が使用した最初の道具は、石器と木器である。とくに石器は、万能の利器であった。はじめは河原石を打ち砕いただけの簡単な打製石器であったが、次第に加工技術が進み、研磨して刃先を鋭くした磨製石器が登場してくる。

石器は矢尻やモリなどの狩猟具に使われたほか、石斧は穴掘りに、石皿は調理具として重宝され、弥生時代には石包丁や石鎌など、農具にも利用された。

## ◉土器は縄文時代に登場

縄文時代に現れた土器は、人々の生活を大きく変えた。土器は、物を煮炊きし、保存することを容易にした。土器によって人間の生活は豊かなものとなり、定住化もいっそう進展したのである。土器はその形態によって縄文式、弥生式に分類でき、我々の年代測定の目安となってくれる。

## ◉弥生時代には鉄器と青銅器が現れる

だが、弥生時代の鉄器と青銅器の出現は、土器とは比較にならないほど大きな影響を社会全体に与えた。鉄器が耕作具に使われたことで、農耕は飛躍的な発展を見る。しかし、その用途の中心はなんといっても武器であった。鉄剣や鉄の矢尻は、強度といい威力といい、石器とは段違いの武具で、戦争の際の主役を演じ、日本の統一に多大な役割を果たした。

一方、青銅器でも銅剣や銅戈《か》、銅矛《ほこ》などの武器が数多く製作されたが、青銅は柔弱なことから実用例は少なく、むしろ権力や富の象徴、祭具として用いられたのではないかと考えられている。また、宝物や祭具として出土する鐸（鈴状の物体）や鏡の大半も青銅製である。

ところで、もっとも身近な道具といえばやはり木器だろう。材料も豊富だし加工もたやすい。そんなわけで原始時代にも頻繁に使われていたはずだが、残念ながら腐ってしまうので出土例はまれである。

ただ、ときおり空気が遮断された粘土層や泥炭層から朽ちずに農具や篭、器や櫛などが発見されることがある。器や櫛は色鮮やかな漆《うるし》が施され、一級の芸術品を見るようであり、原始の人々の美的センスをうかがい知ることができる。

**原始時代の道具の流れ**

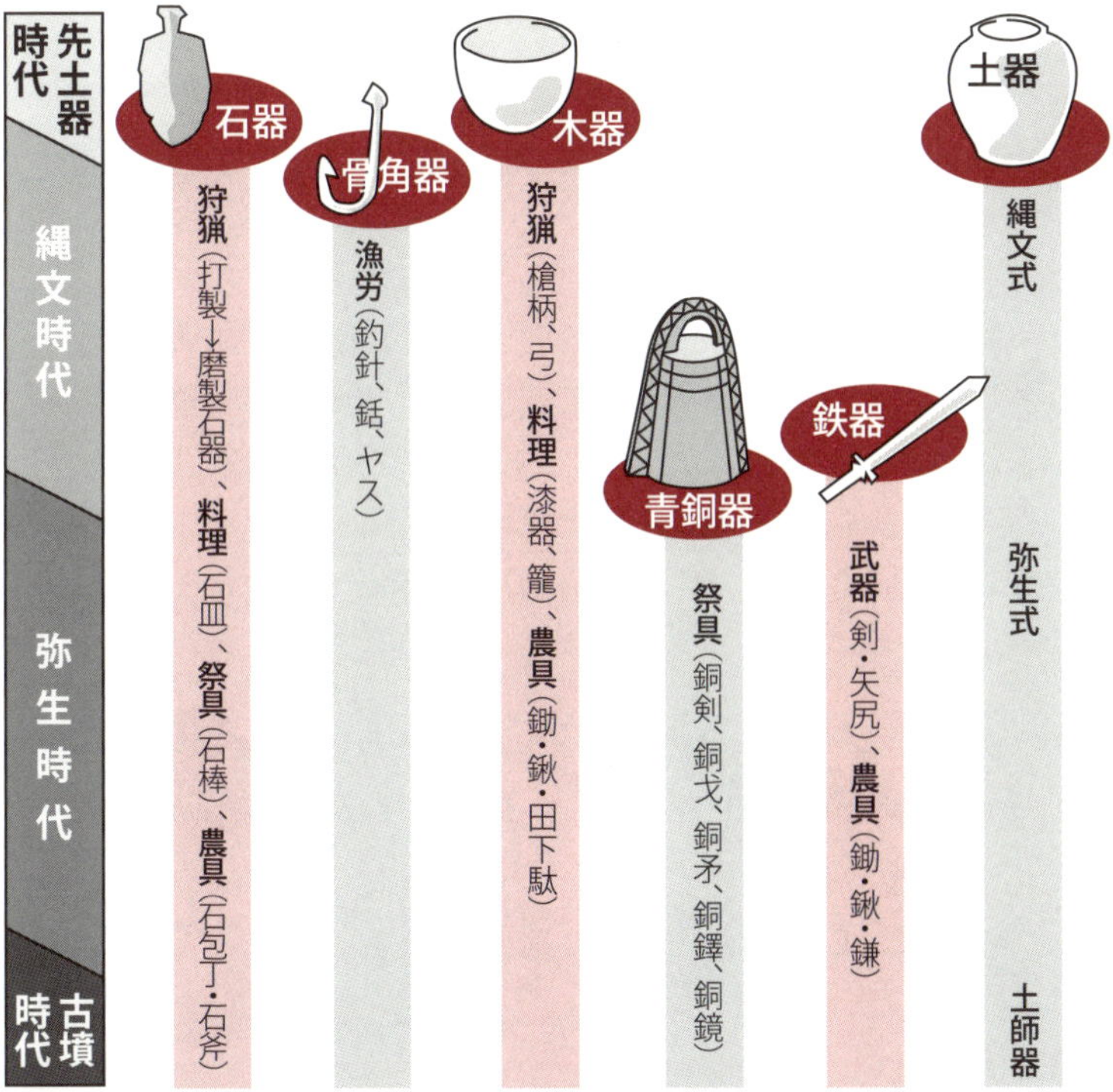
先土器時代
縄文時代
弥生時代
古墳時代
石器
狩猟（打製→磨製石器）、料理（石皿）、祭具（石棒）、農具（石包丁・石斧）
骨角器
漁労（釣針、銛、ヤス）
木器
狩猟（槍柄、弓）、料理（漆器、篭）、農具（鋤・鍬・田下駄）
青銅器
祭具（銅剣、銅戈、銅矛、銅鐸、銅鏡）
鉄器
武器（剣・矢尻）、農具（鋤・鍬・鎌）
土器
縄文式
弥生式
土師器



歴史メモ　石器の原料で有名な黒曜石は、長野県和田峠など数か所でしか採れないが、実際には本州に広く出土しており縄文人の交易の広さがわかる。

COLUMN

## 三内丸山遺跡で大きく変わった縄文の風景

平成6年に青森市郊外の三内丸山遺跡が発掘され、にわかに縄文時代が脚光を浴びた。

この遺跡のすごさは、約5500年前から4000年前までの約1500年間の生活跡がわかることだ。同じ場所にこれほどの長期間、定住した事例はなく、時代の変遷をみることができる。

なかでも特筆すべきは、直径1メートルものクリ材の巨大柱だ。柱は合計6本で、3本ずつ2列に並び、すべての間隔は4.2メートルになっている。巨大神殿か、はたまたトーテムポールか、その用途はいまだ解明されていない。

また、壮大な墓地跡も話題をさらった。集落から陸奥湾に続くメインストリートの両脇に、約350メートルにも達する墓列が存在したのだ。

三内丸山遺跡以外にも各地で驚くべき発見が続いている。

縄文人が麻で編んだファッショナブルな服を着ていたこと。おしゃれなポシェットをもっていたこと。色鮮やかな漆器や漆塗りの櫛を使用していたこと。クッキーのような栄養価の高い保存食をつくっていたことなどが判明している。いま、発掘調査の進展によって、われわれの縄文時代観はくつがえされようとしている。

COLUMN

## 縄文時代の始まりは定説より数千年さかのぼる！

縄文時代は、土器の出現をもって始まりとする。土器というものが日本列島に現われるのは、今からおよそ1万3000年前のことで、以後を縄文時代と称している。

ところが1999年、この定説をくつがえす結果が発表されたのだ。

1998年に発見された大平山元《おおだいやまもと》Ⅰ遺跡（青森県外ヶ浜町）の土器を放射性炭素年代測定法（崩壊した炭素14の割合から年代を測定する方法）で測定したところ、なんと1万6500年前という数字がはじき出されたのである。これは、定説より3500年以上さかのぼることになる。

そのうえ、この土器は世界最古クラスの土器になってしまうのだ。アムール川流域から沿海州にかけて出土した土器（約1万5000年前）が、近年は最古とされてきた。ところが大平山元Ⅰ遺跡の土器は、それよりさらに古いことになるからだ。

しかもそうなると、本州で唯一の旧石器時代人骨と認定された浜北人（約1万4000年前。静岡県の根堅遺跡）も、縄文人ということになってしまうのである。

さらに、2003年、この放射性炭素年代測定法を用いて国立歴史民俗博物館が北九州の弥生土器を測定したところ、紀元前900年頃という結果が出た。これは、弥生時代の始まりの定説を500年近くさかのぼるもの。

放射性炭素年代測定法はかなりの誤差が出るため、この結果を疑問視する考古学者も少なくないが、いずれにせよ、この年代測定法は考古学会を大きく揺るがしているのだ。

# 農耕の発達により争いがはじまった

**弥生時代に稲作が急速に普及したのは、すでに縄文時代から植物の栽培が行なわれていたためだった。**

## ◉縄文時代にすでに植物栽培の経験があった

稲作が弥生時代にはじまったと考えるのは誤りである。近年では、縄文時代晩期の地層から続々と水田跡や稲作を行なった形跡が発見されており、しかもその水田は灌漑施設をともなう、かなり完成されたものだったことがわかっている。

縄文晩期に突如現れた稲作（水田農耕）――これは、大陸から渡来人によってもたらされた異質なシステムであったと思われるが、わずか数十年の間に日本全国へと急速に広まっていったのは、すでに縄文人たちに新システムを導入するに十分な素地があったからだといえよう。

縄文時代は狩猟・採集を中心とした社会であったが、39ページで述べたように、ある程度農耕も行なわれていた。縄文前期には、クリやヒョウタンなどの植物を栽培した原初的農耕の痕跡がみとめられるし、後期になると、焼畑農耕によってアズキやアワ、裸麦などがつくられていたことが明らかになっている。

このような経緯があったればこそ、短期間に稲作が拡散していったのである。

## ◉稲作伝来のルートは二つ

さて、稲作の伝来経路であるが、主要なルートが二つほど考えられている。一つは朝鮮半島経由、もう一つは中国の江南地方から直接九州に到達したルートである。おそらく朝鮮ルートが主たる経路であろうが、朝鮮半島に見られない南方系の高床式倉庫跡が日本の遺跡から出土することから、江南ルートも決して軽視できない。

日本に伝来した稲作は、弥生時代を通して飛躍的に耕地面積を拡大していったが、農具の面でもその進化は著しい。初期のころは、鍬や鋤といった耕作具は木製、鎌や石包丁などの収穫具は石製の道具を使用していたが、弥生時代も後期になると、鉄製のものが多くなり、収穫率も増大する。また水田も、自然の低湿地を利用する「湿田」より、人工的な灌漑施設を有する「乾田」が多くなっていった。

日本列島に稲作が導入されたことで、人々は定住生活をするようになり、土地や収穫物をめぐる戦争がはじまり、貧富の差が発生し、支配する者とされる者に分かれ、各地に小国が誕生する。つまり、それまでの社会構造は、稲作によって完全に破壊されたのである。

**農耕の発展**

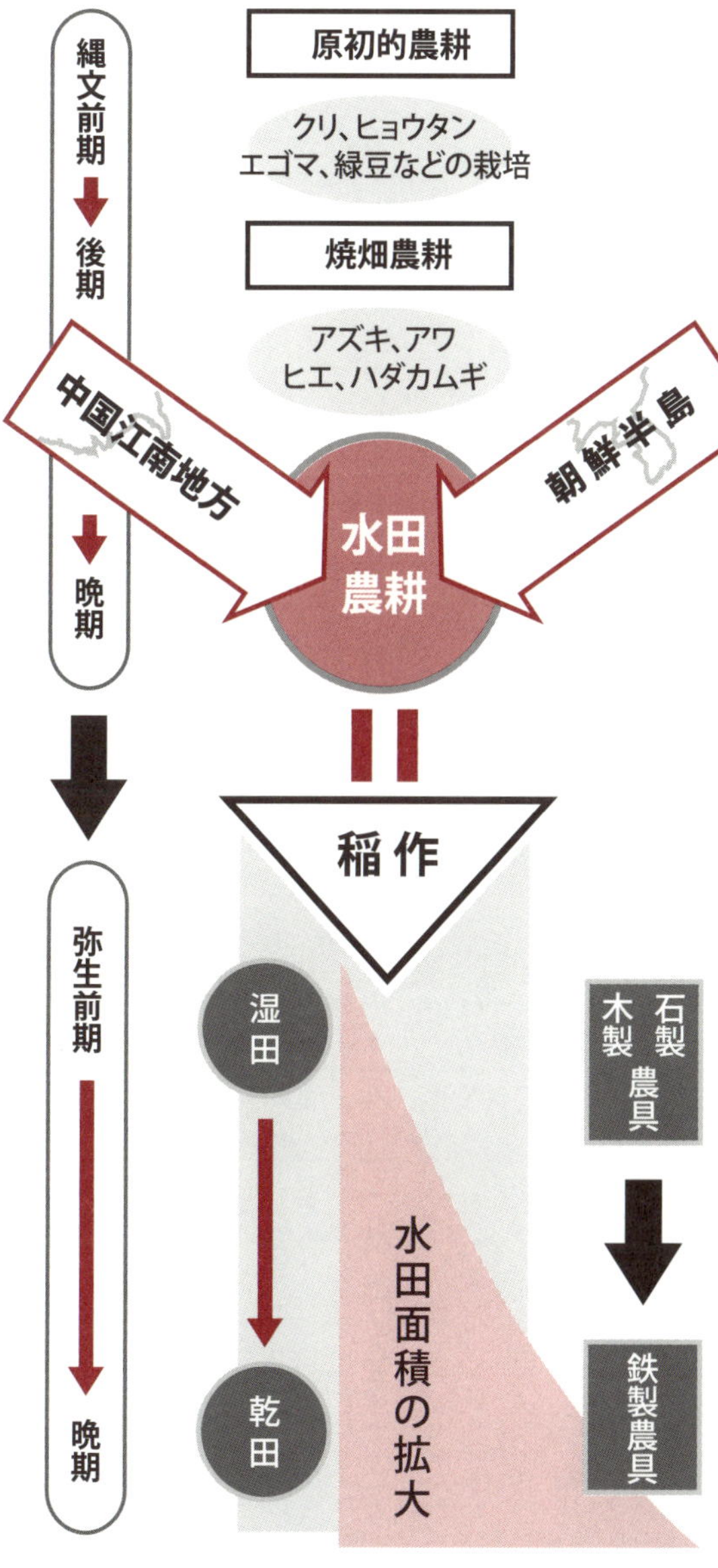
縄文前期
後期
晩期
弥生前期
晩期
原初的農耕
クリ、ヒョウタン
エゴマ、緑豆などの栽培
焼畑農耕
アズキ、アワ
ヒエ、ハダカムギ
中国江南地方
朝鮮半島
水田農耕
稲作
湿田
乾田
水田面積の拡大
石製
木製
農具
鉄製農具



歴史メモ　高床式の建物は倉庫だけに使われたのではない。奈良県桜井市の芝遺跡からは、壮麗な高床式祭殿の絵を刻んだ土器が発見されている。

2200～1800年前（B.C.3世紀～A.D.3世紀）◆弥生人の暮らし

# 優雅に安全に弥生の暮らしはあった

**弥生時代の日本人はどのような暮らしをしていたのだろうか。『魏志』倭人伝の記述からみてみよう。**

## ◉100国ほどに分かれていた弥生時代の日本

弥生時代、日本人は文字をもたなかったので、弥生人がどのような暮らしをしていたかを伝える日本の記録は存在しない。しかし幸いなことに、隣国の中国ではすでに史書が編纂されており、そこに弥生時代の日本の様子が記されている。

『漢書』地理志という班固（32～92年）によって著された史書に、紀元前後の日本が「倭《わ》」と呼ばれ、100国ほどの小国に分立、漢の楽浪郡（朝鮮半島）に朝貢していたとある。これが、日本に関する確実な初見である。だが、日本人の生活・風俗は、同書からうかがい知ることはできない。それがわかるのは、さらに200年以上の時を経た『魏志』倭人伝（『魏書』東夷伝倭人の条）からである。陳寿（233～297年）によって編纂された『魏志』には、2000字に及ぶ日本に関する記述があり、日本人の様子がかなり詳細にわかる。

## ◉弥生人の衣・食・住

同書によれば、日本人の男子はみな入れ墨をし、髪を結って布でしばり、横幅のある布をうまく身体に巻きつけて服としていたという。一方、女性は、髪を編まずにそのまま伸ばして髷《まげ》とし、中央に穴を開けた布を頭からかぶって服（貫頭衣《かんとうい》）とした。そして男女とも、裸足で歩いていたという。

食生活においては、米を主食としたのだろうが、魚や貝を好んで捕らえ、野菜もよく食べたと語っている。また、当時の日本に牛や馬・羊はいなかったとあるが、喪に服す際には肉を絶ったというから、肉食の風習はあったようだ。たぶんイノシシかシカの肉だろう。

また、食事のときは食べ物を高坏《たかつき》に盛り、箸を使わずに手づかみで食べたといい、さらに「人性、酒をたしなむ」とあることから、酒も好んだようだ。

**◉現在の日本より治安はよかった？**

さて、日本人の性質であるが、権力者に従順で、盗みや争いはなく、女性を犯すような事件も少なく、治安は安定していたと伝える。現代に通じるものがあって興味深い。

夫婦制は一夫多妻制度をとっていたとし、父母兄弟の寝室はそれぞれ別になっていた。さらには、なにか行動するときには、獣骨を焼いて吉凶を占ってから動くことが多かったという。

以上、『魏志』倭人伝から弥生人の生活・風俗について抜粋してみた。

**中国史書にみる弥生時代の日本は…**

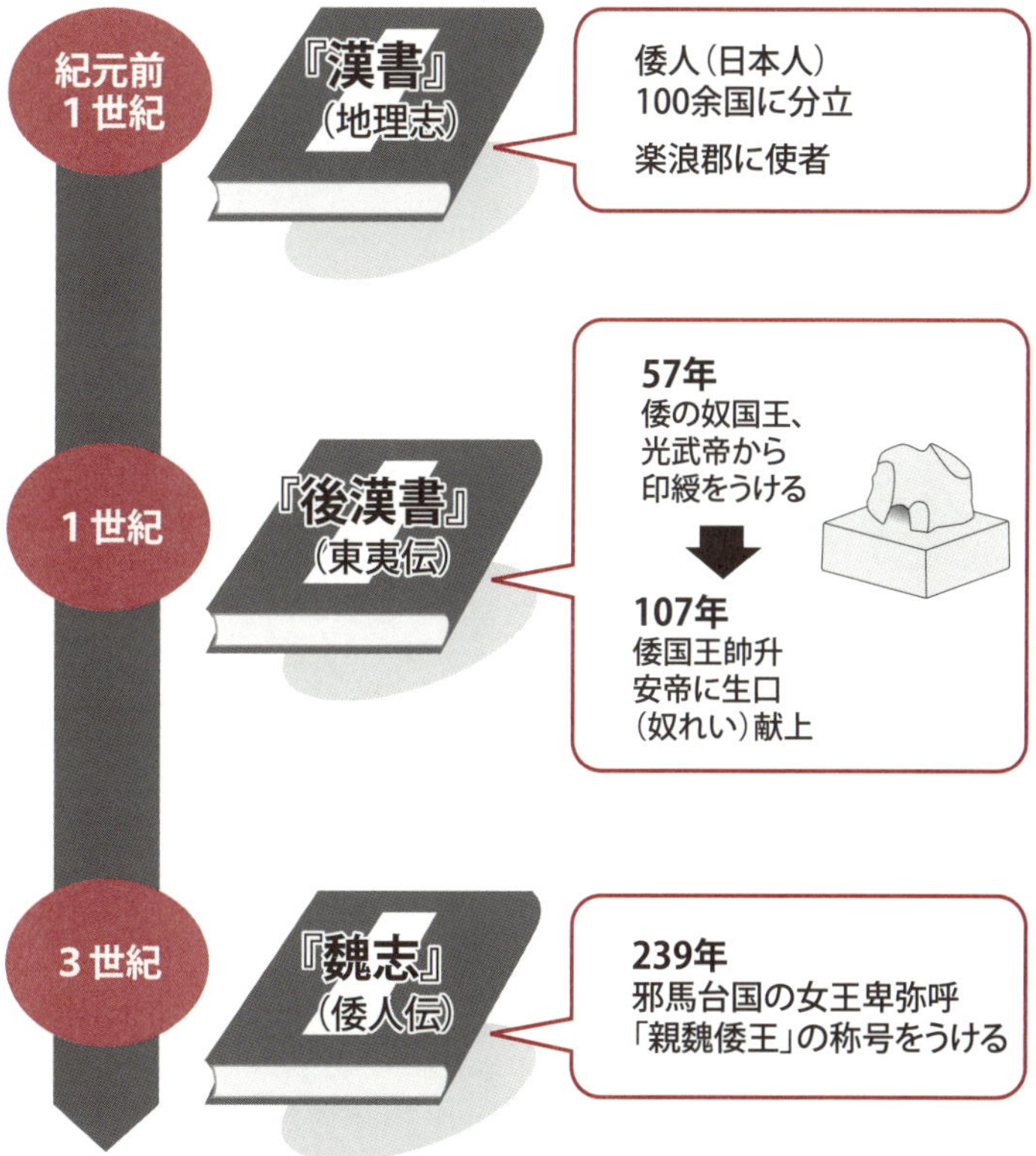

紀元前1世紀
『漢書』（地理志）
倭人（日本人）100余国に分立
楽浪郡に使者
1世紀
『後漢書』（東夷伝）
57年
倭の奴国王、光武帝から印綬をうける
107年
倭国王帥升 安帝に生口（奴れい）献上
3世紀
『魏志』（倭人伝）
239年
邪馬台国の女王卑弥呼「親魏倭王」の称号をうける




歴史メモ　弥生人の顔は、頭蓋骨の復元によって、目が切れ長で鼻筋が通り、ほお骨が高く、ややあごがとがった傾向があることがわかった。

# 邪馬台国の位置で日本史が変わる！

**長く争われている邪馬台国の所在地。九州、大和のどちらにあったかで、日本の歴史は変わる。**

## ◉東大系の九州説、京大系の大和説

邪馬台国論争——。歴史論争のなかで、これほど長い間激しく論議されながら、いっこうに決着をみないケースも珍しい。

邪馬台国はいったいどこに存在したのか。この問題が長年解決しないのは、邪馬台国について言及した唯一の中国史書、『魏志』倭人伝（『魏書』東夷伝倭人の条）に責任がある。つまり、大陸から邪馬台国に至る行程が非常にあいまいに記されているのである。もし仮に記述のとおりの距離と方角へ進むならば、邪馬台国は日本列島を突き抜けて南洋上にあったことになる。そんなことから邪馬台国＝ハワイ説、ジャワ・スマトラ島説、沖縄説が出てくるわけだが、やはり日本国内に存在したと考えるのが妥当であろう。

『日本書紀』が卑弥呼を神功皇后に比定して以来、邪馬台国＝大和朝廷と考えられ、所在地も大和（奈良県）と信じられてきた。これに異をとなえたのが、江戸時代の新井白石と本居宣長《もとおりのりなが》だった。彼らはともに邪馬台国＝九州説を主張したのだ。

やがて大和説と九州説の2説は、後世へと引き継がれ、邪馬台国論争へと発展、明治の史学会を大きく揺り動かす。論争は京都大学の内藤虎次郎氏が大和説を、東京大学の白鳥庫吉氏が九州説を発表したことで激化した。以後、主に京大系の学者が大和説を、東大系が九州説を擁護・補強する形で、現代にいたるまで論争は続いている。

## ◉銅鏡、音韻、距離が大和説の根拠

大和説を要約すれば、同地域に魏の時代の銅鏡が多数発見されること、言語学的に大和と邪馬台が同系列の音韻であること、倭人伝に記述された行程が大和までの距離と一致することである。ただ、方角が合わないことが

## 邪馬台国論争の流れ

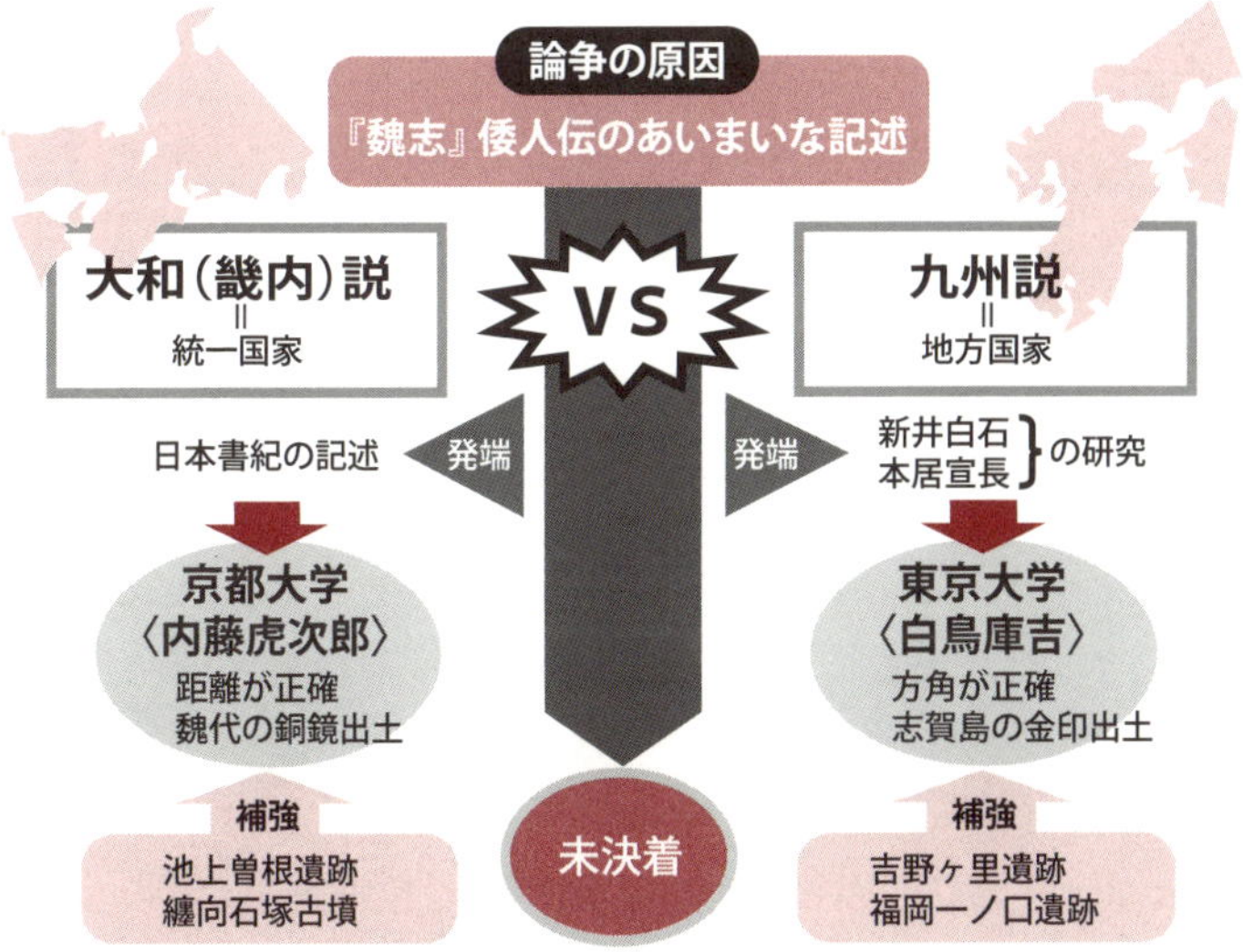
論争の原因
『魏志』倭人伝のあいまいな記述
大和（畿内）説
＝
統一国家
VS
九州説
＝
地方国家
日本書紀の記述
発端
発端
新井白石
本居宣長
の研究
京都大学
〈内藤虎次郎〉
距離が正確
魏代の銅鏡出土
東京大学
〈白鳥庫吉〉
方角が正確
志賀島の金印出土
補強
池上曽根遺跡
纏向石塚古墳
未決着
補強
吉野ヶ里遺跡
福岡一ノ口遺跡

弱点で、大和説を主張する人々は、これに合理的解釈を与えようと懸命である。

### ◉方角が一致するのが九州説

一方、九州説は、方角はピタリと合うのだが、距離が短すぎるのが難点だった。が、榎一雄氏は、倭人伝の微妙な記述の相違に着眼、大陸から伊都国までの行程は直線的に、以後各国への距離は、伊都国から放射線状にとらえるべきだと解釈、見事に邪馬台国を九州内におさめることに成功した。しかし、一口に九州説といっても、さらに説は細分される。代表的なのは、筑後国山門《やまと》郡（福岡県山門郡）、肥後国菊池郡山門郷（熊本県菊池市）、大隅《おおすみ》国噌唹《そお》郡（鹿児島県曾於《そお》郡）の3説であるが、邪馬台国7万戸という倭人伝記載の規模は3説とも満たしていない。それだけの大国ならば、最低でも筑紫平野を包合する地域が必要になるからだ。

大和か九州か、いずれかによって、日本の弥生時代像は大きく変わってしまう。大和にあったのなら、3世紀にはすでに九州から畿内にかけて広域連合王国が存在していたことになるし、九州にあったとすれば、まだ強大な統一王朝は成立していなかったことになるからだ。



歴史メモ　邪馬台国の所在にまつわる奇説・珍説は多いが、邪馬台国＝エジプト説、ムー大陸説まで出てくると、さすがに首をひねってしまう。

# 神話が語るもう一つの原始日本

**『古事記』『日本書紀』には日本誕生の物語が書かれている。教科書で教えない原始日本の姿とは…。**

はるか太古から人々の口承によって伝えられてきた日本誕生や神々の物語がある。私たちは『古事記』と『日本書紀』によって、その壮大な神話を知ることができる。両書には内容の相違もあるが、日本神話の概略を簡単に語っておこう。

## ◉神話にみる日本の誕生

――すべては混沌としていた。やがて陰と陽が分かれ、天と地になった。そして、天上界の高天原《たかまがはら》に3神が出現し、イザナギとイザナミの兄妹神を生む。

兄妹は交わりを結び、次々に新しい島を生んでゆく。それが豊葦原瑞穂国《とよあしはらみずほのくに》（日本列島）になる。その後2人は、アマテラス（太陽）、ツクヨミ（月、暦）、スサノオ（荒ぶる神）と続々と神々を誕生させ、最期にイザナミは火の神を生むが、ホト（性器）を焼かれて死んでしまう。

イザナギは嘆き悲しんで黄泉の国（死後の世界）までイザナミを追っていったが、妻の変わり果てた恐ろしい姿を見て逃げ出した。

その後、イザナギはアマテラスに高天原の支配を託したが、スサノオが天上界で悪事を繰り返したため、怒ったアマテラスは天の岩屋戸に姿を隠してしまう。そのため、世界は常夜《とこよ》となった。困った神々は、祭りや踊りで彼女の興味を引き、ようやく岩屋戸から招き出した。同時に神々は、スサノオを高天原から追放した。

放逐されたスサノオは、豊葦原瑞穂国の出雲に降り立ち、人々を困らせているヤマタノオロチを見事に退治して英雄となる。

## ◉日本はアマテラスの子孫の国!?

やがて地上界はスサノオの子孫であるオオクニヌシの支配するところとなった。オオクニヌシは、他の神と協力して精力的に地上の国づくりを行なっていった。

## 流れで見る日本神話

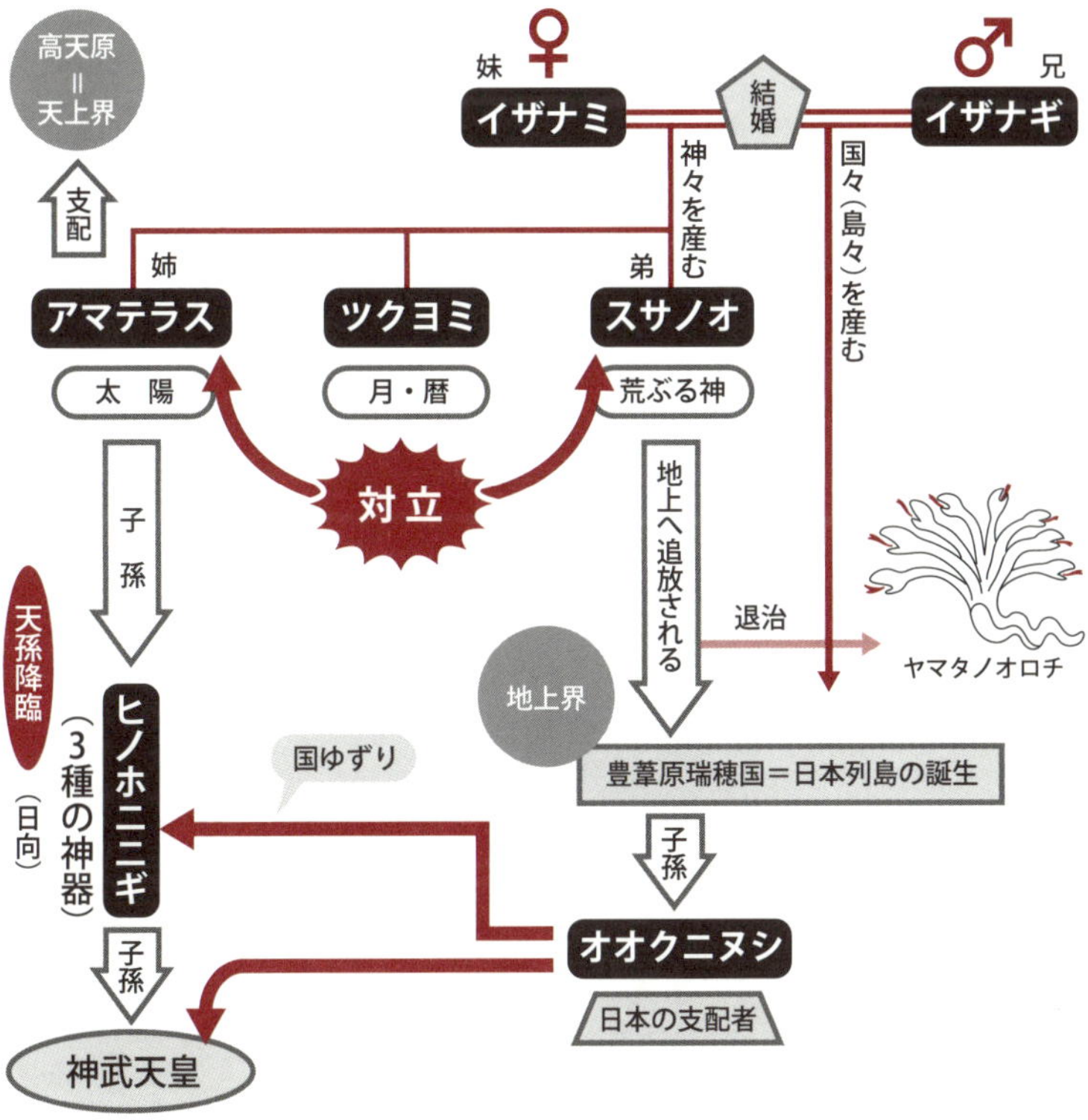
高天原＝天上界
支配
妹
イザナミ
結婚
兄
イザナギ
神々を産む
国々（島々）を産む
姉
アマテラス
ツクヨミ
弟
スサノオ
太陽
月・暦
荒ぶる神
対立
子孫
地上へ追放される
退治
ヤマタノオロチ
天孫降臨
ヒノホニニギ
（3種の神器）
（日向）
地上界
豊葦原瑞穂国＝日本列島の誕生
国ゆずり
子孫
オオクニヌシ
日本の支配者
子孫
神武天皇

一方、天上界のアマテラスは、自分の子孫であるヒノホニニギに3種の神器を与えて地上の支配を命ずる。よってヒノホニニギは、豊葦原瑞穂国の日向に降り立った。すなわちこれが、天孫降臨《てんそんこうりん》である。

結局、オオクニヌシはヒノホニニギに国を譲ることを決意。それ以後、ヒノホニニギの子孫がこの国を支配することになったのだった。

ちなみに、ヒノホニニギから数えて4代目が、神武《じんむ》天皇である。



**歴史メモ** イザナギとイザナミは兄妹で夫婦、昔は近親相姦はタブーとは考えられていなかったようだ。事実、古代の天皇家は近親婚が多い。

# 地域で違うお墓の形

**中世以降は土葬が多かった日本だが、原始時代の葬式・お墓はどのようなものだったのか。**

## ◉遺体はやっぱり土に埋める

土を掘って遺体を穴に埋める。これが原始から近代に至るまでの、我が国共通の葬制《そうせい》である。しかし、墓や埋葬形態は時代とともに大きく変わってゆく。

残念ながら、先土器時代については風化して骨が残っておらず、埋葬状況がほとんど解明されていない。しかし、墓穴にそのまま遺体を埋葬していたことは確実視されている。このような墓を土坑墓《どこうぼ》と呼び、実は先土器に続く縄文時代の墓跡のほとんどは、この形式をとる。

また、遺体を折り曲げて埋める方法を屈葬といい、まっすぐに横たえて葬るやり方を伸展葬と呼ぶ。縄文時代においては、屈葬が圧倒的多数を占める。

なぜ遺骸を窮屈に曲げたのかという問題だが、胎児の形をまねて母なる大地に人間を返したとか、死者の復活を恐れたとかいわれるが、いまだ定説はない。

## ◉多様化する弥生時代のお墓

弥生時代に入ると墓制が多様化する。多くは渡来人が朝鮮半島からもたらしたと考えられる。主なものを簡単に紹介しよう。

**甕棺墓《かめかんぼ》**―大きな土製の甕二つを組み合わせて棺桶とするもので、九州北部に多く見られる形式。

**箱式石棺墓**―土坑に石板を箱形に敷き詰めた墓で、石ではなく木を使っている場合もある。木棺は朽ちてしまって痕跡しか残らない。棺には複数の死体が埋葬されることもまれではなく、西日本に広く分布している。

**方形周溝墓《しゅうこうぼ》**―四角く溝を切り、その中心に墓穴を掘った埋葬施設である。近畿で発生し、関東・東北地方へも広がっている。

そのほか、縄文時代以来の土坑墓が弥生時代にも多く存在するし、甕棺や箱式石棺の墓上に巨石を乗せる支石《しせき》

## お墓の移り変わり

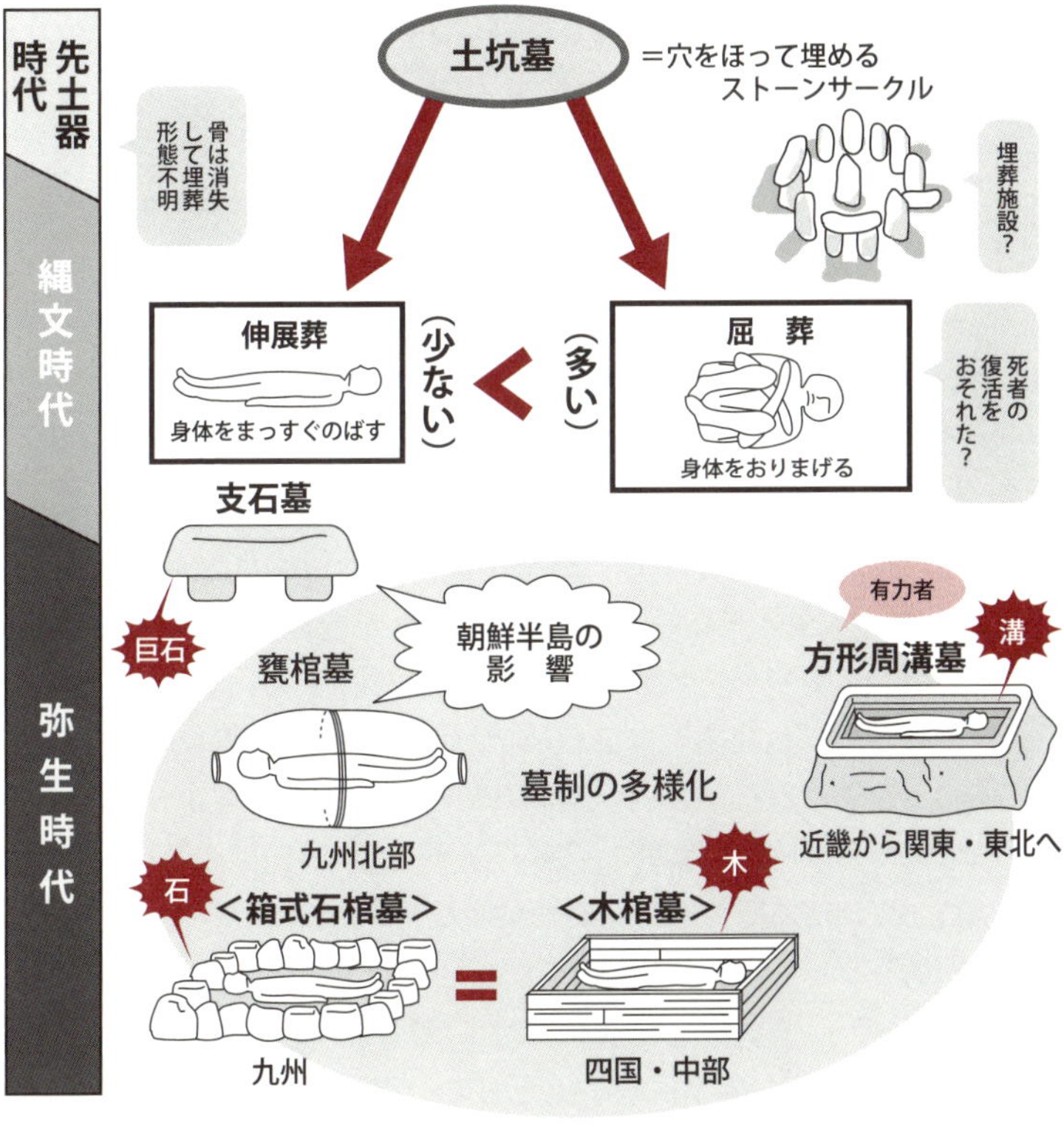
先土器時代
縄文時代
弥生時代
骨は消失して埋葬形態不明
土坑墓
＝穴をほって埋める
ストーンサークル
埋葬施設？
伸展葬
身体をまっすぐのばす
（少ない）
＜
（多い）
屈　葬
身体をおりまげる
死者の復活をおそれた？
支石墓
巨石
朝鮮半島の影　響
甕棺墓
九州北部
有力者
溝
方形周溝墓
近畿から関東・東北へ
墓制の多様化
石
＜箱式石棺墓＞
九州
＝
木
＜木棺墓＞
四国・中部

墓《ぼ》という墓制が北九州北部に散見される。また、白骨化した遺骨を集め、壺に納めて埋葬する再葬墓が東日本には多い。

　ところで、東大の植田信太郎助教授（当時）らは、甕棺墓と土坑墓が混在する佐賀県の遺跡を調査、甕棺の人々のDNAと土坑墓の集団とは遺伝的背景が異なることを突き止め、甕棺墓は渡来した弥生人が、土坑墓には縄文人が葬られたと結論づけた。

　さて、3世紀も終わりになると、いよいよ墓制として古墳が登場してくるが、それは次章で詳しく述べる。

**歴史メモ** 縄文時代の遺跡からは、丁寧に埋葬された犬の死体が出土する。やはり、縄文人も狩猟犬やペットとして犬を可愛がっていたようだ。

COLUMN

# はたして出雲に大王朝があったのか？

弥生時代にしか見られない出土品に「銅鐸」がある。形は鈴のようで、中国や朝鮮で見つかる銅鈴が原型となって巨大化しながら日本に入ってきたものらしい。用途は確定していないが、農耕祭祀の際に用いられた祭器とする説が強い。大きなものになると、1メートルを優に超える。これまで全国で約500個が見つかっているが、大半は単独で出土する。

ところが平成6年10月、島根県雲南市の加茂岩倉遺跡から39個もの大量の銅鐸が発見されたのだ。

年代は弥生中期～後期の数百年にわたっている。はじめは畿内のものと同じ鋳型でつくられた兄弟銅鐸が数個あったので、畿内で製造され加茂岩倉に運ばれたとする見方が強かったが、和歌山市の太田黒田銅鐸と兄弟であるものも4つ存在することがわかり、加えて独創的な絵画銅鐸が発見されたことで、むしろ同地でつくったものを全国に配布した可能性も出てきた。

20数年前、同遺跡から十数キロ離れた荒神谷遺跡では、358本という大量の銅剣が出土している。古来、島根県には畿内や九州に匹敵するような巨大勢力・出雲王朝があったとされてきたが、にわかに今、その存在が浮かび上がり、邪馬台国論争にも影響を与えそうな雰囲気になってきている。

# 第2章

## 律令国家の誕生

▼大和政権から奈良・平安の時代へ

# 統一国家の登場と権力闘争の時代

## 仏教で見るとよくわかる古代

　古代をひと言で述べるならば、大和政権という統一国家が日本に誕生し、これが最盛期を迎えた後、衰退していった時期だといえる。この時代は、「仏教」というモノサシで見ていくと、意外にすっきり整理することができる。

　538年（552年説もある）、日本に公式に仏教が伝来する。やがて大和政権は仏教を受容するが、それは付帯システムである中央集権制度を受け入れたことも意味する。推古天皇や厩戸王（聖徳太子）が仏法を奨励したのは、天皇を中心とした国家をつくる目的からだった。こうして中央集権に成功した奈良時代、仏教は鎮護国家（国を守護する）の宗教として国教化され、僧侶の地位は飛躍的に向上する。

　しかし、やがて僧侶は政治家と癒着し、ついには皇位を狙う道鏡のような人物が出て、政治を混乱させていくことになる。

OUTLINE

## 仏罰を恐れない「武士」が古代を終わらせる

794年、桓武天皇は、腐敗した仏教勢力を絶つべく平安京への遷都を強行する。僧侶を政治から排除して、天皇親政をはじめ、空海と最澄を重用して仏教を刷新した。2人は唐（中国）から現世利益を説く密教という新しい風を持ち込んだ。

その後密教に代わって、極楽浄土への往生を願う阿弥陀信仰が流行。「摂関政治」の全盛期を築いた藤原道長も、阿弥陀如来の手からたらした糸を握りしめて死んだという。白河・鳥羽・後白河の3上皇は、あつく仏教を信奉し、仏教の聖地・熊野や高野を幾度も詣で、出家して法皇になった。

これが「院政」の時代だが、僧侶は武装化するようになり（僧兵）、こうした上皇の信仰心を盾にとって、無理な主張を掲げ大挙して都に乱入した。絶大な権力をもった上皇だが、仏罰をおそれたため、たいていの要求は受け入れられた。

だが、やがて神仏をまったく恐れない輩が歴史に登場する。武士である。彼らは平気で僧侶を殺し、寺院を焼き払った。こうした階層が登場したことにより、仏教に縛られた古代は終わりを告げ、武士を主人公とする中世がはじまる。

また、こと仏教に関していえば、古代の仏教というのは貴族の独占状態にあったが、次の中世という時代に入ると、鎌倉六仏教が登場したこともあり、庶民にまで仏教が解放されていくようになる。

# 古代の10大ニュース

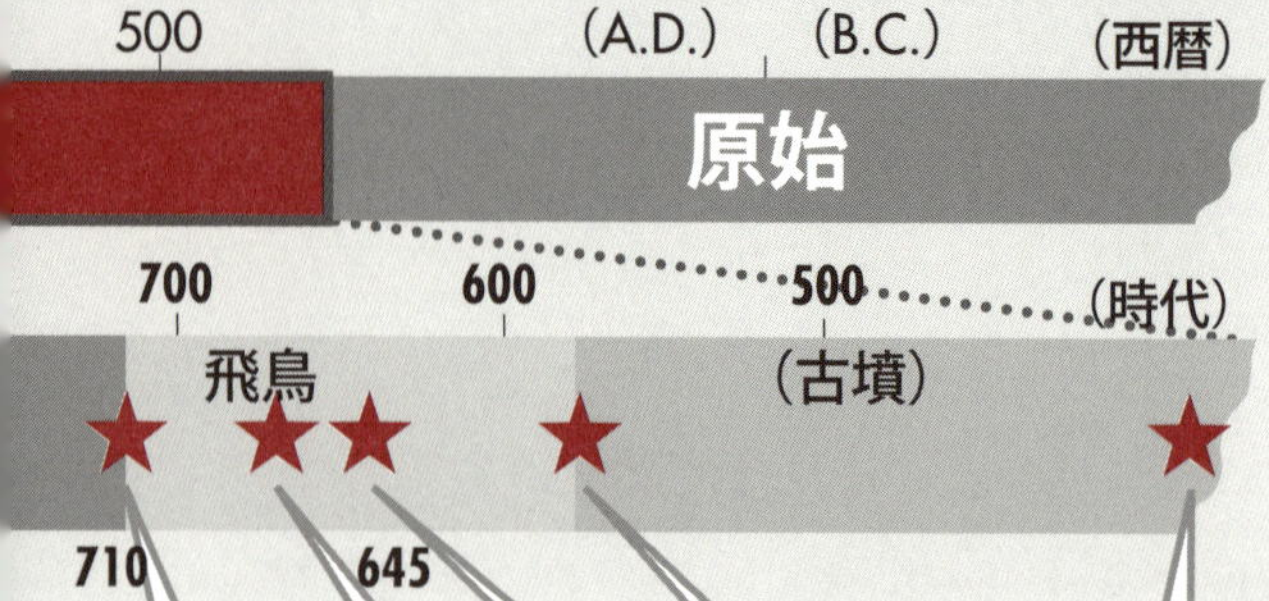


**大和政権、日本統一**（4世紀）

この時期、畿内の豪族連合政権であった大和政権が日本を統一。

**推古天皇、即位する**（592）

中国に統一国家の隋が誕生したこともあり、推古天皇や蘇我馬子らは国の中央集権化を進める。憲法17条、冠位12階、遣隋使派遣。

**大化改新はじまる**（645）

中大兄皇子、中臣鎌足ら、蘇我入鹿を暗殺して中央集権国家を樹立。改新の詔。難波宮へ遷都。

**壬申の乱おこる**（672）

大海人皇子が、天智天皇の後継者大友皇子を武力でやぶり、即位（天武天皇）して新政権を樹立する。

**平城京遷都**（710）

元明天皇、藤原京から奈良の平城京へ遷都する。

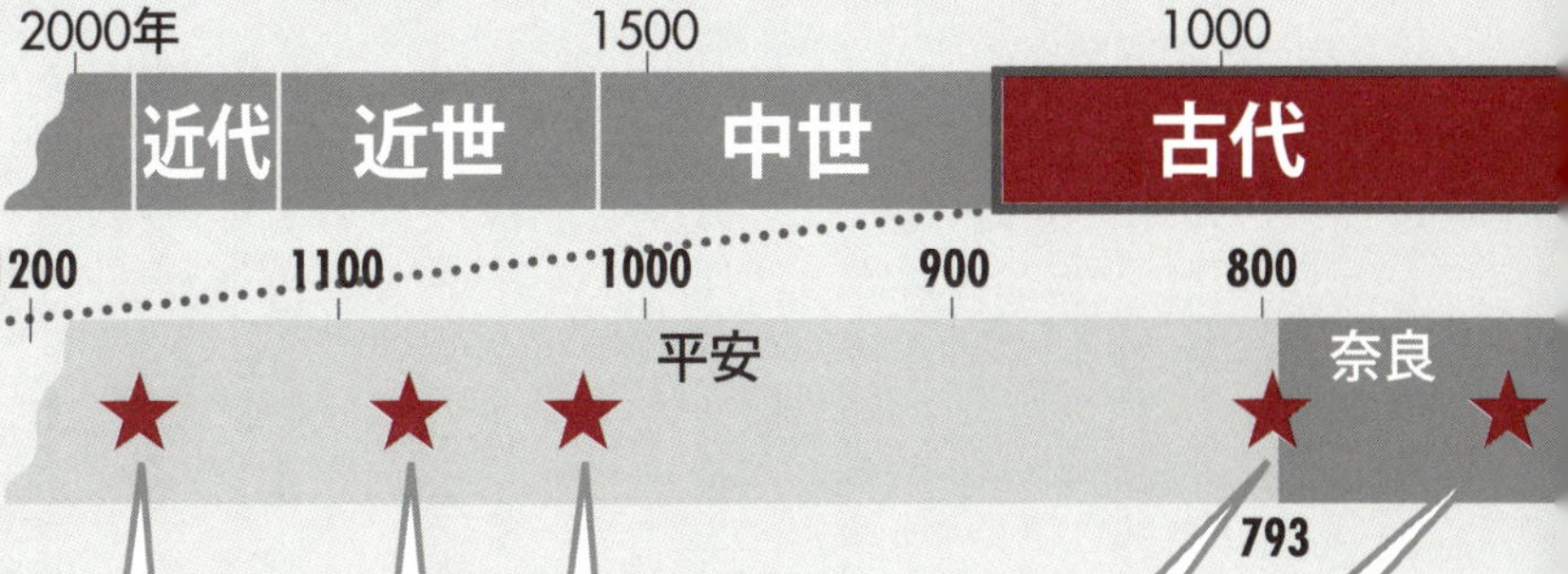
2000年
1500
1000
近代
近世
中世
古代
1200
1100
1000
900
800
平安
奈良
793

**墾田永年私財法の発布**（743）

この年、朝廷は公地公民制の原則を捨て、土地の私有を認める。荘園制度のはじまり。

**平安京遷都**（794）

桓武天皇、平城京から京都の平安京へ遷都する。

**藤原道長、太政大臣に就任**（1017）

このころ、摂関政治の全盛時代。

**白河上皇、院政を開始**（1086）

白河上皇、息子の堀河に皇位を譲ったあとも実権を手放さず、院庁を開設して院政をはじめる。

**平清盛、平氏政権を樹立**（1179）

前年、孫の安徳を皇位につけて外戚となり、この年、後白河法皇を幽閉してついに平氏政権をつくる。

# 古墳が教える時代の移り変わり

**古墳は、3世紀後半から7世紀にかけてつくられた。だが、いったい何のためにつくられたのか。**

## ◉古墳は大和政権が日本を統一した証拠

3世紀後半、高い丘と深い濠をもつ「古墳」と呼ばれる墳墓が畿内から瀬戸内にかけて出現し、4世紀末には巨大化しながら全国へ広がっていった。古墳には、弥生時代の墓制のような地域色は見られず、画一的で全国共通であるところに特徴があった。

古墳に埋葬される人物は豪族の首長であり、後継者が、死んだ首長の霊を祀る目的で築造するわけだが、これを完成させることで、新首長として正式に公認されることを意味する象徴的構築物でもあったようだ。また、古墳の出現は、大和政権（朝廷）成立の証拠でもある。

異なる地域が墓制を共有するのは、そこに何らかの深いつながりが存在したからで、畿内から瀬戸内にかけて広域な政治連合（大和政権）が結ばれたとみるのが妥当だろう。ちなみに連合がつくられたのは、朝鮮半島からの先端技術や物品を輸送するための、交通路の安全化が目的だったとする説が有力だ。そして、4世紀半ばまでに古墳は全国へと拡散していく。いうまでもなくそれは、大和政権が日本を統一した証拠だといえる。

## ◉権力者の墓から有力農民の墓へ

この時代、3世紀後半から7世紀までを古墳時代と呼び、古墳の変遷によって前・中・後期に区分される。以下、いくつか特徴を紹介しよう。

前期は、副葬品として銅鏡や腕輪などが出土することから、埋葬者は司祭者的性格を有していたと考えられる。だが、大和政権が武力で統一を進めてゆくようになると、副葬品の中心は武器や馬具になり、埋葬者の性格が軍事的統率者に変わっていったことがわかる。

後期の6世紀になると、古墳の性質は根底から変化する。有力農民が古墳をつくりはじめたからである。古墳

## 古墳の移り変わり

| | 古墳の形態 | 分布 | 副葬品 | 埋葬者 | 遺跡 |
|---|---|---|---|---|---|
| 前期（3C末〜4C） | 多種多様 ※円墳・方墳 前方後円墳 | 畿内〜瀬戸内 | 鏡・腕輪・農具 | 司祭者的首長 | 箸墓古墳（奈良） |
| 中期（4C末〜5C） | 前方後円墳の巨大化 | 全国へ広がる | 武器・馬具 | 武人的首長 | 大仙陵古墳（大阪） |
| 後期（6C〜7C） | 群集墳 装飾古墳 | 全国に分布 | 日用品 | 有力農民 | 高松塚古墳（奈良） |

の数は飛躍的に増加し、群集墳といって、狭い範囲に数百もの小古墳が集中することも珍しくなくなる。

たとえば、和歌山市の岩橋千塚には、およそ600もの小古墳が群れている。

また、前・中期の埋葬施設は、「竪穴式石室」といい、大きな穴の四壁を石や粘土でかため、木棺を安置して埋めたが、後期に入ると、出入り口を設けて追葬を可能にした「横穴式石室」が一般化し、家族合葬墓としての傾向がいっそう強くなる。

しかし古墳は、火葬の普及とともに衰退、7世紀後半にはほとんど見られなくなった。



歴史メモ　無名な藤ノ木古墳（奈良県）があれほど注目されたのは、まったく盗掘されていなかったから。現在、ほとんどの古墳は盗掘されている。

# 貴族的仏教文化から日本独自の文化へ

**飛鳥から院政期までの5世紀間に、日本文化は中国の影響を受けながら独自のものへと進化する。**

## ◉古代文化のキーワードは「仏教」

左の図のように古代の文化は通常六つに区分される(古墳文化を除く)。「飛鳥文化」は、7世紀前半に開花した日本初の仏教文化である。代表的作品の多くは法隆寺にあり、とくに釈迦三尊像、百済《くだら》観音像、玉虫厨子は有名だ。また、中宮寺や広隆寺にある半跏思惟《はんかしゆい》像の古拙の笑みは、まことに魅力的で美しい。

初唐文化の影響を受け、7世紀後半におこった「白鳳《はくほう》文化」は、若々しく清新な活気に満ちている。なかでも薬師寺東塔の均整美は筆舌に尽しがたく、高松塚古墳に描かれた極彩色の壁画は華麗の一言につきる。薬師寺金堂薬師三尊像は、世界に現存する最古級の金銅像だ。

続く8世紀半ばの「天平《てんぴょう》文化」は、聖武《しょうむ》天皇の鎮護国家としての仏教振興政策からはじまった。この文化は、盛唐文化の影響をうけた高度な貴族的仏教文化であり、巨大な東大寺大仏がその象徴であろう。国際色も豊かで、正倉院の鳥毛立女屏風《ちょうもうりゅうじょびょうぶ》には遠くインド、ペルシアの影響がみられる。

## ◉平安時代の新しい文化

「弘仁《こうにん》・貞観《じょうがん》文化」は、桓武天皇が平安京に遷都し、現仏教に飽き足らぬ最澄や空海が唐より密教を導入した影響で、新時代開拓の力強さを感じさせる。彫刻では一本の大木で仏像を彫り抜いた一木造《いちぼくづくり》が盛んで、代表的な仏像として神護寺《しんごじ》薬師如来像、元興寺薬師如来像がある。密教の影響で曼荼羅《まんだら》や不動明王も多く描かれた。

## ◉平安中期に日本独自の文化が登場

続く「国風文化」は、藤原氏の摂関政治が恒常化する10世紀に花開いたので、別名を「藤原文化」ともいう。これまで遣唐使を派遣するなど大陸文化を吸収してきたが、そうした文化を消化したうえで、洗練された我が国

## 古代の文化500年間の流れ

| 時代 | 名称 | 年代 | 特徴 | 代表作 |
|---|---|---|---|---|
| 古墳時代晩期 | 飛鳥文化 | 7世紀前半〜 | 日本初の仏教文化 | ●法隆寺<br>●法隆寺釈迦三尊像 |
| 古墳時代晩期〜奈良 | 白鳳文化 | 7世紀後半〜 | 若々しい清新さ<br>初唐文化の影響 | ●薬師寺東塔<br>●薬師寺金堂薬師三尊像 |
| 奈良 | 天平文化 | 8世紀半ば〜 | 高度な貴族文化<br>盛唐文化の影響 | ●東大寺大仏<br>●正倉院宝物 |
| 平安 | 弘仁貞観文化 | 9世紀〜 | 新時代開拓の活気<br>密教の影響 | ●室生寺<br>●神護寺両界曼荼羅 |
| 平安 | 国風（藤原）文化 | 10世紀〜 | 大陸文化を消化し、<br>日本独特な文化が開花 | ●平等院鳳凰堂<br>●源氏物語 |
| 平安 | 院政期文化 | 11世紀後半〜12世紀 | 中央文化の地方普及<br>浄土教の影響 | ●中尊寺金色堂<br>●白水阿弥陀堂 |

の独自の文化が誕生、そこから国風の名称がついた。

漢字をくずした仮名文字が使用されるのもこの時代のこと。代表建築としては平等院鳳凰堂があげられる。宮廷文学としては『源氏物語』や『枕草子』がある。また、貴族のあいだで浄土信仰がはやり、数多くの阿弥陀如来がつくられた。

11世紀後半、阿弥陀信仰は全国へ広まっていき、中尊寺金色堂や白水《しらみず》阿弥陀堂のような壮麗な阿弥陀堂が、地方豪族の手によって次々創建された。中央の貴族文化がはじめて地方へ波及したのだ。この文化はちょうど院政期と重なっているので、「院政期文化」と呼ぶことがある。

**歴史メモ** 法隆寺の玉虫厨子は、玉虫の羽を使ったことからその名がついた。その数は2563匹。現在、羽はほとんど失われてしまっている。

# 仏教が中央集権化を促した？

**仏教の伝来は日本に大きな影響を及ぼした。はたして、なぜ朝廷は外来の仏教を受け入れたのか？**

## ◉6世紀半ばに日本に仏教がやってきた！

インドでおこった仏教は、67年に中国（後漢）に伝来し、その後、384年に朝鮮半島の百済《くだら》へ伝わり、6世紀半ばに百済の聖明王《せいめいおう》によって我が国にもたらされたといわれる。当時は欽明《きんめい》天皇の御代である。

公伝の年については、538年説と552年説があるが、現在は前者のほうが有力である。ただ、これはあくまで公伝であって、朝鮮からの渡来人（帰化人）のあいだでは、すでに私的に仏教が崇拝されていたようだ。

公伝してからしばらくは、朝廷は仏教を容認しなかった。受け入れをめぐって有力者の対立があったからだ。大臣《おおおみ》の蘇我稲目《そがのいなめ》は崇仏を主張し、大連《おおむらじ》の物部尾輿《もののべのおこし》は「国つ神（祖先神）の怒りをまねく」と廃仏を訴えた。世にいう「崇仏論争」である。このおり天皇は、現段階では公的な仏教崇拝は認めぬが、蘇我氏の私的崇拝は許可すると裁定をくだした。

**古墳時代**
- 538年（552年）仏教公伝
  ↓朝廷の貴族への普及活動

→

**奈良時代**
- 鎮護国家としての仏教：東大寺大仏、南都六宗

## ◉積極的な中央集権化に必要だった仏教

ところで、仏教を国家として受容するか否かは、単に宗教上の問題にとどまらない。仏教はそもそも、インドのカースト制度や部族制度を超越した普遍的な教義がその中心をなしている。だから仏教を受け入れるというこ

## 仏教簡易年表

| 平安時代 | 鎌倉時代 | 室町時代 | 江戸時代 | 明治・大正時代 |
|---|---|---|---|---|
| ●現世利益のための仏教：空海（真言宗）と最澄（天台宗）、浄土教 | ●武士・庶民に開かれた仏教：鎌倉六仏教 | ●戦う仏教：日蓮宗…法華一揆、浄土真宗…一向一揆 | ●仏教の国教化：寺請制度 | ●神仏分離令による仏教の衰退とその後の復活 |

とはすなわち、氏姓制度に立脚した豪族連合政権である大和朝廷を、中央集権的律令国家へと変革するという意味あいをもっていた。

つまり物部氏は、国家体制の現状維持を主張し、蘇我氏は積極的改革をとなえたわけだ。ちなみに朝鮮諸国は、このころ次々と仏教を受容しており、国家機構の中央集権化は世界的な流れであった。

やがて蘇我氏は、進んだ仏教文化・技術を摂取するとともに仏教を信奉する渡来人を配下につけ、物部氏を圧倒し、ついに蘇我稲目の息子・馬子は、物部守屋《もりや》を滅ぼして朝廷の実権を掌握したのだった。

ここにおいて、仏教は朝廷によって公認されることになり、国家の中央集権化が急速に進展していった。その後、仏教は上の簡易年表のように発展していく。



歴史メモ　仏教の私伝は、継体天皇の522年に渡来人の司馬達等がお堂に仏像を安置し、毎日崇拝していたと『扶桑略記』にあるのが初出だ。

# 世界情勢の変化に見事に対応した推古朝

隋という強大な帝国の登場で、朝廷は政治改革を断行、隋に対しては対等外交を仕掛けていった。

## ◉聖徳太子はいなかった！

聖徳太子が推古天皇の摂政の地位についたのは、593年のことだと伝えられる。摂政は、天皇を補佐して政務をとる職。推古天皇は太子の叔母にあたり、日本初の女帝である。彼女を帝位につけたのは、朝廷の最大実力者蘇我馬子《そがのうまこ》だった。馬子は対立した崇峻《すしゅん》天皇を部下に暗殺させ、姪の推古を即位させ、蘇我氏の血を引く聖徳太子を摂政や皇太子にすえて独裁体制をしこうとした。

聖徳太子の政治力はずば抜けており、冠位十二階や憲法十七条を制定、小野妹子を隋へ派遣して対等外交を成功させたといわれてきた。しかし近年、聖徳太子は実在の人物ではないとする学説が有力になりつつある。聖徳太子のモデルになる厩戸王という有力な皇子は実在したが、果たして推古朝でどれほどの政治力を発揮したかが疑問視されているのだ。太子をスーパーマンに仕立て上げたのは、太子が死んでから100年後に成立した『日本書紀』らしい。このときの権力者の都合によって、歴史が改竄《ざん》された可能性が高いのだ。ただ、太子の存在は怪しいものの、改革が遂行されたのは史実である。

## ◉豪族を押さえつけた冠位十二階と憲法十七条

603年、冠位十二階が制定される。これは、個人の才能や功績に応じて位階を与える制度。これで豪族の世襲制が打破され、優秀な人材の登用が可能になった。翌年、憲法十七条がつくられたが、今でいう憲法とは全く異なる。たとえば、君主は天、家臣は地であるから上下の秩序を守れと天皇への服従を説いたり、「和を貴べ」と豪族間での合議を求めるなど、国家官僚としての服務規程を豪族に徹底させせようとしたものになっている。

こうした天皇を中心とする中央集権体制を整えようとした背景には、東アジア情勢の大変動があった。

**推古朝の政治**

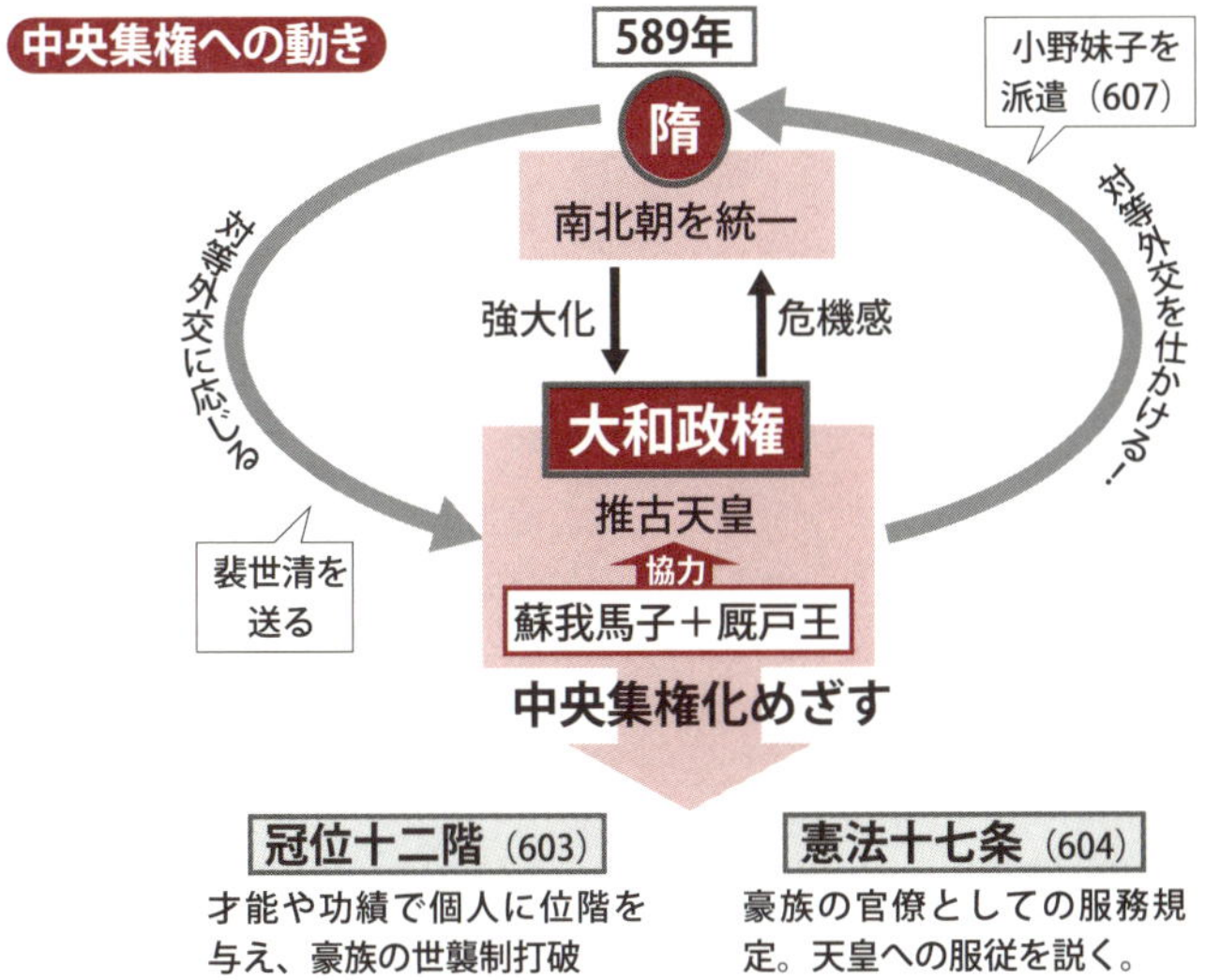
中央集権への動き
589年
隋
南北朝を統一
小野妹子を派遣（607）
対等外交を仕かける！
対等外交に応じる
強大化
危機感
大和政権
推古天皇
協力
蘇我馬子＋厩戸王
裴世清を送る
中央集権化めざす
冠位十二階（603）
才能や功績で個人に位階を与え、豪族の世襲制打破
憲法十七条（604）
豪族の官僚としての服務規定。天皇への服従を説く。



589年、中国に隋という強大な統一国家が生まれ、周辺地域へ進出しはじめたのである。

## ◉なぜ日本は隋と対等外交が可能だったのか。

強大な隋により、周辺諸国は次々と冊封されていった。隋の皇帝から詔や称号をもらい国王に任命してもらうのを冊封という。つまり、君臣関係を結んだのである。

これに対して大和朝廷は、近隣諸国とは異なる外交政策を進めた。607年、小野妹子が遣隋使として派遣された。妹子が隋の煬帝に差し出した国書には「日出《ひいず》る処《ところ》の天子、書を日没する処の天子に致す。恙《つつが》なきや」と書かれていた。「陽が昇る国の天皇が、陽の沈む隋の皇帝に国書を渡します。お元気ですか」という意味だ。隋という巨大国家に対し、対等外交を仕かけたのだ。

これを見た隋の煬帝《ようだい》は、無礼だと激怒したと伝えられるが、なぜか日本への答礼使を遣わしている。朝鮮半島の高句麗を征伐するためには、利害関係を同じくする日本の協力が必要だったからだ。こうした情勢を知ったうえで対等外交を仕掛けたのだから大した外交手腕だといえる。結果、日本の国際的地位は飛躍的に上昇し、必然的に国内における天皇の権威も高まったのである。



**歴史メモ** お札のモデルとなった聖徳太子の肖像画は、太子が死んでから100年以上後に描かれたもので、手にしている笏も当時存在しなかった。

# 大化改新はなぜなされたのか

**中央集権体制をめざし、あまりに強引な蘇我氏のやり方に中臣鎌足、中大兄皇子がクーデターを起こす。**

## ◉強大化、無法者化する蘇我氏

蘇我蝦夷《えみし》は、天皇の職掌である雨乞いの儀式を無断で行なったり、大臣の地位を勝手に息子の入鹿《いるか》に譲ったりと、その態度が目にあまるほど尊大になった。それでも蝦夷は、形だけは天皇をうやまい、豪族たちを尊重する態度をみせた。だが、入鹿はちがっていた。

643年11月、山背大兄王《やましろのおおえのおう》が自殺する。この王は厩戸王（聖徳太子）の息子で、蘇我氏の近縁・古人大兄皇子《ふるひとのおおえのおうじ》の皇位後継ライバルだった。そこで入鹿は、王に謀反の罪をかぶせて自殺させたのである。この暴挙によって蘇我氏は多くの貴族から反感をかった。

645年
乙巳《いっし》の変
中大兄皇子
中臣鎌足
クーデター
蘇我蝦夷
蘇我入鹿

## ◉中臣鎌足が起こしたクーデター

このような情勢を巧みにとらえ、蘇我氏打倒を計画した男がいる。中臣鎌足《なかとみのかまたり》である。彼は神職をつかさどる中級豪族であったが、唐から帰国した僧旻《みん》や南淵請安《みなみぶちのしょうあん》に師事し、大陸の新知識を多く吸収、唐のような律令国家にならい、天皇を中心とする中央集権的官僚国家の樹立の必要を強く感じていた。その理想を達成するためには、蘇我氏のような強大な存在はあってはならなかった。

そこで鎌足は、やはり有力な皇位後継候補であった中《なか》大兄皇子《のおおえのおうじ》の賛同を得、さらに蘇我一族の蘇我倉山田石川《くらやまだいしかわ》麻呂《まろ》を味方に引きこみ、佐伯氏、葛城氏らを誘って入鹿

### 大化改新がもたらしたもの

**646年**

**改新の詔**

①公地公民制の原則
②行政区画、軍事、交通制度の制定
③班田収授法
④新税法の実施

**結果**

**天皇を中心とする中央集権的体制の促進**

暗殺を実行する。６４５年6月12日、鎌足らは朝鮮３国の入貢の儀だと偽って入鹿を大極殿《だいごくでん》におびき寄せ、石川麻呂の表文朗読を合図に刺客団によって彼を殺害しようとした。が、朗読がはじまっても刺客は躊躇して動かない。石川麻呂は不安のために声が震え冷や汗を流した。入鹿は不審に思い「なぜ震えているのか」とたずねたが、その直後、ためらう仲間を見かねた中大兄皇子が入鹿に斬りこんだ。こうして入鹿は討たれ、翌日、屋敷を包囲されて蝦夷も自害、ここに蘇我氏宗家は滅亡した。

## ◉大化の改新で中央集権が確立される

クーデターのあと孝徳《こうとく》天皇が即位し、中大兄皇子は皇太子となった。大臣や大連は廃止されて左大臣・右大臣が新設され、鎌足も天皇の補佐役である内臣《うちつおみ》に就任した。こうして皇室権力は拡大し、同年末には難波への遷都《せんと》を強行したため、地縁の強い豪族の力も削がれた。

翌年、孝徳天皇は新政府の基本方針たる「改新の詔《みことのり》」を発表した。なかでも豪族の土地私有を禁じ、土地・人民は国家のものであるとした「公地公民制」は、それまでの体制を根底から覆す改革だった。

『日本書紀』は、このほか詔の内容として、行政組織と交通・軍事制度の中央集権化、公地公民制をうけての戸籍作成と、それに基づく農民への田地分配、新税制の施行を載せているが、現実にどこまで実行されたかは疑問であり、書紀の編者が改ざんした疑いもある。しかし、中央集権的政治体制が進んだのは確かなわけで、大化改新はまことに大きな国家変革であったといえよう。



**歴史メモ** 近年では大化の改新はなかったとする説や孝徳天皇こそが改新の主役だったという新説も登場している。

# 律令国家ってどんなしくみ？

**大化改新以降、「律令制度」が取り入れられた。これは行政の基盤となる法律であった。**

## ◉「律」「令」とは刑法と行政法のこと

律令国家とは、「律令《りつりょう》」という法律にもとづいて国が運営されている国家のこと。「律」は、いまでいう刑法にあたり、「令」は国家統治組織や官吏服務規定などを含んだ行政法一般のことをさす。

4世紀に成立した大和政権は、大王《おおきみ》（天皇）を中心とする畿内豪族の連合政権で、氏姓《しせい》制度と称する支配体制をとってきた。この制度は「氏《うじ》」（血縁的組織）の首長である氏上《うじのかみ》が、朝廷から「姓《かばね》」という政権内の地位をもらい、国家運営にたずさわるというシステムである。しかし、645年に始まる大化改新以後、国家の中央集権化がすすみ、遣唐使により唐の「律令」の詳細が明らかにされると、朝廷でも律令制度を導入していく。

わが国初の「令」は、天智《てんじ》天皇が668年に制定した「近江令《おうみりょう》」だとされる。ただし、その存在を疑う声もある。その後、天武天皇のときに「飛鳥浄御原令《あすかきよみはらりょう》」がつくられたが、本格的な律令は、文武《もんむ》天皇の701年に、刑部親王と藤原不比等《ふひと》が編纂した「大宝律令」である。718年の「養老律令」は、この大宝律令に多少の改変を加えたものだ。

## ◉日本式にややゆるやか（!?）な律令

中国を模倣したといっても、まったく同じシステムをそのまま導入したわけではなく、日本の実情に合うように修正している。昔から日本人は、独創性より改良に優れていたようだ。たとえば、政治機構の中心をなす太政官の権限を中国より強化したり、神祇《じんぎ》官という祭祀機関を、政治機構のなかに太政官とともに併置するといった工夫をしている。

また、官吏の採用には、中国の「科挙《かきょ》」のような厳しい試験制度を設けず、有力者の師弟を無試験で登用している。いうまでもなくコネ採用だ。

## ◉「格式」は律令の修正・施行の決まり

養老律令以後、新たな律令は制定されなかったが、かわりに9世紀から10世紀にかけて「格式《きゃくしき》」というものが制定される。「格」とは律令を補足・修正する勅令・官符をいい、「式」とは律令と格の施行細則のことである。

### 律令国家のしくみ

**律令国家とは？**

＝

**律令法に基づいて運営される国家**

**律**…刑法

**令**…行政法

| 律令の歴史 | | | |
|---|---|---|---|
| 名称 | 年代 | 天皇 | 中心人物 |
| 近江令 | 668 | 天智 | 中臣鎌足 |
| 飛鳥浄御原令 | 689 | 天武 | 草壁皇子 |
| 大宝律令 | 701 | 文武 | 刑部親王<br>藤原不比等 |
| 養老律令 | 718 | 元正 | 藤原不比等 |

**格**…律令の補足・修正

**式**…律令の施行細則

| 3大格式 | |
|---|---|
| 弘仁格式 | 820年 |
| 貞観格式 | 9世紀後半 |
| 延喜格式 | 10世紀前半 |



歴史メモ　7世紀後半から律令政治がはじまり、8世紀には最盛期を迎えるが、9世紀には摂関政治にとってかわられ、律令政治は短命に終わる。

# 「壬申の乱」は中大兄皇子のルール違反が原因！

**古代最大の反乱である「壬申の乱」は、中央集権化を強引におし進める結果となった。**

## ◉皇位継承によるもめごとが発端

672年に起こった「壬申の乱」は、古代における最大の内乱であった。

大化改新を成功させた中大兄皇子は、長らく皇太子の地位にとどまって陰で政治をとっていたが、667年、近江大津宮へ朝廷を移し、翌年正式に即位して天智天皇となった。

天智天皇には大海人《おおあま》皇子という同母弟があり、この人物が皇位後継者だと目されていた。ところが671年、天皇は息子の大友皇子を太政大臣に任命し、政治運営をまかせたのである。太政大臣に就任したということは、皇太子になったと同様の意味をもつ。

大友皇子の母は、采女《うぬめ》と呼ばれる身分の低い女性だった。当時の慣例では、皇位を継ぐ資格を有する者は、皇族や有力豪族出身の皇后から生まれた皇子だけであった。とくに天皇に同母弟がある場合、兄弟相続が原則だったのに、天智天皇はこれを無視して、あえて寵愛する大友皇子を後継者に選定しようとしたのだ。この動きに身の危険を感じた大海人皇子は、頭を丸めて皇位をのぞむ意志のないことを天皇に告げ、大津から100キロ以上離れた吉野の地に家族を連れて隠棲《いんせい》してしまった。

## ◉不満分子を集めて大津を攻める

671年12月、天智天皇が没した。朝廷内では天智天皇の独裁への不満が渦巻いていた。近江大津宮への遷都強行や朝鮮出兵の失敗、改新の詔に見られるような豪族勢力の削減政策などが不評を買っていたのである。天皇の死とともに不満は噴出、若き大友皇子の政権は大きく動揺した。

これをチャンスとみた大海人皇子は挙兵を決意、672年6月、吉野を脱して伊賀国を抜け、さらに伊勢国に入り不破関《ふわせき》に着陣した。この間、大海人皇子の募兵に応じた美濃・伊勢国の兵たちが続々と集結、大津宮からも皇子を慕って同志が参集し、巨大な軍事勢力が現出した。

### 壬申の乱はこうして起こった

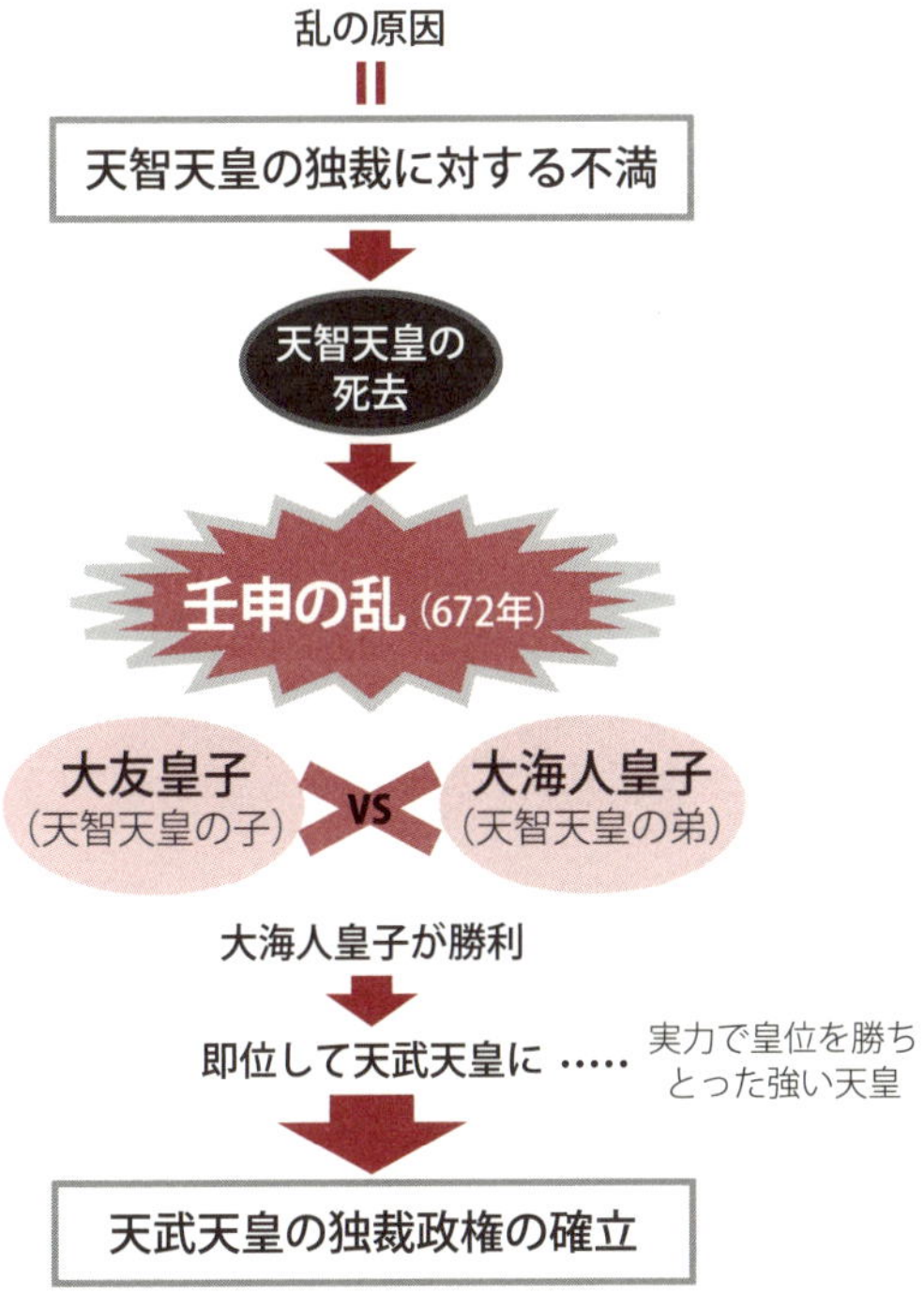
乱の原因
天智天皇の独裁に対する不満
天智天皇の死去
壬申の乱（672年）
大友皇子（天智天皇の子）
VS
大海人皇子（天智天皇の弟）
大海人皇子が勝利
即位して天武天皇に……
実力で皇位を勝ちとった強い天皇
天武天皇の独裁政権の確立

大海人皇子は、琵琶湖をはさむように軍を二手にわけ、大津へと進攻させた。

かつての都・飛鳥でも大伴氏が大海人に呼応して兵をあげ、大津を目指しはじめた。この反乱を知って、大津宮は一時パニックに陥ったが、それでもようやく周辺の兵をかき集めて迎撃体制を整え、よく防戦した。しかし、1か月間の攻防のすえ大津は落ち、大友皇子が自殺して戦いは終結した。

### ◉天武独裁政権の誕生

勝利した大海人皇子は飛鳥で即位し、天武天皇となった。

武力で皇位を奪った天武の力は強大で、諸豪族は服従せざるを得なかった。こうして絶対君主のもと、かつて天智天皇が目指した国家の中央集権化は、急速に達成されていった。まさに歴史の皮肉であろう。



歴史メモ　大友皇子は天皇になったはずだが、皇位を奪ったと非難されぬよう天武天皇が史書を改ざんしたらしく、明治になって弘文という天皇の諡号を追贈された。

COLUMN

## 最古の文字はどれだ！

日本最古の文字は、5世紀半ばに稲荷台1号古墳（千葉県市原市）から出土した鉄剣に書かれたものだとされてきた。ところが、1996年1月、片部遺跡（三重県松坂市＝旧嬉野町）出土の4世紀前半の土師器の壺に「田」の文字の墨書があると、同町教育委員会が発表した。これが事実とすれば、最古の文字は100年以上繰り上がることになる。

だが、この文字は壺の縁という不自然な場所にあり、色も薄く形もいびつなことから汚れやシミではないのか、という疑問が出され、学者の間で物議をかもした。

また、これは「田」ではなく、2～3世紀の国産銅鏡に見られる巫女を意味する「亞」の字だと、シルクロード学研究センターの寺沢薫氏は新説を発表。もし「亞」が文字だとすれば、さらに数百年遡上する。

一方、この発見を町おこしに役立てようと、旧嬉野町では歴史論文を公募したり、シンポジウムや縄文祭りを開催したりと、懸命にＰＲ。町職員の名刺には、墨書土器の写真と説明を印刷するほどの念の入れようだった。

ところが1997年2月、今度は熊本県教育委員会が、同県玉名市の柳町遺跡の木製よろいの留め具から、やはり「田」の文字が発見されたと公表。しかも同時に出土した土器の年代から推定して、片部遺跡より20～30年古いという。そんなわけで、最古の文字論争はまだまだ続きそうな気配である。

COLUMN

# 日本独自の騎乗法は古墳時代にルーツがあった

現在の乗馬術では、馬は左から乗る。けれどもこれは西洋式で、かつて日本では馬は右側からまたがっていた。

明治の中期まで行なわれていたこの右からの騎乗法の起源は、信貴山縁起絵巻や平治物語絵詞の描写が初出であることから、平安時代にまでさかのぼるとされてきた。

しかし、1988年に埼玉県美里町の久保2号古墳から出土した馬形埴輪が、この定説をくつがえした。埴輪の右鐙（あぶみ）が、滑りやすい輪鐙ではなくスリッパのような形をしており、かつ左より長かった。日本馬研究家の鈴木健夫氏は、低いスリッパ状の右鐙を踏み台にして乗った証拠と推定した。つまり、右乗りの起源が500年以上も繰り上がったのだ。

また、姫塚古墳（千葉県横芝光町）の馬形埴輪が、1996年に国立歴史民俗博物館の杉山晋作助教授によって復元されたが、その結果、もう一つ騎乗に関する興味深い説が生まれた。

埴輪の右胴に、長さ25センチ、幅7センチの板が、鞍から二本の紐で垂らされ、鐙より高い位置に設置されていたのが判明。横座りのための足台と推定されたのである。

古代の文献には女性が馬に横座りする記述が見え、いまでも東北地方の一部では、嫁入りの際に花嫁が馬に横座りする習慣があることから、前出の鈴木氏は乗り手は女性だと推定した。今でも自転車で2人乗りする際、後席の女性は横座りする人が多いが、それも古代の名残りなのだろうか。

# 土地を私有できるのは8世紀になってから

**大化の改新ですべての土地は国有になるが、租税を納める人がいなくなり、次第に自由化されていく。**

## ◉646年、土地はすべて国家のものに

狩猟しながら移動する人々にとって、土地を所有することはそれほど意味をもたない。人が土地に執着するようになったのは、農業がはじまり、定住生活をするようになってからのことだ。そして、よい土地をめぐって戦争がはじまり、その争いに勝ち残っていった一族が豪族と呼ばれる支配階級になったのである。

さて、豪族の連合政権として発足した大和政権だったが、やがて天皇に権力が集中するようになると、有力豪族らは次第に排除され、ついには645年、強大な勢力を誇っていた蘇我氏も乙巳の変によって滅ぼされてしまった。

翌646年、朝廷は4カ条にわたる「改新の詔」を発する。その一条に「公地公民制」があった。これは、私有地すべてを接収し、国家の所有とする法律である。大変な土地制度の改革であった。

このとき同時に、班田収授法《はんでんしゅうじゅのほう》という法律が制定されたといわれるが、同法が確実に施行されるのは701年の大宝律令以後だ。同法は、6歳以上の者に口分田《くぶでん》（土地）を貸し与える制度で、国民を「良」と「賤」に分け、良民には2段（1段＝約107平方メートル）の面積を、賤民にはその3分の1を貸し与えた。

もちろん、ただで土地が分配されるわけはなく、男には租・庸・調といった租税が課された。これがかなり重い税で、土地を捨てて流浪する者、逃亡する者が続出し、公田は次第に荒廃、国税の収入も減少していった。

## ◉自分のものにならなければやってられない？

この状況を打開するため、政府は723年、「三世一《さんぜいっ》身《しん》の法」を発令した。既存の溝池を用いて田を開墾した者には一生のあいだ、新たに溝池をつくり田を開けば3

代にわたって、その土地の私有を認めるという画期的な法律だった。人々は先を競って開拓したものの、国家の接収期限が近づくと土地の耕作を放棄してしまった。当然だろう。

そこで政府は、ついに「墾田永年私財法《こんでんえいねんしざいほう》」を発し、土地の私有を公認したのである。身分により開墾地の面積規制があったものの、原則として土地は自由化されたのだ。

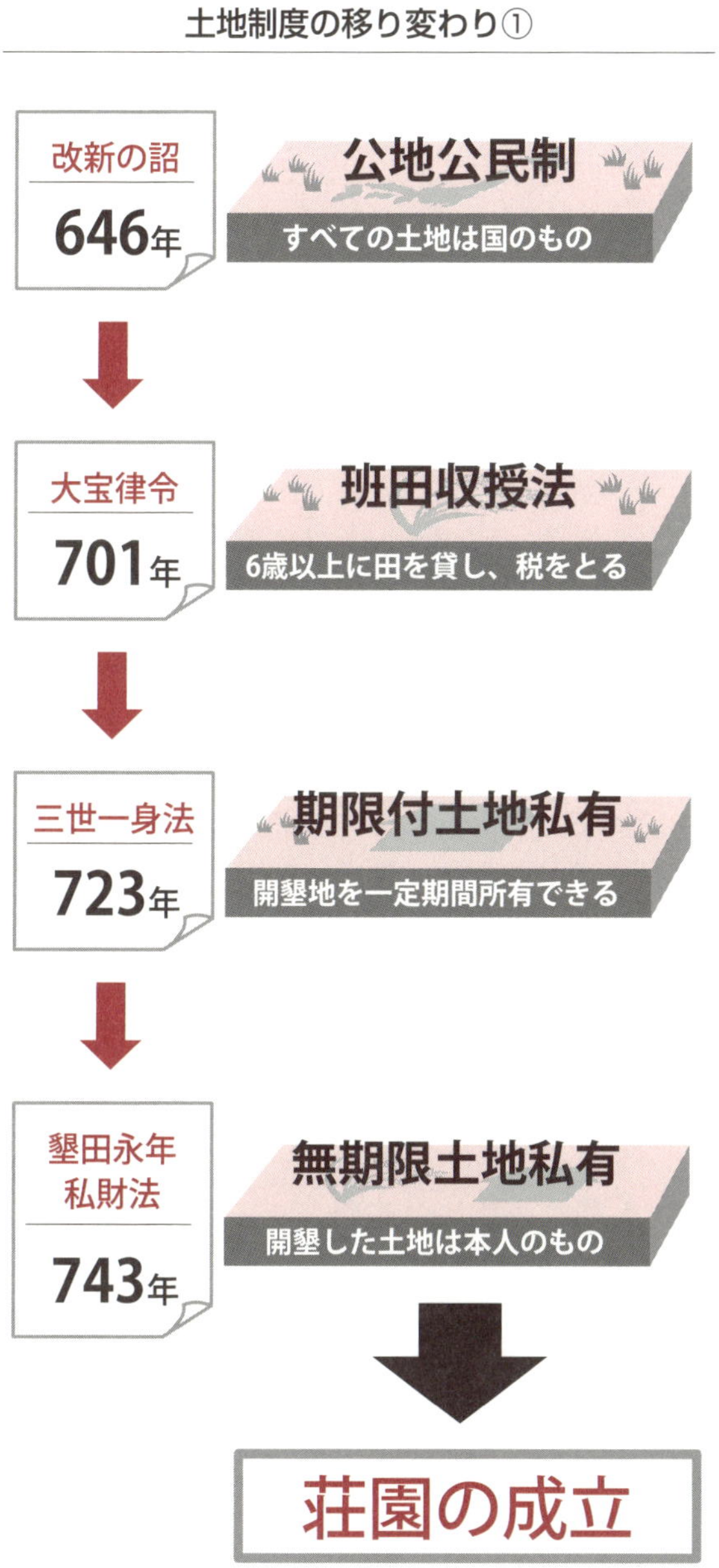
土地制度の移り変わり①
改新の詔
646年
公地公民制
すべての土地は国のもの
大宝律令
701年
班田収授法
6歳以上に田を貸し、税をとる
三世一身法
723年
期限付土地私有
開墾地を一定期間所有できる
墾田永年私財法
743年
無期限土地私有
開墾した土地は本人のもの
荘園の成立



歴史メモ 公地公民制のもとでは、男子のほうが女子より租が重かったので、女子と戸籍を偽り、脱税しようとする知恵者もかなりいたらしい。

# 土地は武士から農民のものへ

**8世紀にはじまった荘園制度は、16世紀に豊臣秀吉によって廃止されるまで続いた。**

## ◉荘園制度という新しい土地システム

墾田永年私財法によって、はじめに開拓・開墾に乗り出したのは、財力を有する寺社や貴族であり、彼らによって開墾された土地を初期荘園と呼ぶ。

けれども10世紀以降、初期荘園は衰退し、開発領主（有力農民）が、作人《さくにん》（農民）や下人（農奴）を使って土地を開拓し、それを貴族や寺社に寄付する寄進地系荘《きしんちけいしょう》園が主流となった。もちろん寄進して所有権を手離しても、実際の土地支配権は開発領主が握った。彼らは寄進することで貴族や寺社を領家・本家と仰ぎ、その権威を利用して国司の圧力や租税を免れようとしたのだ。

ちなみに、国司の荘園への立ち入りを拒否できる権利を「不入《ふにゅう》の権」、租税が免除される権利を「不輸《ふゆ》の権」といった。こうして荘園は、国家の支配から次第に解き放たれていった。そして、この荘園が基本となり、日本の土地政策は推移していく。

## ◉荘園から武士へ

その後、荘園の開発領主の中には武装化して武士となってゆく者が現れる（96ページ）。武士は、鎌倉・室町幕府といった武士政権のもとでは、御家人になることで、本領安堵《あんど》といって土地の所有を保証された。

荘園の土地を直接耕作するのは農民であるが、開発領主、領家、本家というように、一つの土地にはいくつもの中間搾取層が存在した。豊臣秀吉は、兵農分離令を出して中間搾取層を排除し、一地一作人制を確立する。こうして荘園制度は消滅した。

江戸幕府はこの制度を引き継ぎ、土地は農民のものとなった。ただし、幕府は税収確保のため田畑永代売買の禁令や、分地制限令などを出して、農民から土地売買の自由を奪った。土地が再び自由化されるのは、地租改正令が出された明治時代に入ってからのことになる。
第二次世界大戦後、寄生地主制度を撤廃する目的から農地改革が断行され、多くの小作農が土地を得て自作農になった。

土地制度の移り変わり②

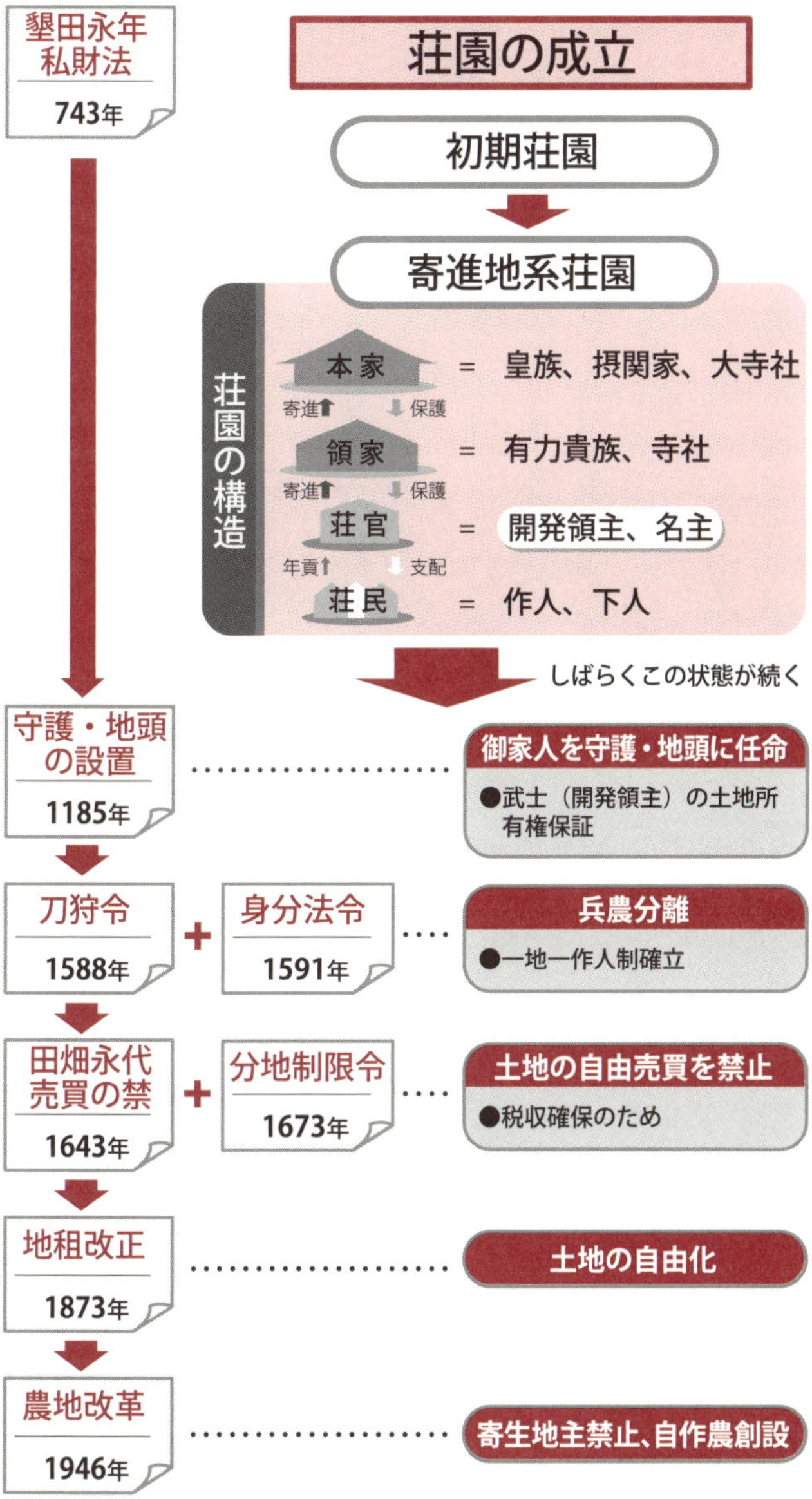

墾田永年私財法
743年
荘園の成立
初期荘園
寄進地系荘園
荘園の構造
本家 = 皇族、摂関家、大寺社
寄進 保護
領家 = 有力貴族、寺社
寄進 保護
荘官 = 開発領主、名主
年貢 支配
荘民 = 作人、下人
しばらくこの状態が続く
守護・地頭の設置
1185年
御家人を守護・地頭に任命
●武士（開発領主）の土地所有権保証
刀狩令
1588年
身分法令
1591年
兵農分離
●一地一作人制確立
田畑永代売買の禁
1643年
分地制限令
1673年
土地の自由売買を禁止
●税収確保のため
地租改正
1873年
土地の自由化
農地改革
1946年
寄生地主禁止、自作農創設




歴史メモ　尾張国国司藤原元命の荘園に対する搾取は悪辣だったらしく、988年、農民らは暴政を朝廷に直訴し、元命の罷免を要求している。

# 古代、日本は頻繁に中国と交流していた

**大陸の進んだ文化、制度などを吸収するため、日本は中国と積極的な外交を行なってきた。**

## ◎中国の力を利用する朝貢外交

日本と中国の関係は古く、『漢書』地理志には紀元前1世紀のころの日中交流に関する記述がみえる。弥生時代、倭（日本）は多くの小国が分立しており、国々は競って中国王朝に使者を派遣し、自国の政治的立場を高めようとした。3世紀、魏へ遣使した邪馬台国の女王卑弥呼は、その典型だろう。

4世紀になると大和政権が畿内に生まれ、やがて朝鮮半島南部へ進出を開始する。だが、中国東北部から興った高句麗も半島北部へ勢力を広げてゆく。

5世紀、大和政権の歴代5天皇は、高句麗を牽制するため、中国の南朝に朝貢《ちょうこう》をはじめた。朝貢とは、中国皇帝に貢ぎ物をもって謁見すること。彼らは中国の史書では讃《さん》・珍《ちん》・済《せい》・興《こう》・武《ぶ》と呼ばれ、済・興・武については、允恭《いんぎょう》・安康《あんこう》・雄略《ゆうりゃく》天皇だと考えられている。

## ◎基本的に平等の外交への転換

朝貢外交という卑屈な歴史に幕を引いたのが推古天皇の時代であった。607年、推古は小野妹子を隋《ずい》の煬帝《ようだい》のもとに派遣したが、その国書に「日出る処の天子、書を日没する処の天子に致す」と記し、対等関係を表明。煬帝はこれに激怒したが、東アジア情勢の変化で日本と

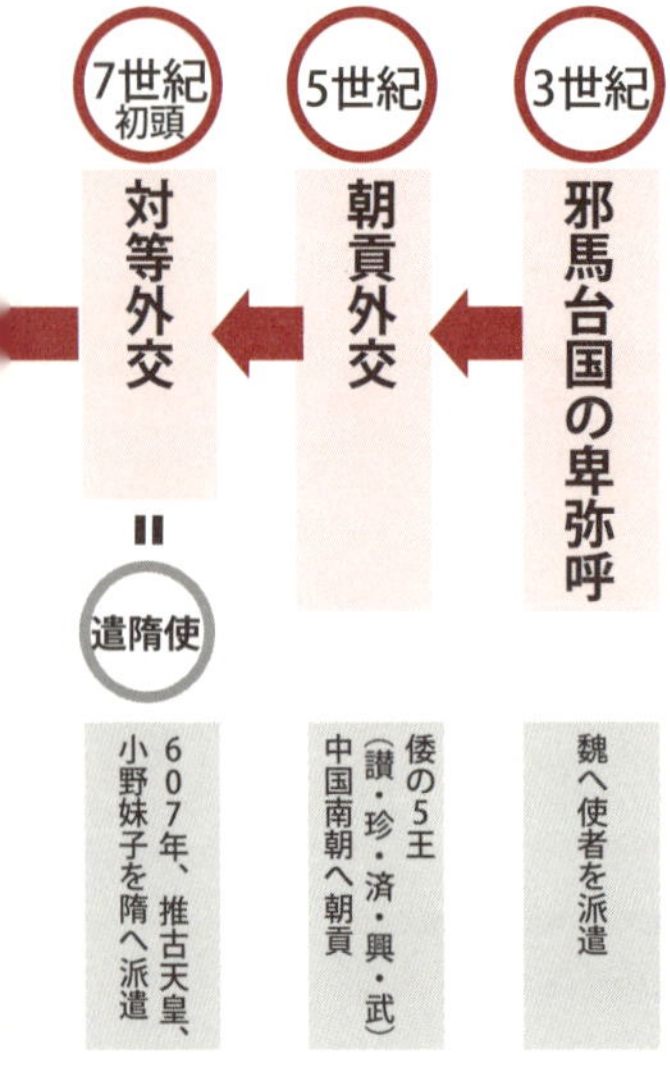
3世紀
邪馬台国の卑弥呼
魏へ使者を派遣
5世紀
朝貢外交
倭の5王（讃・珍・済・興・武）中国南朝へ朝貢
7世紀初頭
対等外交
＝
遣隋使
607年、推古天皇、小野妹子を隋へ派遣

友好関係を保つ必要があり、仕方なく答礼使を遣わした。ちなみに翌年、遣隋使に同行した高向玄理《たかむこのくろまろ》、南淵請安、僧旻は、帰国後、大化改新で重要な役割を果たした。

隋が滅んで唐が誕生してからも、大和朝廷は大陸の進んだ技術や知識・制度を取り入れるため、遣使を続けた。630年に犬上御田鍬《いぬがみのたすき》が最初に渡海してから、894年に菅原道真の建白で停止されるまで、遣唐使は15回にわたって派遣され、奈良時代には約20年に一度の割合で送り出された。人数は学僧・留学生をふくめ総勢500名くらいで、4隻に分乗して海を渡ったという。

当時は航海術が未熟なため遭難は後を絶たず、命がけの旅であった。けれど約250年続いた遣唐使は、わが国の国家制度の発展や文化の発達に多大な貢献をした。

遣唐使が中止されたからといって、日中関係が途絶したわけではない。宋の民間商船が博多などに来航するようになったのである。

## ◉民間貿易による商業外交が中心に

12世紀になると、南宋の商人たちが日本人との交易を求めてますます盛んに来日するようになり、民間貿易という商業的利益を介して日中関係は継続された。

これに注目したのが伊勢の平氏で、平清盛は瀬戸内海航路を整え、大輪田泊《おおわだのとまり》（兵庫港）を修築して貿易を独占し、多大な利益を獲得した。宋からは書籍、陶磁器、経典のほかに莫大な銅銭が輸入され、日本の貨幣経済の浸透に大きく寄与したといわれる。

対中国外交の移り変わり

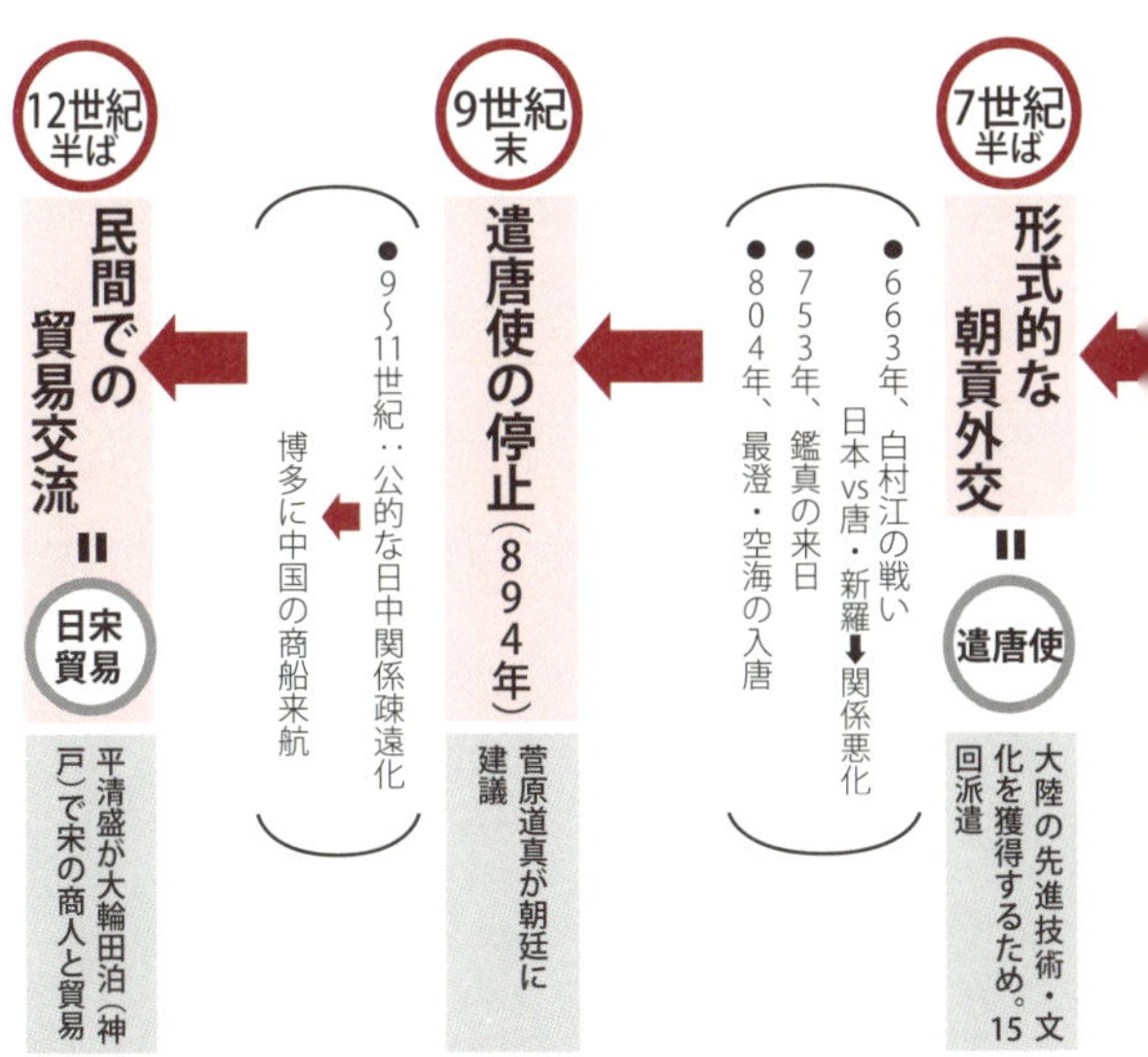
7世紀半ば
形式的な朝貢外交
＝遣唐使
大陸の先進技術・文化を獲得するため。15回派遣
●663年、白村江の戦い 日本vs唐・新羅⬇関係悪化
●753年、鑑真の来日
●804年、最澄・空海の入唐
9世紀末
遣唐使の停止（894年）
菅原道真が朝廷に建議
●9～11世紀：公的な日中関係疎遠化
博多に中国の商船来航
12世紀半ば
民間での貿易交流
＝日宋貿易
平清盛が大輪田泊（神戸）で宋の商人と貿易



歴史メモ　遣唐使の旅は15回実施されたうち、8回が遭難や漂流の憂き目をみるという危険な航海だったが、帰国後は高官につくことができた。

# 昔から複雑だった!? 古代の日朝関係

**古代の日本と朝鮮の関係は、中国をからめた朝鮮半島統一の歴史と密接にかかわっている。**

## ◉はるか昔にも韓国に進出した日本政権

中国同様、日本と朝鮮半島の関係も古く、土器や猟具の類似性などから縄文時代までさかのぼることができる。中国の史書には、倭（日本）の小国や邪馬台国が、朝鮮半島にあった漢の植民地・楽浪郡《らくろうぐん》や帯方郡《たいほうぐん》を通じて、中国王朝へ朝貢していたことが記載されている。

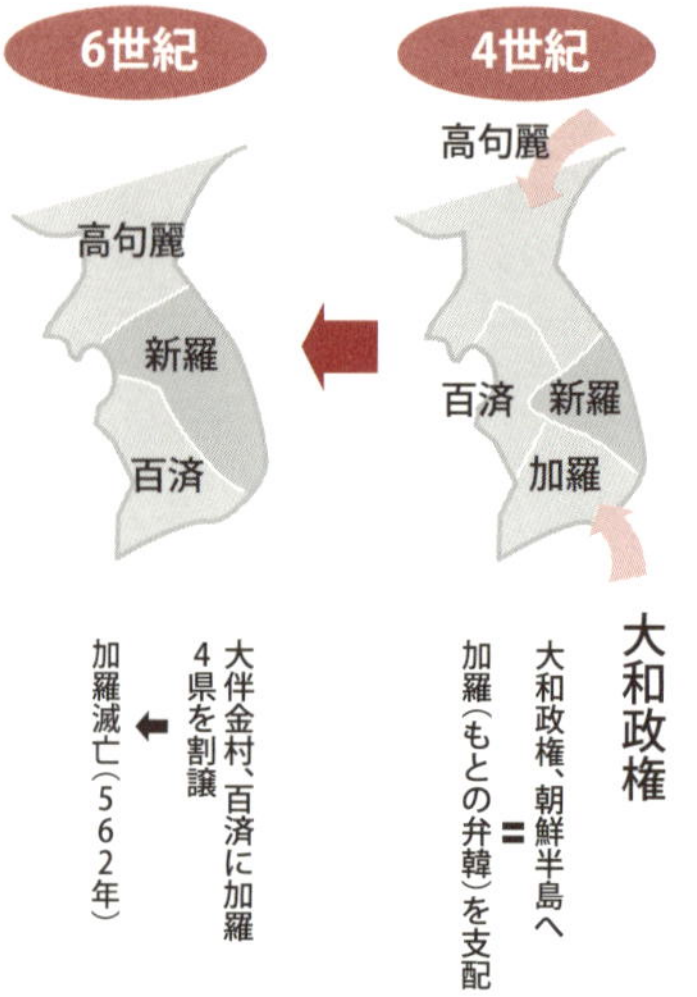
4世紀
高句麗
百済
新羅
加羅
大和政権
大和政権、朝鮮半島へ
＝
加羅（もとの弁韓）を支配
6世紀
高句麗
新羅
百済
大伴金村、百済に加羅4県を割譲
⬅
加羅滅亡（562年）

しかし、4世紀になると朝鮮半島に大きな変化が起こる。中国東北部からおこった高句麗が313年に楽浪郡を滅ぼし、半島北部に勢力をのばした。一方、半島南部では辰韓《しんかん》、馬韓《ばかん》と称する小国家連合が、それぞれ新羅《しらぎ》、百済によって統一された。ただし、半島南部の弁韓という国家連合は、大和政権（日本）と密接な関係をむすび、名を加羅《から》（加耶諸国、任那《みまな》）と改めた。日本が朝鮮半島に進出したのは、大陸の最新文化・技術の獲得、鉄資源の確保が目的だった。

こうした状況のなか、4世紀後半になると、南下する高句麗と北進する大和政権が、必然的に半島で激突するようになった。高句麗好太王《こうたいおう》の碑文によれば、391年、大和政権は大軍を半島へ送り、新羅・百済を制圧して高句麗と戦闘を交えたとある。

けれども結局、高句麗の膨張は阻止できず、やがて同

## 日朝関係の略年表

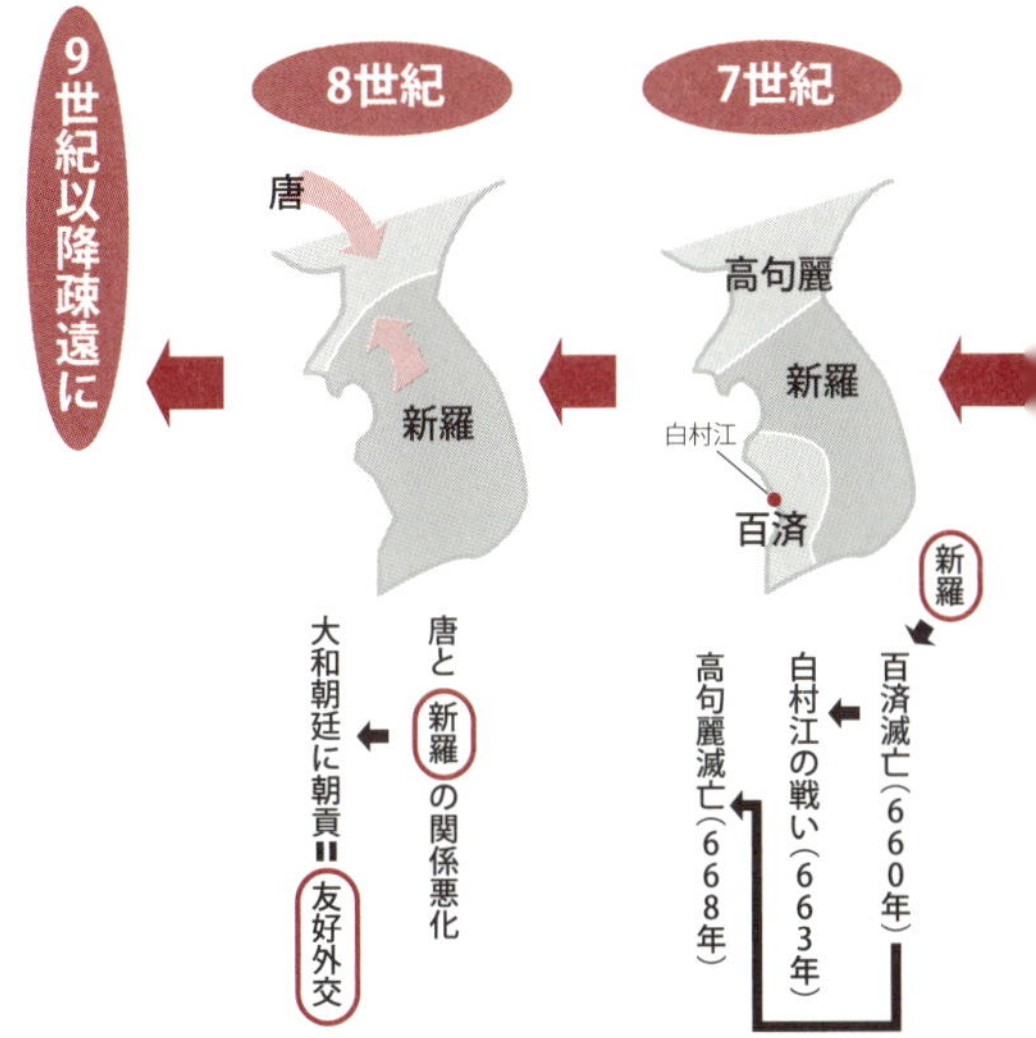
7世紀
高句麗
新羅
白村江
百済
新羅
百済滅亡(660年)
白村江の戦い(663年)
高句麗滅亡(668年)
8世紀
唐
新羅
唐と新羅の関係悪化
大和朝廷に朝貢＝友好外交
9世紀以降疎遠に

国は百済を侵食しはじめる。窮地に立った百済は、都を南へ移すとともに大和政権に加羅4県の割譲を懇請した。実力者・大伴金村《おおとものかなむら》はワイロと引き替えに要求に応じたといわれる。これが引き金になって加羅は562年に滅亡、大和政権は半島での拠点を失った。

### ◉百済を救援して出兵するが…

その後、3国鼎立状態にあった半島の統一に成功したのは新羅であった。新羅は中国を平定した唐の助力を得て、660年、まず百済を滅ぼした。このとき、百済の遺臣たちは大和朝廷に救援を求めたので、中大兄皇子は663年に大軍を派遣するが、白村江《はくすきのえ》の戦いで唐・新羅連合軍に大敗を喫して退いた。大和朝廷を駆逐した新羅は、668年、ついに高句麗をも滅ぼして朝鮮半島の統一に成功したのであった。

一方、敗戦にあわてた中大兄皇子は、唐・新羅軍の来襲を恐れ、西日本各地に朝鮮式山城を築き、九州に防人(兵士)を置いて警戒にあたらせた。

### ◉友好関係から次第に疎遠に

だが、敵が来攻してくることはなかった。なぜなら、高句麗が消滅したことで唐と新羅は国境を接することとなり、境界をめぐって敵対関係に入ったからである。むしろ新羅は、唐を牽制するため日本に朝貢する。対して朝廷も新羅に使いを送り、両国は友好関係を結んだ。くわえて朝廷は、奈良時代より定期的に遣唐使を派遣するようになり、唐との険悪な関係も解消された。

だが、779年を最後に新羅との交流は途絶え、日朝は江戸時代まで正式な国交が開かれることはなかった。



**歴史メモ** 大連として朝廷の実権を握っていた大伴金村は、百済からワイロをもらったことをライバルの物部尾輿に弾劾され失脚してしまった。

# 古事記と日本書紀の隠された目的

**ともに天皇に命じられて編纂された史書だが、天皇家の神聖化を促進させる目的があった。**

## ◉同時代にはじめられた『古事記』『日本書紀』の編纂

日本の歴史をはじめて体系的に編纂した書物は、『古事記』（712年）と『日本書紀』（720年）である。両書はともに天武天皇の命令によって編纂が開始された。

天武天皇は、『帝紀』という皇室系図と、『旧辞』と呼ぶ神話や伝承に誤りが多いので、稗田阿礼《ひえだのあれ》に2書を精選させ、暗記させた。その後、阿礼が年老いて口承が絶えてしまうのを心配した元明天皇が、太安万侶《おおのやすまろ》に命じて阿礼の語りを筆録させた。これが、古事記である。上・中・下の3巻で、建国神話から推古天皇の時代までが記録されている。

一方、日本書紀は、帝紀・旧辞を原本としながらも、中国・朝鮮の正史や日本の古記録を取り入れ、巻数も30巻、系図1巻という膨大なものとして元正《げんしょう》天皇の時代に完成した。中心編纂者は舎人《とねり》親王で、神話から持統《じとう》天皇の事績までがくわしく収録された。

古事記のほうが物語性が強く、読み物として面白いが、日本書紀の中味と大差はない。なぜ、同時期に似た歴史書が二つ成立したのであろうか――。

## ◉正史と私的蔵書の違い

実は、編纂目的が異なるのだ。日本書紀は、中国を模倣して正史として編まれた漢文の公的記録であって、以後も、続日本紀（797年）、日本後紀（840年）と、書紀に続く五つの正史の編集が遂行され、全体で『六国《りっこく》史《し》』となる。他方、古事記は、天皇家に保存される私的蔵書であり、ゆえに単発で終わった。

## ◉ともに神話ではじまり神々は天皇家につながる

ところで、両書の前半部分では、神々が活躍する日本神話がくわしく語られる。これは朝廷の創作ではなく、古来からの伝承を収録したものだと考えられる。
　興味深いことに、日本神話は東南アジアの神話を骨格とし、中国、朝鮮、南太平洋、なんとギリシア神話の影響も見られるという。両書では、そんな神話が無理なく天皇家へつながるよう改ざんされている。つまり、これによって、天皇家は神聖性を帯び、国民支配の正統性が主張できるのである。天武天皇の史書編纂の狙いは、まさにここにあったといえる。

**記紀編さんの目的は…**

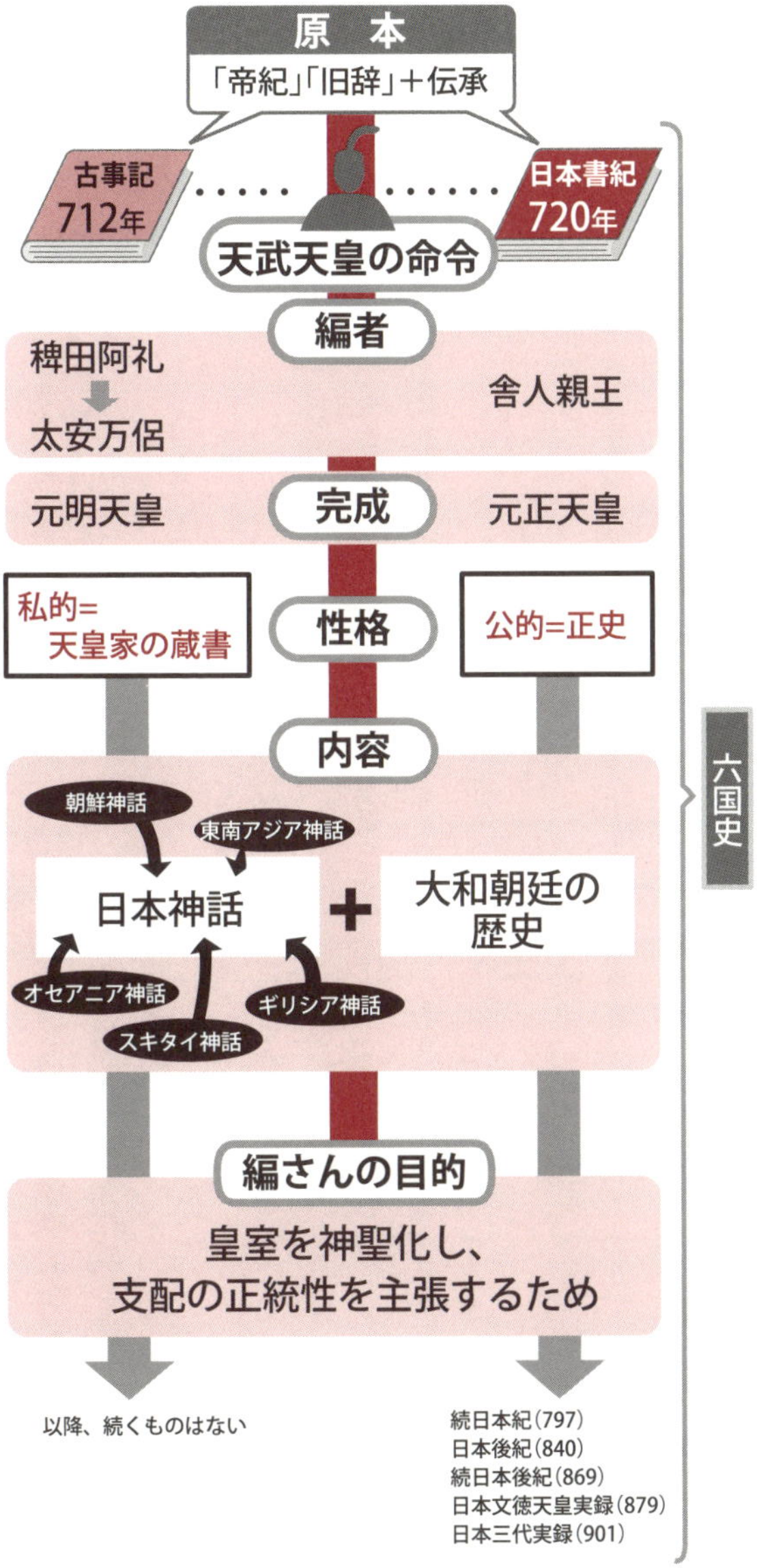
原　本
「帝紀」「旧辞」＋伝承
古事記
712年
日本書紀
720年
天武天皇の命令
編者
稗田阿礼
太安万侶
舎人親王
完成
元明天皇
元正天皇
性格
私的＝天皇家の蔵書
公的＝正史
内容
朝鮮神話
東南アジア神話
日本神話
大和朝廷の歴史
オセアニア神話
スキタイ神話
ギリシア神話
編さんの目的
皇室を神聖化し、支配の正統性を主張するため
以降、続くものはない
続日本紀（797）
日本後紀（840）
続日本後紀（869）
日本文徳天皇実録（879）
日本三代実録（901）
六国史



歴史メモ　『日本書紀』や『続日本紀』が、『古事記』をまったく引用していないことから、『古事記』は両書よりずっと後代に編纂されたとする説もある。

# 奈良時代はドロドロの権力闘争時代

**藤原氏の政権奪回の争いに明け暮れた奈良時代。最後に笑ったのは、果たして誰か。**

## ◉かつての栄華を夢見た藤原氏

710年、元明天皇は藤原京から平城京（奈良）に遷都した。以後、平安京に移るまでの約80年間を奈良時代と呼ぶ。この時代を特徴づけるものは権力者の頻繁な交代劇だ。

遷都を推進したのは、藤原鎌足の息子・不比等。彼は養老律令の編纂にたずさわり、律令国家の構築に大きく貢献した偉大な政治家だった。その不比等が720年に死ぬと、藤原氏に対抗する皇族勢力から長屋王《ながやおう》が台頭、右大臣となり政権を握った。この長屋王は、天武天皇の孫である。

一方、不比等の4子（武智麻呂《むちまろ》、房前《ふささき》、宇合《うまかい》、麻呂《まろ》）は、往年の隆盛を回復すべく、光明子《こうみょうし》（不比等の娘で、のちの光明皇后）を皇后にしようと画策する。が、皇族以外から皇后が誕生した前例はなく、長屋王は難色を示し、これを阻止しようとした。

729年、「長屋王に謀反の企みあり」と密訴する者が出た。藤原4子は事実を問いたださんと、長屋王の屋敷を兵で包囲した。すべては藤原氏の策略だった。これまでと悟った長屋王は、無念の涙を飲んで妻子とともに自害して果てた。

こうして光明子は念願の皇后（光明皇后）になり、藤原4子は実権を掌握したが、737年、4人とも天然痘に罹患、あっけなく死んでしまう。天然痘の猛威はすさまじく、朝廷の有力者のほとんどは死に絶えたと伝えられる。

## ◉何度も巻き返しをはかる藤原氏

この政治的空白期に登場したのが皇族の橘諸兄《たちばなのもろえ》だった。けれど諸兄は、藤原武智麻呂の子・仲麻呂《なかまろ》が光明皇后の寵愛をうけて新興してくると、こらえきれずに75

6年、政界から退いた。これを不満とした諸兄の子・奈良麻呂は、政権奪回クーデターを計画するが、事前に発覚して捕縛された。

## ◉仲麻呂の時代も長くは続かない…

以後、仲麻呂の全盛時代となる。孝謙《こうけん》女帝（光明皇后の娘）が退位したあと、仲麻呂は自分の意のままに動く淳仁《じゅんにん》天皇を即位させ、光明皇太后の後援のもと太政大臣になって権力をふるった。だが、光明皇太后が没し、孝謙上皇が道鏡《どうきょう》という僧を寵愛しはじめたことで、仲麻呂の人生は暗転する。上皇が仲麻呂の権力を削り、道鏡に与えようとしたため、764年に仲麻呂は挙兵に追いこまれ、自滅したのだ。

やがて道鏡は太政大臣禅師となり、復位した孝謙上皇（称徳《しょうとく》天皇）のもとで仏教政治を展開、天皇に子がなかったため、みずから皇位につこうと画策する。だが、和気清麻呂《わけのきよまろ》に野望を阻止され、770年に天皇が崩御したあと、失脚して下野国薬師寺へ放逐された。

有為転変としてまことに目まぐるしく、盛者必滅の論理が見事に凝縮された時代であった。

### 奈良時代の権力者と政変

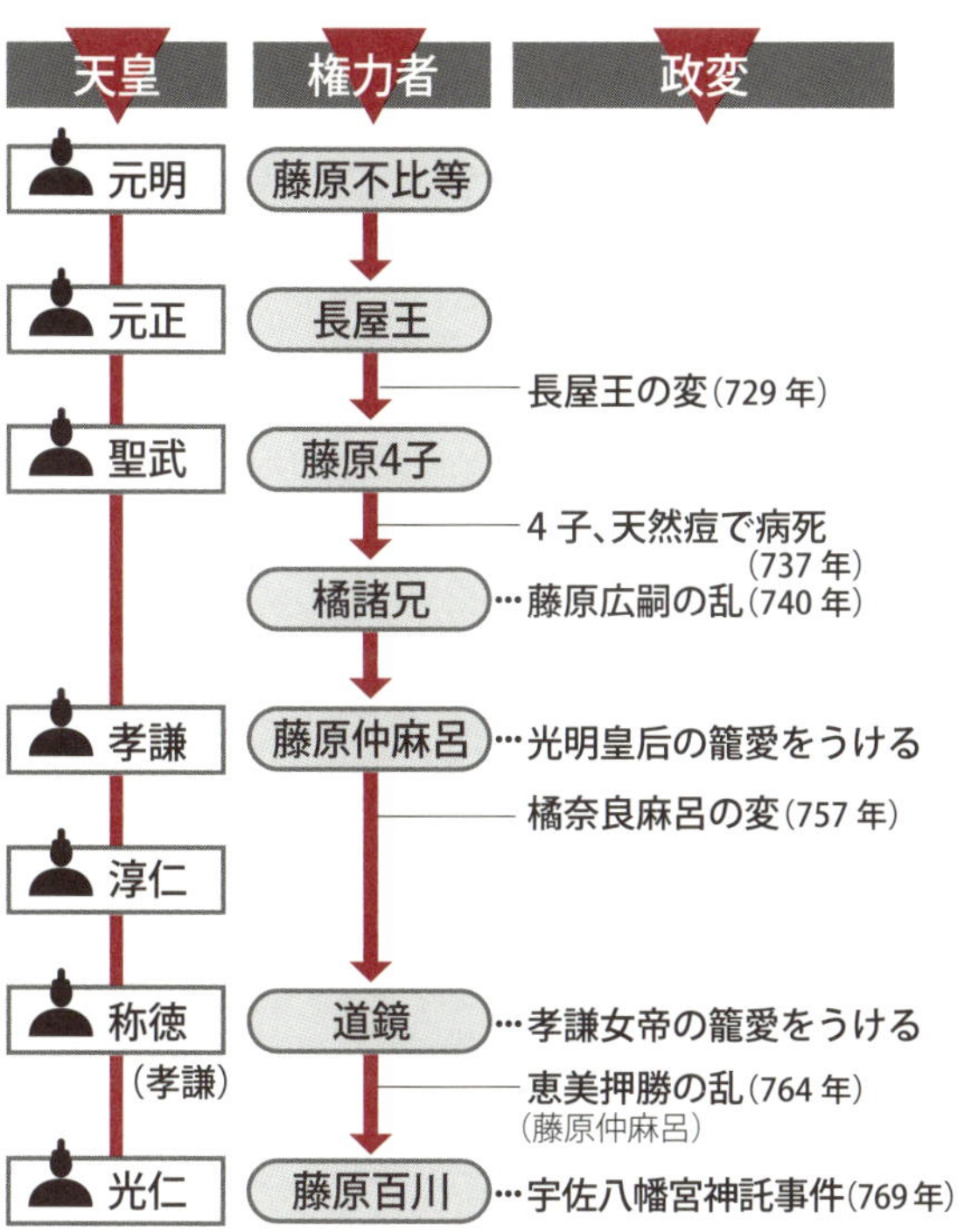
天皇
権力者
政変
元明
藤原不比等
元正
長屋王
長屋王の変(729年)
聖武
藤原4子
4子、天然痘で病死(737年)
橘諸兄
…藤原広嗣の乱(740年)
孝謙
藤原仲麻呂
…光明皇后の寵愛をうける
橘奈良麻呂の変(757年)
淳仁
称徳(孝謙)
道鏡
…孝謙女帝の寵愛をうける
恵美押勝の乱(764年)(藤原仲麻呂)
光仁
藤原百川
…宇佐八幡宮神託事件(769年)



歴史メモ　孝謙天皇は道鏡の性技の虜になってしまい、彼を厚遇したのだという「道鏡巨根伝説」があるが、それは鎌倉時代以後の作り話。

# 桓武天皇が平安京に遷都した本当のワケ

**長岡に都を移した桓武天皇は、わずか10年後に平安京（京都）に遷都する。なぜこんなに早く遷都したのか。**

## ◉あっというまに都を移したワケ

桓武天皇（光仁天皇のあと）は、7代74年にわたり帝都としてきた平城京を廃し、山背《やましろ》国長岡（京都府向日市など）の地に新京をつくって移座した。遷都はあまりに唐突だった。その意向を告げたのが784年5月で、同年11月には早くも桓武は長岡へ移っている。なにゆえ桓武天皇は、このような無謀な挙に出たのであろうか。理由はいくつか考えられる。

①称徳天皇の時代（2代前）、道鏡を筆頭とする仏僧勢力が政治に強く介入するようになったので、これを断ち切るため。②桓武天皇は、それまでの天武天皇系ではなく天智天皇系であったので、天武系に対抗できる都を欲した。③藤原氏一族などの在来貴族勢力をおさえ、天皇親政を実現しようとした。④蝦夷《えみし》征討を行なうにあたり、兵と物資の補給に便利な水陸要衝地に都を移した。

785年9月23日、造京責任者・藤原種継《たねつぐ》が射殺された。犯人グループはすぐに検挙されたが、なんと、そのなかに早良《さわら》親王が混じっていた。親王は桓武天皇の実の弟で、皇太子の地位にあった。激怒した桓武は、親王を廃太子とし、淡路へ島流しにした。そして皇太子には新たに、息子の安殿《あて》皇子をすえた。

## ◉実弟・早良親王のたたりが…

この処置に対して、無罪を主張していた早良親王は憤激し、一切の食を絶ち淡路へ向かう途中で衰弱死した。

——桓武天皇が異変に気づいたのは、親王の死後数年経ってからだった。788年、夫人の藤原旅子が病死し、翌年には実母の高野新笠《にいがさ》が、翌々年には皇后の藤原乙牟《おとむ》漏《ろ》、夫人の坂上春子が急逝した。

巷では天然痘が猛威をふるい多数の死者が出、天候不順による凶作が続いていた。792年には長岡京を二度

桓武天皇の2大事業

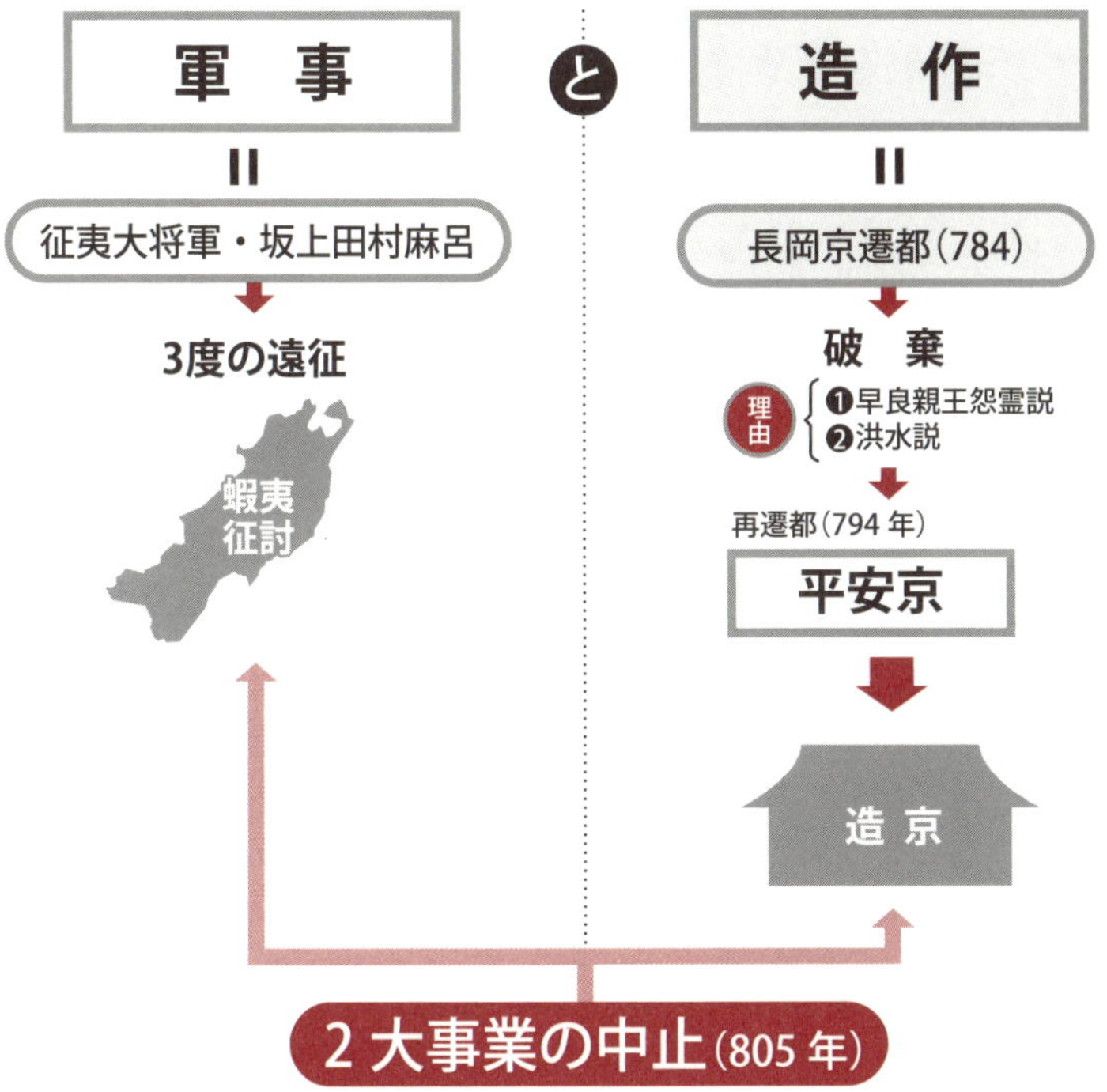

軍　事
と
造　作
征夷大将軍・坂上田村麻呂
3度の遠征
蝦夷征討
長岡京遷都（784）
破　棄
理由
❶早良親王怨霊説
❷洪水説
再遷都（794年）
平安京
造 京
2大事業の中止（805年）


にわたって大洪水が襲い、さらに皇太子安殿皇子が、原因不明の病に侵されて危篤に陥った。凶変の連続に、さすがに不安を覚えた天皇は、卜筮（うらない）を行なわせた。結果は、早良親王のたたりと出た。驚いた天皇は、すぐさま淡路の親王の墓に勅使を派遣して墓地を清掃し、その霊をなぐさめた。が、天変地異はいっこうに収まらなかった。

### ◉再びあっというまに遷都

794年、桓武天皇はわずか10年で長岡京を破棄し、平安京（京都）へ遷座する。実はこの遷都は、早良親王の怨霊から逃れるために挙行されたのである。うそのような話だが、当時の人々は真剣にたたりを信じていたのだ。

しかし805年、「万民を苦しめる」という藤原緒継《おつぐ》の諫言により、桓武天皇は「造作《ぞうさ》」（平安京造営工事）と「軍事」（蝦夷征討）を中止し、翌年死没した。



**歴史メモ**　桓武天皇は晩年、早良親王の霊をしずめるために崇道天皇の称号を贈り、その遺骨を大和に改葬して正式な天皇陵に指定した。

COLUMN

## 流刑に値する小野妹子の大失態とは？

607年、大和朝廷が小野妹子を隋の煬帝のもとへ派遣し、対等外交を求めた話は本文でも述べた。

煬帝は無礼な国書に腹を立てたものの、朝鮮半島経略の面から日本の協力が必要だったので、答礼使・裴世清《はいせいせい》を遣わした。そこで妹子は、煬帝の返書と裴世清をともなって翌年帰国するが、その帰路で大失態を犯した。百済を通過する際、盗賊に襲われて煬帝の返書を奪われてしまったのである。

朝廷内ではこのミスをめぐり、妹子を流罪にすべきだとの声が高まるが、推古天皇らの温情で、留学生を連れて隋に渡ることで許された。そこで同年、再び妹子は高向玄理や南淵請安ら留学生を率いて隋へ渡航したのだった。

しかしなぜ、妹子は盗賊に襲われながら、返書を奪われるだけで無事に帰国できたのか、少々不思議なところである。

そんなことから、実は返書を盗まれたというのは真っ赤なウソで、はじめからもっていなかったのだ、という説が出てくる。日本の無礼に対して煬帝が書を与えなかったので、妹子が盗まれたふりをしたという論だ。もし事実なら、妹子を許した推古天皇らも、それを知っていた可能性が強いのではないだろうか。

COLUMN

## 鑑真和上の日本での知られざる功績

ご存じのように、鑑真和上は唐の高僧で、正しい仏教の戒律を伝えるべく、たび重なる渡航失敗や失明にもめげず、来日して東大寺に戒壇院を設立、日本律宗を開いた名僧である。

その後、鑑真は皇室の厚い帰依を受け、聖武天皇や孝謙天皇をはじめ、400人以上の僧侶に正式な授戒を行ない、朝廷から大僧都（仏教界の最上位）の地位を賜っている。

だが、この人の日本での功績は、実は仏教だけに限らないのである。たとえば、唐の新しい彫刻や建築技術、さらには医学知識までもたらしている。

『続日本紀』には、皇太后が病に倒れたとき、鑑真が薬を調合して差し出し、病気をなおしてしまったという記録も残っている。また彼は、中国の有名な書家・王羲之の直筆も日本に持ち込んだ。

このようにわが国に貢献した鑑真は、奈良の唐招提寺の宿坊で、西向きに結跏趺坐（座る）したまま、77歳の生涯を閉じた。ただ、彼の死に関しては『唐大和上東征伝（淡海三船著）』という書物に不思議な記述が見える。

遺体は死後3日たってもなお、その身体の体温を失わなかったというのだ。そのために、しばらく死体を埋葬することができなかったとされる。

そのうえ、亡骸を火葬にしたとき、周囲一帯になんともいえぬ芳香がただよったともいわれる。高僧の、徳のなせるわざといえようか――。

935~940年◆平将門の乱

# 貴族を震撼させたはじめての武士の反乱

**登場からわずかな期間で、朝廷を脅かす存在になった「武士」。平将門はその関東の雄だった。**

## ◉武士は武装した地主グループから発祥

武士が歴史に登場するのは9世紀のことである。743年の墾田永年私財法によって律令制度が崩壊し、全国に荘園が乱立しはじめると（82ページ）、在地地主（開発領主）は土地を守るために武器をとり、武装グループをつくるようになった。実はこれが武士団の発祥なのである。

やがて武士団は、地方に下った賜姓《しせい》皇族や貴族を棟梁と仰いで集結し、大武士団を形成する。そして、淘汰の結果、桓武平氏と清和源氏が残ったのである。

9世紀後半、武士の有する武力は、次第に朝廷貴族の身辺警護にも用いられるようになり、武士は貴族の周囲に「さぶらふ」者ということで「侍」と呼ばれた。

## ◉関東で信奉を集めた平将門

関東で反乱を起こした平将門も、若いころは太政大臣藤原忠平に仕えている。将門は、下総《しもうさ》国豊田郡を根拠地にする平良将《よしまさ》の子として生まれた。だが、京都在任中に父が没し、故郷に戻ってみると、父親の所領は伯父の平国香《くにか》や平良兼《よしかね》らに奪われていた。

将門は土地を奪回するため彼らに戦いを挑み、ついに国香を討って領地を取り戻した。将門は巧みな騎馬戦術を展開したといわれ、これに対抗できる武者はいなかった。

が、この行動は朝廷に訴えられるところとなり、将門は京都に召喚される。けれども運よく、朱雀天皇元服の恩赦で帰還、その武名は逆に天下に轟くことになった。

以後、将門は関東武士の信奉を集め、数々の紛争仲介役を果たすようになる。939年、将門は常陸の国司と対立する藤原玄明に味方して常陸国府を包囲、ついに国司と武力衝突して国府を占拠してしまう。ここに、将門は公然たる国家の反乱者となった。

### ◉めざすは関東の独立国家

将門は関東の独立をめざしたので、朝廷の重税に苦しんできた関東人は、喜んで将門に協力した。そのため下《しも》野《つけ》、上野《こうづけ》と次々に国府を陥落させ、ついに関東全域を制圧、将門はみずから新皇《しんのう》と称して王城を建設、部下を国司や官吏に任命したのである。いまだかつてない大規模な反乱に、朝廷は驚愕した。

瀬戸内海では時を同じくして藤原純友《すみとも》が暴れていた。朝廷は関東へ官軍を派遣したものの、鎮圧する自信はなかった。だが将門は、同じ関東武士の平貞盛と藤原秀郷《ひでさと》との戦いで、官軍が到着する前にあっけなく討ち死にしてしまっていた。死因は、眉間に矢が当たったためだった。京都諸寺院の加持祈祷の結果、神鏑《しんてき》が将門を射止めたというが、運悪く流れ矢に当たったのだろう。

こうして将門の夢は消滅したが、関東人は以後、各地で篤く将門の霊を祀った。神田明神や首塚はその典型である。将門の宿願だった関東独立国＝鎌倉幕府が創建されるのは、それから250年後のことであった。

**武士団の構造**

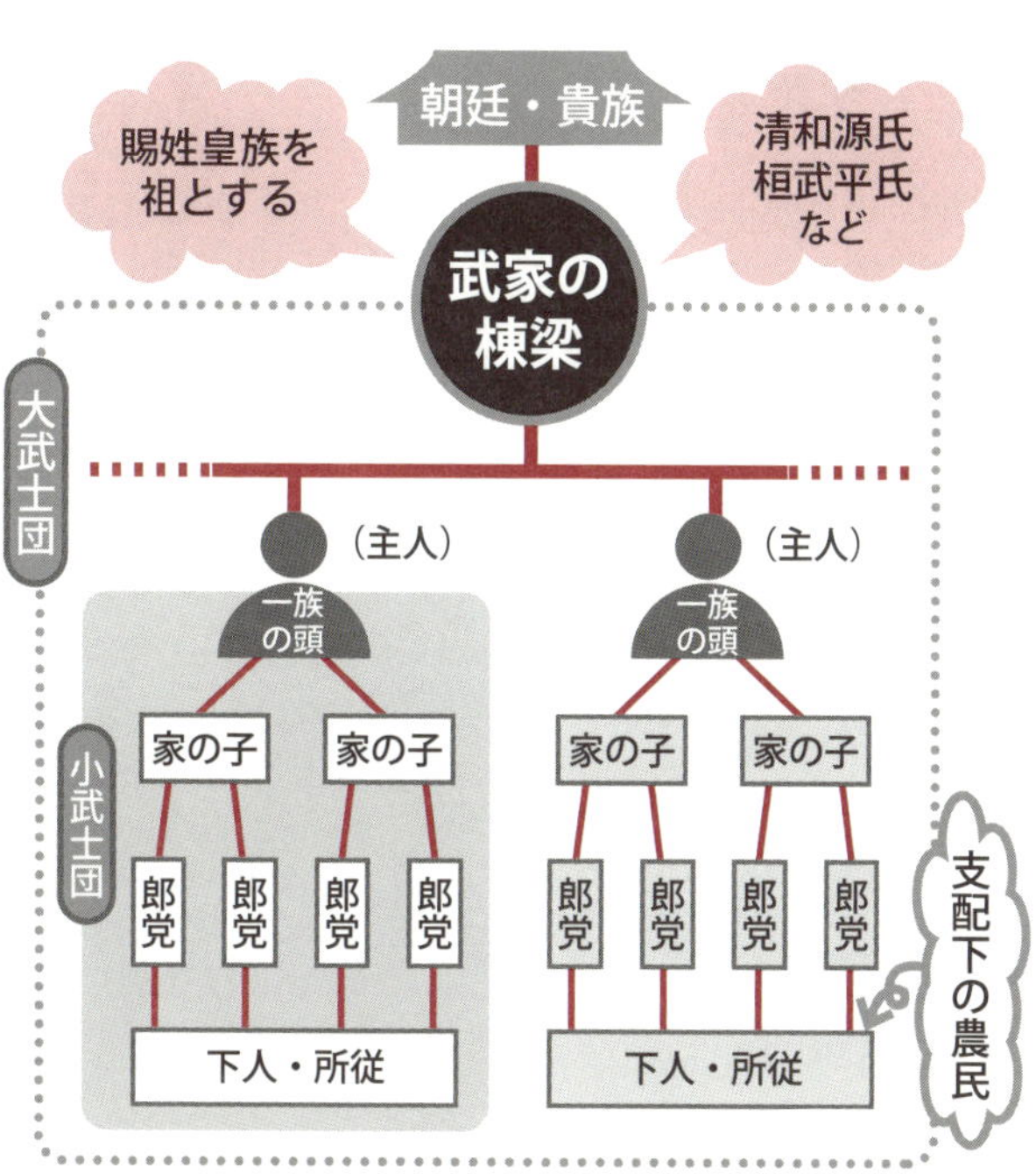
朝廷・貴族
賜姓皇族を祖とする
清和源氏
桓武平氏
など
武家の棟梁
大武士団
（主人）
一族の頭
小武士団
家の子
郎党
下人・所従
支配下の農民



**歴史メモ** 東京の大手町にある将門の首塚だが、これを移動しようとすると必ず祟りがあるので、いまだにオフィスビルの谷間に鎮座している。

# 藤原道長が栄えた秘密

**道長は、自分の3人の娘を次々と天皇家に嫁がせ、外戚関係を続けられた非常に運のいい男だった。**

## ◉影の実力者・摂政と関白

平安時代に登場した「摂関《せっかん》政治」というのは、天皇の外戚（外祖父など）が摂政や関白の地位について、天皇の後見人として一切の政務を代行するシステムである。

とくに「摂政」は、天皇が幼少であったり女帝である際にもうけられ、中大兄皇子のように皇太子があてられるのが通例だった。だが858年、清和天皇の外祖父・藤原良房《よしふさ》が臣下ではじめて摂政につく。

良房は藤原氏北家（藤原家は不比等のあと南家・北家・京家・式家に分かれた）の出身であり、ついで息子（養子）の基経《もとつね》がその地位を継承、884年に関白に就任する。「関白」とは、成人した天皇のもとで摂政同様の職務を行なう官職をいい、基経の時代にはじめて設置された。以後、摂政・関白の職は、藤原氏北家の世襲するところとなり、実質的な摂関政治は、11世紀末まで150年以上にわたって続くのであった。

## ◉摂関になれるかどうかは運しだい!?

やがて藤原氏北家は、摂政・関白を出す家柄という意味で摂関家と呼ばれるが、摂関職と氏の長者（一族の首長）の獲得をめぐっては、家内で泥沼のような権力闘争が展開された。兼通《かねみち》・兼家《かねいえ》の兄弟争い、道長《みちなが》・伊周《これちか》の叔父・甥争いは有名だ。

ところで、摂政・関白に就任するには、天皇の外戚であることが必要条件だった。だから、なんとしても娘を天皇の妻としなければならなかった。ゆえに、愛娘には紫式部や清少納言のような優秀な家庭教師をつけ、最高の教養を身につけさせて天皇が気に入るような才女に育てあげた。ただ、たとえ天皇に輿《こし》入れさせたとしても、孫に男児が誕生しなければ意味がない。つまり、権力の掌握には「運」というものが大きく左右した。

## 摂政・関白になるには…

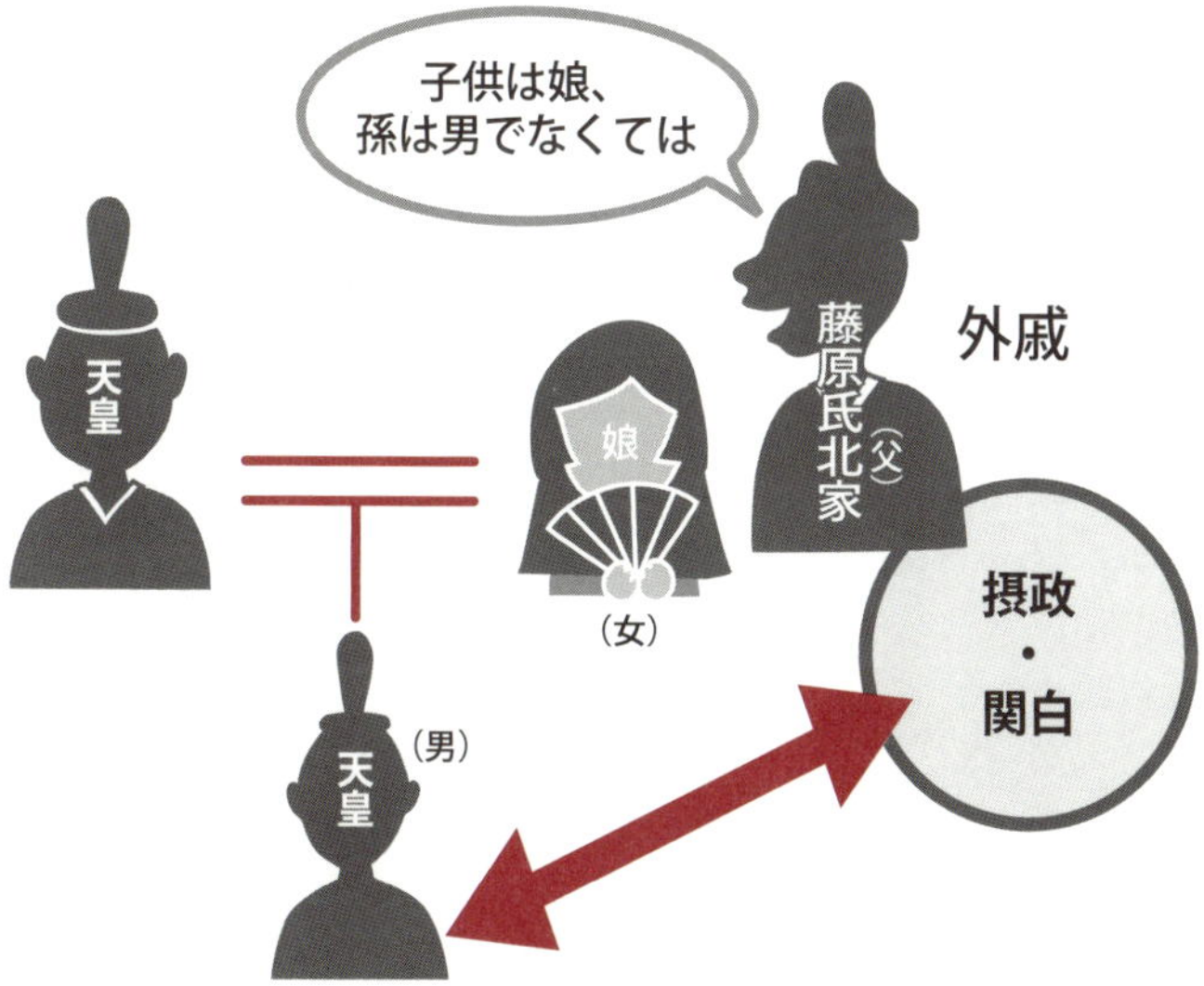
子供は娘、
孫は男でなくては
天皇
娘
（女）
藤原氏北家
（父）
外戚
天皇
（男）
摂政
・
関白

### ◉娘3人を天皇に嫁がせる

摂関政治の全盛は、藤原道長の時代である。彼は運のいい男だった。摂関職にあった兼家の4男で、普通なら実権を握るのは困難なのだが、兄たちが次々と伝染病で没したうえ、兄の娘たちに皇子がなかったため、間隙をぬって娘の彰子《しょうし》を一条天皇の中宮とすることに成功、幸運にも皇子（のちの後一条天皇）を得て外戚となったのである。

続いて道長は、妍子《けんし》を三条天皇へ、威子《いし》を後一条天皇へ輿入れさせ、なんと3人の娘を皇后にすえるという前代未聞の快挙を成しとげ、約30年もの間、比類なき権力者となった。

得意の絶頂にあった道長は、

「この世をば　我が世とぞ思ふ　望月《もちづき》の　欠けたることもなしと思へば」

という有名な望月の歌を詠んだ。が、それ以後、道長の人生は暗転し、次々と娘が病没、息子の頼通《よりみち》も摂関職についたものの、ついに皇子の誕生をみず、この代で摂関政治は終焉をむかえ、政治権力は上皇（天皇の父親）へと移ってしまうのであった。



**歴史メモ** 女性にもてた藤原道長だが、一説には紫式部は彼の愛人だったといわれ、『源氏物語』の主人公光源氏のモデルは道長だったとされる。

# 院政は武士に支えられていた

**摂関家支配のわずかなスキをついて、再び天皇（の父）が政治の実権を握り、院政がはじまった。**

## ◉天皇の父や祖父が実権を握る政治

「院政」とは、天皇が「上皇」（譲位後の天皇の呼称）や「法皇」（上皇が出家したときの呼称）となって実権を掌握し、国を統治する政治形態をいう。

それまでの摂関政治が衰退し、院政が開始されるのは11世紀も終わりのことである。ふつうは、8歳の息子・善仁《よしひと》親王（堀河《ほりかわ》天皇）に譲位した白河上皇が、院庁《いんのちょう》を開設した1086年を院政のはじまりと考える。

だが、院政の布石をつくったのは、白河天皇の父・後三条天皇だった。後三条天皇の母は摂関家出身ではなかった。摂関家を外戚としない天皇の誕生は実に170年ぶりのことで、そのため摂関家に遠慮する必要もなく、後三条天皇は次々に思い切った政策がとれたのである。

白河上皇は、堀河・鳥羽・崇徳《すとく》の3天皇の間、43年にわたり「治天《ちてん》の君」と呼ばれ政界に君臨した。「治天の君」とは、天下を統治する君主という意味だ。

たとえば上皇は、以前のルールを無視して勝手に人事を行なったり、寺の落成式が雨で3度中止になったのに腹を立て、雨水を器に入れ獄につないだりと、かなりの横暴ぶりを見せている。

また、「思い通りにならぬのは、賀茂川の水、双六のサイ、僧兵だけ」と豪語した「天下三不如意《ふにょい》」は有名であろう。ちなみに僧兵というのは、大寺院が自衛のために組織した武装僧侶のことである。

## ◉強力な「親衛隊」をもっていた白河上皇

院政の中枢機関は「院庁」である。院庁は院（上皇の御所）に設置された私的機関だが、ここから出される院《いんの》庁下文《ちょうくだしぶみ》や院宣《いんぜん》（命令）には絶大な効力があり、朝廷はこれに逆らえなかった。

上皇の力がこのように強大になったのは、直属の武力

## 院政のシステム

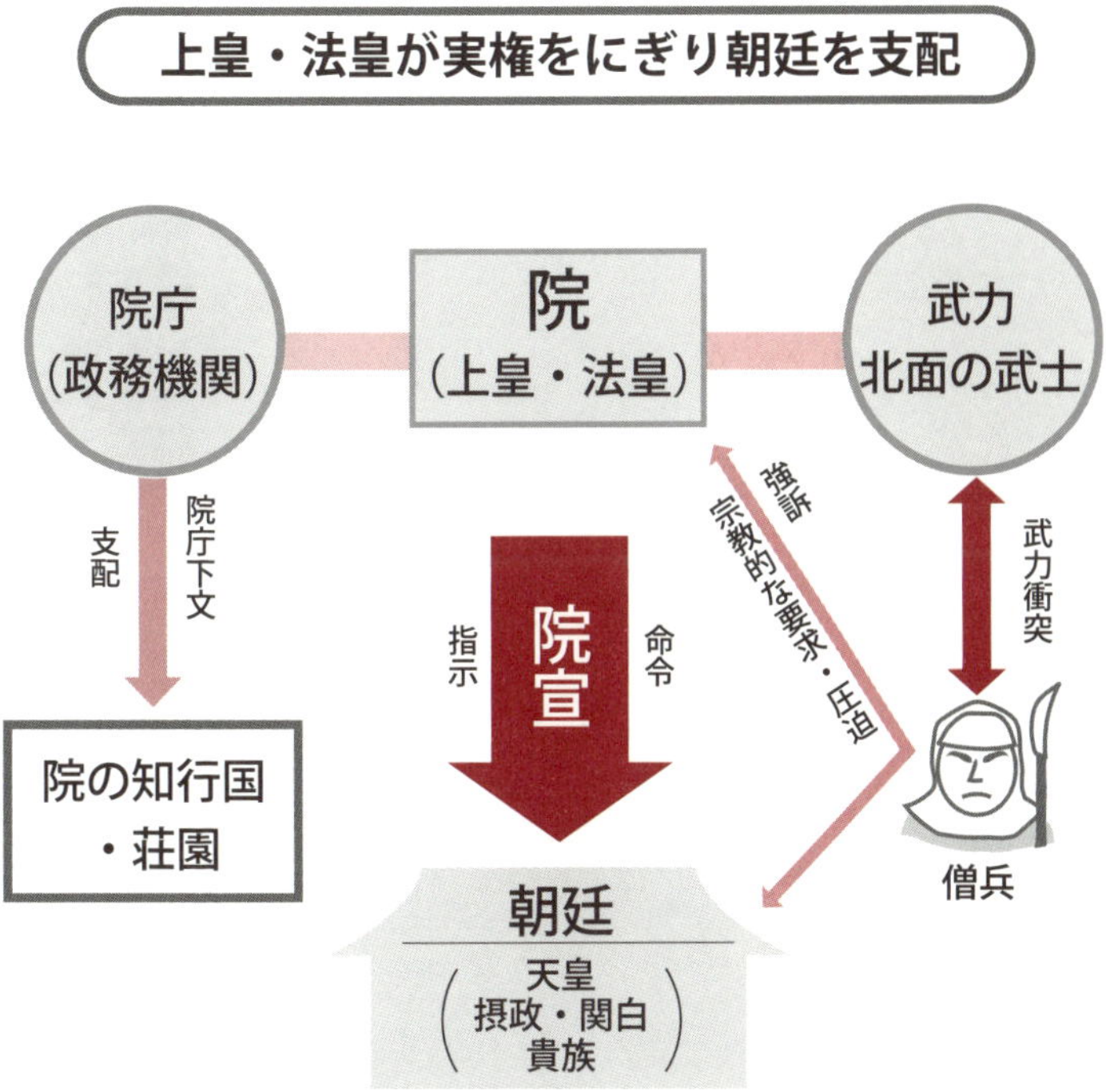
上皇・法皇が実権をにぎり朝廷を支配
院庁
(政務機関)
院
(上皇・法皇)
武力
北面の武士
支配
院庁下文
院の知行国
・荘園
指示
院宣
命令
強訴
宗教的な要求・圧迫
武力衝突
僧兵
朝廷
天皇
摂政・関白
貴族

を有していたことが大きく関係する。それは、「北面の武士」(院の北側に置いて警備などを行なわせた)と称する、武芸の達人を集めてつくった親衛隊である。

武士の活躍は、貴族にとって驚くべきことだった。当時、貴族は例外なく仏教信者であった。だから、無理な要求をかかげて入洛してくる僧兵には、仏罰を恐れて手出しができなかった。

ところが北面の武士たちは、平然と僧兵を討ち殺したのである。非常に勇ましく頼りがいのある輩だった。つまり、上皇に子飼の武士がいるということが、そのまま院庁の権威を増大させる要因になっていたのだ。

院政は、白河・鳥羽・後白河上皇と、3代約100年にわたって続く。しかし皮肉にも、武士を重用し過ぎた結果、強大化した彼らに政権を譲るという結末を迎えてしまうのであった。



歴史メモ 僧兵のほとんどは腕自慢の農民が頭を丸めただけの人間で、僧侶の国家試験に合格した人物は少なく、お経を読める者もまれだった。

# 不倫が招いた貴族社会の崩壊

**上皇と天皇の争いがもとになった「保元の乱」は、武士の力を世間に知らしめる結果となった。**

## ◉妻と祖父との不倫の子を冷遇

1156年、崇徳《すとく》上皇と後白河天皇の確執が大きな武力闘争に発展した。「保元の乱」である。乱の原因は少々複雑だった。

鳥羽上皇の第一皇子である崇徳天皇は、突然父から弟の体仁《なりひと》親王（近衛《このえ》天皇）へ譲位するよう迫られた。このとき崇徳天皇は、わが子・重仁《しげひと》親王を近衛の次の天皇にすると約束させて退位したが、近衛天皇の死後、鳥羽上皇は約束を破棄して雅仁《まさひと》親王（崇徳上皇の弟で、のちの後白河天皇）を擁立、しかも雅仁親王の子を皇太子としたのである。

崇徳上皇は、この非情なやり方を深く恨んだ。

だが、鳥羽上皇が崇徳天皇を冷遇したのにはわけがあった。実は崇徳をわが子だと思っていなかったのだ。自分の妻が祖父・白河法皇と不倫してできたのが崇徳だと考えていたらしい。だから鳥羽上皇は、崇徳のことを「叔父子《おじご》」と呼んだ。そもそも崇徳を天皇にしたのは白河法皇で、鳥羽上皇の意志ではない。けれども、鳥羽が崇徳をあざむく形で譲位させたのは失敗だった。のちにこのしうちが大乱を招くきっかけとなったからである。

一方、摂関家でも内紛が起こっていた。関白藤原忠通と弟の頼長《よりなが》が、氏の長者の地位と関白職をめぐり険悪な状態に陥っていた。両人の父親・忠実《ただざね》は、頼長を寵愛し忠通を失脚させようとしたが、後白河天皇は逆に忠通を重用、そのため頼長は、崇徳上皇と結びついていった。

## ◉武士が皇室の争いに決着をつけた

――1156年、鳥羽法皇が崩御した。

これを機に、崇徳方と後白河方の主導権争いは一気に激化、互いに懇意の武士を手元に集めた。崇徳方が平忠正、源為義《ためよし》を召せば、後白河方は平清盛、源義朝をまね

## 保元の乱の構図

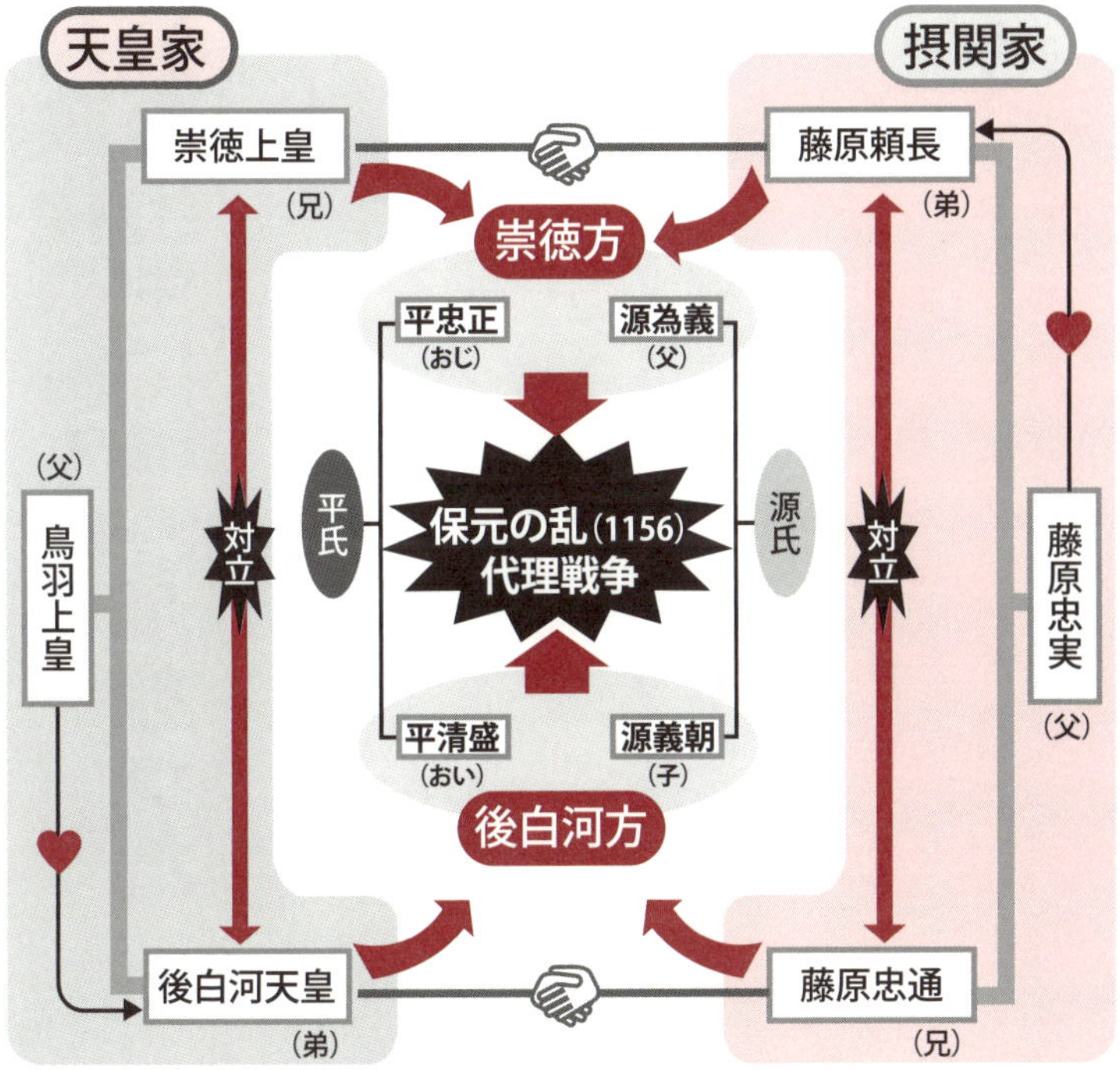
天皇家
摂関家
崇徳上皇
（兄）
藤原頼長
（弟）
崇徳方
平忠正
（おじ）
源為義
（父）
（父）
鳥羽上皇
対立
平氏
保元の乱（1156）
代理戦争
源氏
対立
藤原忠実
（父）
平清盛
（おい）
源義朝
（子）
後白河方
後白河天皇
（弟）
藤原忠通
（兄）

いた。忠正と清盛は叔父と甥、為義と義朝は父子関係にあった。

武士が朝廷の命令で僧兵を追討することがあっても、このような形で直接朝廷の内紛決着に用いられたのは、はじめてだった。もはや政争は貴族の間だけでは処理できず、武士の力が不可欠の時代が到来したのである。

結局、後白河天皇方の夜襲攻撃により崇徳方は大敗を喫し、頼長は首を射られて死亡、崇徳上皇は捕らえられ讃岐へ流された。

戦後処理は厳格を極め、200年もの間執行されなかった死刑が復活、首謀武士は処刑された。この戦いは、武士自身に政権を左右できる力があることを知らしめ、平氏政権の誕生を招いてしまうわけで、ささいな不倫疑惑が、結局は貴族社会を崩壊へと導いてしまったのである。

**歴史メモ** 讃岐に流された崇徳上皇は、死ぬときに天皇家を恨んで悪魔と契約を結び、大魔縁と化して長い間人々に祟り続けたと伝えられる。

# 平氏政権の誕生は清盛の出生に秘密があった

**なぜ、平清盛は貴族社会のなかで異例のスピード出世をし、政治を自在に操ることができたのか？**

## ◉清盛は実は皇室の出身

平氏は、源氏とともにその武力を院に重用されて朝廷に仕えたが、保元・平治の乱で源氏が衰退すると、平氏の棟梁・平清盛は急速に勢力をのばし、朝廷での高位高官を独占し、1179年、後白河法皇を幽閉してクーデターを決行、平氏政権を樹立した。

平氏が朝廷内で台頭するきっかけになったのは、清盛の祖父・正盛《まさもり》が白河上皇に領地を寄進し、院の近臣に取り立てられたことにあった。やがて正盛は追捕使《ついぶし》として武名をあげ、その子・忠盛《ただもり》も海賊の征討で勇名をはせ、白河上皇の側近として仕えた。

忠盛はその後、鳥羽上皇に寵愛され、武士としては異例の昇殿を認められた。このような父祖の遺産を継いだ清盛は、保元・平治の乱に勝利して後白河法皇のもとで公卿に就任、それからわずか数年で従一位太政大臣にまで駆けのぼった。

しかし、それにしても異常な昇進スピードであろう。じつは、これには理由があった。清盛は忠盛の子ではなく、白河上皇の御落胤《ごらくいん》らしいのだ。忠盛は上皇から祇園女御の妹を賜るが、そのとき彼女は上皇の子を身ごもっており、それを知りつつ忠盛は彼女をもらいうけ、生まれた子（清盛）をわが子として育てたというのだ。だから貴族社会も、皇室の血を継ぐ清盛の栄進に異をとなえることがなかったのである。

## ◉抜け目のない平氏の支配

こうして極官についた清盛は、平氏一門をどんどん高位高官に取り立てた。結果、公卿16人、殿上人《でんじょうびと》30余人に達し、平時忠などは

「平氏でなければ人ではない」

と豪語した。また、平氏一門の知行国《ちぎょう》（朝廷から与え

## 平氏の台頭

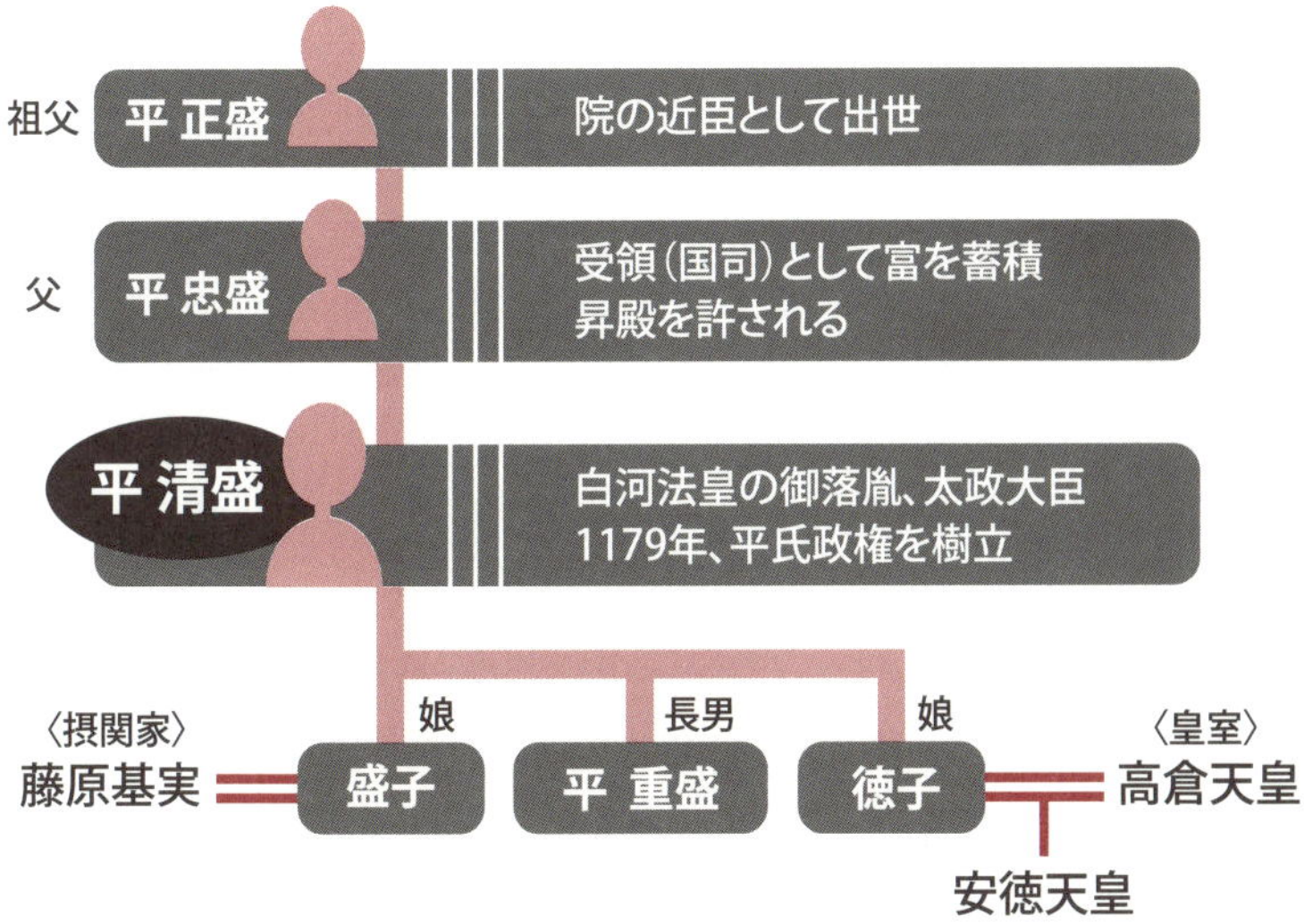
祖父
平 正盛
院の近臣として出世
父
平 忠盛
受領（国司）として富を蓄積
昇殿を許される
平 清盛
白河法皇の御落胤、太政大臣
1179年、平氏政権を樹立
娘
長男
娘
〈摂関家〉
藤原基実
盛子
平 重盛
徳子
〈皇室〉
高倉天皇
安徳天皇

られた国）は30カ国を超え、所有する荘園は500カ所以上におよんだと伝えられる。日本の半分以上が平氏の持領となり、盤石な経済的基盤が確立された。くわえて、宋（中国）との貿易を積極的に行ない、莫大な富を手中におさめた。

さらに清盛は、摂関家同様、娘の徳子《とくこ》を高倉天皇に輿入れさせ、念願の皇子（のちの安徳《あんとく》天皇）が誕生するとすぐに皇太子とし、1180年に帝位につけて外戚として権力をふるった。同時に摂関家の反感を買わぬよう、娘の盛子を関白基実《もとざね》の妻にしている。

ただ、平氏は朝廷での栄達に強く執着したため、武士としての性質が薄れて貴族化し、地方武士とのつながりが弱まってしまった。

清盛はこの弱点を補うため、諸国の荘園・国衙《こくが》領（公領）の地頭の任免権を獲得、畿内や西日本の武士たちを地頭に任命して組織化をはかったが、鎌倉幕府のように徹底されなかったために、治承・寿永の乱で源氏に敗れ去り、わずか数年で平氏政権は崩壊してしまった。

**歴史メモ** 平清盛は原因不明の高熱にうなされて死亡する。身体に水をかけてもすぐに蒸発してしまうほどの熱で崇徳上皇の祟りだといわれた。

# なぜ平氏は源氏に滅亡させられたのか

**5年にも及ぶ源平の争乱は、源氏の圧勝をもって終わった。いかにはじまり、どのように終わったのか。**

## ◉独裁を続ける平氏に源氏が反乱

１１８０年から5年にわたって続いた源平の争乱は、その元号をとって治承・寿永の乱ともいう。平清盛率いる平氏一門は、朝廷での高位高官を独占、日本全体の過半を所有し、独裁政治を行なってきた。これに不満をもった源頼政《よりまさ》は、以仁王《もちひとおう》（後白河法皇の皇子）を奉じて京都で平氏打倒の兵をあげた。これが源平の争乱のはじまりだ。

以仁王らは間もなく宇治川で討死してしまうが、王が諸国に発した平氏追討の令旨をうけて、散在していた源氏一族は次々に蜂起、内乱は全国に拡大していった。

この間、平氏は東大寺を焼き打ちしたり福原遷都を強行したりと、無謀な施策を展開して寺院勢力や貴族を敵にまわすが、さらに悪いことに１１８１年に清盛が急逝、平氏政権は大きく動揺する。

## ◉義仲追討から平氏の滅亡へ

他方、源氏一族は主導権争いの結果、鎌倉の源頼朝と木曽の源義仲《よしなか》の2人が勝ち残る。こうして全国は、畿内・西国に力をもつ平氏、北陸を平定した源義仲、東国を統一した源頼朝、東北に君臨する藤原秀衡《ひでひら》、の4強が拮抗する形となった。この均衡を破ったのは源義仲だった。義仲は来攻した平氏の大軍を倶利伽羅峠《くりからとうげ》で撃破し、京都へ攻めのぼって平氏を西国に駆逐したのである。

が、その後、義仲の部下が都で乱暴狼藉を働いたことで、貴族の不興をかって京都から追放されそうになった。そのため義仲は、後白河法皇を幽閉したうえクーデターを断行、実権を奪取した。法皇はこの危機に際して頼朝に救いを求めるが、頼朝は東国を動かず、代わりに弟の源義経《よしつね》・範頼《のりより》を派遣。義仲は彼らにあっけなく敗れ去り、近江国（滋賀県）粟津で戦死した。

## 源平の争乱地図

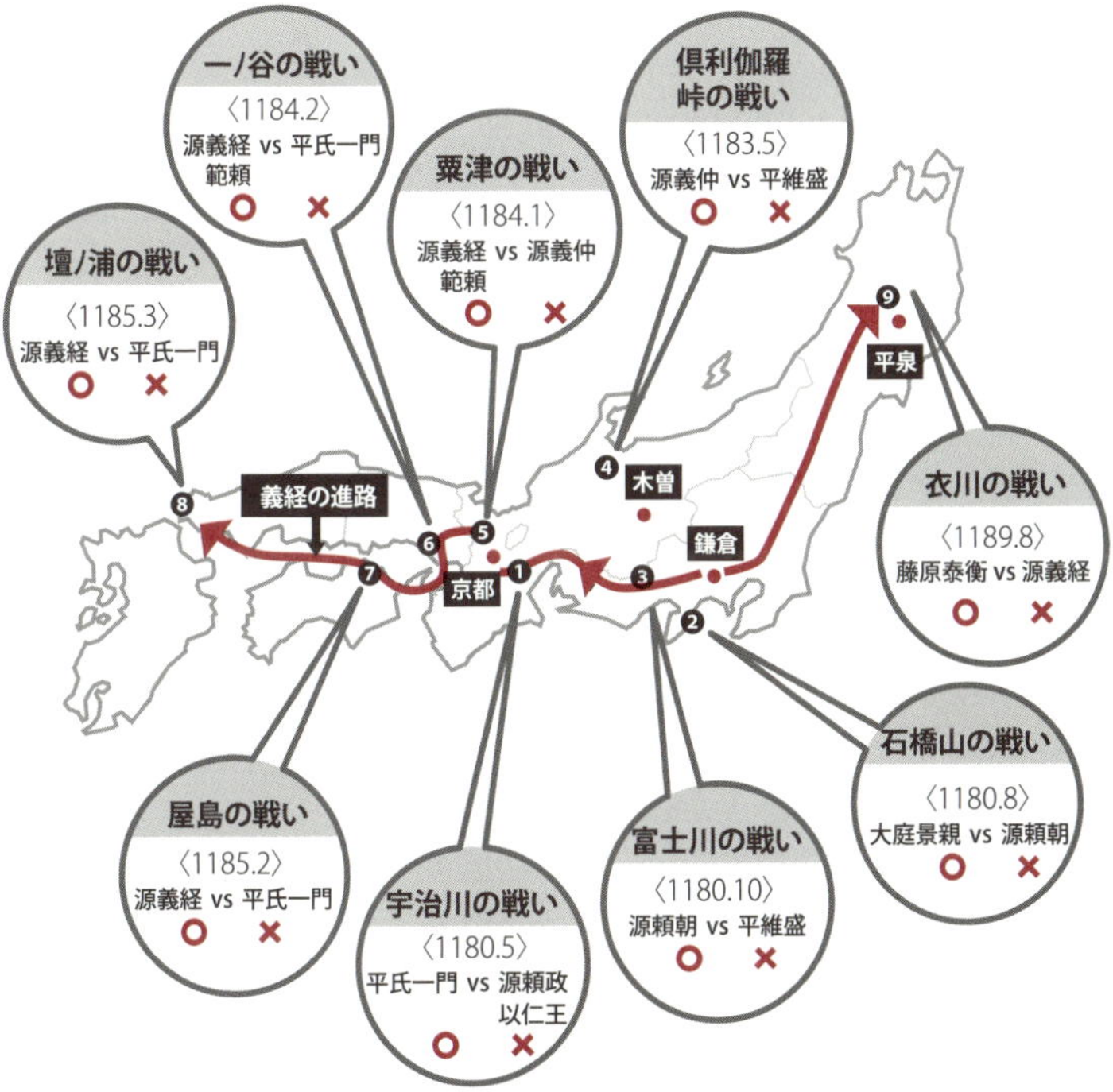
一ノ谷の戦い
〈1184.2〉
源義経 vs 平氏一門
範頼
○ ×
倶利伽羅峠の戦い
〈1183.5〉
源義仲 vs 平維盛
○ ×
粟津の戦い
〈1184.1〉
源義経 vs 源義仲
範頼
○ ×
壇ノ浦の戦い
〈1185.3〉
源義経 vs 平氏一門
○ ×
平泉
木曽
義経の進路
鎌倉
京都
衣川の戦い
〈1189.8〉
藤原泰衡 vs 源義経
○ ×
石橋山の戦い
〈1180.8〉
大庭景親 vs 源頼朝
○ ×
屋島の戦い
〈1185.2〉
源義経 vs 平氏一門
○ ×
富士川の戦い
〈1180.10〉
源頼朝 vs 平維盛
○ ×
宇治川の戦い
〈1180.5〉
平氏一門 vs 源頼政
以仁王
○ ×

義経・範頼軍は、さらに法皇の命令を受けて平氏征討《せいとう》に向かった。義経は、騎兵の集団戦法を巧みに駆使して一ノ谷で平氏に壊滅的な打撃を与え、さらに平氏の本拠地・屋島を奇襲によって奪い、1185年、壇ノ浦の海戦で平氏を滅ぼしたのであった。

### ◉失脚した義経と奥州藤原氏の滅亡

後白河法皇は、この天才的軍略家・義経を味方に引きこみ、頼朝を牽制しようとたくらむが、結局失敗に終わり、頼朝の守護・地頭の設置要求を受諾せざるを得なくなった。

一方、失脚した義経は、奥州平泉の藤原秀衡の保護を受けたが、秀衡の死後、その息子・泰衡《やすひら》によって邪魔者として殺害された。しかしその奥州藤原氏も、義経をかくまった罪で頼朝軍に滅ぼされた。1189年のことである。こうして頼朝は全国を平定するのである。



**歴史メモ** 源義経は奥州で死なず、北海道からモンゴルにわたり、ジンギスカンになってモンゴル帝国をつくりあげたという壮大な珍説もある。

# 壮麗な平泉文化はなぜ芽生えたのか

**東北の地に現れた高度な仏教文化「平泉文化」。頼朝につぶされるまで、3代約100年も続いた。**

## ◉藤原清衡がつくった華麗な文化

出羽の豪族・清原氏の内紛（後三年の役）が収まり、これを平定した陸奥守の源義家《よしいえ》が勅命によって東北（奥六郡）を引き払うと、新しい国司を制して清原清衡《きよひら》が東北の実権を掌握した。彼は、北上川と衣川の合流する平泉の地に、その拠点を構えた。

かつて東北には、蝦夷の2大首長として安倍氏と清原氏が君臨していた。清衡はその安倍頼時《よりとき》の娘を母とし、清原武則《たけのり》の養子だったので、血統的にも東北の王たるに十分な資格をそなえていた。

やがて清衡は、藤原清衡を名乗り、未開の蛮地と朝廷からさげすまれてきた東北に都をしのぐほどの高度な文化を築き上げた。それが奥州平泉文化である。

「陸奥山に金花咲く」といわれたように、東北地方は古代からの金の産地であった。その産出量は莫大なもので、朝廷の中国貿易の決済は、奥州金でまかなわれていたという。

清衡は卓越した政治家であった。先祖のように武力で朝廷に抵抗せず、関白藤原師実に奥州産の名馬を献上するなど、巧みに実力者たちを籠絡《ろうらく》し、自分の奥州支配を黙認させたのだ。その結果、東北の黄金すべてが、朝廷に搾取されることなく、清衡の自由になった。

熱心な仏徒であった清衡は、このふんだんな金資源を湯水のように使って大寺院を創建した。それが中尊寺であった。寺塔40、坊舎300にものぼる建物群は、完成までに20年以上の歳月を費やしたと伝えられる。

## ◉超豪華な「中尊寺金色堂」

なかでも金色堂は圧巻である。堂は三間四方の小さな建物だが、四壁から屋根にいたるすべてに金箔が施され、螺鈿《らでん》や瑠璃《るり》でちりばめられた須弥壇《しゅみだん》には33体の黄金仏が

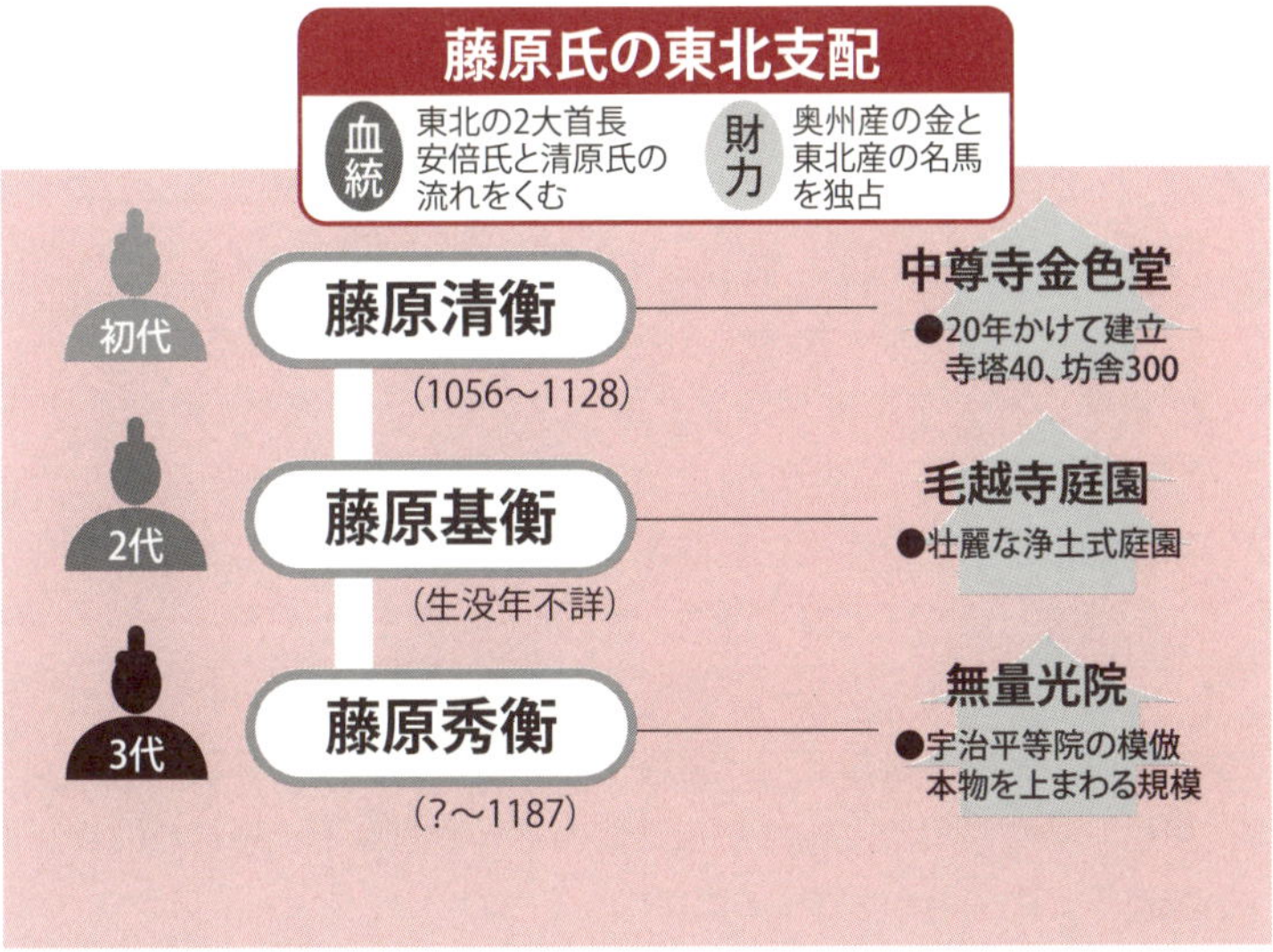
藤原氏の東北支配
血統
東北の2大首長安倍氏と清原氏の流れをくむ
財力
奥州産の金と東北産の名馬を独占
初代
藤原清衡
(1056～1128)
中尊寺金色堂
●20年かけて建立 寺塔40、坊舎300
2代
藤原基衡
(生没年不詳)
毛越寺庭園
●壮麗な浄土式庭園
3代
藤原秀衡
(?～1187)
無量光院
●宇治平等院の模倣 本物を上まわる規模

安置され、七宝荘厳の巻柱が周囲を取り囲んでいる。螺鈿の貝は、はるか琉球の深海にすむ夜光貝が用いられ、須弥壇を白く飾る象牙は、インド象ではなくアフリカ象である。驚くべき贅をつくした建築物といえ、現存する平泉文化の最高の建造物といってよいだろう。

その後、奥州藤原氏は、基衡《もとひら》、秀衡《ひでひら》と続くが、いずれも才人で、朝廷と適度な距離を保ちながら、奥州藤原王国を存続させた。

また、基衡は京都の法勝寺《ほっしょうじ》を模した広大な毛越寺《もうつじ》を、秀衡は宇治平等院にならった無量光院を創建したと伝えられ、平泉文化のさらなる発展に貢献した。しかし、3代100年にわたって続いた藤原王国も、4代目泰衡《やすひら》のとき、東国から来襲した源頼朝軍にあっけなく敗れて崩壊した。最果ての地に現れた高度な仏教文化は、にわかに眩しい光を放ったかと思うと、金色堂のみを残して淡雪のように消えうせてしまった。

ちなみに奥州藤原氏3代のミイラは、いまでも中尊寺金色堂の須弥壇の下に安置されている。



**歴史メモ** 藤原秀衡のミイラを調査した結果、彼が60歳以上で血液型はAB、アイヌの民族衣装を着ているが、肉体的には日本人だと判明した。

COLUMN

## 藤原京は本を見てつくった失敗作だった？

藤原京は、694年に持統天皇が築いた都で、わが国初の中国都城制にもとづく本格的な帝都である。その京域はこれまで、岸俊男京都大学教授が唱えた南北3.2キロ、東西2.1キロで、平城京の3分の1の規模というのが定説だった。しかし近年の発掘調査から、京域外にも道路や建物が広がっており、平城京と同規模とする「大藤原京説」が強くなっていた。

ところがなんと1996年5月、その説よりさらに外側の奈良県橿原市土橋遺跡などで、京域と同じ幅の大路や宅地跡が見つかり、藤原京の推定域はさらに拡大、平城京や平安京より巨大な都だったことが判明したのだ。

だが、同京はわずか17年で放棄され、朝廷は平城京へ移る。これまでは、中央集権政策の結果、役人数が増して手狭になったためと考えられてきたが、今回の発見でこの説は否定された。ではいったいなぜ、17年足らずで藤原京は廃都となったのか。

これについては、近畿大学教授の大脇潔氏の説が興味深い。藤原京造営時はちょうど遣唐使が途絶えていた時期で、そのため都市設計は、中国の古書「周礼」を参考に進めたが、その後、長安の都の構造が「周礼」のそれと違っていることが判明、作り直したのだろうと主張する。事実、藤原京は唐のどの都にも似ておらず、「周礼」の記述に酷似しているのだ。

# 第3章

## 武士が主導する時代

▼鎌倉幕府の誕生から室町時代へ

# 武士が主導、庶民が台頭する

## 時代の主役は公家から武士へ

これ以前の時代の主人公が公家や貴族ならば、中世の主役は武士だろう。それまで公家の番犬として生きてきた武士は、とうとう己のもつ武力という強大なパワーに気づきはじめる。なぜ強い自分たちが柔弱な公家の言いなりにならなければいけないのか。そんな素朴な疑問と不満から、武士たちの反抗ははじまったのだ。

12世紀末、源頼朝が鎌倉に幕府を創建したのが、本格的な武家政権のはじまりである。一時、公家政権（建武政権）が復活したもののすぐに崩壊、室町幕府から戦国時代をへて江戸幕府へと政権は引き継がれ、1867年に明治新政府が誕生するまで、約700年間にわたって武士が日本の政界を主導した。

## 台頭する庶民を制圧した武士

ところで、室町時代になると、新たな階層が力をのばしてくる。農民や商工業者、いまでいう庶民階級である。

農民たちは支配階級（武士）からの自衛手段として、自分たちの手で法律（惣掟《そうおきて》）をつくって村を自治的に運営し、武士の卑劣な干渉には土一揆（武力蜂起）をもって敢然と抵抗した。

同時期、堺や博多といった自由（自治）都市が出現する。都市は明国（中国）との貿易でもうけた商人たちの手により運営されていた。都市のまわりには深い濠が掘られ、武士の介入を決して許さなかった。武士が来襲したさいには、大金を積んで傭兵を雇い、彼らを追い払った。都市のなかは戦争のないパラダイスだった。

また、一向宗門徒も寺内町という都市を形成、仏のもとに平等な社会をつくり上げた。武士がこれに干渉してきたときは、やはり一揆を起こして強く反発した。

だが、こうした庶民勢力の伸長も、戦国大名の出現によって抑制されてしまう。たとえば織田信長は、自由都市堺を屈服させて直轄地とし、一向一揆を徹底的に弾圧した。かくして、せっかく主役になりかけた庶民は、結局武士の力の前に屈服させられてしまう。

残念ながら、庶民が主人公の座につくまでは、あと３００年の月日を待たなければならないのである。

# 中世の10大ニュース

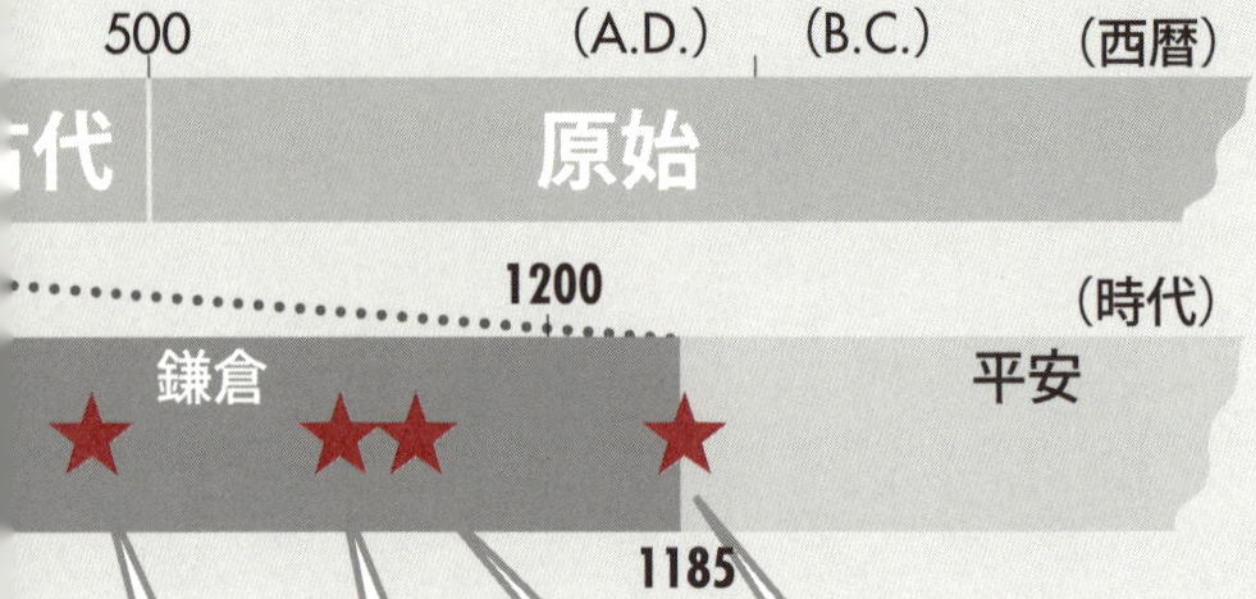


**鎌倉幕府開設**（１１８５〜）

平氏を倒した源頼朝は、１１８５年に守護・地頭の設置を朝廷から許可される。１１９２年には征夷大将軍に任命される。

**承久の乱**（１２２１）

後鳥羽上皇（朝廷）を倒して幕府は全国政権になる。

**御成敗式目制定**（１２３２）

３代執権北条泰時は、初の武家の成文法（御成敗式目）を制定する。また、評定衆、連署をもうけて執権政治を確立する。

**文永の役**（１２７４）

元軍が大挙して日本に来襲。１２８１年にも襲来（弘安の役）、あわせて元寇（蒙古襲来）というが、ともに暴風雨が元の軍船を沈没させ、元軍は退去した。

2000年
1500
1000
近代
近世
中世
1500
1400
1300
室町
（南北朝）
1573
1336

**建武の新政**（1333）

後醍醐天皇は、鎌倉幕府を倒して公家政権（建武政府）を復活させたが、武士の不満から2年で崩壊した。

**室町幕府開設**（1336〜）

足利尊氏、建武式目を制定して施政方針を示し、2年後、征夷大将軍に就任する。

**南北朝の合体**（1392）

3代将軍足利義満は、60年にわたる南北朝の動乱を調停し、両朝の合体に成功する。室町幕府は全盛を迎える。

**日明貿易開始**（1404）

3代将軍義満、倭寇を取り締まる代償として日明貿易を許可される。貿易は幕府の重要な財源となる。

**正長の徳政一揆**（1428）

借金の帳消しを求めて農民が大規模な土一揆（武力蜂起）を起こす。

**応仁の乱**（1467）

8代将軍義政の後継争いから全国的な争乱へ。戦国時代はじまる。

# 鎌倉幕府の誕生は1192年ではない!?

**日本初の武家政権・鎌倉幕府は次第にその体制を整えていった。どの時点で政権といえるのか。**

## ◉幕府成立の年には諸説ある

「鎌倉幕府ができたのは１１９２年」

「イイクニつくろう鎌倉幕府」――一般常識として、右のように即答できる人も多いことだろう。しかし、常識はいったん疑ってみるべきだ。定説となっている１１９２年の幕府成立は、後白河法皇が死去した１１９２年に、源頼朝が朝廷から征夷大将軍に任ぜられた事実をもとにしている。だが、この説は歴史家のあいだではいまや少数意見になっているのだ。

鎌倉幕府は、12世紀の終わりに誕生した関東の鎌倉を拠点とする武士による軍事政権である。だが、いつ幕府が正式に成立したか、ということについては大きく6説あって、いまだ結論が出ていない。以下に、諸説を列挙してみよう。

①１１８０年説＝源頼朝が鎌倉に侍所を設置し、南関東を支配する。

②１１８３年説＝頼朝、朝廷から東国支配を承認される。

③１１８４年説＝公文所《くもんじょ》・問注所《もんちゅうじょ》が設置され、幕府の機構が整う。

④１１８５年説＝頼朝、守護・地頭の任免権を獲得する。

⑤１１９０年説＝頼朝、右近衛《このえ》大将に任じられる。

⑥１１９２年説＝頼朝、征夷大将軍に任じられる。

## ◉どの時点をもって政権誕生というのか

そもそも幕府という語源は中国にある。出征中の将軍の陣営をいい、日本では近衛大将の居館を幕府と呼んだ。だが、先に述べたように、鎌倉幕府といえば、源頼朝によってつくられた軍事政権をさすのがふつうであり、政権の誕生という意味での幕府の成立を考えるなら、⑤、⑥説は適当ではない。

ところで、鎌倉幕府の基盤である御家人（頼朝の臣従

## 鎌倉幕府の職制

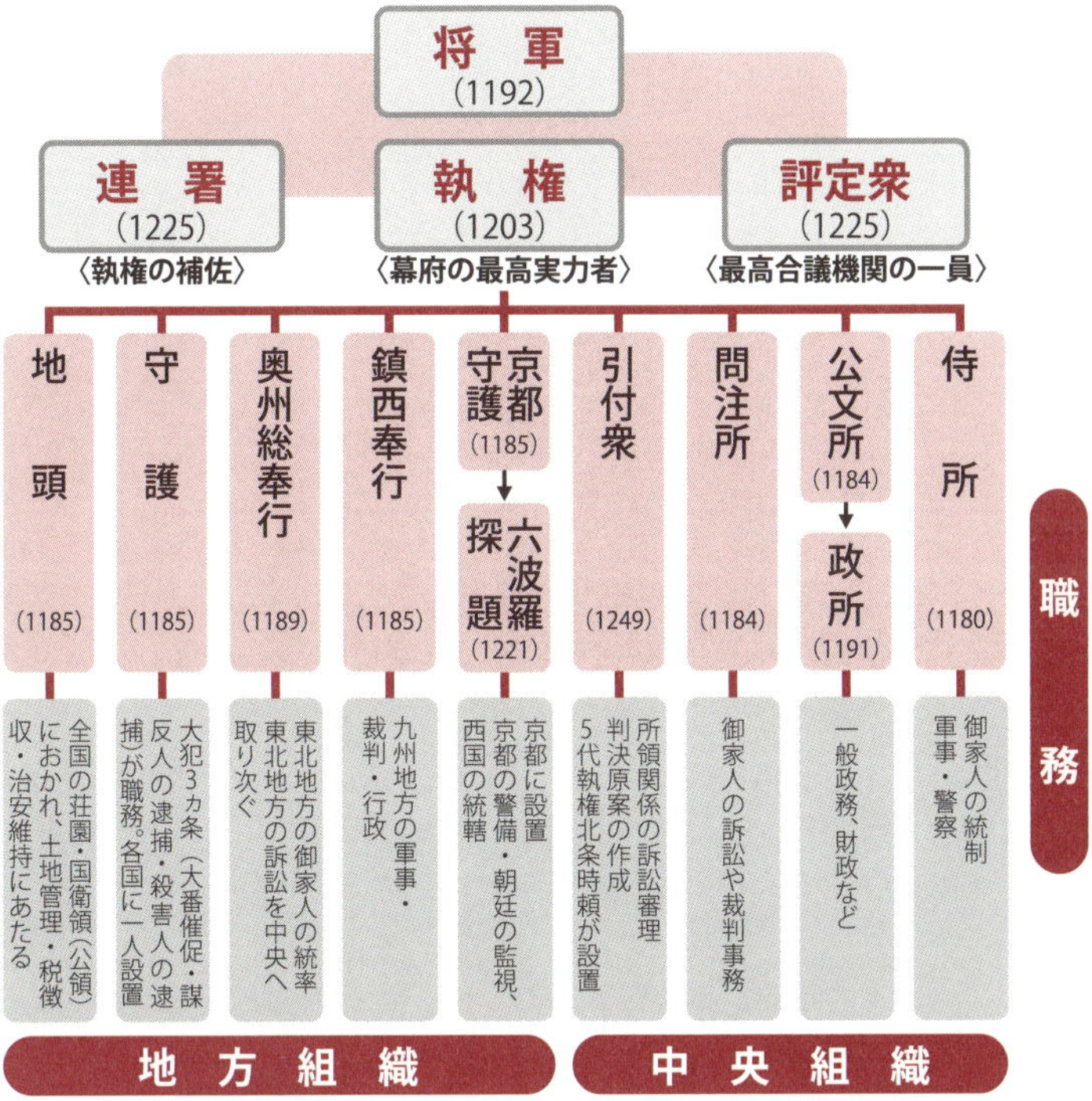
将軍 (1192)
連署 (1225) 〈執権の補佐〉
執権 (1203) 〈幕府の最高実力者〉
評定衆 (1225) 〈最高合議機関の一員〉
侍所 (1180) 御家人の統制 軍事・警察
公文所 (1184) → 政所 (1191) 一般政務、財政など
問注所 (1184) 御家人の訴訟や裁判事務
引付衆 (1249) 所領関係の訴訟審理 判決原案の作成 5代執権北条時頼が設置
京都守護 (1185) → 六波羅探題 (1221) 京都に設置 京都の警備・朝廷の監視、西国の統轄
鎮西奉行 (1185) 九州地方の軍事・裁判・行政
奥州総奉行 (1189) 東北地方の御家人の統率 東北地方の訴訟を中央へ取り次ぐ
守護 (1185) 大犯3カ条（大番催促・謀反人の逮捕・殺害人の逮捕）が職務。各国に一人設置
地頭 (1185) 全国の荘園・国衙領（公領）におかれ、土地管理・税徴収・治安維持にあたる
職務
地方組織
中央組織
※職制の下の年号は、それぞれが成立した年。

者）は、頼朝（将軍）と「御恩と奉公」というギブ・アンド・テイクの関係でつながっており、これを封建的主従制といった。

御家人は、頼朝に対して軍役や経済的援助をになう代償として、守護・地頭《じとう》という地方役人に選任される。守護とは一国の軍事・警察権を任された職で、地頭とは国衙領《こくがりょう》（公領）や荘園で、土地の管理や年貢の徴収・治安維持にあたる職である。

頼朝が朝廷から全国の守護・地頭の任免権を獲得したのは1185年。すなわち、①、②、③説の段階では、幕府は単に東国の地方政権にすぎないが、御家人を諸国に守護や地頭として派遣可能となったことで、幕府の政治力は全国に及んだわけで、現在、④説を幕府の成立と考える見方が有力である。

**歴史メモ** 鎌倉幕府を全国政権の誕生という観点からとらえ、1221年の承久の乱以後を幕府の誕生と考える学者も少なくない。

# 権力は源氏から執権北条氏へ

**頼朝がいなくなると実権は有力御家人である北条氏に移る。以後、倒幕まで実権を握り続ける。**

## ◉あっという間に実権を握った北条時政

鎌倉幕府を開いた源頼朝は、絶対権力者として東国武士のうえに君臨した。

その頼朝が1199年に死ぬ。死因は落馬が原因だったと伝えられるが、幕府の正史たる『吾妻鏡』には、その死の前後部分だけが欠落しており、どうやら秘匿すべき最期であったようだ。暗殺説も昔から根強くある。頼朝がいなくなると権力の座は、あっという間に北条氏に移ってしまう。以後、鎌倉幕府が倒されるまでの約130年間、実権を握り続けるのだ。

頼朝の死後、2代将軍に就任したのは頼朝の嫡男《ちゃくなん》・頼《より》家《いえ》だった。しかし、位についてからわずか3か月後、独断専横のふるまいが御家人の反感をかい、親裁を停止され、政治は有力御家人13名による合議制となってしまう。

この13名のうち、頭角を現したのが頼家の外祖父・北条時政《ときまさ》（頼朝の妻・北条政子の父）である。時政は頼家を伊豆修禅寺に幽閉して殺し、頼家の弟・実朝《さねとも》を将軍にすえ、梶原景時《かげとき》や畠山重忠といった重臣を倒して幕府の実権を掌握した。だが、実朝を廃して娘婿を将軍にしようとしたことで、娘の政子と息子の義時の反発を受けて失脚した。政所《まんどころ》（公文所）の別当（長官）となった時政の地位は「執権」と呼ばれ、義時がこれを受け継いだ。義時はさらに、侍所の別当も兼ね、その地位を息子の泰《やす》時《とき》に伝えた。

泰時は、「御成敗式目《ごせいばいしきもく》」（134ページ）を制定して司法制度をととのえ、連署《れんしょ》と称する執権の補佐役をおき、評定衆《ひょうじょうしゅう》（有力御家人の集まり）を定めて合議政治を開始した。これを執権政治という。

## ◉名目だけの将軍に

さて、1219年に実朝が暗殺され、3代で途絶えた

## 鎌倉幕府の権力者の移動

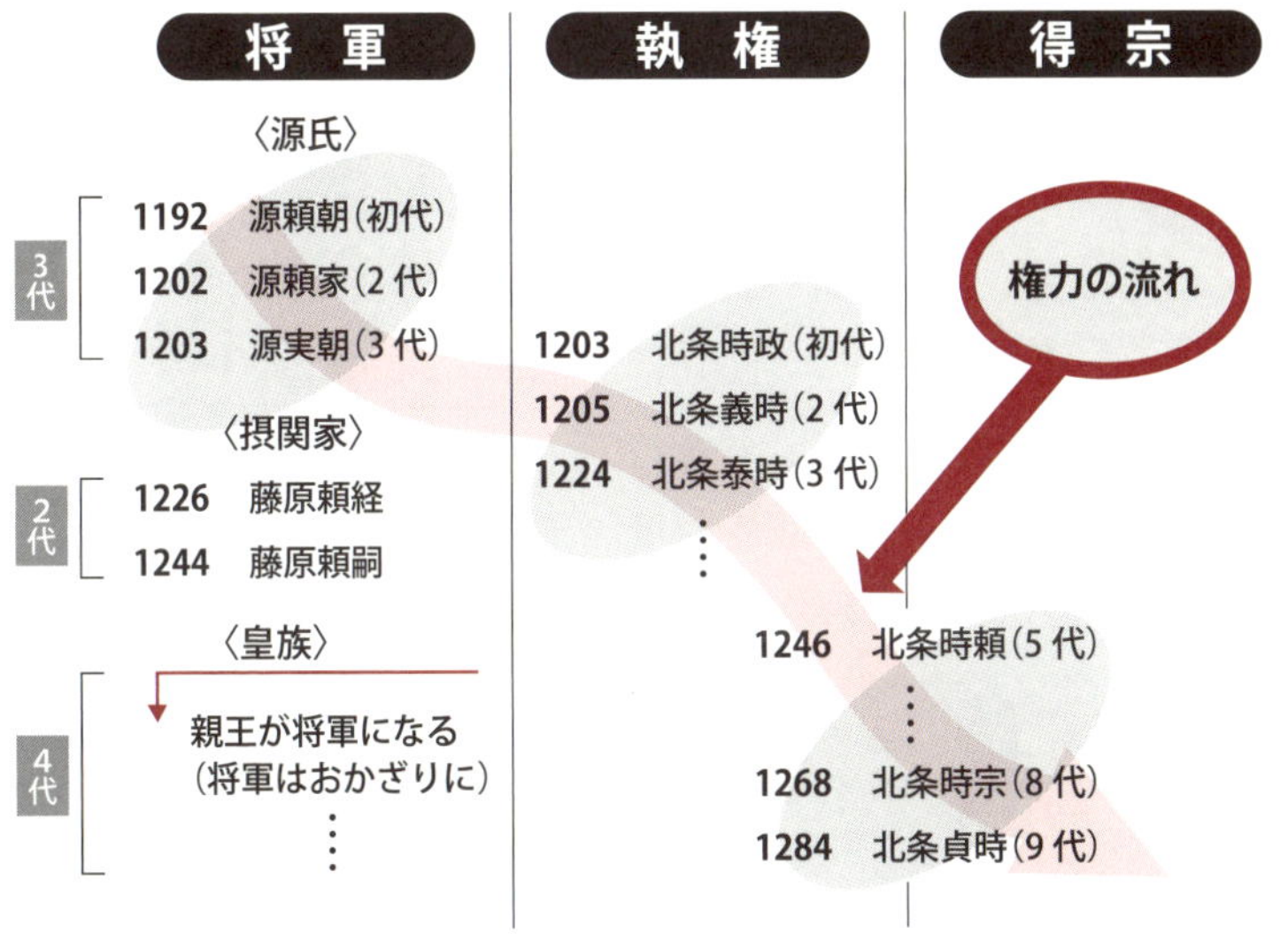
将　軍
執　権
得　宗
〈源氏〉
1192　源頼朝（初代）
1202　源頼家（2代）
1203　源実朝（3代）
3代
〈摂関家〉
1226　藤原頼経
1244　藤原頼嗣
2代
〈皇族〉
親王が将軍になる（将軍はおかざりに）
4代
1203　北条時政（初代）
1205　北条義時（2代）
1224　北条泰時（3代）
権力の流れ
1246　北条時頼（5代）
1268　北条時宗（8代）
1284　北条貞時（9代）

将軍職だが、幕府は京都の摂関家から幼い藤原頼経《よりつね》を迎えて将軍とした。摂関家の将軍は2代続き、藤原（摂家）将軍といわれた。

その後幕府は、皇族である親王を将軍にすえる。以後、幕府滅亡まで親王（皇族）将軍は4代続くが、将軍とは名ばかりのおかざり的存在で、実権は北条氏が握っていた。

北条氏の威勢は次第に強まり、とくに得宗《とくそう》家と呼ばれた義時の嫡流が絶大な力をもつようになった。得宗家は5代執権・時頼、8代・時宗と継承され、9代貞時の代になって、将軍の特権であった「安堵《あんど》」（土地の保証）の権限も手中にし、有力御家人安達泰盛《あだちやすもり》を滅ぼして得宗専制（独裁政治）がはじめられた。

このころ（13世紀後半）になると、幕府の要職、守護・地頭の過半は、北条一門によって独占された。しかし、この北条氏占有体制が、御家人たちの不満をつのらせ、幕府に対する忠誠心を薄めていった。そしてやがて、後醍醐《ごだいご》天皇が討幕運動を展開すると、鎌倉幕府はあっさりと崩壊してしまうのであった（1333年）。



**歴史メモ**　藤原頼経は大人になると謀反を企てたという理由で京都へ返されたが、これは将軍に権力を握られまいとする北条氏の常套手段だ。

# 公家中心の文化から武士の東山文化へ

**それまでの公家・貴族が中心の文化から、次第に武士が主導する文化に変化していった。**

## ◉まだまだ文化は公家が中心

鎌倉時代から室町時代にかけての中世の文化は、大きく次の4つに大別される。鎌倉文化、南北朝文化、北山文化、東山文化である。この4文化の特徴と代表的作品をみてみよう。

**鎌倉文化**——それは、12世紀末から14世紀初頭までの文化をいう。この時代、武家の政権が誕生したといっても、いぜん文化の担い手は貴族・公家であった。つまり、武家はいまだ文化を創造する側にはなく、公家がつくった文化を取り入れる立場にあった。また、宋や元といった大陸の影響を多分に受けていることも、その特徴の一つといえる。

文学では、軍記物語の最高傑作『平家物語』が琵琶法師によって語られ、鴨長明の『方丈記』、吉田兼好《けんこう》の『徒然草《つれづれぐさ》』といった名随筆が生まれた。さらに幕府の正史たる『吾妻鏡』、慈円《じえん》の『愚管抄《ぐかんしょう》』というすぐれた歴史書が誕生した。建築や彫刻についても、東大寺南大門、円覚寺舎利殿《しゃりでん》、東大寺金剛力士像など、秀作がつくられている。

**南北朝文化**は、鎌倉幕府が崩壊し、建武新政をへて南北朝が合体するまでの、戦乱の時代に開花した文化である。時代を反映して、軍記物語や歴史書が多くつくられた。代表作は、南北朝の動乱を描写した『太平記』や北畠親房《ちかふさ》の『神皇正統記《じんのうしょうとうき》』『増鏡《ますかがみ》』『梅松論《ばいしょうろん》』などである。

**鎌倉文化**

2世紀末〜14世紀初頭)

**特徴**
- 伝統文化の継承発展
- 武士・庶民の参加
- 宋文化の影響

**作品**

(軍記物)
平家物語

(文学)
方丈記(鴨長明)
徒然草(吉田兼好)

## 中世の文化

| 東山文化 | 北山文化 | 南北朝文化 |
| --- | --- | --- |
| （15世紀初頭～16世紀半ば） | （14世紀後半～15世紀初頭） | （14世紀初頭～14世紀後半） |
| 8代将軍・足利義政の時代<br>侘び、幽玄、簡素が基調<br>武士が主導 | 3代将軍・足利義満の時代<br>公家と武家の融合文化 | 公家中心の最後の文化<br>戦乱の時代を反映 |
| （建築）銀閣<br>（庭園）大徳寺大仙院（枯山水） | （建築）金閣<br>（能）花伝書（世阿弥） | （軍記物）太平記<br>（史書）神皇正統記（北畠親房） |

### ◉公家と武家の文化が融合した北山文化

鹿苑寺金閣に象徴される**北山文化**は、京都の北山に邸宅を構えた3代将軍足利義満の治世に花開いたので、そう名づけられた。公家的な寝殿造りと、武家的な禅宗様を折衷して建てたのが金閣であり、まさにこの建物が示しているように、北山文化は公家と武家の融合文化であった。代表芸術を一つあげるとすれば、「能」であろう。義満の保護によって観阿弥《かんあみ》・世阿弥《ぜあみ》父子は猿楽能を大成し、世阿弥は『花伝書』を残している。

### ◉東山文化は侘び・幽玄の武士の文化

8代将軍足利義政は、将軍義満をまねて京都の東山に別邸をつくった。邸宅には銀閣や書院造の東求堂同仁斎《とうぐどうどうじんさい》が建てられ、同地が侘《わ》び・幽玄を基調とする文化の中心地となったので、この文化を**東山文化**と呼ぶ。

この文化の担い手は武士であり、彼らに好まれた禅の精神が色濃く反映されている。とくに大徳寺大仙院庭園や竜安寺石庭など、石・砂で自然を表現した枯山水《かれさんすい》の庭園は見事である。この時代、庶民文化も芽生え出し、連歌、小歌、古浄瑠璃《こじょうるり》などが、人々の間に流行した。



**歴史メモ** 銀閣は、お金がなかったので金閣のように箔を張れなかったとする俗説もあるが、もともと将軍義政は銀箔を張らないつもりだった。

# 念仏による救いを説く3宗

**争乱、飢饉など現世の苦しみから庶民を救うために現れたのが、鎌倉六仏教だった。**

源平の争乱、承久の乱（132ページ参照）などにくわえ、天変地異や飢饉が頻発した平安時代末期から鎌倉時代初期、庶民は現世の不安や苦しみから逃れるため、神仏にすがろうとした。しかし仏教は当時、貴族のための信仰であって、庶民に救いの手をさしむける宗派は少なかった。

そんな時勢にあって、積極的に庶民の要求に応じ、彼らを救おうとする6人の僧侶が、鎌倉時代に現れた。

法然、親鸞、一遍、日蓮、栄西、道元である。彼らの説くところは、それぞれに異なってはいたものの、いずれも厳しい修行を必要としない易行に特徴があり、これに専修することで人間は救われると主張した。江戸時代から彼らの興した宗派は、一括して鎌倉新仏教（六仏教）と呼ばれるようになる。

このうち浄土宗、浄土真宗、時宗《じしゅう》の3宗は、「南無阿《なむあ》弥陀仏《みだぶつ》」（念仏）による極楽往生を説いた。

**浄土宗**　この宗派は、京都の法然によって平安時代末期に開かれ、その教えは貴族や武士だけでなく庶民にも急速に広まっていった。

法然は美作国《みまさか》（岡山県）の生まれで、若いころから比叡山にのぼって天台宗を学び、めきめき頭角を現して「智恵第一」とたたえられたが、のちに下山して諸宗を研究、「念仏を唱えれば人は救済される」という専修念仏に到達したのである。

浄土宗には後白河法皇や九条兼実《かねざね》といった政府の要人も帰依《きえ》したが、法然の主張は比叡山延暦寺や興福寺の憎悪するところとなり、1207年、念仏は禁止され、法然は罪を得て土佐へ流された。しかし1211年に京都に召喚され、翌年80歳で大往生を遂げた。

**浄土真宗**　この宗派の開祖・親鸞は、法然の弟子であ

## 鎌倉新仏教①

| 系統 | 宗派 | 教理 | 中心寺院 | 主著等 |
|---|---|---|---|---|
| 浄土宗系 | 浄土宗〈法然〉(1133－1212) | ひたすらに念仏(南無阿弥陀仏)をとなえれば救われる＝専修念仏 | 知恩院(京都) | 選択本願念仏集 |
| | 浄土真宗〈親鸞〉(1173－1262) | 一度でも心から念仏をとなえれば極楽往生できる。悪人こそが優先的に救われる＝悪人正機説 | 東・西本願寺(京都) | 教行信証、歎異抄 |
| | 時宗〈一遍〉(1239－1289) | すべての人は念仏をとなえさえすれば救われる。全国を遊行しながら踊念仏をひろめる | 清浄光寺(神奈川) | 一遍上人語録 |

り、法然が流罪になったおり、親鸞も越後国へ流された。親鸞は、京都の下級貴族の子として生まれたといわれ、やはり青年時代は比叡山で修行に励んだが、天台宗の教えに不足を感じ、山をおりて法然の門下に入ったのである。配流先の越後で親鸞は、己の信念にもとづいて妻をめとり、子をなした。赦免されたのちも京都へは戻らず、関東地方で自分の会得した教えを布教した。

親鸞は、一度でも心の底から念仏をとなえれば、人は必ず救済されるといい、とくに自分が悪人だと自覚している人間こそ、阿弥陀仏は率先して救ってくださる(悪人正機《あくにんしょうき》説)と説いた。この教えは急速に普及し、生前の親鸞にはその気はなかったようだが、やがてその教義は浄土真宗という一派を生んだ。

**時宗** 13世紀後半に登場した一遍は、念仏による一切の救済をとなえ、踊念仏《おどりねんぶつ》をしながら全国を遊行して歩き、布教対象を下層階級にまで広げた。一遍は信者に念仏往生のあかしとして「念仏札」を与えたが、その数は250万に達したという。死の間際、一遍は己の著作物をすべて焼き払ったと伝えられる。



**歴史メモ** 親鸞でさえ念仏を信仰してから2度信心に揺らぎを感じたいう。その事実を正直に妻に告白しており、そこが親鸞の偉大さでもある。

# 日本の「禅」は鎌倉時代に花開いた！

**現世の苦しみから庶民を救うため、簡単な修行で涅槃に入り、仏になる方法を編み出した。**

鎌倉新仏教のうち、臨済宗、曹洞宗の2宗は中国（宋）から導入された禅宗であり、座禅によって自力で悟りを得ることを主眼とした。

臨済宗が座禅をしながら公案（師から与えられる難問）を解くことで涅槃《ねはん》に到達しようとしたのに対して、曹洞宗は座禅そのものを重視し、ただひたすらに座れ（只管《しかん》打坐《たざ》）と教えた。

**臨済宗**　この宗派をはじめたのは栄西である。栄西は備中国（岡山県）の人で、やはり若いころに比叡山で修行し、のちに2度ほど宋に渡って禅の研鑽《けんさん》に励み、禅宗の一派を開いた。

栄西は、運よく北条政子という鎌倉幕府の要人に帰依された。そのため臨済宗は、幕府の厚い保護を受けて飛躍的に発展した。

**曹洞宗**　一方、曹洞宗の始祖・道元は、内大臣源通親《みちちか》と太政大臣藤原基房《もとふさ》の娘との間に生まれたと伝えられる。そのような高貴な系譜だったにもかかわらず、比叡山に入って出家する。

修行するうち道元は、「天台宗では人はすべて仏であるというが、それならなぜ人は修行しなければならないのか」という疑問にぶつかり、中国の宋に渡り、禅のなかにその答を発見した。帰国後、比叡山のたび重なる迫害にあいながらも禅の布教を続け、多くの信者を獲得していった。

やがて道元は、執権北条時頼の招きを受けるが、それを断って権力に迎合せず、北陸にくだり永平寺を創建、ここを生涯の布教の拠点としたのだった。

**日蓮宗**　日蓮は安房国《あわ》（千葉県）に生まれた武士の子だと伝えられる。仏門に入ると各地を修行してまわり、やがて法華経（天台宗の中心経典）を知り、これは最高

## 鎌倉新仏教②

| 系統 | 宗派 | 教理 | 中心寺院 | 主著等 |
| --- | --- | --- | --- | --- |
| 天台宗系 | 日蓮宗〈日蓮〉(1222－1282) | 題目(南無妙法蓮華経)をとなえればそのまま仏になることができる。激しく他宗を排撃 | 久遠寺(山梨) | 立正安国論 |
| 禅宗系 | 臨済宗〈栄西〉(1141－1215) | 座禅をくみ、公案(師から与えられる問題)を解決して悟りに達する | 建仁寺(京都) | 興禅護国論 |
| | 曹洞宗〈道元〉(1200－1253) | ただひたすらに座禅することによって悟りを得る＝只管打坐 | 永平寺(福井) | 正法眼蔵 |

の教えだ！　と、すぐさま帰依した。

日蓮は鎌倉に出向いて、

「法華経を信じて『南無妙法蓮華経』（題目）を口にすれば、人間は生きたまま仏となることができ、一国の人間すべてが法華経を信奉したとき、その国は浄土となるだろう」

と辻説法を行ない、さかんに他宗を攻撃非難したといわれる。

同時に執権北条時頼に自著『立正安国論』を差し出し、念仏（南無阿弥陀仏）を停止しないと他国の侵入を受けると主張した。

このような排他的な言動が、他宗の反感をかう結果となり、日蓮は伊豆や佐渡に流されるが、ついに持論を曲げなかった。晩年は甲斐国身延山に隠棲した。

こうした鎌倉六仏教は、室町時代に飛躍的な発展をとげ、江戸時代に入ると庶民仏教として定着するようになる。



歴史メモ　鎌倉時代はまだ旧仏教の影響力が絶大で、新仏教が発展するのは室町時代以後のこと。

# 東大寺の再建で使われた新しい建築様式

**鎌倉時代には、大仏様、禅宗様、折衷様といった、新しい建築様式が生まれ、それらは古来の和様と融合していく。**

## ◉東大寺は精力的な老僧によって再建された

１１８０年12月、平重衡《しげひら》の南都焼き打ちによって、奈良時代に国富をそそいで創建した東大寺は炎上、灰に帰した。朝廷はすぐに再建しようとするが、源平の争乱のさなか朝廷の権威は地に落ち、計画は思うように進まなかった。

そんななか、東大寺復興に精根を傾けた老僧がいた。勧進職に任命された重源《ちょうげん》という僧侶である。このとき彼は61歳の老年だったが、余生すべてを東大寺の再建事業にささげた。重源はかつて3度宋にわたり、寺院建築の最新技術を習得しており、再建にはうってつけの人物だった。

重源はまず資金の調達からはじめ、老体に鞭を打って全国行脚して寄付を募った。その後、大仏鋳造のため宋から陳和卿《ちんわけい》を招き、自分は大仏殿や南大門といった伽藍《がらん》の建立にとりかかった。彼は巨材を求めて周防《すおう》国（山口県）の山奥にまで分け入り、40メートルもの大木を切り出して奈良へと輸送した。運搬をスムーズにする目的で佐波川、三田尻港、兵庫などを修築したとも伝えられる。

短期間で大規模な伽藍を再建するため、重源は宋の建築様式に工夫をくわえ、大仏様《だいぶつよう》といわれるまったく新しい手法を用いた。部材の規格を数種類に統一して、それを組み合わせることで簡単に建築できるようにしたのだ。たとえば東大寺南大門は、わずか5種類の部品が全体の80％を占めているという。こうして１１９５年、見事に東大寺は再建され、後鳥羽天皇、源頼朝といった権力者も参列して盛大に落成供養が執行されたのである。

## ◉鎌倉時代のさまざまな建築様式

しかし、大仏様は粗野で簡素すぎるためか、日本人の感性に合わず、その後はすたれてしまう。むしろ人々に好まれたのは禅宗様《ぜんしゅうよう》（唐様《からよう》）と呼ばれる、宋から伝来した様式であった。細部まで意匠をこらした装飾的な工法で、急勾配な屋根、花頭窓《かとうまど》、桟唐戸《さんからど》に特徴があり、円覚寺舎利殿が代表的建築物である。

一方、平安時代からの和様《わよう》建築もいっそう洗練され、この様式で建てられた三十三間堂は柔和で優美な姿をしている。やがて、和様建築のなかには、観心寺金堂のように大仏様や禅宗様の長所を取り入れる建築物も登場し、折衷様《せっちゅうよう》と呼ばれた。

このように鎌倉時代は、宋から新しい建築様式が導入され、和様と競合し、やがて融合してゆくという時代でもあったのである。

## 鎌倉時代のさまざまな建築様式

| 代表建築 | 特徴 | 様式 |
|---|---|---|
| 東大寺南大門 | 宋の南方の様式<br>豪壮雄大なつくり<br>重源が日本に導入 | <br>大仏様 |
| 円覚寺舎利殿 | 宋から伝来した様式<br>繊細で調和のとれたつくり<br>細部まで装飾 | <br>禅宗様 |
| 三十三間堂（蓮華王院本堂） | 平安時代以来の様式<br>柔らかで優美なつくり | <br>和様 |
| 観心寺金堂 | 大仏様、禅宗様の長所を和様に取り入れた様式 | <br>折衷様 |

歴史メモ　大仏を鋳造した陳和卿は、言葉巧みに将軍実朝に中国への渡航を勧め、大船を建造したが進水に失敗、その後行方をくらました。

1185〜1223年◆鎌倉時代の彫刻

# 鎌倉時代に彫刻の黄金期があった

**運慶と快慶という天才彫刻家の登場で、鎌倉時代には多くの優れた彫刻が生まれた。**

## ◉鎌倉彫刻の大成者・運慶と快慶

鎌倉時代は日本彫刻史における最盛期で、その時期に活躍した中心的仏師が、運慶《うんけい》と快慶《かいけい》だ。

運慶と快慶は、平安中期の大仏師・定朝《じょうちょう》の流れを受け継いでいる。定朝というのは、日本独特の優美な和様と称される様式を確立し、寄木造《よせぎづくり》を考案して仏像の大量生産を可能にした人物。

彼は、法城寺や平等院鳳凰堂の造仏を手掛けた功績により、法橋、法眼という高位を賜り、それまで軽視されていた仏師の地位をぐんと高めた。定朝の子・覚助《かくすけ》は奈良に拠点をおき、この一派が康慶《こうけい》のときに「慶派」と呼ばれるようになった。

この康慶の実子が運慶であり、康慶の弟子が快慶である。いまでこそ有名な慶派だが、実は同じく定朝から分かれ、京都に拠点をおいた「院派」と「円派」に主流を奪われ、ずっと日陰の存在として命脈を保ってきた。

## ◉なぜか頼朝に気に入られた慶派

そんな慶派を引き上げたのが源頼朝と重源だった。頼朝は、新寺院の造仏に慶派を採用した。彼らの写実的な作風が頼朝の気質にあったのだとか、京都の仏師が源氏調伏の仏像をつくったのを憎んでいて、彼らを用いなかったのだといった説があるが、ここにおいて慶派はにわかに脚光をあびることになった。

これに拍車をかけたのが重源だった。重源は快慶と親しい間柄にあったことから、東大寺再建にあたり慶派に造仏を依頼したのである。慶派の作品でもっとも有名なのは、運慶と快慶の合作、東大寺金剛力士像だろう。この8メートルを超える二つの巨像を、彼らは18人の部下を指揮してわずか70日で仕上げたといわれる。力士像の憤怒の表情、筋肉の躍動感はまことに圧巻であり、いま

## 鎌倉彫刻界をリードした慶派の仏師

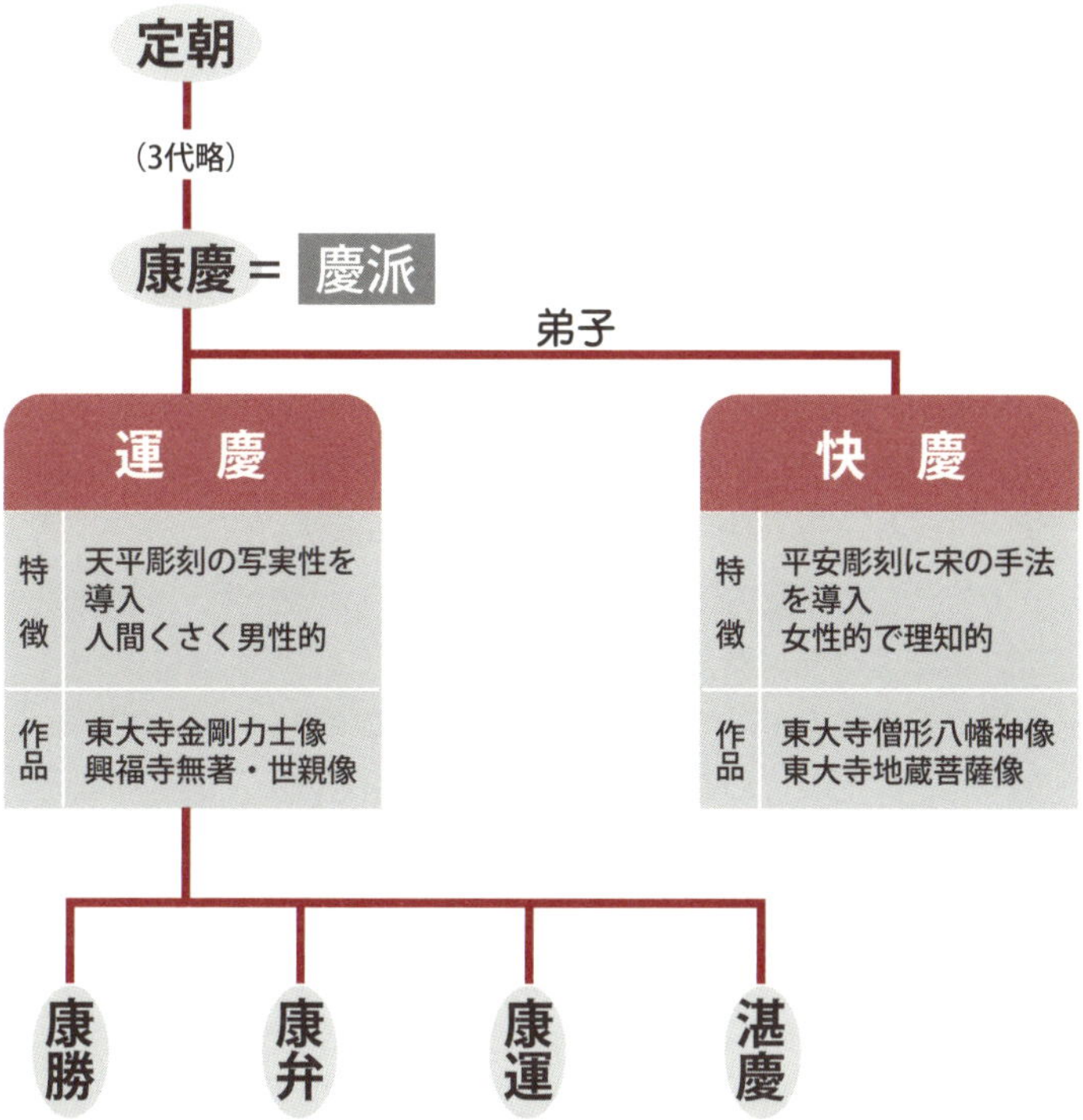
定朝
（3代略）
康慶＝慶派
弟子
運　慶
特徴
天平彫刻の写実性を導入
人間くさく男性的
作品
東大寺金剛力士像
興福寺無著・世親像
快　慶
特徴
平安彫刻に宋の手法を導入
女性的で理知的
作品
東大寺僧形八幡神像
東大寺地蔵菩薩像
康勝
康弁
康運
湛慶

でも東大寺南大門をくぐる人の目を釘づけにする。

### ◉日本における彫刻全盛の時代？

ところで、運慶と快慶は同じ慶派でありながら対照的な手法で作品を彫り上げている。運慶は天平彫刻の写実性を導入して仏像を人間くさく男性的に仕立てるのを得意とし、快慶は平安時代の和様に宋（中国）の手法を取り入れ、女性的で理知的な作品を多く手掛けている。運慶の代表作として興福寺の無著《むちゃく》・世親像《せしんぞう》、快慶の代表作として東大寺の僧形八幡神像があげられる。

運慶と快慶の登場によって彫刻界はにわかに活気づき、鎌倉時代、つぎつぎと傑作が生まれた。しかし残念ながら、室町時代に入ると造仏は定型化し、見るべき作品は少なくなった。そういう意味でも、鎌倉期は彫刻の黄金時代だったといえる。



**歴史メモ** 最近修理された金剛力士像の体内から、建立にかかわったスタッフやパトロン200人の名が記載された経巻が発見された。

COLUMN

## 源頼朝の死にまつわる珍説奇説

1199（正治元）年1月13日、源頼朝は53年の生涯を閉じた。だが、実のところその死因については確かなことがわかっていない。鎌倉幕府の正史たる「吾妻鏡」にその状況が記載されていないからだ。というより、頼朝の死をはさんで3年間の記録が欠落しているのである。そのうえ、当時の古文書にも確実に死因を伝える記載がほとんど見当たらない。

その死から比較的近い記録に近衛家実の『猪隈関白記』があり、そこには糖尿病が原因と記されている。また、死から14年後の吾妻鏡の一項に、相模川の橋供養の帰途、落馬して間もなく死亡したと、わずかに数行程度書かれている。そんなことから、騎上で脳溢血をおこし馬から落ちたのが致命傷になったとか、落馬して脳出血で死んだなどの説が出てくる。

さらに時代が下ると、たくさんの珍説が現れる。南北朝時代の『保暦間記』は、源義経や平家の怨霊に呪い殺されたといい、江戸時代の『真俗雑録』は、女のもとへ忍び込もうと女装して外出した頼朝を、曲者と勘違いした家臣が斬り殺したとする。

また、妻の北条政子に誤って殺されたとか、頼朝を尊崇する徳川家康が、落馬死という不名誉を隠すため、吾妻鏡の条項を削除したという説も流布。これでは頼朝も、死んでも死にきれまい。

COLUMN

# 武士がこの世を謳歌した中世という時代

武士が登場するのは平安時代のこと。荘園の開発領主が、己の土地を外敵や国司の横暴から守るために武装したのがはじまりだ。やがて武士は、貴族にその武力を見込まれ、都に召し出されるようになる。

当時の貴族は、武士を人間とは見なさず、番犬くらいにしか思っていなかった。だが、やがて武士が自らの力を自覚、貴族を圧倒して政権を担う時代がくる。

さて、室町時代に土岐頼遠という武士がいた。足利尊氏に従って各地を転戦、1338（暦応元）年の美濃青野ヶ原の戦いでは、敵将北畠顕家の西上を奇跡的にくい止めた勇将である。頼遠はその後、美濃国（岐阜）守護に任じられ、以後、戦国時代に斎藤道三に国を奪われるまで、土岐一族は美濃を支配した。

ところでこの頼遠、都大路で光厳上皇の御車とかち合った際、「院（上皇）の御幸であるぞ」といわれても道を譲らず、「何々、院というか、犬というか、犬ならば射ておけ」（『太平記』）と暴言を吐いて御車に矢を放ったという。

その罪で頼遠は幕府に処刑されたが、かつて都の貴族から犬同然の扱いを受けていた武士が、その同じ都で貴族の頂点に立つ上皇を犬呼ばわりするとは、実に世の変転はすさまじい。

# 後鳥羽上皇の強気が武士政権を確立させた

**朝廷は、源実朝暗殺を機に、北条義時を討とうする。だが逆に攻めのぼられ、朝廷は衰退してしまう。**

## ◉将軍家の断絶を機に院宣を出すが…

後鳥羽上皇が本格的に院政をはじめたのは1202年のことである。以後、朝廷の復権をめざして種々の政策を断行していったが、後鳥羽上皇がそれをなし得たのは、巨大な軍事力を有していたからだ。八条女院領・長講堂領などの壮大な皇室荘園領を手中におさめた後鳥羽は、その経済力で西国の武士や御家人たちを誘い、「北面の武士」や新設した「西面の武士」(院の西側で警衛にあたる武士団)に組み込んだのである。

後鳥羽上皇は勝ち気な性格で武芸を好み、盗賊逮捕の現場にくわわり、みずから賊をねじ伏せたという伝説をもつほどの人物であった。

――1219年、将軍実朝が鎌倉で暗殺された。これにより、源氏将軍の血統は3代で絶えた。幕府の実権は北条義時が握っているとはいえ、将軍あっての北条氏であり、東国の武士すべてが北条氏に心服しているわけではなかった。

「いま突けば幕府は崩壊する」――。

そう後鳥羽上皇は判断し、討幕の兵をあげることを決意、1221年、周到な準備のもと北条義時追討の院宣を全国にくだした。が、この判断は誤りであった。

## ◉演技力抜群(?)の北条政子

畿内の御家人や西国武士が朝廷に味方したものの、東国武士はだれひとり後鳥羽の誘いに応じなかったのだ。

確かに鎌倉の御家人たちは院宣を受けてかなり混乱した。だが、このときにあって武士たちの動揺を静め、彼らを一致団結させた女性がいた。頼朝の妻で尼将軍といわれた北条政子である。彼女は御家人たちを一同に集め、次のように熱弁をふるった。

「朝廷から差別され搾取され続けた武士たちを、現在

## 朝廷を崩壊させた承久の乱

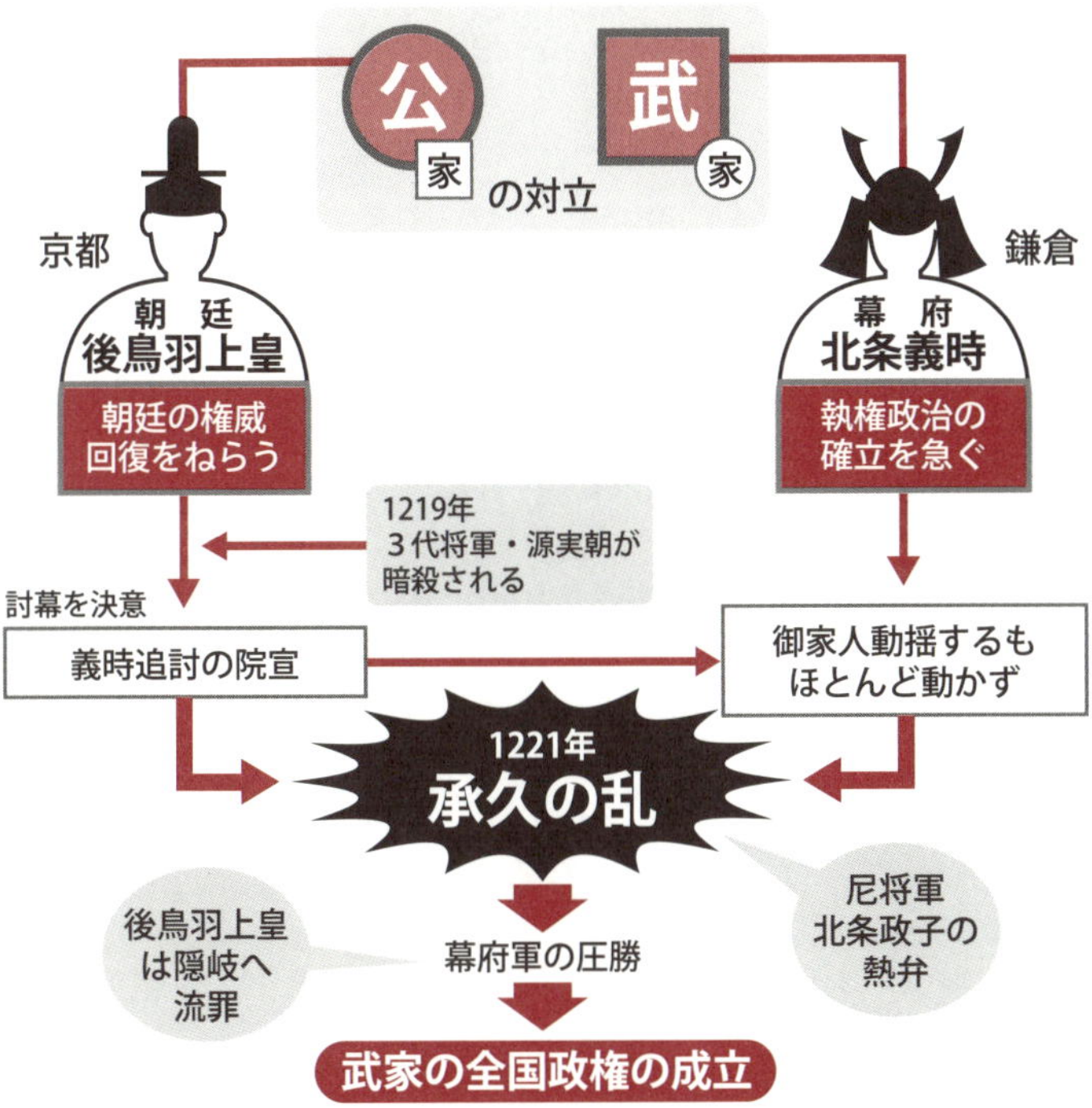


の地位に引き上げたのはだれか。それは頼朝ではなかったのか。その恩に報いるのは、まさに今である。もし朝廷に従う者あれば引き留めはしない。申し出よ。ただ京都におもむく際には、私を斬り捨てていきなさい」

かくのごとき涙ながらの訴えに、御家人たちは感じ入り、結束を固くして大軍で上方へ攻めのぼり、朝廷軍を打ち破ったのである。

一方、後鳥羽上皇は院宣の効力で、すぐに幕府が崩壊するものだとたかをくくっていたため、大挙して上洛した幕府軍にあっけなく敗れ去った。後鳥羽上皇は捕縛されて隠岐《おき》へ流され、1239年、同地で死去した。

この戦争を「承久《じょうきゅう》の乱」といい、戦乱の結果、朝廷と幕府という公武の二元政治が終焉し、武家の全国政権がついに確立したのである。



**歴史メモ** 隠岐での後鳥羽上皇はわびしい仏道生活を送り、流罪から18年後、60歳で亡くなった。上皇が隠岐で詠んだ和歌は680首を超える。

# 武士による武士のための法

**鎌倉時代、武家の法律「御成敗式目」が制定される。これは、400年にわたり影響を与える。**

## ◉武士の基準は「道理」と「先例」

武家社会の道徳や慣習というものは、公家社会のそれとは異なる場合が多く、昔から武士たちは「律令・格式」という公家のための法ではなく、自分たちの判断基準によって裁判を行なってきた。この基準を「道理」とか「先例」と呼び、源頼朝が鎌倉幕府を開いてからも、御家人たちの争論や紛争の処理は、この基準によって裁かれてきた。1221年、承久の乱の勝利によって幕府が全国政権になったこともあり、執権の北条泰時は支配体制の再整備を開始した。

## ◉武家のための法律が登場

とくに、幕府への訴訟要求が急増し、公平な裁判基準の設置が急務となったので、「道理」や「先例」を整頓し、1232年、武家の成文法たる全文51カ条の「御成《ごせい》敗式目《ばいしきもく》」（貞永《じょうえい》式目）を制定したのである。もちろん適用範囲は、幕府の支配地と御家人に限られた。以後、これが武家の根本法典となった。

その約100年後の1336年、室町幕府を創設した足利尊氏も、「建武式目」17カ条を制定したが、その内容は、今後の施政方針の表明であり、とても新しい武家法と呼べる代物ではなかった。室町時代以降も、幕府が裁判の基準としたのは、やはり御成敗式目とその追加法令である「式目追加」であった。

## ◉戦国時代には各大名が各自の法律をつくった

応仁の乱をへて戦国時代に突入すると、各地に戦国大名がおこり、群雄割拠の時代を迎える。

戦国大名が領国経営を行なうに際して、当然のことながら家臣団の統制や領国統治の面から法律が必要になってくる。それが、「分国法」である。中身は大名によってかなり違うが、農民の逃亡禁止といった領国維持に関する条項、喧嘩《けんか》両成敗《りょうせいばい》といった厳罰主義、婚姻への干渉といった家臣統制などは共通したものとなっている。

実はこの分国法にも、御成敗式目は色濃く反映しており、さらには江戸幕府が制定した1615年の武家諸法度《ぶけしょはっと》にも、その影響が残っているのである。いかに御成敗式目が、長年武士に尊重されてきたかがわかるだろう。

**武家の法律の変遷**

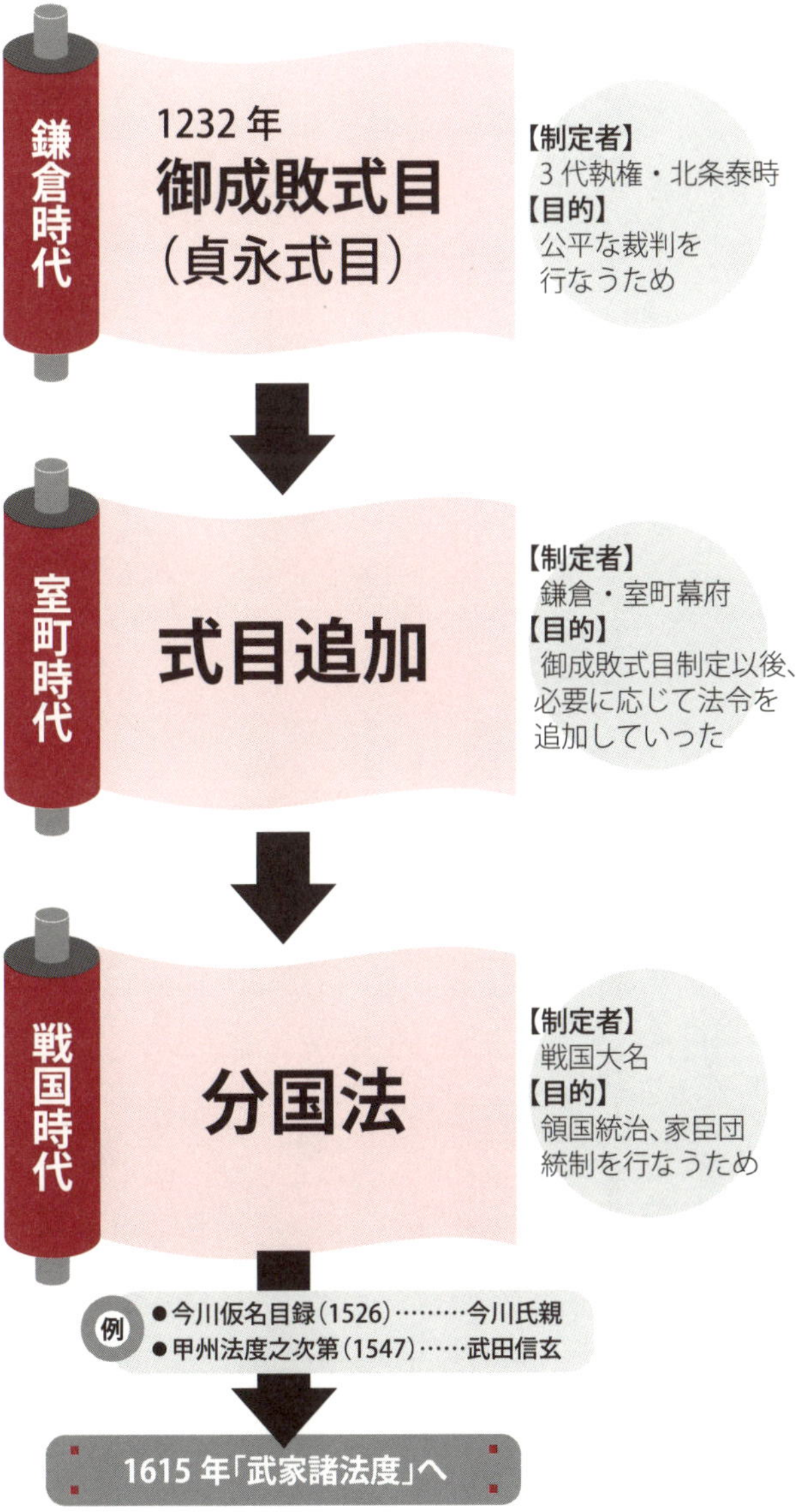
鎌倉時代
1232年
御成敗式目
（貞永式目）
【制定者】
3代執権・北条泰時
【目的】
公平な裁判を行なうため
室町時代
式目追加
【制定者】
鎌倉・室町幕府
【目的】
御成敗式目制定以後、必要に応じて法令を追加していった
戦国時代
分国法
【制定者】
戦国大名
【目的】
領国統治、家臣団統制を行なうため
例
●今川仮名目録（1526）………今川氏親
●甲州法度之次第（1547）……武田信玄
1615年「武家諸法度」へ



歴史メモ　御成敗式目の条数は、その後追加されてどんどん増えてゆき、最終的に総数は600条を超えた。これを『式目追加』と呼ぶ。

# 日本が経験したはじめての侵略「元寇」

**武士と神風の力で撃退したが、十分な恩賞がなく、幕府に不満をもつ御家人が増えてしまった。**

## ◉集団戦と「てつはう」に苦戦した幕府軍

12世紀後半、モンゴル高原に現れたチンギス・ハンは、またたく間に高原を平定すると、騎馬を駆って殺戮《さつりく》のかぎりをつくしながら西へ西へと膨張、ついには一代でヨーロッパにまで版図を拡張し、未曾有のモンゴル大帝国を築きあげた。その孫フビライは、中国（宋）への進出をはかり、帝都を北京に移して国名を「元」とあらためた。元は宋（南宋）を圧迫すると同時に朝鮮半島の高麗《こうらい》を征服し、日本へも触手をのばすようになった。

時の執権・北条時宗《ときむね》は、たび重なる元からの服属要求をきっぱりと拒んだ。そのためフビライは武力による日本制圧を決意、１２７４年、朝鮮半島から３万の大軍を送り出した。元軍は対馬・壱岐《いき》を侵し、博多湾に上陸した。当時武士は一対一の騎馬戦を戦闘の基本としていたが、モンゴル人が集団戦法で攻め寄せてきたため苦戦を強いられた。

さらに陶製の球に火薬を詰めた「てつはう」という武器が、轟音を立てて破裂したので、武士らは肝をつぶし、戦意を減退させた。夕刻、夜襲を警戒した元軍は自船へと引き上げていったが、夜中に暴風雨が吹き荒れ、船はすべて沈んでしまった。こうしてフビライの日本遠征は失敗に終わった。この戦いを「文永の役」と呼ぶ。

## ◉14万の大群が日本に押し寄せる

だが、以後もフビライは日本をあきらめず、翌年、服属を勧告する使者・杜世忠《とせいちゅう》を鎌倉に遣わすが、時宗は杜を処刑して決意のほどをしめし、異国警固番役《いこくけいごばんやく》をさだめ、御家人に九州の防備を固めさせた。

そこでフビライは、１２８１年、14万というとてつもない大兵を日本へ派遣した（弘安の役）。けれども御家人たちは、大軍をものともせず、果敢に元軍にいどんで

## 2度攻めてきた元寇

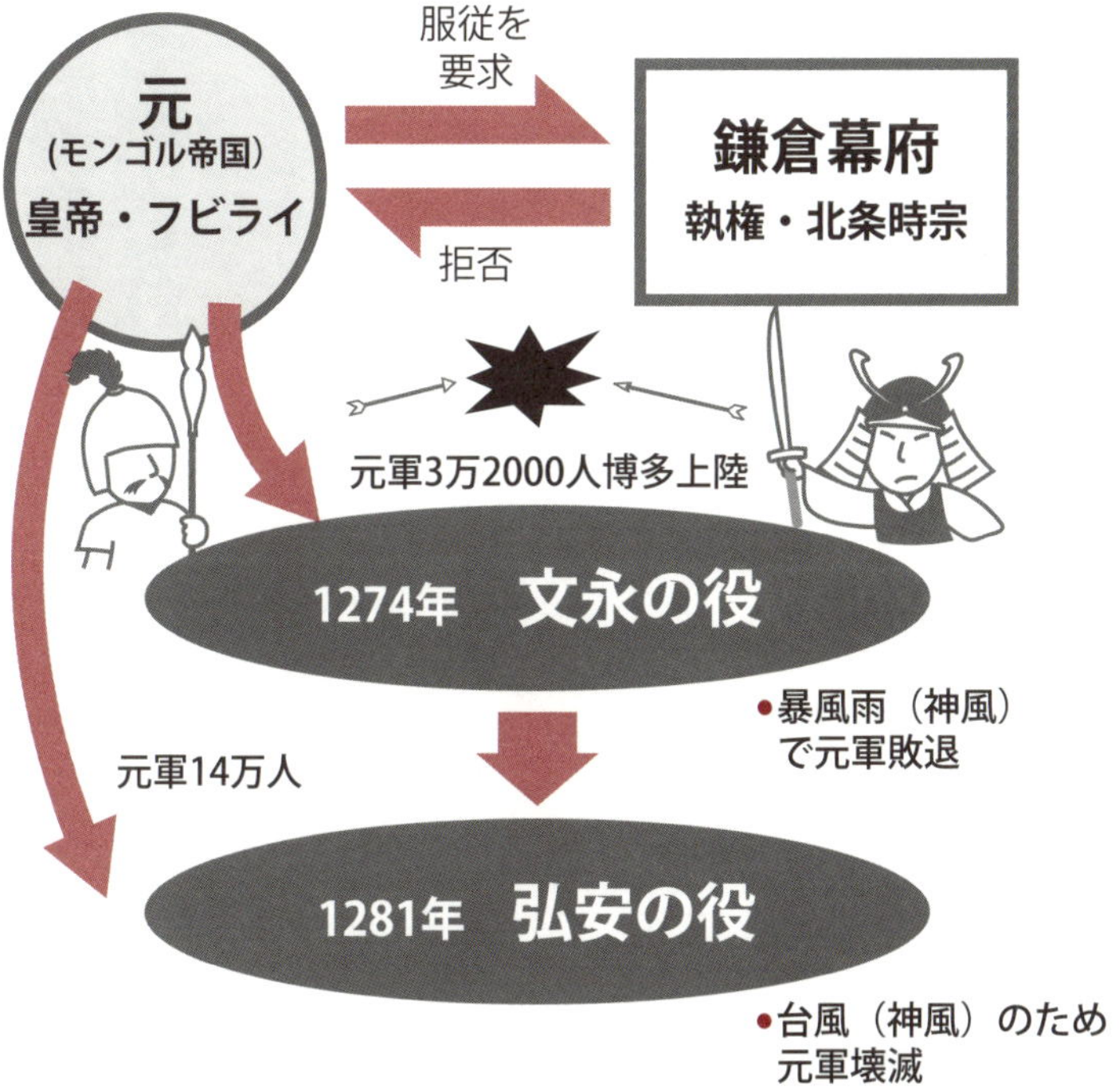
元
（モンゴル帝国）
皇帝・フビライ
服従を
要求
拒否
鎌倉幕府
執権・北条時宗
元軍3万2000人博多上陸
1274年　文永の役
●暴風雨（神風）
で元軍敗退
元軍14万人
1281年　弘安の役
●台風（神風）のため
元軍壊滅

いった。躊躇した元軍は海上で夜を過ごしたが、これがいけなかった。嘘のような話だが、その夜、台風が元軍を襲い、大半の船が転覆、一夜にして10万以上の人間が海の藻くずと消えたのである。こうして日本は、またも天候の助力によって侵略を免れた。この文永・弘安の役をあわせて、元寇《げんこう》という。

これ以来、日本は神国であり、いざというときには神風が吹いて窮地を救ってくれるという不敗信仰が誕生した。その後フビライは、日本への再々出征を計画したが、アジア諸国の反乱が相次ぎ、実行に移せぬまま没した。

他方、元寇は自衛戦争であったため、幕府は御家人に十分な恩賞を与えられなかった。彼らの多くは巨額な出費や犠牲を出して貧窮化し、幕府に対する不満から討幕運動へ加担する者も出てくるのである。

**歴史メモ**　モンゴル軍の日本人に対する扱いは残虐で、男はすべて殺し、女は手に穴をあけて紐を通し、船に縛りつけて持ち去ったと伝えられる。

# 鎌倉幕府はなぜ倒されたのか

**鎌倉幕府は、後醍醐天皇だけでなく、楠木正成がいたからこそ、倒すことができたのかもしれない。**

## ◉何度でも立ち上がるスーパーマン後醍醐天皇

1272年以来、皇室は持明院統《じみょういんとう》と大覚寺統《だいかくじとう》に分裂して皇位を争ってきた。見かねた鎌倉幕府は1317年、両統から交代で天皇を出すよう調停をくだした。これが「文保《ぶんぽう》の和談」である。

翌年、後醍醐《ごだいご》天皇が大覚寺統から即位した。後醍醐は天皇親政こそが国政の正しい姿だと考え、ついには討幕計画をくわだてる。が、1324年、そのくわだてがバレてしまう。後醍醐自身は罪をまぬがれたものの、側近数名が流罪に処された（正中《しょうちゅう》の変）。

だが、以後も後醍醐はあきらめず、1331年、再度討幕をもくろむ。当時の御家人は、元寇への負担や貨幣経済の浸透によって貧窮化し、それが得宗の専制政治に対する不満となって幕府内にうずまいていることを、後醍醐天皇は知っていたからだ。

しかし、計画は側近の密告により再び挫折（元弘《げんこう》の変）、後醍醐天皇は京都を脱して笠置山《かさぎやま》で挙兵したものの、結局捕らえられて隠岐《おき》（島根）へ流された。

## ◉楠木正成の奇妙な奮闘が幕府を倒した？

ところで、後醍醐天皇が逮捕されたあとも、幕府に叛旗をかかげ孤軍奮闘している男がいた。河内国（大阪府）の「悪党《あくとう》」（幕府に属さない新興武士）、楠木正成《くすのきまさしげ》である。

正成は和泉・河内国を中心にゲリラ戦を展開、幕府首脳部を悩ませ続けた。けれどもその正成も、1332年、ついに千早城に追いつめられる。

『太平記』によれば、楠木正成には莫大な懸賞金がかけられ、驚くことに100万の大兵が正成の首を求めて千早城に群がったという。対して楠木勢はわずか1000。ところが、千早城は最後まで落城しなかったのである。ワラ人形をオトリにして敵を寄せ集め、上から巨石を落としたり、煮え湯や大便をかけたり、たいまつを投げ落として油を注いだりと、当時としては奇想天外な戦い方をし、敵につけ入るすきを与えなかった。

正成が奮戦しているあいだ、後醍醐天皇は虚を突いて隠岐を脱出、諸国に討幕の綸旨《りんじ》（命令書）を散布して挙兵を呼びかけた。その結果、各地で有力武士が叛旗をひるがえして形勢は逆転、幕府は崩壊へといたるのである。つまり、後醍醐天皇の強靭な意志と、楠木正成という名もなき1人の悪党の踏ん張りが、ついには時代を大きく動かしたのである。

### 鎌倉幕府崩壊への道

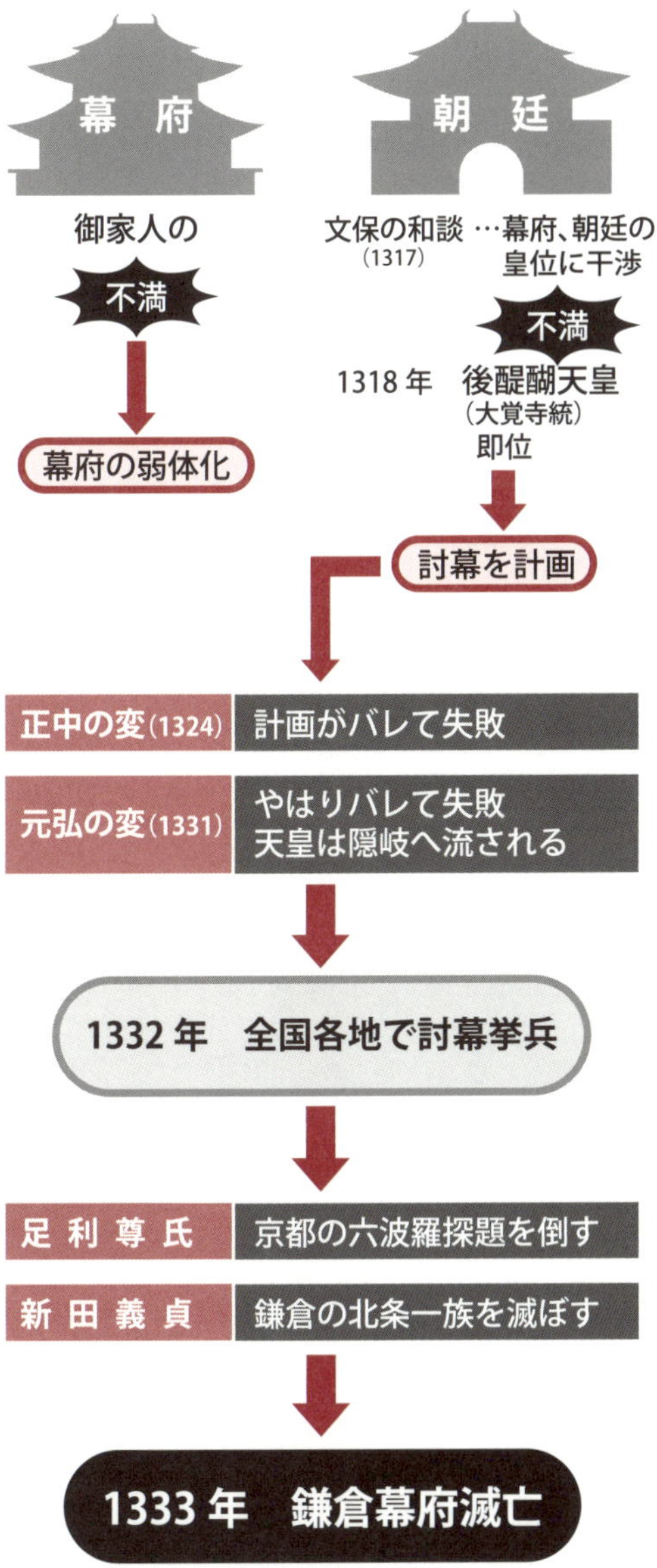
幕府
朝廷
御家人の
不満
幕府の弱体化
文保の和談（1317）…幕府、朝廷の皇位に干渉
不満
1318年　後醍醐天皇（大覚寺統）即位
討幕を計画
正中の変（1324）
計画がバレて失敗
元弘の変（1331）
やはりバレて失敗
天皇は隠岐へ流される
1332年　全国各地で討幕挙兵
足利尊氏
京都の六波羅探題を倒す
新田義貞
鎌倉の北条一族を滅ぼす
1333年　鎌倉幕府滅亡



歴史メモ　楠木正成は湊川の戦いで討ち死にするが、足利直義軍50万にわずか700騎で立ち向かい、朝から夕方までもちこたえたという。

# 2人の武将の寝返りで滅んだ幕府

**実際に鎌倉幕府を倒したのは京都を攻めた足利尊氏と、鎌倉を攻めた新田義貞だった。**

## ◉結構計算高い（？）足利尊氏

盤石にみえた幕府を倒そうとした後醍醐天皇の執念と、楠木正成の奮闘が、歴史の流れを大きく変えたことはすでに述べた。だが、現実に武力で幕府を打倒したのは、足利尊《あしかがたか》（高）氏《うじ》と新田義貞《にったよしさだ》であった。

尊氏と義貞は、清和源氏の嫡流・源義国《よしくに》から分かれた同族であり、領地も足利氏が下野国足利庄（栃木県足利市）、新田氏が上野国新田庄（群馬県太田市）と隣接していた。だが、北条氏と姻戚関係にあった足利氏のほうが、幕府から格段の厚遇を受けてきた。

なのに尊氏は、1333年、幕府の大将として兵を率いて京都に赴いた際、後醍醐天皇の密勅《みっちょく》を受けて天皇方に寝返り、六波羅探題《ろくはらたんだい》（承久の乱後にできた京都における幕府の重要機関）に乱入して、これを攻め滅ぼしたのである。

尊氏が寝返った動機としては、父親の喪中に出陣を命じられ憤慨した、祖先の遺言に天下を取れとあったなど、諸説が伝えられるが、混乱に乗じて北条氏を倒し、次の天下を握ろうとしたというのが、彼の本心だったと思われる。

## ◉鎌倉を落とした新田義貞

一方、新田義貞は、正成の千早城を攻めていたが、やはり後醍醐天皇方の密書をもらい、戦線を離脱して故郷へもどり、生品《いくしな》明神に一族を集めて討幕の兵をあげた。ちょうど尊氏が六波羅探題を陥落させたころである。

鎌倉を目指した義貞のもとに多くの武士が馳せ参じ、新田軍は下り坂を転がる雪塊のように膨張、大軍となって幕兵を蹴破りながら鎌倉近くに着陣した。しかし、三方を山で囲まれ海を背負った鎌倉の地は、新田軍の侵入を許さなかった。困ったすえ、義貞は海からの敵前上陸

太平記の群像

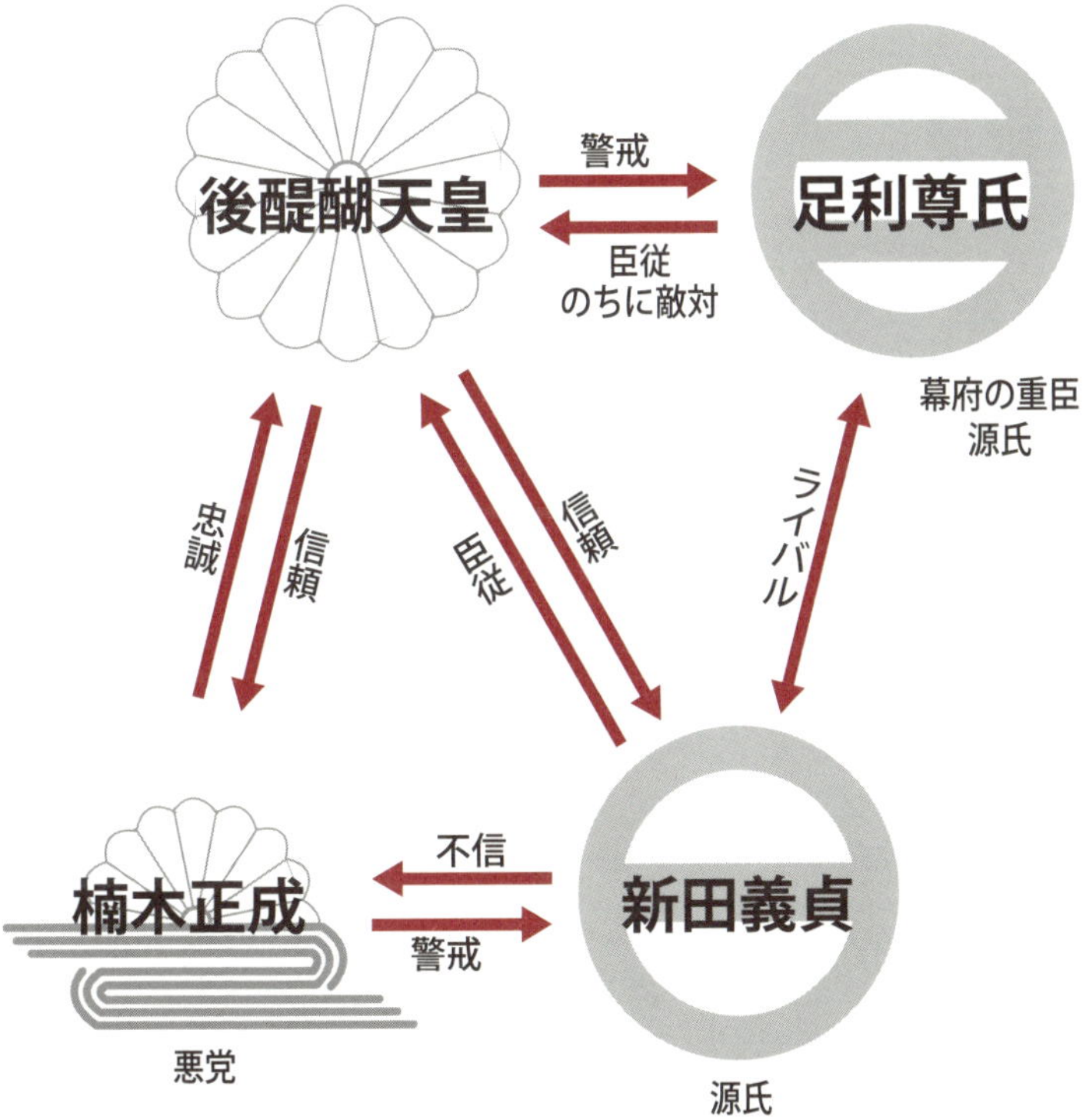


を敢行する。

稲村ケ崎で義貞が、黄金の太刀を海に投げ入れて竜神に祈ると、にわかに潮が引いて陸地が現れ、新田軍はここを渡って鎌倉に攻め入ったと、『太平記』は語る。もちろんそれは、引き潮を見越した義貞の演出だろうが、将士を大いに鼓舞したであろうことは想像できる。

新田軍の放った火で鎌倉の町が燃え上がるなか、北条一族８７０余名は東勝寺において集団自決した。ここに、鎌倉幕府１５０年の歴史は、幕を閉じたのである。

なお、幕府を倒した直接の功労者、足利尊氏と新田義貞の２人は、やがて敵対関係に入ってゆく。

**歴史メモ** 新田義貞は勾当内侍（後醍醐天皇の愛人）に一目ぼれして天皇から貰い受けるが、彼女にのめり込んで出陣を拒むようになってしまう。

# たった2年で終わった建武の新政

**後醍醐天皇がはじめた独裁政治は、武士を軽視していたために、すぐに倒されてしまった。**

## ◉天皇による完璧な独裁政権の登場

1333年、鎌倉幕府を倒して武家から政権を奪った後醍醐天皇は、天皇親政を理想にかかげ、強力なリーダーシップを発揮して独裁政治を開始した。

新政府には記録所、恩賞方、武者所《むしゃどころ》などの行政機関が設置されたが、重要事項の決定や恩賞についてはすべて後醍醐天皇自身の親裁で行なわれた。所領に関する問題も、はじめは直接天皇が処理するといった専制ぶりを見せた。後醍醐の命令は「綸旨」と称される文書形式をとって発布され、それは絶対的な効力をもった。しかし、「朕《ちん》（私の）新儀《しんぎ》（新しく行なうこと）は、未来の先例たるべし」

と後醍醐天皇自身が述べたことでもわかるように、あまりにも伝統や慣例を無視して政治の刷新を急いだことで、大きなひずみが生まれた。とくに武士の新政権に対する失望と不満は日増しに大きくなっていった。

## ◉武士を軽視したため不満が続出

武家政権が倒れ、確かに公家政権が復活した。しかし、それを可能にしたのは、足利尊氏や新田義貞といった武士の力があったからこそだった。なのに後醍醐は、その事実を軽視し、討幕の恩賞を公家に厚く、武士に薄くし

武士の反乱
幕府打倒に対する恩賞への不満
中先代《なかせんだい》の乱（1335）
北条時行の反乱
護良《もりよし》親王
天皇を無視した親王の横暴

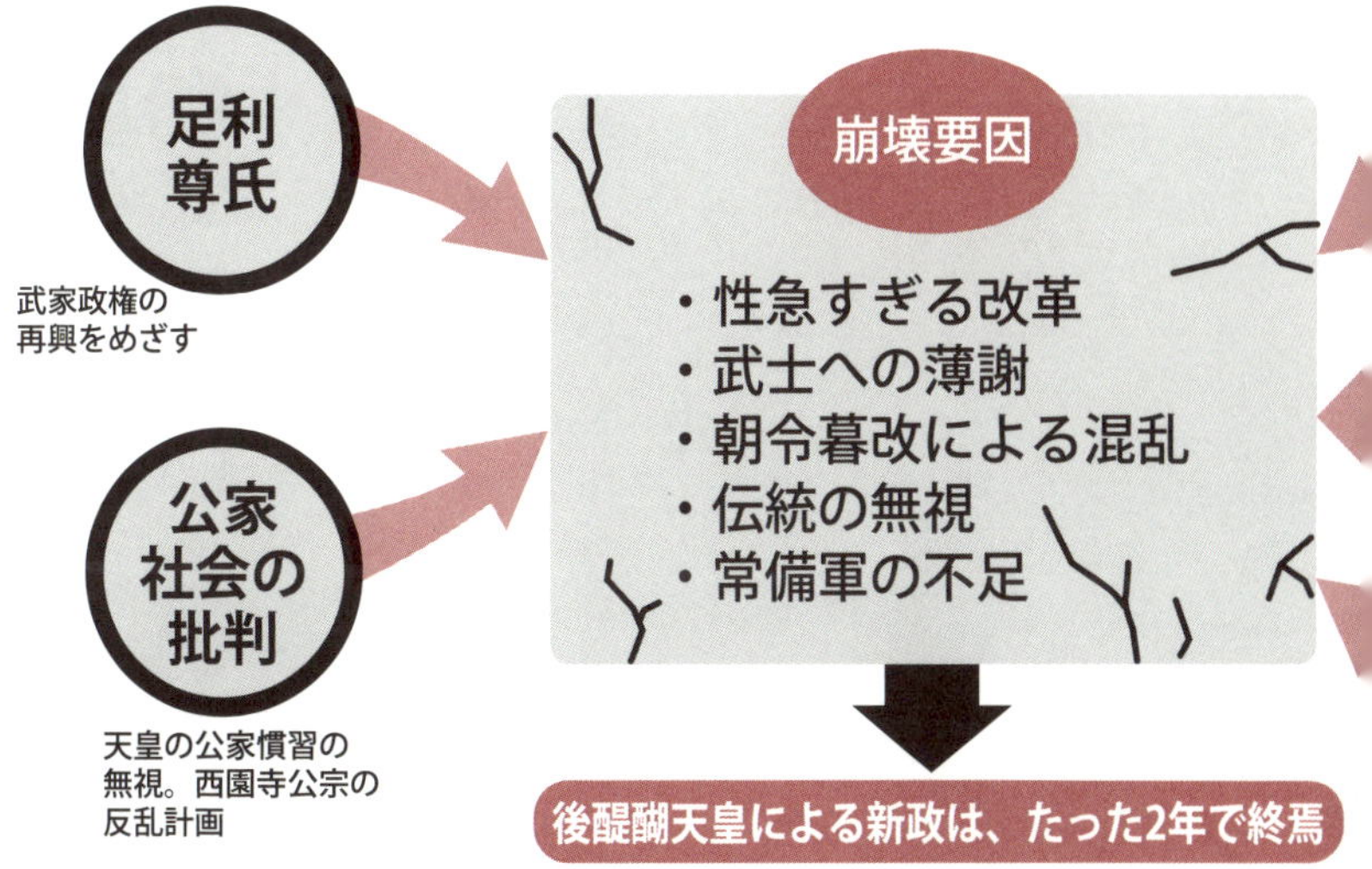
足利尊氏
武家政権の再興をめざす
公家社会の批判
天皇の公家慣習の無視。西園寺公宗の反乱計画
崩壊要因
・性急すぎる改革
・武士への薄謝
・朝令暮改による混乱
・伝統の無視
・常備軍の不足
後醍醐天皇による新政は、たった2年で終焉

た。また、150年以上続いてきた武士中心の社会的慣習をまったくかえりみなかった。

そのせいで新政権が樹立されて1年もたたぬうち、各地で武士の反乱が相次ぐようになった。武士たちは、武家政権の再興を望むようになり、源氏の嫡流・足利尊氏のもとに結集しはじめた。だが、この動きは、後醍醐に焦燥感を覚えさせ、独裁体制に拍車がかかり、ますます政治的混乱がひどくなった。

## ●足利尊氏の反乱

「このごろ都にはやるもの。夜討、強盗、偽綸旨。召《めし》人《うど》、早馬、空《そら》騒動。生頸《なまくび》、還俗《げんぞく》、自由出家。俄《にわか》大名、迷者、安堵《あんど》、恩賞、虚軍《そらいくさ》…」

右は鴨川の二条河原にだれかが掲げた、当時の落書（政治批判書）の一部である。

結局、こうしたことが原因となり、1335年、足利尊氏が反乱を起こし、翌年、政権を奪取して室町幕府を創設したため、後醍醐天皇の建武政権は、わずか2年で崩壊してしまうのであった。



歴史メモ 足利尊氏は後醍醐天皇の死後、自分への祟りを恐れ、京都に天龍寺を創建して天皇の霊をなぐさめている。意外に信心深かったのだ。

1336〜1392年◆南北朝時代

# 南北朝の動乱はなぜ60年も続いたのか

**後醍醐天皇がおこした南朝は、当時の武士社会の事情によって長く続くことができた。**

## ◉京都の北朝、しぶとい吉野の南朝

後醍醐天皇に敗れた足利尊氏は1336年、九州で再起し、天皇軍を撃破して京都を占拠。持明院統の光明《こうみょう》天皇を擁立（北朝）して、室町幕府を創立した。

一方、後醍醐天皇は、いったん尊氏と講和を結んだものの吉野（奈良県吉野町）へ脱走し、南朝をおこした。こうしてわが国に朝廷（天皇）が2つ並立するという前代未聞の「南北朝時代」が始まるのである。

以後、幕府（北朝）と南朝は、全国で激しく対立したが、新田義貞や北畠顕家《あきいえ》といった南朝方の武将が次々に討ち死にし、1339年には後醍醐天皇が死没、跡を継いだ後村上天皇がまだ12歳の少年だったため、南朝勢力は急速に弱体化していった。しかし、それでも南朝は滅亡しなかった。

当時の武士社会は、分割相続から単独相続への移行期にあたり、嫡子《ちゃくし》（家督の相続者）と庶子《しょし》（嫡子以外の子）の相続争いが激化して、片方が北朝につけば他方は南朝に加担するといった状況が生まれていたため、南朝の存在意義は大きく命脈を保ち得た。が、1348年、南朝は大挙して来た幕府軍に大敗を喫し、風前の灯火となる。

## ◉内輪もめの間に復活する南朝

ところが1350年、室町幕府に内乱（観応《かんのう》の擾乱《じょうらん》）が勃発する。全国政権をめざす急進派（尊氏と執事の高《こうの》師直《もろなお》）、鎌倉幕府を理想とする漸進派（尊氏の弟・直義《ただよし》と養子・直冬《ただふゆ》）のあいだに齟齬が生じ、ついに敵対関係に入ったのである。

尊氏と直義は、牽制のためにそれぞれ南朝と和を結び、抗争を有利に展開しようとした。内乱は、高師直が直義に殺されたことで頂点に達し、尊氏が直義を毒殺したことをもって一段落した。しかしこの間、南朝は勢力を盛

## 南北朝の動乱

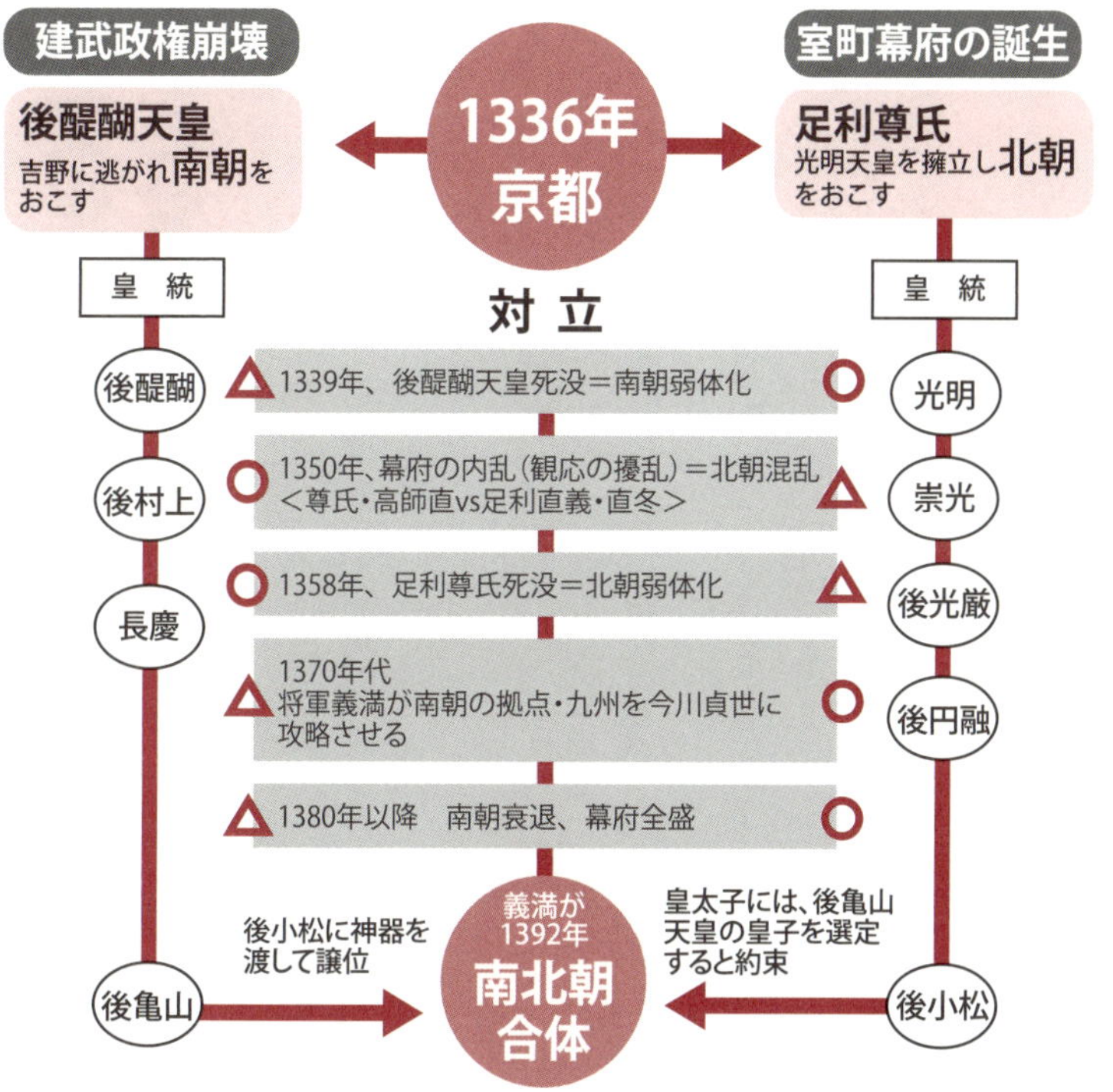
建武政権崩壊
後醍醐天皇
吉野に逃がれ南朝をおこす
1336年
京都
室町幕府の誕生
足利尊氏
光明天皇を擁立し北朝をおこす
皇統
皇統
対立
後醍醐
後村上
長慶
後亀山
光明
崇光
後光厳
後円融
後小松
1339年、後醍醐天皇死没＝南朝弱体化
1350年、幕府の内乱（観応の擾乱）＝北朝混乱
＜尊氏・高師直vs足利直義・直冬＞
1358年、足利尊氏死没＝北朝弱体化
1370年代
将軍義満が南朝の拠点・九州を今川貞世に攻略させる
1380年以降　南朝衰退、幕府全盛
後小松に神器を渡して譲位
義満が1392年
南北朝合体
皇太子には、後亀山天皇の皇子を選定すると約束

り返し、京都にたびたび乱入して同所を占拠、1358年に尊氏が死んで嫡子の義詮《よしあきら》が2代将軍についてからも1361年に都を奪回している。けれども、1368年に義満が3代将軍になると、今川貞世《さだよ》の活躍により南朝の中心勢力であった九州が平定された。

南朝の皇位は、後村上天皇から長慶天皇、次いで1383年に後亀山天皇が継承したが、すでに南朝に往年の勢いはなく、衰微しきっていた。

1392年、将軍足利義満は南北朝の合体を南朝方へ打診した。条件は、後亀山天皇が北朝の後小松天皇へ譲位するかわりに、南朝方の皇子を皇太子にするといったもの。後亀山天皇はこれを了承し、京都に帰還して後小松天皇に神器を譲って退位した。こうして60年あまり続いた南北朝の動乱は、ようやく終結を迎えたのだった。



**歴史メモ** 南北朝合体後の1410年、幕府の対応に不満をもった元南朝の後亀山天皇は、京都を出奔して再び南朝を再興しようとした。

# 北山文化を出現させた足利義満

**足利家の最盛期をつくり出した義満だが、彼以降、急速に混乱の時代に突入する。**

## ◉250年間に将軍が15人も出た

室町幕府は、1573年に崩壊するまでの約250年間に、15人の将軍を出している。簡単に、足利尊氏以降の将軍の生涯や人物像をみてゆこう。

尊氏の跡を継いで2代将軍になった義詮《よしあきら》の治世は、南朝（144ページ）の勢力がまだ強大で、何度も京都を奪われるなど幕政は安定せず、義詮は南北朝の動乱のなかでその生涯を閉じた。

3代将軍義満《よしみつ》は11歳で将軍となり、やがて後見役の細川頼之《よりゆき》を退けて独裁体制をしき、山名氏清《やまなうじきよ》、大内義弘などの有力な守護大名を征伐した。1392年には南北朝の合体に成功し、室町幕府の最盛期を現出させたのも義満だった。

また、明（中国）との貿易を開始し、幕府の財政基盤を安定させている。出家後、義満は京都北山（金閣寺を含む）に移り住み、ここが北山文化の発信地となった。晩年は朝廷の実権を掌握し、次男義嗣《よしつぐ》に皇位を継がせようとしたが、実現せぬうちに没してしまった。

4代将軍義持《よしもち》は父義満に反感をもち、父が死ぬと、朝廷の義満への尊号を辞退し、朝貢という形式をとる日明貿易を屈辱的だとして中止した。1423年、義持は息子の義量《よしかず》に将軍職を譲るが、大酒飲みの義量は健康を害して19歳で早世、そのため再び政務を担当することになるが、3年後、義持も43歳の若さで没した。

## ◉くじ引きで決まったラッキー（？）な将軍

義持が後継者を決めずに亡くなったため、次の将軍は、義持の弟4人のなかからなんとくじ引きで決められたのである。栄えある当選者は青蓮院《しょうれんいん》の僧侶・義円で、義教《よしのり》と改めて6代将軍に就任した。義教ははじめ重臣に政務を委任していたが、やがて専制体制をしき、ささいな理由で意にそわぬ貴族や大名を次々に抹殺していった。

1439年には、鎌倉公方・足利持氏を自殺に追いやっている（永享《えいきょう》の乱）。だが、このような苛酷な粛清が、家臣たちを疑心暗鬼にし、領地を没収されて殺されると思い込んだ播磨の武将・赤松満祐《みつすけ》によって、義教は謀殺されたのである。

## 室町幕府15代将軍①

| | 代数 | 名前 | 政策・特徴 | 享年 |
|---|---|---|---|---|
| 草創期 | 1 | **足利尊氏**（1338〜58） | **室町幕府を開く** | 54歳 |
| | 2 | 足利義詮（1358〜67） | 南朝と死闘を演じ、幕府権力の確立に尽力 | 38歳 |
| 最盛期 | 3 | **足利義満**（1368〜94） | **南北朝を合体する 日明貿易を開始 北山文化** | 51歳 |
| | 4 | 足利義持（1394〜1423） | 日明貿易を中止する | 43歳 |
| | 5 | 足利義量（1423〜25） | 大酒飲みで早世する | 19歳 |
| 混乱期 | 6 | **足利義教**（1429〜41） | **くじ引きで選ばれた将軍。家臣赤松満祐に謀殺される** | 48歳 |
| | 7 | 足利義勝（1442〜43） | 10歳で夭折する | 10歳 |
| | 8 | **足利義政**（1443〜73） | **応仁の乱を勃発させた無能将軍。東山文化** | 56歳 |
| | 9 | 足利義尚（1473〜89） | 日野富子の実子。有能だったが若死する | 25歳 |

※カッコ内の年号は在位。

**歴史メモ** 残忍な将軍義教は、自分に説教した日蓮宗の日親に対し、火で熱したナベを頭にかぶせ、しゃべらぬよう舌を切って追放したという。

# 聡明かつ剣豪だった足利義輝

室町幕府が衰退していくなか、多くの将軍が不幸な最期をとげていった。

## ◉応仁の乱は無能将軍・義政が招いた！

義教が赤松満祐に謀殺されたのち、その長男義勝《よしかつ》が7代将軍に就いたもののわずか10歳で夭折、義勝の弟・義政《よしまさ》が代わって13歳で8代将軍となった。ところがこの義政、ほとんど政務に関知せず、芸道や娯楽に没頭し、妻の日野富子の横暴を許した結果、将軍後継者争いから「応仁の大乱」を招いてしまう。この乱の詳細については後項で述べる（164ページ）。

応仁の乱後、9代将軍に就任した義政の子・義尚《よしひさ》は、失墜した将軍の権威を回復し、乱れた政治を再建しようとするが、彼もまた25歳の若さで早世してしまうのだった。

10代将軍義稙《よしたね》は、日野富子によって擁立された将軍である。しかし、やがて富子や管領の細川政元と対立、竜安寺（京都）に幽閉された。富子らは、堀越公方足利政知《まさとも》の子・義澄《よしずみ》を1494年に11代将軍とした。一方、義稙のほうは脱走して越中の神保長誠や山口の大内義興《よしおき》を頼り、ついに1507年、大内氏の軍兵を率いて上洛し、義澄を駆逐して将軍に返り咲いたのである。

## ◉ほとんど力のない名ばかりの将軍

義澄はその後、京都の奪回をはかるが果たせず、近江国で死亡した。だが、義稙のほうも管領の細川高国と仲たがいして淡路国へ出奔。義稙は将軍を廃され、代わって義澄の子・義晴《よしはる》が12代将軍に就任した。義晴の時代はすでに将軍の権威は地に落ち、守護大名の勢力争いによってたびたび都を追い出され、転々としながら死んでいった。

13代将軍義輝《よしてる》は、義晴の子供である。義輝は上泉伊勢守や塚原卜伝から兵法を学んだ剣の達人であった。他方、たいへん聡明で織田信長や上杉謙信、武田信玄などの地方大名と親交を結び、大名間の争論を仲介し、盛んに叙位を行なって将軍権威の復活をはかった。けれども1565年、京都の覇者松永久秀の部下に屋敷を急襲され自害した。このとき義輝は、数十人の敵を斬殺するほどの剣豪ぶりを発揮したと伝えられる。

14代将軍義栄《よしひで》は、松永久秀にかわって畿内の支配者になった三好三人衆が擁立した傀儡将軍で、まったく力をもたぬ人物だった。義輝の弟・義昭《よしあき》が織田信長に推されて入洛した際、義栄は阿波に逃れ、まもなく病没した。

信長の助力を得て15代将軍になった義昭は、幕府の再建をめざして意欲的に政務を行なうが、信長に行動を制限されて不和となり、武田信玄や毛利輝元などの諸大名と密約をかわして信長打倒をはかるが失敗、1573年、義昭は信長に降伏し、ここに室町幕府は崩壊したのである。

## 室町幕府15代将軍②

| | 代数 | 名前 | 政策・特徴 | 享年 |
|---|---|---|---|---|
| 衰退期 | 10 | 足利義稙（1490～93） | 日野富子に擁立された。のちに富子と対立。放浪のすえ阿波国で没した | 58歳 |
| | 11 | 足利義澄（1494～1508） | 関東出身の将軍。晩年は10代義稙に追われ、入京できずに没した | 32歳 |
| | 12 | 足利義晴（1521～46） | 守護大名細川晴元、三好長慶と対立 | 40歳 |
| 崩壊期 | 13 | **足利義輝**（1546～65） | **剣豪将軍。将軍の権威回復に努力。松永久秀に殺される** | 30歳 |
| | 14 | 足利義栄（1568　1年間のみ） | 三好三人衆に擁立された傀儡将軍 | 31歳 |
| | 15 | **足利義昭**（1568～73） | **織田信長の助力で入京し将軍に就任。のちに信長と対立し、廃された。最後の将軍** | 61歳 |

※カッコ内の年号は在位。

**歴史メモ** 将軍義輝の強さに困った暗殺者たちは、多くの襖や障子を一斉に投げかぶせ、その上から槍で何度も突いてとどめをさしたという。

COLUMN

## 執権北条一族が集団自決した屋敷あと

1333年5月、新田義貞の大軍が鎌倉になだれ込んできた際、執権の北条一族は御家人を引き連れて各地で奮戦、必死の防戦につとめたが、最後は大敗して鎌倉を占領された。

この絶望的な状況下で、北条一族は当主（得宗）高時の屋敷に参集し、屋敷裏手の東勝寺に入って870人が集団自殺をとげた。

ここに鎌倉幕府は滅亡したわけだが、その東勝寺跡（鎌倉市小町）の、「高時腹切りやぐら」と呼ばれる場所から、1997年、大規模な建物の痕跡が見つかった。大きさは約120平方メートルで29の柱穴が残っており、おそらくこの場所が一族切腹の地であったと思われる。

同地で出土した陶磁器の年代も、幕府滅亡の時期と一致。陶磁器には火で焼かれたあともあり、「建物は火をかけられて燃やされた」とする『太平記』の記述ともピタリと合う。残念ながら遺骨は朽ちてしまったのか発見できなかったが、大きな成果である。

ちなみに遺骨といえば、1953年、鎌倉市材木座の松林から910体にのぼる人骨が発見されており、これらもやはり、新田義貞軍と戦った幕府方の兵士の遺体だと推定されている。

COLUMN

## 1392年の南北朝合体の後も京都へ帰らなかった天皇

1926年、歴史上に天皇が1人増えた。南朝3代の長慶天皇である。これまで在位したかどうかが疑問視されてきたが、新史料によって在位が確認されたためだ。

長慶天皇の治世は、南朝が衰微した時代であったものの、弟の後亀山天皇に譲位してからも、しばらくは院政をしいて実権を握り、北朝（幕府）に抵抗する強硬な姿勢を崩さなかった。

一方、後亀山は穏健な性格で、北朝との和平を推進、やがて南北朝合体を果たし、一族臣下を連れて京都へ帰還する。

このとき、長慶は合体に反対して同行せず、各地の遺臣に呼びかけて南朝を復活させようとしていたらしい。だが、『大乗院日記目録』によれば、それから2年後に没したとある。

けれども不思議なことに、死んだはずの長慶上皇の足跡が、その後も長く全国に点々と残っているのである。

櫛引八幡宮（青森県八戸）には上皇の甲冑が、青森県弘前市には陵墓が、秋田県大館市には上皇が開発したという金山が、背戸山（山梨県富士吉田市）に立つ神社には上皇の墓石が…というように、各地に長慶上皇の遺物や伝説が散在しているのだ。

これはたぶん、南朝再興を夢見る遺臣たちが、長慶を再興のシンボルにするため、意図的に上皇の生存をアピールしようとしたのではないかと思われる。しかし、願いはむなしく、ついに南朝は再興されることはなかったのである。

# 関東人の願い
## —関西からの独立—

**かつて関東に政治の中心があったのは鎌倉時代。以降、江戸時代まで中心には登場してこない。**

### ◉政治の中心は再び西へ…

関東は、大和政権から搾取される一方の地域だった。939年に朝廷を震撼させた平将門の乱は、そんな関東人の不満が爆発した結果といってよいだろう。

以後、「関西（朝廷）からの独立」、それが関東人の願いとなる。その宿願が現実化するのは、それから250年後の、鎌倉幕府の創立であった。

だが、鎌倉幕府を倒した足利尊氏は悩んだすえ、室町幕府を京都（北朝）においた。ここで再び、政権の中心は関西へ移行してしまう。ただし、尊氏は幕府の出先機関として鎌倉府を設置し、3男基氏《もとうじ》を長官（鎌倉公方《くぼう》）として関東地方の支配にあたらせた。

関東人は、鎌倉府をかつての鎌倉幕府に見立て、室町幕府からの独立をはかろうとした。それゆえ歴代の鎌倉公方は次第に将軍と対立していき、それが頂点に達したのが1438年の「永享の乱」である。

鎌倉公方の子は、将軍の面前で元服し、その一字をもらい受けるのが習わしだった。ところが第4代鎌倉公方の持氏はこれを無視し、嫡子・義久を鎌倉の鶴岡八幡宮で元服させてしまう。関東管領（公方の補佐役）上杉憲実《のりざね》は、持氏の行為をいさめるが、逆に持氏は憲実の討伐を計画する。ここにおいて、将軍義教は憲実を救援する名目で関東へ大軍を派遣、鎌倉府を破って持氏を自殺に追い込んだのである。

この乱の後、持氏の子・成氏《しげうじ》は古河（茨城）に逃れて公方（古河公方）を自称し、他方、将軍義政も弟の政知《まさとも》を伊豆（堀越公方）に派遣、関東に2人の公方が並立する。しかも管領上杉氏も2つに分裂したことで、各派入り乱れて戦争が始まり、関東は混乱状態に陥った。

### ◉後北条氏が関東を支配

## 中世関東の支配者たち

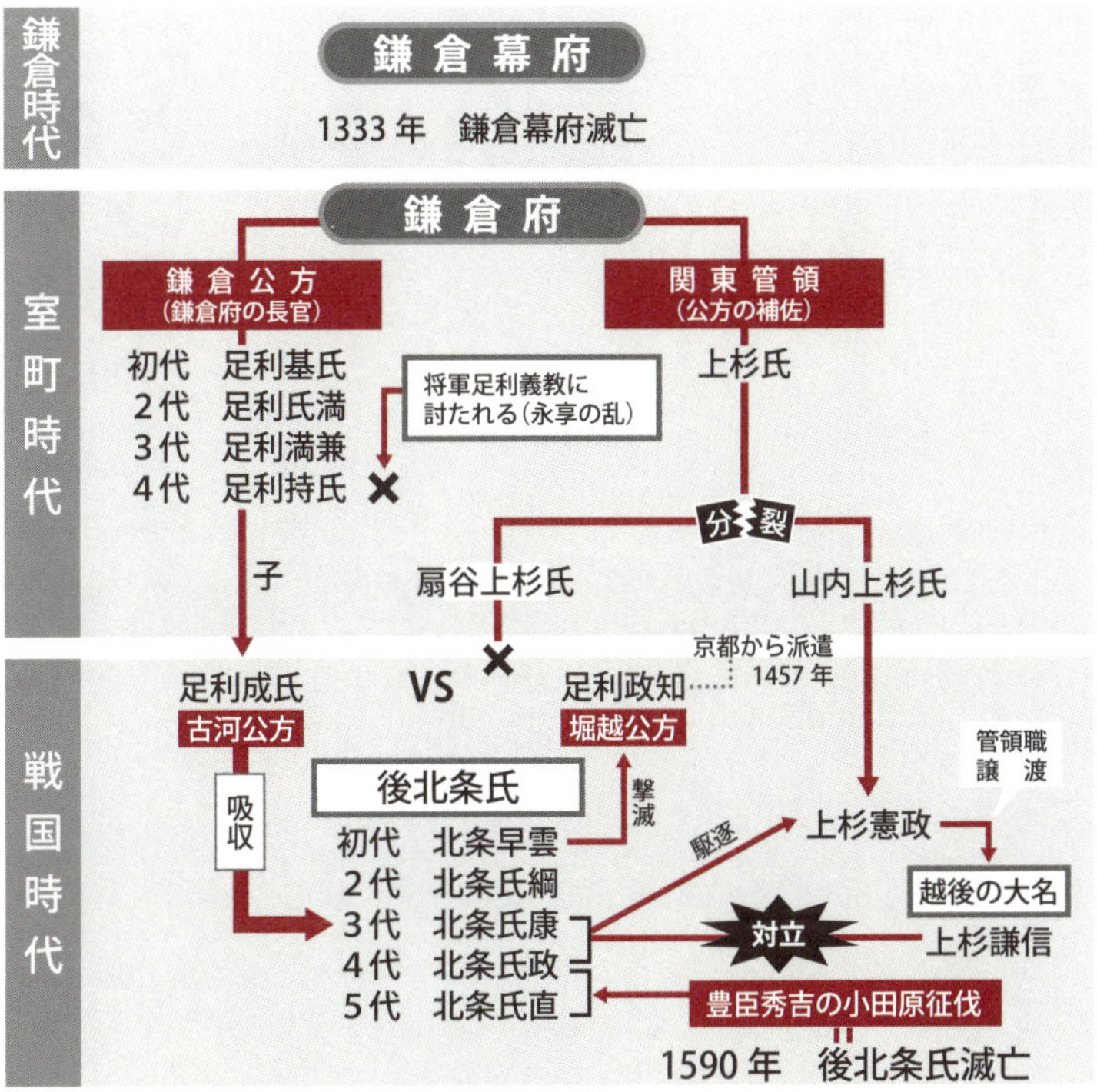


これにつけいったのが後北条氏だった。初代伊勢長氏（北条早雲）は、堀越公方を滅ぼして伊豆国を奪い、２代・氏綱《うじつな》は上杉両家を圧迫して相模・武蔵国を平定、３代・氏康《うじやす》は関東管領上杉憲政を越後国へ追放。婚姻政策によって古河公方を吸収し、関東の大半を平定する。

後北条氏は新参者だったため、関東支配に際して気をつかった。苗字を伊勢から「北条」と改めたのも、かつての鎌倉幕府の執権北条氏を想起させる手段だったし、武田信玄や織田信長のように天下統一を目標としなかったのも、関東独立を理想とする関東人の感情に配慮したからだろう。だからこそ後北条氏は、５代１００年もの間、覇権を維持し得たのだ。しかしその政権も、１５９０年、関西から来襲した豊臣秀吉の武力の前に屈したのである。

**歴史メモ** 善政をしいた小田原北条氏を領民はよく慕っていたので、1590年に関東に入った徳川家康は、支配に大変苦労したといわれる。

# 一揆の下地になった惣村というシステム

**農民たちもだまって領主に搾取されているばかりではない。自治組織をつくって抵抗をはじめる。**

## ◉惣村の秩序を乱すものに待つのは「死」

鎌倉時代末期になると、畿内周辺に農民たちの自治的村落が出現する。これをふつう、「惣村《そうそん》（惣）」と呼ぶ。

この惣村では「一致団結」というのがなにより重視される。ゆえに村では掟が定められ、違反者は厳罰に処せられた。

たとえば1504年2月14日の深夜、村共有の蕨粉を盗んだ未亡人とその子供2人が、村人たちに捕らえられ、殺された。この話を聞いた領主の九条政基《まさもと》は、「なにも殺すことはないだろう」と日記に書きつけているが、たかが蕨粉であっても、村落の秩序と結束を乱した母子の罪は、村人たちにとっては許しがたい裏切りだったのである。それほど惣村の結束には固いものがあった。

## ◉イヤなら逃げてしまえ!?

惣村は、番頭・沙汰人・おとな（乙名・長）と称するリーダー（地侍や名主層）で構成される宮座によって運営された。だが、重要な事項については、村人全員による寄合（集会）が開かれ、ここで最終決定がなされた。

農民たちがこのような自治組織をもつにいたった理由は、一つには領主の不当な要求に集団で対抗することにあった。領主への年貢は、村で一括して納入し、もし領主が過分に税を強要してきたり、不正に農民から搾取しようとした場合には、一致団結して抵抗した。その方法は、主に次の3つである。

「強訴《ごうそ》」……全員で領主のもとに押しかける
「逃散《ちょうさん》」……耕作を放棄して逃げてしまう
「土一揆《つちいっき》」……武力蜂起する

## ◉武力も使う農民たち

もう一つ、戦乱や犯罪から命や財産を守ることも、惣村形成の重要なファクターであった。村内では、村民が警察権を行使して、犯罪者を捕縛し、浮浪者やよそ者を取り締まった。これを、地下検断と呼ぶ。

また、戦争の余波で村に兵士が乱入したさいには、武力で兵士を追い払うこともしばしばだったという。

惣村のしくみ

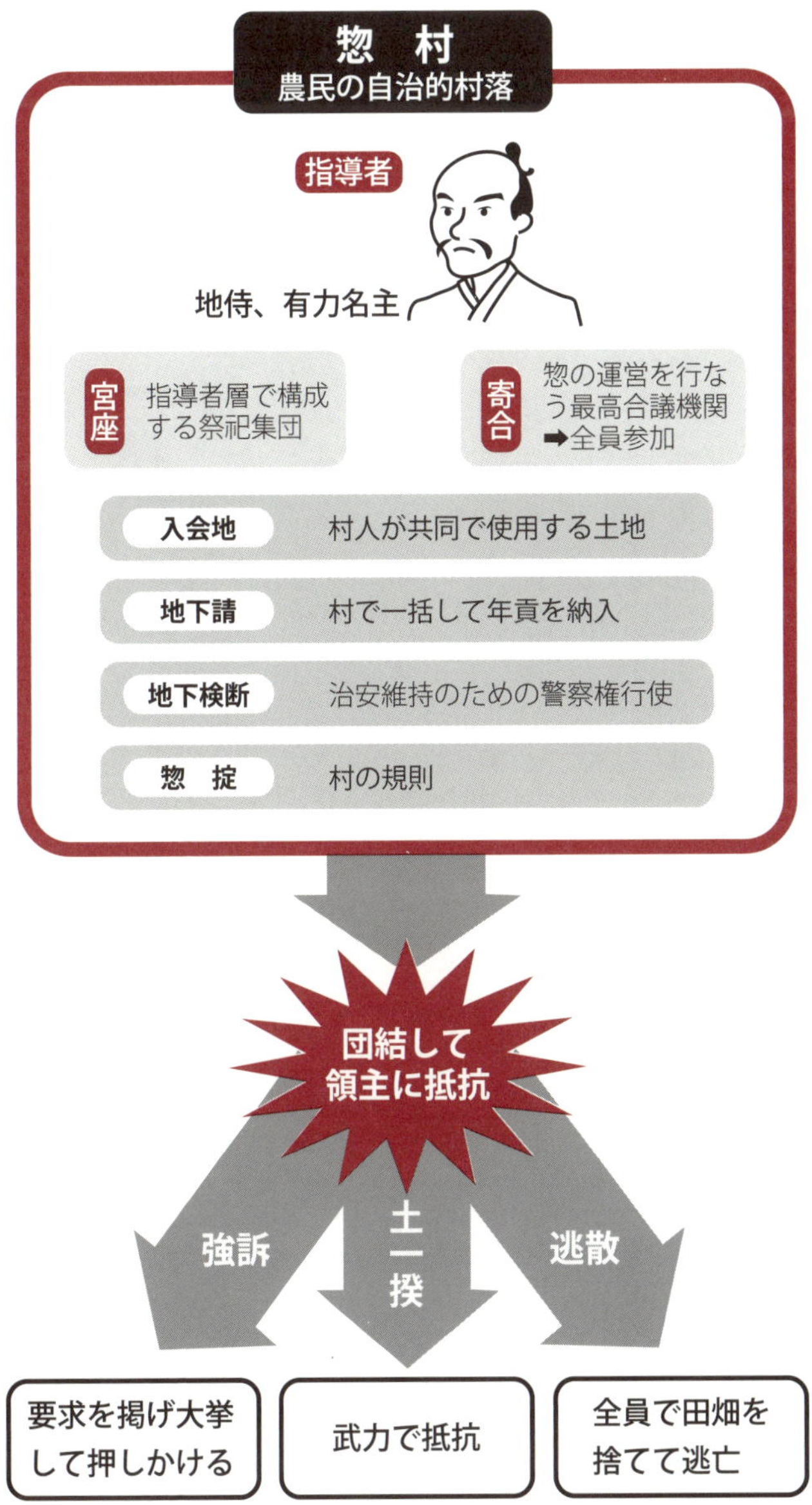
惣村
農民の自治的村落
指導者
地侍、有力名主
宮座
指導者層で構成する祭祀集団
寄合
惣の運営を行なう最高合議機関
➡全員参加
入会地
村人が共同で使用する土地
地下請
村で一括して年貢を納入
地下検断
治安維持のための警察権行使
惣掟
村の規則
団結して領主に抵抗
強訴
土一揆
逃散
要求を掲げ大挙して押しかける
武力で抵抗
全員で田畑を捨てて逃亡

歴史メモ　惣掟には、「入会地の木枝を折った者は罰金100文」とか、「拾ったと偽って畑の作物を盗むな」など、生活に密着した条目が多い。

# 庶民の底力を見せつけた土一揆

**一揆は、庶民が権力や支配層に対抗する、ほとんど唯一の強力な手段だった。**

## ◉一揆といってもいろいろある

そもそも「一揆」という言葉の原意は、一致団結するということであった。やがてそれが、武力で権力に抵抗し、自分たちの要求を受諾させるという意味に転化したのである。

ひと言で一揆といっても、その性格によって次の4つに分けられる。惣村の農民が結束して徳政（借金の帳消し）などを求めるのが土一揆、国人（有力な土着武士）が守護大名から一国の支配権を奪取しようとするのが国一揆、一向宗《いっこうしゅう》の門徒が挙兵するのが一向一揆、江戸時代に農民が年貢の減免などを幕府や藩に要求して蜂起するのが百姓一揆である。

日本で初めて発生した大規模な一揆は、1428年の正長《しょうちょう》の徳政一揆（土一揆）だった。この年、天候不順のため作物は不作で、奇妙な疫病が流行し、人々は貧苦にあえいでいた。

当時、貨幣経済が農村にまで浸透し、多くの農民が土地を担保に高利貸（酒屋・土倉《どそう》）から借金をしていたが、このような状況下にあって高利貸らは、無情にも金を返せぬ農民から平然と土地を取り上げた。

## ◉滋賀から京都・奈良へと一揆が勃発

生きるすべを失った農民たちは、ついに徳政をかかげて蜂起する。

近江国（滋賀）からはじまった一揆は、たちどころに膨れ上がり、京都・奈良へ波及し、高利貸の屋敷はことごとく破壊され、借金証文は破り捨てられた。その後も衰えを見せぬ一揆に対し、室町幕府は守護大名に鎮圧を命じた。ところが一揆勢は、敢然と守護に立ち向かったのである。

「天下の土民（農民）がこのように公権力に反抗する

## 一揆の種類

**土一揆**　農民が徳政（借金免除）を要求

| 1400年代 | | |
|---|---|---|
| | 1428年 | 正長の徳政一揆 |
| | 1429年 | 播磨の土一揆 |
| | 1441年 | 嘉吉の徳政一揆 |

（**国一揆**　国人（土着武士）が守護から実権を奪う

| | |
|---|---|
| 1485年 | 山城の国一揆 |

）

**一向一揆**　一向宗（浄土真宗）門徒が自治のため挙兵

| 1500年代 | | |
|---|---|---|
| | 1488年 | 加賀の一向一揆 |
| | 1555年 | 越前の一向一揆 |
| | 1570年 | 石山戦争 |
| | 1574年 | 伊勢長島の一向一揆 |

**百姓一揆**　年貢の減免を求めて幕府・藩に反抗

| 1600年代 | | |
|---|---|---|
| | 1637年 | 島原の乱 |
| | 1652年 | 佐倉惣五郎一揆 |
| | 1738年 | 元文一揆 |
| | 1836年 | 加茂一揆 |

のは、日本はじまって以来である」

そう興福寺の尋尊《じんそん》は驚いている。結局、幕府は徳政令を出さなかったが、諸寺院の所領や荘園が、領内における徳政を認めたことで、ようやく一揆は沈静化した。

現在の奈良市柳生の地に、巨石に刻まれた地蔵尊があり、その脇に「正長元年（1428）より先は神戸《かんべ》四カ郷（柳生周辺）に一切の負い目（借金）あるべからず」という文字が刻印されている。それは、正長の土一揆のさい農民たちが、領主から徳政を勝ち取ったのを記念してつくった石碑だと伝えられる。



歴史メモ　将軍義教の暗殺直後に発生した1441年の「嘉吉の徳政一揆」では、ついに幕府は農民たちの要求に屈して徳政令を発布している。

# 倭寇と呼ばれた人々の正体

**◉倭寇のおかげで室町幕府は潤った⁉**

倭寇《わこう》という言葉は、「倭」と「寇」の合成語である。

**日本から、中国・朝鮮を襲った略奪集団・倭寇。主に生活に困った九州の住民だったらしい。**

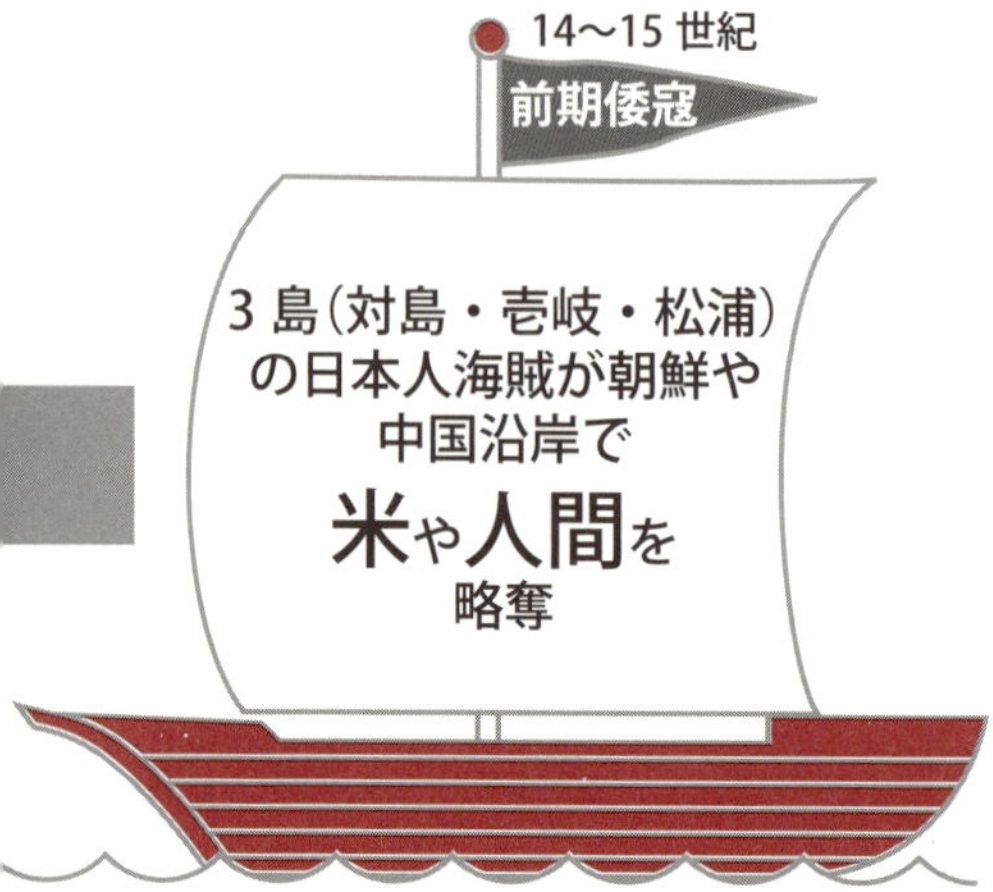
14〜15世紀
前期倭寇
3島（対島・壱岐・松浦）の日本人海賊が朝鮮や中国沿岸で
米や人間を
略奪

倭とは日本人のこと、寇とは大挙して来襲する賊のことである。14世紀、朝鮮や中国の沿岸部の人々は、日本から船に乗って来攻し、略奪を繰り返す日本人海賊のことを倭寇と呼んで恐れた。

倭寇のなかには400〜500もの船をしたがえ、1000を超える兵士を有する強大な集団もあり、たびたび海から人家に乱入しては米穀を奪い、男女の別なく住民を連れ去った。人間は奴隷として酷使し、あるいは売り払うのだ。

高麗（のちに朝鮮）や明国の政府は、軍を派遣して倭寇の討伐を試みるが、いつどこに現れるか予測しがたく、その鎮圧はむずかしかった。

そこで明国は、室町幕府の将軍足利義満に倭寇の取り締まりを依頼、その代償として日明貿易を許可したのである。日明貿易は朝貢（日本が明に臣従する）形式をとったものの、その利益は多大だったため、義満はこれに応じ、厳しく倭寇を取り締まった。

### ◉「衣食足りれば…」——懐柔策で消えた倭寇

さて、倭寇の正体だが、そのほとんどは九州の3島（対馬・壱岐・松浦《まつら》地方）の住民だったといわれる。3島の土地は農業に適さず、人々はふだんは海に出て漁業や貿易によって生計を立てていたが、生活に困窮すると、にわかに海賊に転じ、大陸で略奪を行なうのだった。困り果てた朝鮮では、鎮圧政策と併行して懐柔政策をはじめた。

貧しい倭寇に対して投降を呼びかけ、これに応じた者に十分な衣食住を与えたうえ、官職まで下賜したのである。このような努力の結果、倭寇の多くが朝鮮政府に降り、少数の反抗者は武力制圧され、次第に消滅していったのである。

### ◉密貿易を行なった後期倭寇

ところが16世紀後半、再び倭寇が登場する。東南アジアの島々にまで活動海域を広げ、略奪行為をはじめた。彼らを後期倭寇といい、前期の倭寇と異なるのは、略奪に加えて密貿易を盛んに行なったことである。構成員も違い、その大半は中国人だった。けれど、最大の首領王直《おうちょく》のように、拠点を平戸・五島といった九州地方においた集団が多かったようだ。しかし、密貿易を厳しく罰していた明国が1572年に法律をゆるめ、豊臣秀吉が1588年に海賊禁止令を出して倭寇を厳禁したことで、次第に彼らは姿を消していった。

倭寇の活動

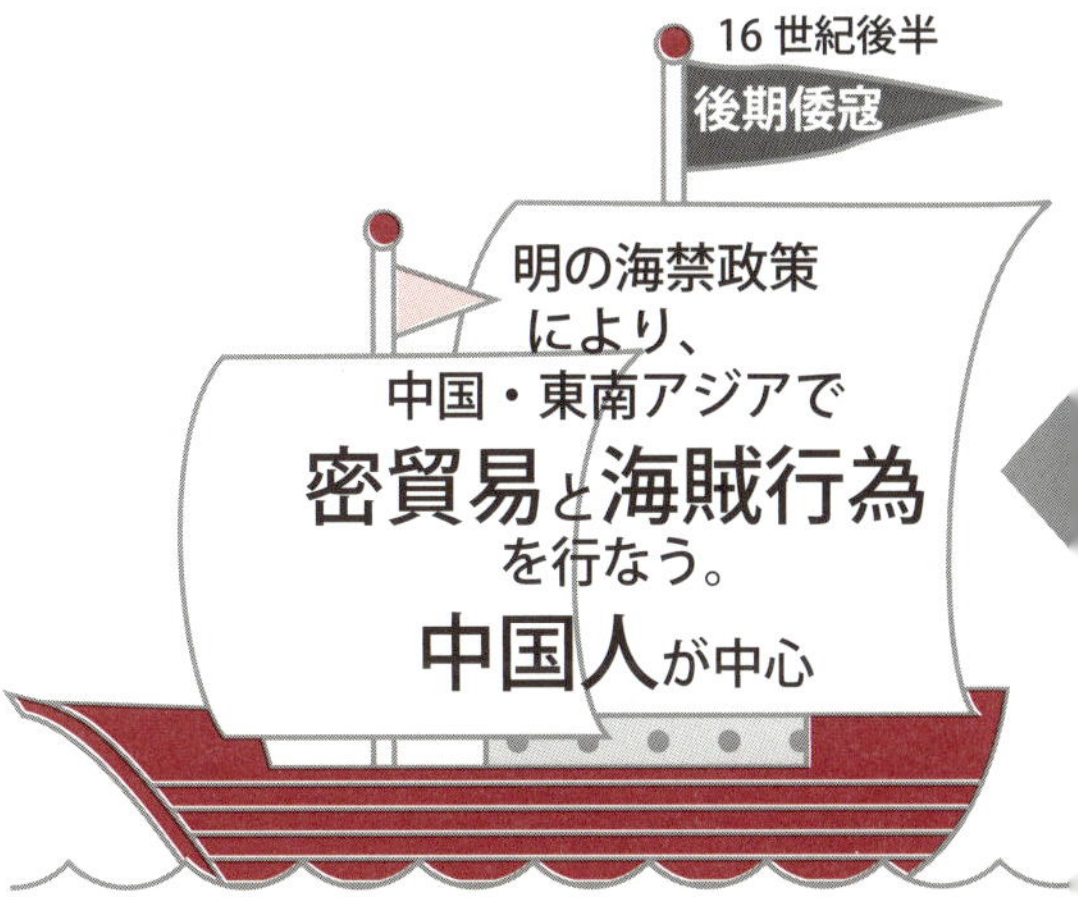
16世紀後半
後期倭寇
明の海禁政策により、中国・東南アジアで密貿易と海賊行為を行なう。
中国人が中心



歴史メモ　日明貿易の輸入品は銅銭や生糸、輸出品は銅や硫黄。滞在費はすべて相手持ちだったので、とても利益が大きく、おいしい貿易だった。

# 自由都市「堺」はなぜ繁栄したのか

**貿易港として発展した「堺」は、町のまわりに堀をつくり傭兵を雇い入れ、自治都市となった。**

## ◉財力を背景に自治を行ないはじめる

大阪府堺市の大阪湾に面する地域に、かつて外国人宣教師から「大いなる特権と自由を有し、共和国のごとき政治を行なっている」とたたえられた「堺」という都市があった。

堺は古代、中国や朝鮮の使節の発着地だったといわれ、その後は漁港として発展してきたが、室町時代に日明貿易が開始されると、貿易港として栄える。

やがて、他の都市を圧倒して日明貿易の独占権を得、堺商人たちはみずから明・朝鮮・琉球・安南《あんなん》・ルソンなど海外に乗り出して大いに交易し、16世紀にはスペインやポルトガルと南蛮貿易を行なった。こうして堺には富と人が集中し、空前の繁栄を見ることになる。

堺の商人たちは、このような威勢と財力を背景に、この港町の周囲に深い堀をうがち、頑強な木戸をもうけ、浪人者多数を傭兵として雇い入れ、自治を行ないはじめたのである。

## ◉治安のよさから文化も花開いた

町の行政・司法は、会合衆《えごうしゅう》と呼ばれる36人の豪商によって協議運営され、守護大名の介入を排除した治外法権的な都市を完成させた。したがって堺に武装して入場することは許されず、一歩町のなかに入れば敵味方の区別も消失したという。

このように治安が安定していたので、多くの芸術家が堺を訪れ、茶の湯、花道、和歌、連歌、小唄などの文化が花開き、まるで都のごとき華やかさだったと伝えられる。

戦国時代に来日した宣教師ビレイラは、堺を知ってまるでベニスのような自由都市であると驚嘆している。

けれどもこうした繁栄は、１５６８年、織田信長が入洛するにあたり、堺に2万貫という大金の上納を強制してきたことで終焉を迎える。はじめ会合衆たちは信長に抵抗を試みるが、結局強大な武力の前に服従を決め、上納金を支払い信長の要求どおり堀を埋めた。

その後、堺は信長の直轄地となり、豊臣秀吉の時代、堺商人は無理やり大坂城下に移住させられ、この自由都市は解体させられてしまったのである。

## 中世都市の種類

| 都市の種類 | どうしてできたのか | 代表的な都市 |
| --- | --- | --- |
| 門前町 | 寺社参詣者の増大により形成 | 坂本（滋賀）<br>善光寺（長野）<br>宇治・山田（三重） |
| 寺内町 | 一向宗門徒が集住して形成 | 越前吉崎（福井）<br>石山（大阪）<br>山科（京都） |
| 港町 | 海上交通の発達により形成 | 草戸千軒町（広島）<br>小浜（福井）<br>桑名（三重） |
| 宿場町 | 陸上交通の発達と人々の往来増加により形成 | 掛川（静岡）<br>沼津（静岡）<br>三島（静岡） |
| 城下町 | 戦国大名の居城周辺に形成 | 小田原（神奈川）<br>一乗谷（福井）<br>山口（山口） |
| 自由都市 | 貿易で繁栄し、商人たちが自治 | 堺（大阪）<br>博多（福岡） |

**歴史メモ** もともと都市という場所は、「無縁」といって、そこに入ったとたん、俗世間との縁が切れるという空間でもあるらしい。

# 日本に組み込まれた独立国・琉球

**もともと独立王国であった琉球は、17世紀に日本のシステムのなかに組み込まれる。**

## ◉独自の文化を築いていた琉球

６０７年、「隋の煬帝が琉球に使者を遣わしたがまったく言語が通じなかった」と『隋書』東夷伝《とういでん》に載るのが、琉球が歴史に登場する最初である。翌年煬帝は、服従しない琉球の宮殿を焼き払い、３０００人を捕虜としたという。当時の琉球人は漁撈・採取生活をしていたが、10世紀になると稲作がはじまり貧富の差が生まれ、各地で按司《あじ》と呼ばれる首長が出現、グスク（城）を築いて武力闘争を開始する。

14世紀には、按司の抗争によって統合が進み、沖縄本島は北山・中山・南山の三つの勢力に分かれて対立する（三山分立時代）。

この時代は約１００年続くが、やがて中山の佐敷《さしき》から尚巴志《しょうはし》という漁夫の子が現れ、購入した大量の鉄を農具に仕立てて農民たちへ分配し、１４０６年、彼らの助力を得て苛政を敷く中山王の武寧を滅ぼした。さらに１４１６年に北山王を、１４２９年に南山王を討伐して全島を平定する。そして明から「尚」姓を賜わり、支配権を承認されて琉球王朝を創始した。

|  |  |  |
|---|---|---|
| 室町時代 | 1429年 | ●中山王尚巴志 琉球（沖縄）を統一 |
| 戦国時代 | 1470年 | ●尚円、第2尚王朝をおこす |
| 戦国時代 | 1490年〜 | ●尚真、中央集権確立<br>●中継貿易隆盛 |
| 江戸・明治時代 | 1609年 | ●島津氏の支配下に入る |
| 江戸・明治時代 | 1872年 | ●琉球藩となる |
| 江戸・明治時代 | 1879年 | ●尚泰、首里城をあけ渡し 沖縄県となる（琉球処分） |

## ◉14世紀から16世紀、中継貿易で栄える

しかし、尚巴志の血筋を継ぐ王統は、１４７０年、暴

## 三山分立以後の琉球史

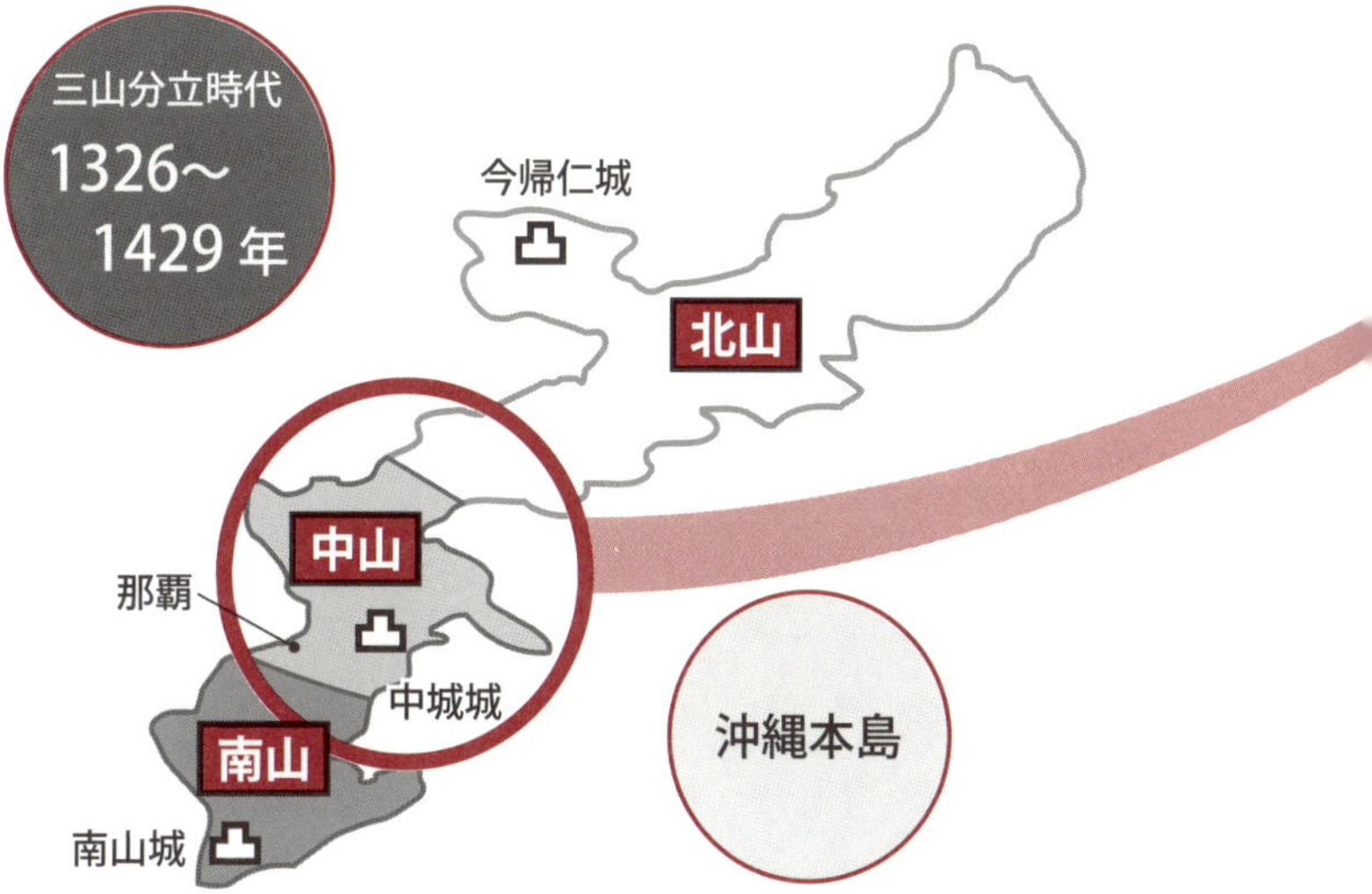
三山分立時代
1326～
1429年
今帰仁城
北山
中山
那覇
中城城
南山
南山城
沖縄本島

政を行なった尚徳の代でクーデターによって絶え、代わって農民だった金丸という人物が実権を掌握、尚円と称して第2尚王朝をうち建てた。この王朝は、尚円の子・尚真の時代に絶頂期を迎える。尚真は、海外との交易によって王国を繁栄に導く。

すなわち、明・朝鮮・日本・東南アジア各国へ積極的に船を派遣して貿易を行なったのである。同時に、諸国の船舶も中継地として那覇港に寄港、同港には外国船と物産があふれかえっていたと伝えられる。

けれどもこのような中継貿易の隆盛は、ヨーロッパ船のアジア来航とともに終焉を迎え、1609年、琉球王国は薩摩の島津氏によって武力制圧され、以後、島津氏のもとで長年にわたり搾取され続けることになる。

明治維新後の1872年、沖縄本島は鹿児島県管下の琉球藩となり、1879年、明治政府は軍隊と警官隊を同島へ派遣、その武力を背景に琉球王・尚泰《しょうたい》に首里城明け渡しを命じ、琉球王国を消滅させて沖縄県を設置、同地を完全に日本に併合したのである。



歴史メモ 保元の乱で敗れ伊豆大島に流された源為朝は後に琉球へわたって大里按司の娘と結婚、生まれた子供が王になったとする伝承が残る。

1467〜1477年◆応仁の乱

# 母の子への盲愛が招いた乱

室町幕府の権威を失墜させた応仁の乱は、将軍の権力争いからはじまった。

## ◉わが子を何とか将軍にしたい！

１４６７年、25万以上の軍勢が全国から京都に雲集し、ひしめきあい、二手に分かれて衝突をはじめた。この戦乱は11年もの長きにわたって続き、都は完全に焦土と化した。これが、応仁の乱である。やがて乱は地方に波及拡大し、「下、上に剋つ」という下剋上《げこくじょう》の風潮が生まれ、世は戦国時代へと突入したのだった。

この戦争の原因をつくったのは、一組の夫婦である。室町幕府8代将軍・足利義政とその正妻・日野富子だ。

室町将軍は代々日野氏から正妻を迎えることになっており、義政も例にたがわず20歳のときに16歳の富子と結婚した。しかし、数年たっても富子は跡継ぎを生まなかった。そこで義政は、弟の義視《よしみ》を後継者に選定した。ところがである。結婚後10年して富子が男児を出産したのだ。のちの足利義尚《よしひさ》である。すでに次期将軍は義視と決まっていたが、富子はどうしても息子の義尚を将軍職につけようと、幕府の実力者・山名持豊《やまなもちとよ》に接近した。母のわが子への盲愛であろう。

これに対して義視は、元管領・細川勝元に助力をもとめた。そのころ、管領家の畠山義就《よしなり》と政長《まさなが》、斯波義廉《しばよしかど》と義敏も家督争いをしており、やはりそれぞれが山名持豊と細川勝元を頼ったことから、両雄は次第に対立関係に入り、諸国の守護大名もいずれかとよしみを結ぶようになる。

## ◉細川家と山名家の争いがはじまる

１４６７年正月、畠山義就と政長が武力衝突を起こした。これが応仁の乱の発端となり、細川勝元は京都の東方に陣地をかまえ（東軍）、山名持豊は西側を拠点として（西軍）、激しい戦いを繰り広げた。

このとき将軍義政は、両軍に何の和解策も明示せず、物見遊山や芸術品の収集に明け暮れていたという。しかも、相反する双方の主張を認める八方美人的な言動をとったのだった。このような、政治的に無能な将軍をもったことが、応仁の乱を未曾有の大戦争にしたのである。

応仁の乱とは

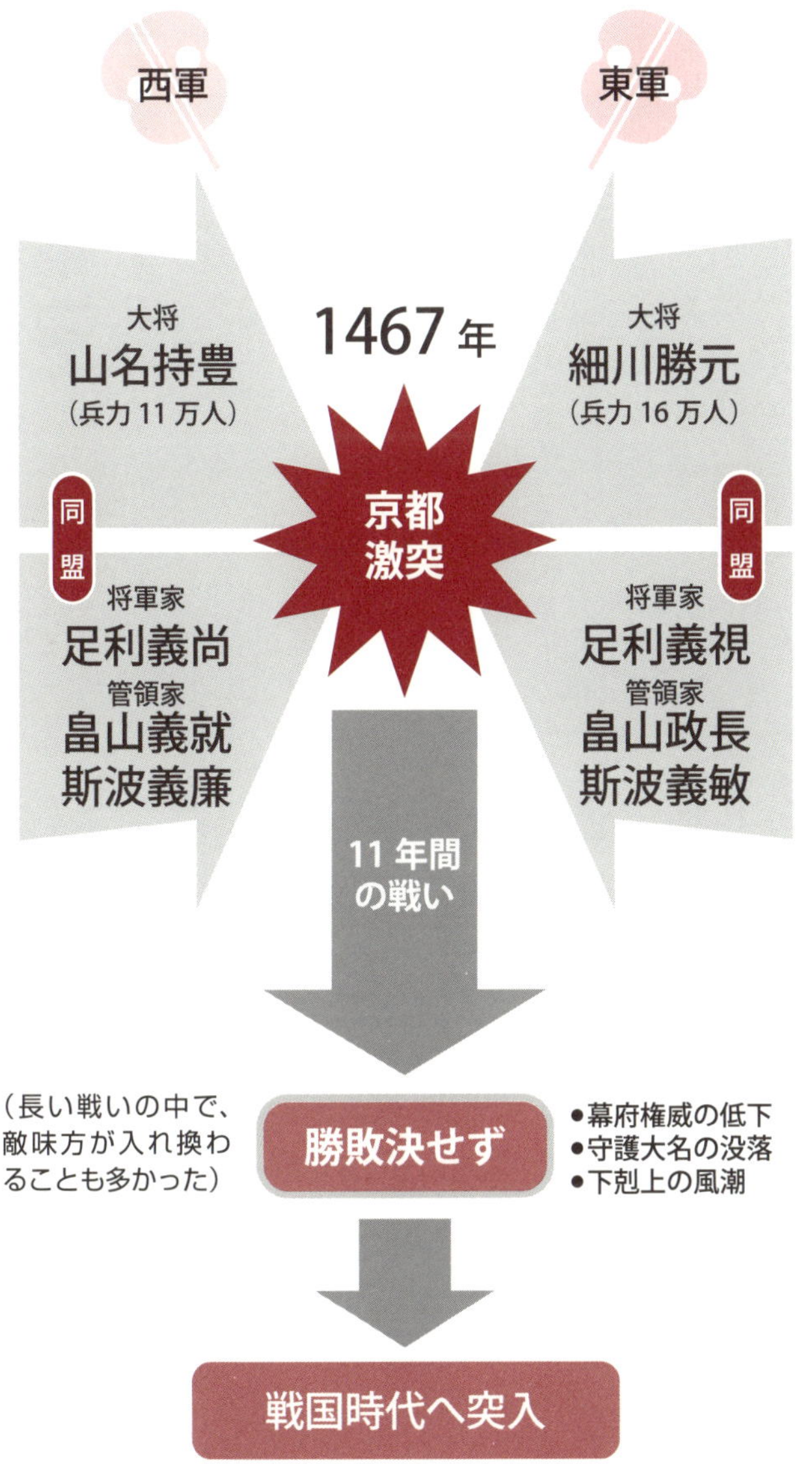
西軍
東軍
1467年
大将
山名持豊
（兵力11万人）
大将
細川勝元
（兵力16万人）
京都
激突
同盟
同盟
将軍家
足利義尚
管領家
畠山義就
斯波義廉
将軍家
足利義視
管領家
畠山政長
斯波義敏
11年間の戦い
（長い戦いの中で、敵味方が入れ換わることも多かった）
勝敗決せず
●幕府権威の低下
●守護大名の没落
●下剋上の風潮
戦国時代へ突入



歴史メモ　将軍義政と日野富子は元来仲が悪く、晩年、義政は富子に嫌気がさして屋敷を去り、別居生活に入った。将軍夫妻の別居は前代未聞。

# お茶は「闘茶」で広まった！

**その「薬効」により広まったお茶は、その後、一部は芸術の域に達するほど愛好されるようになった。**

## ◉広まるにはやっぱり賭事が必要

我々が嗜好品として口にするお茶は、9世紀、遣唐使によって中国からもたらされたといい、一部の貴族のあいだに喫茶の風潮が広まるが、遣唐使が廃止されるとすたれてしまった。

その後、本格的に茶を普及させたのは臨済宗の開祖栄西であった（12世紀）。栄西は肥前（長崎）で茶の栽培をはじめ、源実朝に茶を献上して病を癒したと伝えられ、以後その薬効が喧伝され、仙薬として上流階級に愛飲されるようになった。栂尾（京都）、平戸、博多、鎌倉など、茶の栽培地も生まれた。

南北朝時代になると、武士のあいだで茶寄合というものが盛んに催された。寄合では闘茶《とうちゃ》と呼ばれる、産地や良否を当てる賭けが盛んに行なわれ、高額な賭物がやりとりされた。

政府はこれをたびたび禁止したがなかなかやまず、室町時代まで衰えなかった。この時代、茶を愛飲する階層は爆発的に広まり、町には一服1銭の茶屋も現れたほどだった。

## ◉禅と喫茶が融合して茶道が生まれた

ところで、今日の茶道の原型である茶の湯を創始したのは村田珠光《じゅこう》である。15世紀後半、珠光は喫茶に禅の精神を融合、考案した四畳半の茶室のなかで静かに茶をたしなみ、風雅の境地に遊ぶ喫茶法をはじめた。

その風は武野紹鷗《たけのじょうおう》に継承され、「わび・さび」という冷え枯れた簡素美を理念とした茶禅一致の「侘び茶」への志向が明確に打ち出された。

茶の湯ははじめ豪商のあいだに流行し、やがて戦国大名たちも熱中。天下人の織田信長や豊臣秀吉が執心したことから、諸大名も茶頭《さどう》（茶の宗匠《そうしょう》）を召し抱え、高価

## お茶の歴史

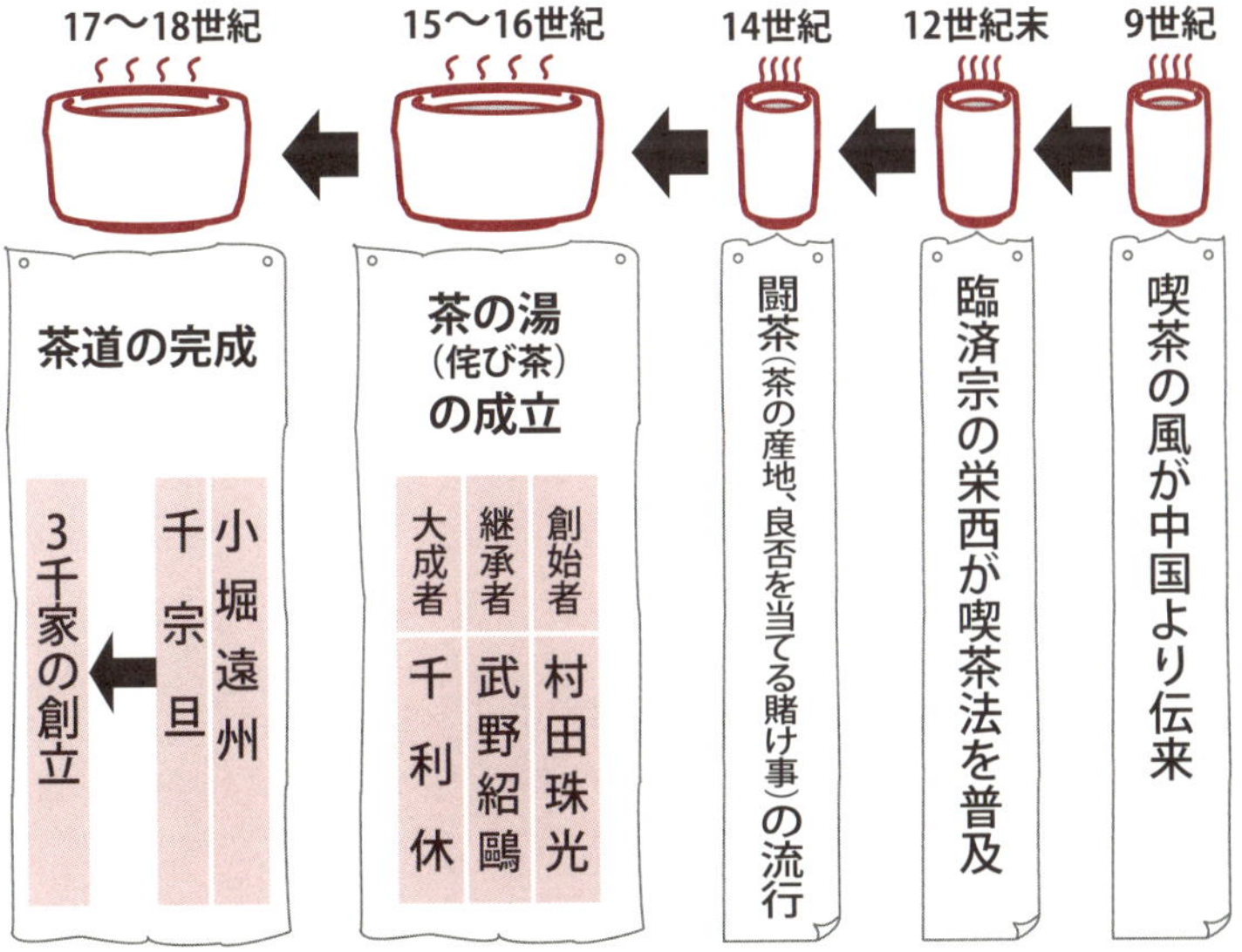
9世紀
喫茶の風が中国より伝来
12世紀末
臨済宗の栄西が喫茶法を普及
14世紀
闘茶（茶の産地、良否を当てる賭け事）の流行
15〜16世紀
茶の湯（侘び茶）の成立
創始者　村田珠光
継承者　武野紹鷗
大成者　千利休
17〜18世紀
茶道の完成
小堀遠州
千宗旦
3千家の創立

な茶道具の収集に熱を入れ、競って茶室をつくった。滝川一益《かずます》（信長の重臣）のように、一国の付与より名茶器の下賜を主君に望む武将が現れるほどであった。

珠光、紹鷗と伝えられた茶の湯（侘び茶）は、戦国時代後期に登場した千利休によっていっそう洗練され大成される。

利休は秀吉の寵愛を受け、天下第一の茶匠と呼ばれ、その権威は絶対的で、茶器の価格はすべて利休の目利きによって決まったほどだったという。けれど、黄金の茶室に代表される秀吉の豪奢な茶と、利休のめざすわび・さびの茶は次第に乖離・対立するようになり、1591年、利休は秀吉から自殺を強要された。

しかし、利休の精神は弟子や子孫らに脈々と受け継がれ、江戸時代には儒教思想が茶の湯に取り込まれ、芸道としての茶道にまで高まってゆくのである。



**歴史メモ**　茶器ブームが高じて、戦国大名は秀吉の朝鮮出兵の際、争って有名な朝鮮の陶工を捕虜にして日本へ連れ帰り、名茶器をつくらせた。

1553〜1564年◆川中島の合戦

# 川中島の決戦 いったい勝者はどっち？

**武田信玄と上杉謙信が戦った有名な川中島の決戦。この戦いはその戦果と結果が合致しない。**

## ◉なぜ信玄と謙信は川中島で戦ったのか

戦国時代、川中島の合戦は5度も戦われている。

川中島（長野市）は、犀川と千曲川にはさまれた肥沃な低地で、諸国に通ずる街道がいくつも交差する軍事要地である。ゆえにこの地を制することは、信濃国を征服したのに等しい意味をもった。

そもそも武田信玄と上杉謙信が川中島で戦うようになったのは、信玄が領土拡張のため信濃へ侵攻し、同国の大名・村上義清を追い出したことに端を発している。敗れた村上は、越後国の謙信を頼り、旧領奪回を哀願した。謙信は義に厚く、これを了解したことで両者の対立がはじまったのだ。

## ◉前半は謙信、後半は信玄

一般にいう川中島の戦いとは、両軍がもっとも激しく衝突した1561年の戦闘をいう。この年、信玄は川中島に海津城を築いた。謙信は朝廷から関東管領職に任命されており、他方、信玄はそれ以前に信濃守に任ぜられていて、双方とも信濃支配の正当性を主張できる立場にあった。

謙信は海津城の築城を知るや、ただちに1万3000の兵を率いて同城から2キロ離れた妻女山に陣をしいた。これに対して信玄も2万を連れて甲府を発し、海津城へ入った。しばらく両軍の睨み合いが続いたが、9月10日、信玄は軍師山本勘助の作戦にしたがい「啄木《きつつき》の戦法」で敵軍を壊滅させることに決定した。これは、軍を2手に分け、別動隊に敵の背後を襲わせ、敵が出てきたところを待ち伏せしていた本隊が討つという戦法だ。

ところが別動隊1万2000が妻女山に着いたとき、そこはもぬけの殻だった。謙信は武田軍の動きを察知し、武田本隊へ向かっていたのである。

## 川中島の合戦

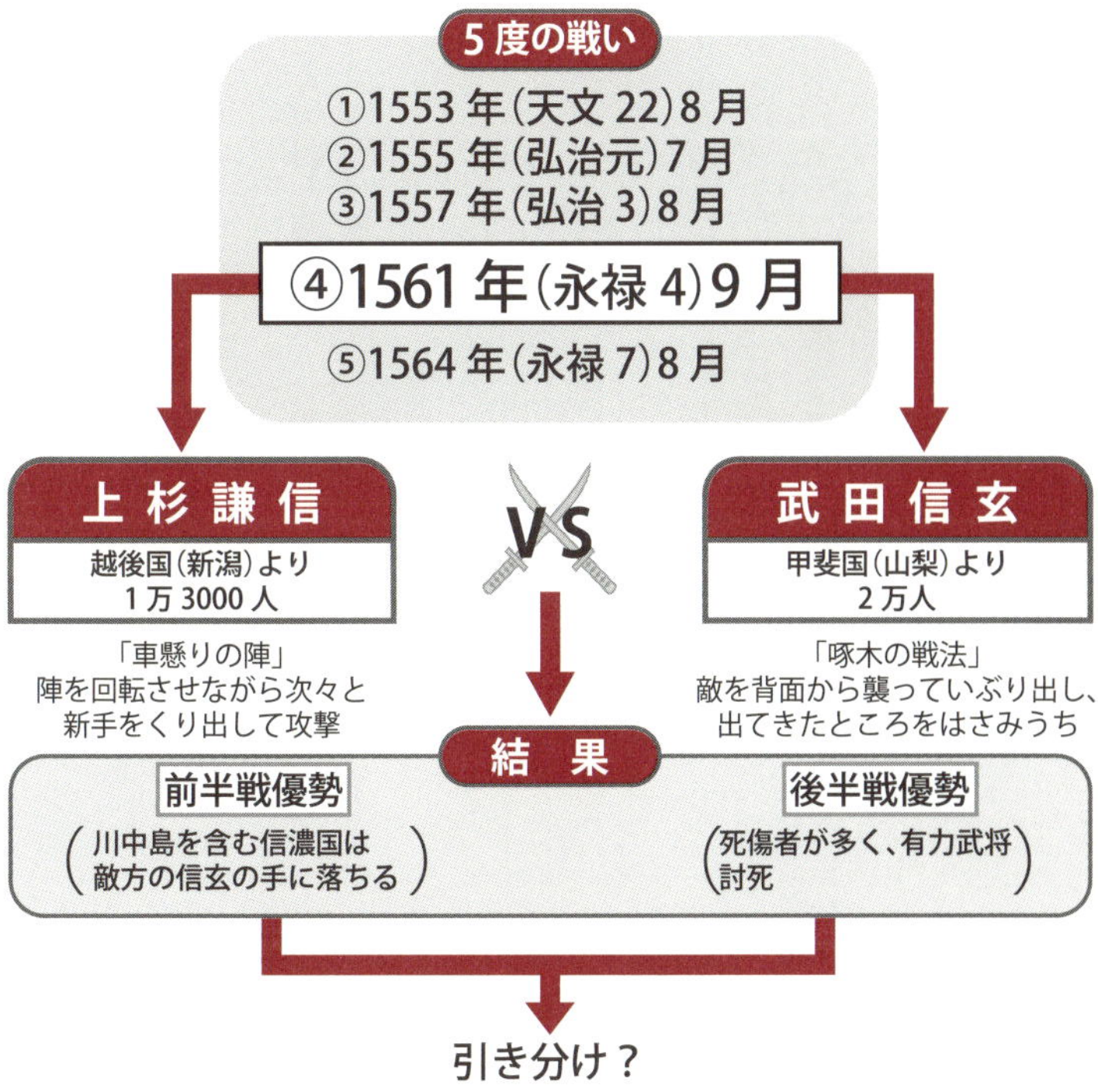
5度の戦い
①1553年(天文22)8月
②1555年(弘治元)7月
③1557年(弘治3)8月
④1561年(永禄4)9月
⑤1564年(永禄7)8月
上杉謙信
越後国(新潟)より
1万3000人
VS
武田信玄
甲斐国(山梨)より
2万人
「車懸りの陣」
陣を回転させながら次々と
新手をくり出して攻撃
「啄木の戦法」
敵を背面から襲っていぶり出し、
出てきたところをはさみうち
結果
前半戦優勢
(川中島を含む信濃国は
敵方の信玄の手に落ちる)
後半戦優勢
(死傷者が多く、有力武将
討死)
引き分け?

信玄はにわかに現れた上杉軍を見て愕然となった。味方8000に対し敵は1万3000、しかも謙信は「車懸りの陣」で次々新手を繰り出してくる。これは、車輪のように円陣を組み、回転しながら敵陣に突撃する戦法である。

武田軍は上杉軍の猛攻にあってたちまち混乱し、武田信繁《のぶしげ》、両角《もろずみ》豊後守ら有力武将が戦死、信玄自身も負傷してしまう。謙信が信玄に斬りつけ、信玄が軍扇で防いだとする一騎打ちの話はこのときのことだ。

壊滅寸前の武田本隊だったが、武田の別動隊が到着して形勢は逆転、謙信は鉾を納めて越後へ退却した。

さてこの戦いの勝敗だが、上杉軍に対し武田軍の死傷者は2倍近かった。だが、その後、川中島は武田氏の支配下に入っている。つまり、戦闘では謙信が勝ったが、戦略では信玄が勝ったといえよう。



歴史メモ 1997年6月、和歌山県は江戸初期に描かれた「川中島の合戦」の屏風を、1億5000万円で購入することに決めたと伝えられる。

# 軍師たちの本当の仕事とは?

**大将に鋭いアドバイスをする参謀的なイメージのある軍師だが、本来の職務はちょっと違っていた。**

## ◉軍師は本当は易者?

戦国時代の軍師といえば、近年は小説やテレビドラマのヒーローとして扱われ、戦国武将より人気が高かったりする。ここでは、そんな軍師の役割について真相を語りたい。

軍師の職務を、合戦時における作戦参謀や大将の補佐役と考えるのは、必ずしも正確ではない。もちろん、そうした仕事もあるが、そもそも軍師は易者として戦国大名に雇われた男たちなのである。

戦国大名にとってもっとも重要なことは、敵との戦いに勝つことである。彼らは勝利のためにはあらゆる注意を払った。ジンクスやタブーなども深く信じ、戦争に際しての日取りや方位、運気などは最良のものを選択するよう常に心掛けた。

ただし、数え切れないほどの俗信すべてを暗記することは不可能だ。それゆえ、専門の知識を有する人間を雇う必要が出てきた。すなわち、それが軍師なのである。だから軍師には、俗信や易学に通じた禅僧や陰陽師《おんみょうじ》、修験者出身の者が非常に多かった。

## ◉儀式の進行や士気の鼓舞が主な仕事

さて、軍師の仕事だが、その中心は諸儀式の主宰で、出陣式や凱旋《がいせん》式を執行し、首実検を統べた。ご存じのように首実検とは、取った首を大将に披露してゆくものだが、首の見栄えをよくするための化粧方法、首札の記入法、首台の寸法や材質など、実に細かいルールがあった。

大将への首の披露の仕方も、

「両手で首を取り上げ、切り口に指をかけ、左右の耳に親指を差し入れて顔を真っすぐに直し、それを右脇に抱えて主君の前に進み、首を差し出して右面を御目にかけ、今度は左脇に抱え直して静かに退場する」

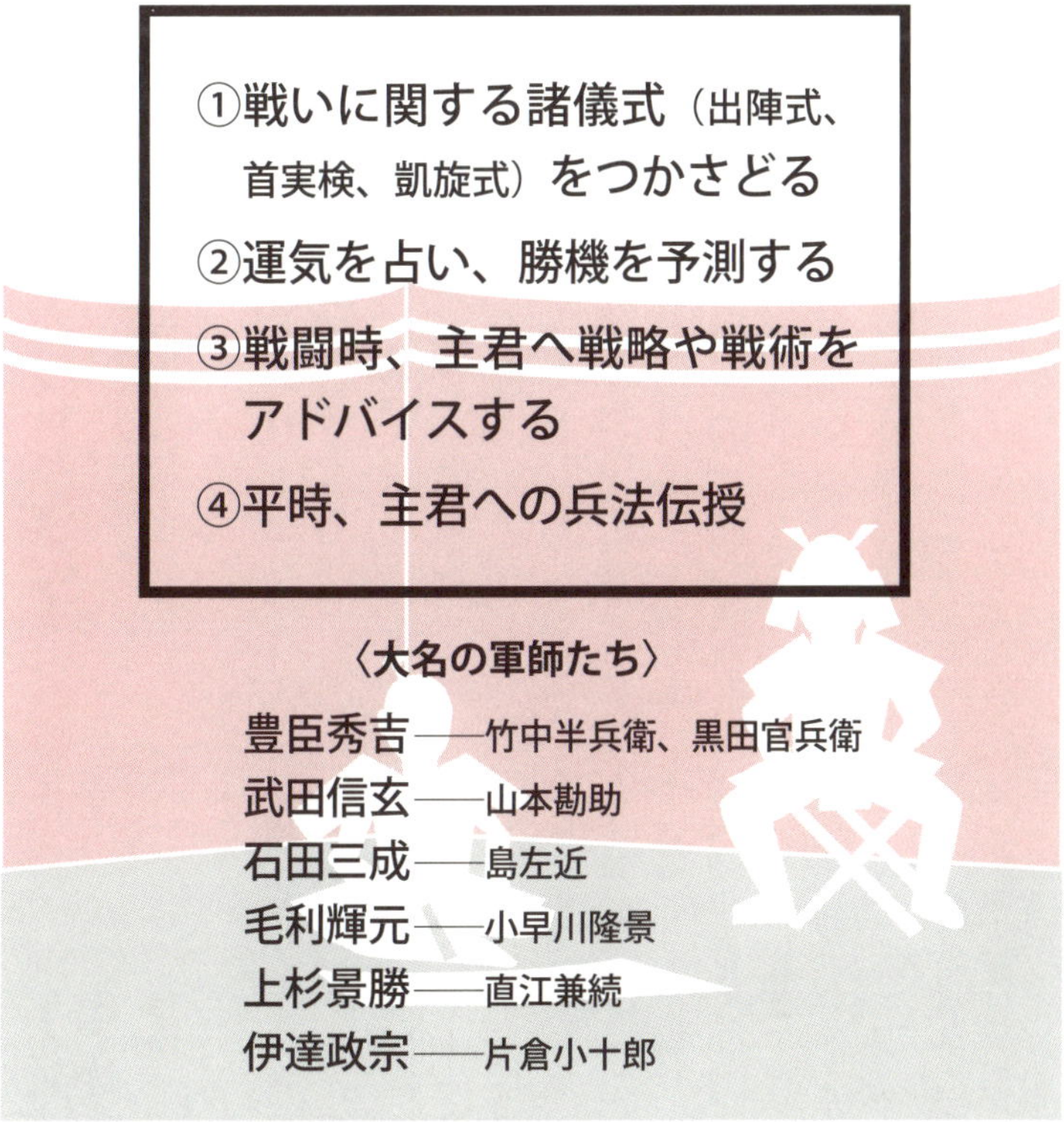
①戦いに関する諸儀式（出陣式、首実検、凱旋式）をつかさどる
②運気を占い、勝機を予測する
③戦闘時、主君へ戦略や戦術をアドバイスする
④平時、主君への兵法伝授
〈大名の軍師たち〉
豊臣秀吉――竹中半兵衛、黒田官兵衛
武田信玄――山本勘助
石田三成――島左近
毛利輝元――小早川隆景
上杉景勝――直江兼続
伊達政宗――片倉小十郎

といった具合に面倒で、首実検は終始、軍師のしきりのもとに進行したのである。

軍師は確かに兵法に通じている人物が多かったが、戦術に関しては大将にアドバイスする程度で、あくまでその遂行権は大将にあった。むしろ大将が軍師に期待したのは、味方の士気を鼓舞することだった。そのために軍師は雲や風、鳥や敵の挙動を占い、兵を勇気づけたのである。ここに軍師の合戦における真骨頂があったわけだ。

このように、史実の軍師の職務は通常イメージする軍師とは、かなりかけ離れているのである。



**歴史メモ** 政治家や企業家は大きな決断をする際、占い師や宗教者に助言を求めることが多いが、そういう意味では彼らも現代の軍師であろう。

# 城はなぜ現在のような形になったのか

**城の象徴ともいえる天守閣は、戦国時代、信長が築いた安土城がはじまりだった。**

## ◉城の移り変わり

城は、敵の攻撃から身を守るための軍事施設である。城という文字が「土」と「成」で構成されていることからもわかるように、土を掘って濠をめぐらし、残土を盛り固めて土塁《どるい》を築いた内側を、ふつう城と規定する。

城というと、私たちはどうしても広大な石垣の縄張りをもち、壮麗な天守閣がそびえ立つ威容を思い浮かべてしまうが、それは戦国・江戸時代の城である。城郭の起源は、戦争がはじまった弥生時代にまでさかのぼる。といっても、もちろん城が軍事的拠点としてもっとも多く築かれ、最高に機能したのは戦国時代である。

戦国大名は、平地に置かれた政庁で領国の経営を行ない、敵が来襲すると山城にこもって戦った。時代が下るにつれ、その構造も複雑になる。山全体にいくつもの削《さく》平地《へいち》（郭《くるわ》）や堀割をもうけて大要塞とし、周辺に出城や支城を築いて、防御ネットワークを築いていった。街道や宿場にも砦やのろし場といった簡素な城をつくって監視体制を強化した。

## ◉鉄砲が天守閣をつくらせた

しかし、戦国時代後期になると、鉄砲の出現によって峻険な場所に要塞を築く意味が薄れ、大名の政庁そのものを城郭化するようになってくる。これがいわゆる平城である。そして城は、軍事拠点としてだけでなく政治や経済の中心地となり、周辺には城下町が形成される。

ちなみに近世の城の象徴たる天守閣は、織田信長の築いた安土城が手本となっている。本能寺の変のおりに城は焼失しているが、記録によると25メートルの石垣の上に5層の天守閣がそびえていたといい、地上60メートルにも及ぶ高層建築だった。当時の人はさぞ度肝を抜かれたことだろう。

## お城の歴史

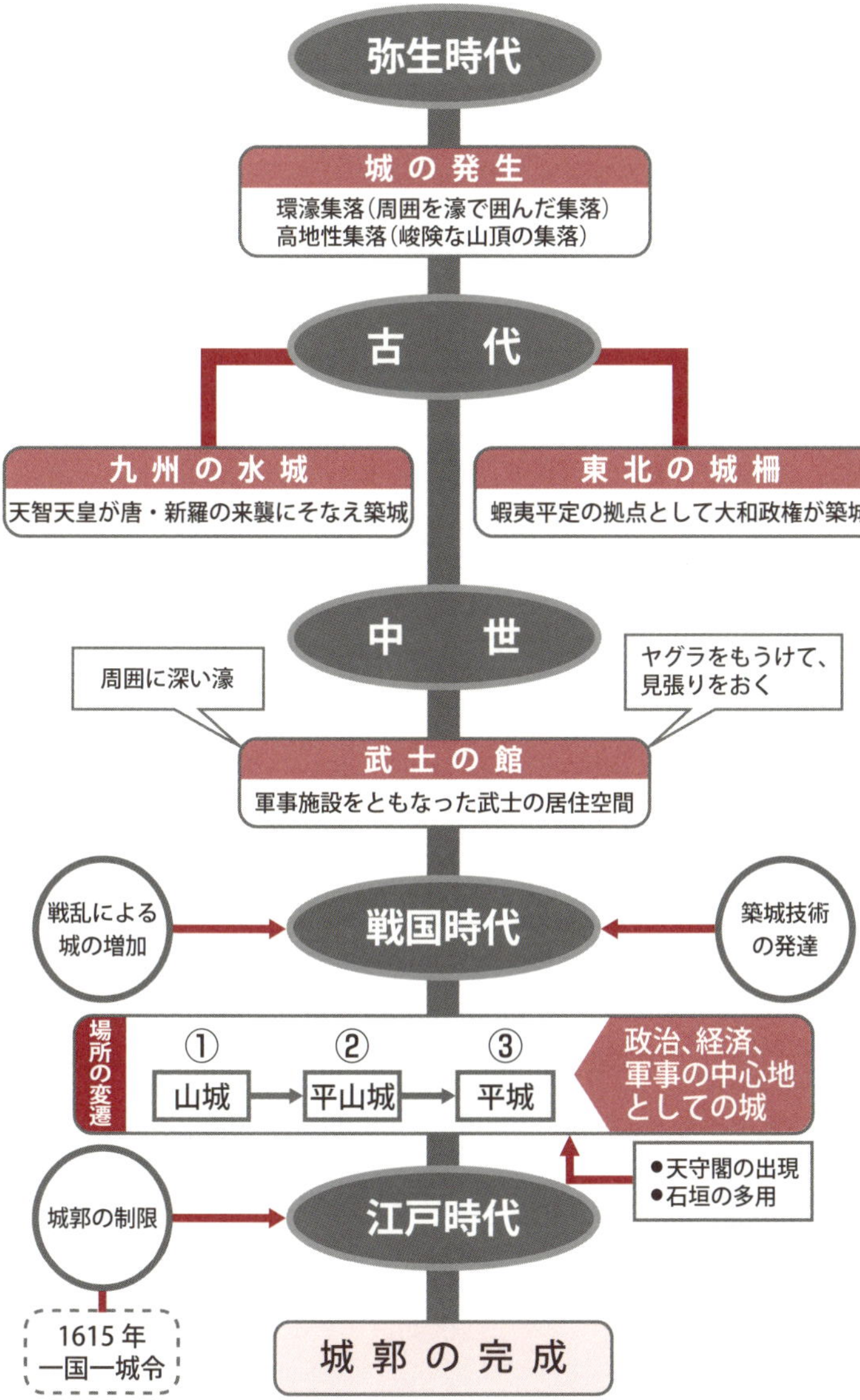

弥生時代
城の発生
環濠集落（周囲を濠で囲んだ集落）
高地性集落（峻険な山頂の集落）
古代
九州の水城
天智天皇が唐・新羅の来襲にそなえ築城
東北の城柵
蝦夷平定の拠点として大和政権が築城
中世
周囲に深い濠
ヤグラをもうけて、見張りをおく
武士の館
軍事施設をともなった武士の居住空間
戦乱による城の増加
戦国時代
築城技術の発達
場所の変遷
①
山城
②
平山城
③
平城
政治、経済、軍事の中心地としての城
●天守閣の出現
●石垣の多用
城郭の制限
江戸時代
1615年
一国一城令
城郭の完成




歴史メモ　戦国の城すべてを大名のものと限定するのは間違いで、庶民が戦争の被害から逃れるために築いた城もある。

COLUMN

## 武田信玄の書いたラブレターのお相手は？

甲斐の戦国大名で希代の名将と謳われた武田信玄。そんな信玄のラブレターが東京大学史料編纂所に残っている。しかも驚くことにそれは、春日源助という男性に宛てたものなのである。内容を簡単に要約すると、

「確かに弥七郎が度々言い寄ってくるけど、俺は腹痛と偽って何もしていないよ。嘘じゃない。一回も伽をさせたことはない。俺はおまえだけを愛しているのに、疑われるのは心外だ。信じてほしい。あらゆる神に誓います」

あの信玄がこんな手紙を書くなど信じがたいが、事実である。ただ、彼を単なるホモだと考えるのは間違いだ。少なくとも信玄には5人の妻妾があり、7男6女が誕生しているからだ。

中世の人間にとって、男性を愛することはそれほど珍しくはなかったらしい。とくに戦国武将は、戦いのときには女性を伴うことができないので、代わりに少年を求めることが多かった。たとえば、織田信長と森蘭丸の関係はよく知られているところだろう。伊達政宗も男に恋文を残している。

手紙の相手の春日源助もこの当時10代で、信玄の小姓として仕えていた。のちに源助は高坂弾正昌信と名乗り、侍大将になる。1561（永禄4）年の川中島の決戦では、大いに活躍したと伝えられる。

ちなみに、信玄の言行を詳細に記述した名著『甲陽軍鑑』の作者は彼だといわれる。つまり、信玄を有名にしたのは、信玄の愛人だったというわけだ。

# 第4章

## 日本統一と太平の時代

▼戦国時代を経て江戸幕府へ

# 戦乱の世から長い平穏な時代へ

## 江戸幕府が長生きした秘密

群雄が割拠する戦国日本は、鉄砲という新兵器を重視した織田信長によって急速に収拾され、天才的知謀家の豊臣秀吉によって統一された。

この遺産を受け継いだのが、徳川家康である。家康は関ヶ原の戦いに勝って江戸に幕府を開設する。幕府は約260年も続くが、まさか家康もこれほどの長期政権になるとは考えていなかったと思う。なぜ江戸幕府は、かくも長寿を保ったのだろう。その長生きの秘訣とはいったいなんだったのか。

短絡的かもしれないが、それはやはり、「人間が平和を望む動物だから」というところに答えを求めていいと思う。正直、戦国乱世に人々は疲れきっていた。

たびたび戦争に駆り出され、田畑は戦場となって大切に育てた作物はだいなし。こんな状態が1世紀も続いたら、だれだって平和を求めたくなる。悲惨な戦乱の記憶は、口承によって子孫に語り継がれ、二度と繰り返してはならない出来事として遺伝子に組み込まれたのではないか。

近世の日本人が矮小化して柔順になり、諸大名が天下を狙わなかったのは、江戸幕府の巧みな管理政策の結果というより、むしろ人々が平和を求めたからだと考えたほうがいい。

## 振り子のように揺れる幕府の政治

本文を読んでいただければわかると思うが、江戸時代の政治史は、まるで振り子のように揺れ動いた。右へ行ったと思えば左に向かう。そしてまた右へと、弛緩と緊張を繰り返しているのだ。元来、政治というのはそういう傾向があるが、江戸時代ほどその特徴が鮮明に現れた時代も珍しい。

有名な江戸の三大改革（享保・寛政・天保の改革）が緊張だとすれば、その間に挟まれた5代将軍綱吉の元禄政治、老中・田沼意次の重商主義政策、11代将軍家斉の大御所政治は、弛緩の時代だったといえよう。

こうした振幅は、ペリーの来航によって突然停止する。列強諸国の圧力で平和を保てなくなった幕府に対し、庶民は平然とこれを見捨てた。そして、自分たちのために新たな政治権力を樹立させて平和を守ろうとした。それが明治維新だ。つまり江戸時代というのは、歴史の陰の主人公として庶民の力が大きくなっていった時代でもあったのである。

# 近世の10大ニュース

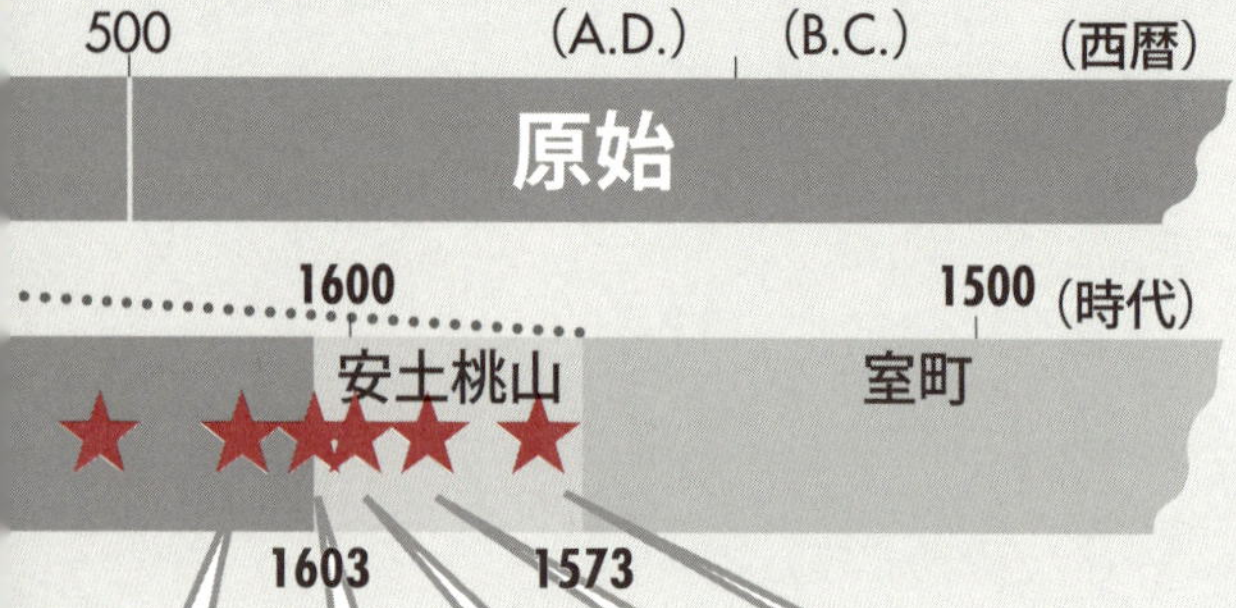


**本能寺の変**（1582）

織田信長、京都の本能寺で家臣の明智光秀に殺され、天下統一事業が頓挫する。享年49歳。

**天下統一**（1590）

豊臣秀吉、小田原北条氏を滅ぼし関東を平定。同年、東北地方も服従させて日本を統一する。

**関ヶ原の戦い**（1600）

徳川家康と石田三成が美濃国関ヶ原で天下分け目の合戦を行ない、家康が三成を倒して覇権を確立。豊臣家は一大名に転落。

**江戸幕府開設**（1603）

徳川家康、朝廷より征夷大将軍に任命され、江戸に幕府を開く。以後、江戸幕府は約260年間続く。

**大坂夏の陣**（1615）

徳川家康、大坂城の豊臣秀頼を攻めて豊臣家を滅ぼす。

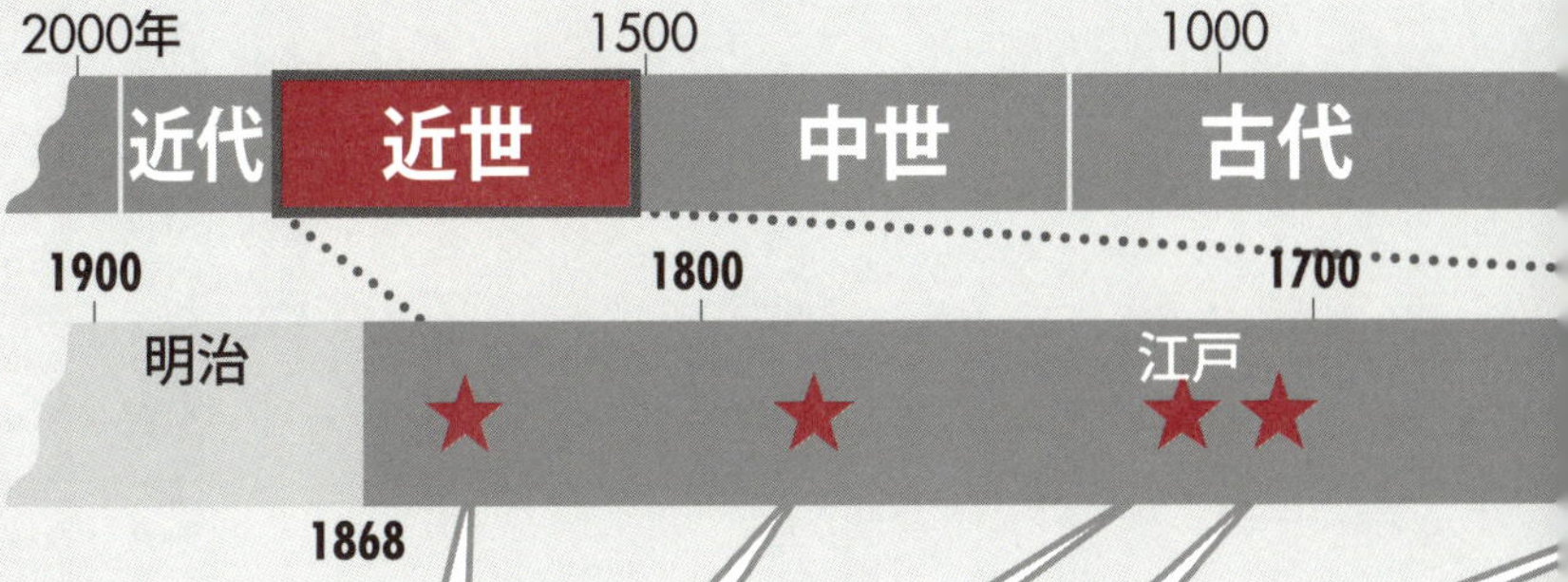


**島原の乱**（1637）

キリスト教徒天草四郎率いる数万の農民が九州で反乱。以後、幕府はキリシタンを厳しく取り締まり、ポルトガル人を追い出して鎖国体制を完成させる。

**赤穂事件**（1702）

大石良雄ら赤穂浪士が主君の仇を報じるため吉良邸に乗り込み、吉良上野介義央を討つ。

**享保の改革**（1716〜）

8代将軍徳川吉宗、財政難に陥った幕府の立て直しをはかる。相対済し令、上米の制、目安箱の設置、倹約令など。

**寛政の改革**（1787〜）

老中松平定信、田沼政治のあと幕政を引き締める。棄捐令、寛政異学の禁、人足寄場の設置。

**天保の改革**（1841〜）

老中水野忠邦、幕府権威の回復をねらう。上知令、人返しの法、株仲間の解散。

# 織田信長という男の革新性

**尾張の小国からのし上がった織田信長は、その革新性によって全国を統一していった。**

## ◉20年をかけて全国を手中に

織田信長は尾張西南部（愛知）を支配する信秀の嫡男だったが、小さいころから異様な風体を好み、奇妙な行動も多かったことから、人々は「うつけ者」と呼んで小馬鹿にしていたという。

けれども父親の死後、弟信行をはじめ次々と国内のライバルを倒し、尾張国の制覇に成功、戦国武将として頭角を現してゆく。

１５６０年、駿河の今川義元が2万５０００の大軍で尾張を襲った。このとき織田軍はわずかに３０００、けれども信長は服せずに抵抗、一瞬の隙を突いて義元の首をうばい、今川軍を駆逐したのである（桶狭間の戦い）。

信長はその後、三河国（愛知東部）の松平元康《もとやす》（徳川家康）と同盟を結んで美濃国（岐阜）攻略に専念、１５６７年に同国を平定するや、翌年には前将軍義輝の弟足利義昭を奉じて上洛し、室町幕府を再興した。このころすでに、「天下布武」という印章を用いており、天下統一を明確に意識して行動していたことがわかり、入京はその第一歩であった。

やがて、越前の朝倉氏・近江の浅井氏を滅ぼし、対立する足利義昭を追放、１５８０年、本願寺顕如《けんにょ》と和睦して10年続いた石山戦争に終止符をうち、ついで１５８２年、甲斐国の武田氏を征伐し、西国の毛利氏を圧迫、日本の過半を手中におさめた。しかし同年、京都の本能寺において、部下の明智光秀の裏切りにあい、不慮の自殺をとげた。

## ◉革新性抜群の信長

信長の偉大さは、既存の枠組みに拘束されない革新性にあったといえる。

たとえば鉄砲。この南蛮渡来の新兵器を信長は誰より

## 織田信長の諸政策

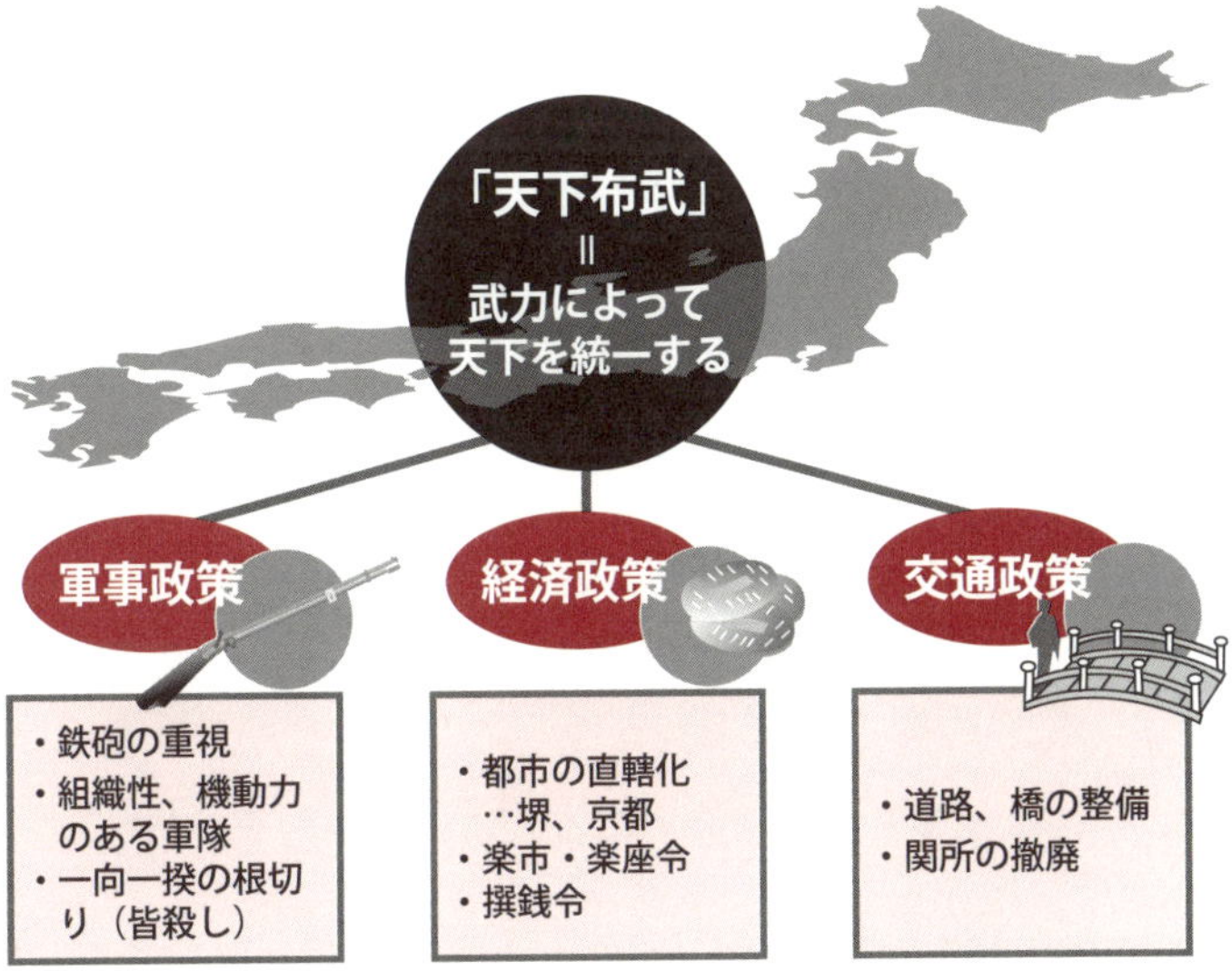
「天下布武」
＝
武力によって
天下を統一する
軍事政策
・鉄砲の重視
・組織性、機動力のある軍隊
・一向一揆の根切り（皆殺し）
経済政策
・都市の直轄化…堺、京都
・楽市・楽座令
・撰銭令
交通政策
・道路、橋の整備
・関所の撤廃

も重視し、生産地である堺や近江国国友村を直轄地にして大量に製造させ、それを用いて天下平定を進めていった。1575年の長篠の戦いでは足軽鉄砲隊を主力とした織田軍は、無敵と恐れられた甲斐の武田軍を見事に撃破している。

次に宗教政策である。信長は、自分に逆らう宗教勢力は徹底的に弾圧した。たとえば比叡山延暦寺《えんりゃくじ》。ここは日本最高の宗教的権威であったが、1571年、比叡山の僧坊をことごとく焼き払い、僧侶3000人を殺害したという。一向一揆に対しても、部下に宗徒の「根切《ねぎ》り」（皆殺し）を命じている。仏罰や神罰といったものをまったく信じない、信長の近世的性格がうかがえよう。

次に軍事組織である。当時の兵は大半が農民で、合戦は農閑期に行なわれることが多かったが、信長は傭兵を主に軍を組織したので、いつでも参戦できる機動力を有していた。

最後に、その合理的精神である。使えなくなれば重臣でも容赦なく処分した。家老の林通勝《みちかつ》や佐久間信盛《のぶもり》は、石山戦争後、放逐されている。ただ、明智光秀は、そんな冷酷さを恐れて謀反におよんだともいわれている。



歴史メモ　信長は目新しいものが大好きで、はじめて見た黒人に興味を覚え、すぐさまこれを家臣に取り立て、いつも連れ歩いていたという。

# 秀吉が短期間で日本を統一できたワケ

**秀吉は織田信長の死後わずか8年で天下を統一する。なぜ秀吉はこの大事業を成しとげられたのか。**

## ◉わずか8年で日本を統一

たったの8年――それが、秀吉が日本全土を平定するまでに要した年月である。

1582年、本能寺で信長が死んだ瞬間、織田帝国は瓦解した。このとき羽柴（豊臣）秀吉は西国（中国地方）にあって毛利氏と戦っていたが、事態を知るや、主君の死を秘匿してただちに同氏と和睦を結び、急旋回して京都に馳せもどり、山崎にて明智光秀を倒し仇を討った。信長の死没からわずか11日後のことだ。この迅速さが、秀吉をして信長の後継者たらしめたのである。

翌年、織田家の宿老・柴田勝家を賤ヶ岳《しずがたけ》で破った勢いに乗り、秀吉はそのまま柴田氏の本拠地越前へ攻め入り、同氏を滅ぼした。

以後、秀吉の天下平定事業は、左図のように破竹の勢いで進んでゆく。

## ◉秀吉の寛大さが天下統一を早めた？

このように統一がスムーズに進んでいった背景には、敵に対する寛大さが影響していると思われる。

敗れた敵将に対しては、殺したり全領地を没収したりせず、自分の配下に組み込んでいったのだ。信長とは大きな違いだ。ゆえに、その後の裏切りによって平定事業が頓挫することもなかった。最後に残った小田原北条氏に関してさえ、当主氏直《うじなお》を助命し、1万石を与えて家名存続を認めている。

秀吉は、尾張国愛知郡中村の百姓の小倅《こせがれ》として生まれたという。少年期、大望を抱いて家を出るが、才あるがゆえに人の妬みを受け、なかなか出世できずにいた。この不幸な男を拾い上げたのが信長だった。信長は能力さえあれば、軽輩であっても重臣に取り立てる合理主義者。この主君に出会ったことで、秀吉の人生は好転する。

ただ、卓越した才能はあったが、農民出身の秀吉には権威がなかった。そのため朝廷を利用し、豊臣の姓と太政大臣の地位、そして関白の職を賜わり、支配の正当性を得たのである。

### 秀吉の日本統一過程

| | |
|---|---|
| 1582年 | 山崎の戦いで明智光秀を討つ |
| 1583年 | 賤ヶ岳の戦いで柴田勝家を倒す |
| 1584年 | 小牧・長久手で徳川家康と戦う |
| 1585年 | 根来・雑賀一揆を平定する。<br>関白となる。<br>長宗我部元親を服属させて**四国を平定** |
| 1586年 | 朝廷より太政大臣に任じられ、<br>豊臣姓を与えられる |
| 1587年 | 島津氏を服属させて**九州を平定**する<br>バテレン追放令を出す |
| 1588年 | 刀狩令を出す |
| 1590年 | 小田原の北条氏を討って**関東を平定**<br>**奥州を服属**させて **全国統一完成** |



**歴史メモ** 秀吉は農民の子だったのが余程コンプレックスだったらしく、自分の伝記を書かせる際、まるで天皇の子であるように改ざんさせている。

# 耐えて耐えて300年 キリスト教の苦悩の道

16世紀半ば、日本に伝来したキリスト教は、何度も禁止され、やっと明治時代になって許可される。

## ◉1549年以来、宣教師が続々と来日

キリスト教の一派イエズス会の創始者の1人、フランシスコ・ザビエルは、インドのマラッカでアンジローという日本人に出会い、その聡明さに心打たれ、日本への布教を決意する。

1549年、ザビエルは鹿児島に上陸、山口・堺・京都と布教の旅を続け、2年3か月の滞在ののち離日した。彼に感化されて入信した者の数は1000人にも満たなかったが、以後、続々と外国人宣教師が来日、教徒は急増してゆく。

とくに九州では、キリスト教徒になる大名（キリシタン大名）も現れる。彼らの多くは、南蛮貿易の利益を目当てに入信した。なぜなら南蛮船は、布教を公認する大名の領地にしか入港しなかったからだ。

信長の時代、キリスト教は最盛期を迎えた。信長が仏教勢力を抑制する目的でキリスト教を公認したからだ。京都や安土には教会がいくつもつくられた。

## ◉キリスト教の禁止がはじまった

だが、1587年、九州を平定した豊臣秀吉は、突如バテレン（宣教師）追放令を発する。その理由としては、教徒の団結を恐れた、長崎が教会に寄付されていたのに激怒した、宣教師が日本人を奴隷として海外へ売ったのを知った、など諸説あるが、南蛮貿易は奨励されたので追放令は不徹底に終わった。

徳川家康もはじめのうちは貿易の利を重視し、キリスト教を黙認してきたが、1612年、直轄地に禁教令を出し、翌年には適用範囲を全国へ広げ、高山右近《うこん》ら多くの信徒を国外追放した。

にわかに態度を変じたのは、新たに来日したオランダとイギリスのせいだ。両国の宗教は、プロテスタントで

あり、貿易に関して布教を必要条件とせず、むしろ彼ら自身が幕府との貿易を独占するため「カトリック系宣教師の目的は日本侵略にある」と吹き込んだのだ。

1637年、島原でキリシタン天草《あまくさ》四郎を首領とする農民2万が反乱をおこした。この鎮圧に苦慮した幕府は、これを機にキリスト教徒の根絶を目指して鎖国制度を完成させ、絵踏や拷問によって信者に厳しく改宗を迫った。また、賞金を出して隠れキリシタンを密告させたり、連帯責任制度を設けて相互監視させたりした。

このような諸政策によって信徒は根絶したかに見えたが、1865年、長崎に大浦《おおうら》天主堂が創建された際、浦上村の人々は宣教師プティジャンに自分たちがキリスト教徒であることを告白したのである。プティジャンはこれを「キリシタンの復活」と讃えたが、約300年間の厳しい弾圧と詮索に耐えて、父祖の信仰を守り抜いたというのは、まさに奇跡的な出来事といってよいだろう。

## キリスト教の歴史

|  |  |  |
|---|---|---|
| 室町時代 | **1549年** | **フランシスコ・ザビエル、九州に来航して、はじめて布教** |
| | 1568年 | 信長上洛、キリスト教を公認。黄金時代の到来 |
| 1573 安土・桃山時代 | **1587年** | **バテレン追放令が発布され、秀吉、キリスト教を弾圧** |
| | 1596年 | サン・フェリペ号事件で、26聖人が長崎で殉教 |
| 1603 江戸時代 | **1613年** | **家康、全国に禁教令を出す** |
| | 1614年 | 高山右近らキリシタン多数を国外追放する |
| | **1622年** | **55名のキリシタンを長崎で処刑＝元和の大殉教** |
| | **1637年** | **キリシタン天草四郎を首領とする島原の乱（島原・天草一揆）おこる** |
| | 1640年 | 幕府、宗門改役を設置し、隠れキリシタンを取り締まる |
| | 1865年 | 浦上村の信徒（隠れキリシタン）、宣教師プティジャンに信仰を告白する |
| 1868 明治時代 | **1873年** | **明治政府、キリスト教を黙認** |

**歴史メモ** 幕府はキリシタンに対し、逆さ磔にして耳に傷をつけ、失血死にいたるようにして、長時間改宗を迫るという残酷な拷問を行なった。

# 関ヶ原合戦の勝敗は「運」のみで決まった!?

**家康が仕掛けた「賭け」に、たまたまうまく乗ってきた武将のおかげで、なんとか戦いに勝つことができた。**

## ◉秀吉が没して天下取りのチャンスが

気が長いことで有名な徳川家康だが、豊臣秀吉が死んだとき、すでに60歳近い老人。ゆえに焦燥を覚え、すぐにでも天下を掌握したいと考えた。

豊臣政権内では、数年前から武断派と文治派が抗争していた。家康は、この2派の大戦争を勃発させ、一気に覇権を握ろうと、武断派大名の懐柔をはじめた。ちょうどそんなおり、文治派の上杉景勝《かげかつ》が無断で領国（会津）へ帰った。家康は、景勝を豊臣政権に服さない逆賊だと難癖をつけ、豊臣秀頼の命令だとして諸将を引き連れ会津征伐へ向かった。そして下野国小山まで来たとき、文治派の中心石田三成が、家康打倒の兵をあげたことを知る。ここまでは家康の筋書きどおりだった。

が、予想外だったのは敵が10万の大兵だったことだ。それに、いま行動を共にしている大名たちが、自分に加担するとは限らない。実際、だれも徳川に味方すると言い出さない。家康は焦った。

## ◉福島正則と小早川秀秋が歴史を変えた！

そんなとき、俺は家康殿につくと叫んだ武将がいた。福島正則《まさのり》（武断派）である。彼は三成と犬猿の仲で、その憎悪の感情が正則をして、そう叫ばせたのだ。が、この一言が歴史の流れを変えた。このあと、全大名が徳川への加担を表明、大坂へ向けて進発したからである。

徳川に味方した諸将は、よく奮戦した。けれども家康は、三成の挙兵を知ってから40日間、江戸を離れようとしなかった。恐れをなしたわけではない。情勢をうかがいつつ、手紙を書いていたのだ。

味方と絆を深め、敵将の投降や裏切りを誘うため、82名の大名にあて180通以上の書簡をしたためた。猛烈な書簡作戦である。のちにこれが功を奏し、東軍（家康

### 天下分け目の関ヶ原合戦

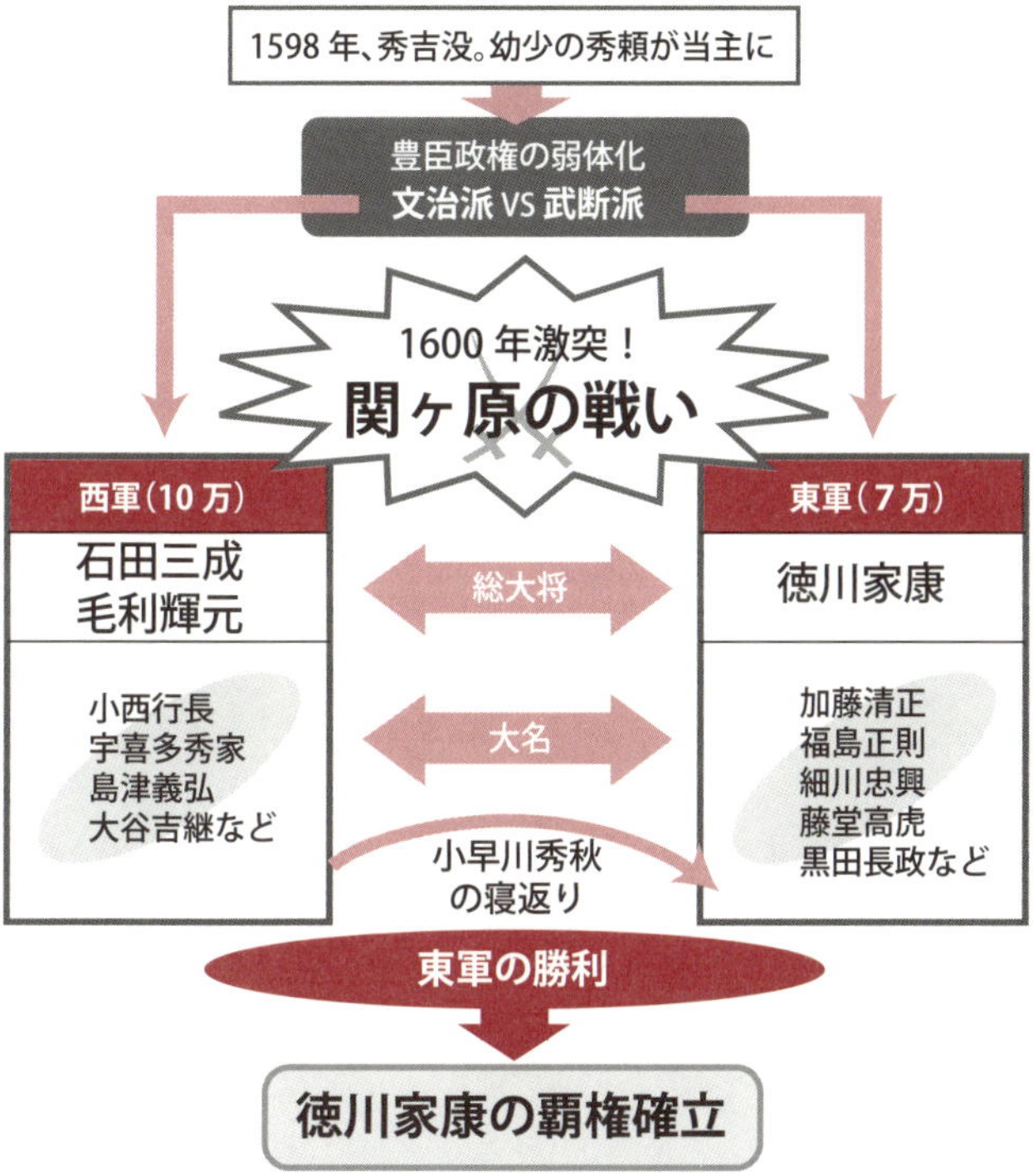
1598年、秀吉没。幼少の秀頼が当主に
豊臣政権の弱体化
文治派VS武断派
1600年激突！
関ヶ原の戦い
西軍（10万）
石田三成
毛利輝元
小西行長
宇喜多秀家
島津義弘
大谷吉継など
総大将
大名
小早川秀秋の寝返り
東軍（7万）
徳川家康
加藤清正
福島正則
細川忠興
藤堂高虎
黒田長政など
東軍の勝利
徳川家康の覇権確立

側）は結束し、西軍（三成側）には裏切り者が続出、家康の勝利を決定づけた。

けれども関ヶ原合戦の当初、西軍がよく奮闘したので、東軍に寝返りを約束した武将らは去就に迷い、戦いを静観してしまっていた。このとき家康は賭けに出た。内通を約束していながら躊躇して動かない小早川秀秋《こばやかわひであき》の軍勢に、鉄砲を打ちかけたのである。もしこのとき、小早川軍が反撃してきたら、東軍は負けたかも知れない。しかし、秀秋は我に返ったように、味方の西軍を攻め立てはじめ、形勢はにわかに逆転、戦いは東軍の勝利に帰した。

このように関ヶ原の勝敗は、最後の最後までわからなかったのである。ちなみに三成は、戦いの敗因を単に運が悪かっただけだといったが、確かにそのとおりかもしれない。

**歴史メモ** 家康を勝利させるきっかけをつくった福島正則はその後、勝手に城を修築したという難癖をつけられ、改易処分にされた。

# 家康は将軍になれないはずだった!?

**1590年、小田原征伐ののち、家康は江戸に入る。1603年、征夷大将軍になった家康は幕府を開くが…。**

## ◉家康は将軍になれないはずだった

1603年、徳川家康は朝廷から征夷大将軍に任命された。だが実は、家康は本来なら征夷大将軍になれない人間であった。なぜなら、戦国期には、将軍は源姓の者しか就けないという慣例ができていたからだ。ゆえに源姓でない豊臣秀吉は、室町幕府15代将軍足利義昭の養子に入り、将軍たらんことを切望したが拒否され、朝廷の最高職たる関白として国家を統べる方法を選択したのだった。

## ◉家康は藤原氏だった!

対して、徳川（松平）氏は源姓の家系だからスムーズに将軍になれたのだ、と考える人もいる。しかし、それは誤解だ。

家康は1602年まで藤原氏を名乗っており、将軍就任を意識して、この年、源氏に復姓したのだ。復姓とは妙な言葉だが、家康の言い分によれば「もともと徳川は源氏だったが、いつのころからか藤原氏を名乗るようになった」のだそうだ。だから、元の姓に戻るのだと主張する。

このとき家康は、証拠の家系図を朝廷に提出したが、それは偽系図である可能性が高い。つまり、家康の将軍就任はルール違反だったことになる。

## ◉権力の集中を防ぐ江戸幕府の統治システム

さて、そんな経緯で誕生した幕府だが、その統治組織、すなわち職制は、家康・秀忠・家光の3代にわたって少しずつ整備されていった。このシステムは家康がまだ三河国の土豪であったころの組織を拡大・整備したもので、俗に「庄屋《しょうや》仕立」と呼ぶ。

絶対者としての将軍を頂点に置き、通常政務は「老《ろう》中《じゅう》」が総覧し、それを「若年寄《わかどしより》」が補佐する形態をとる。

## 江戸幕府の職制

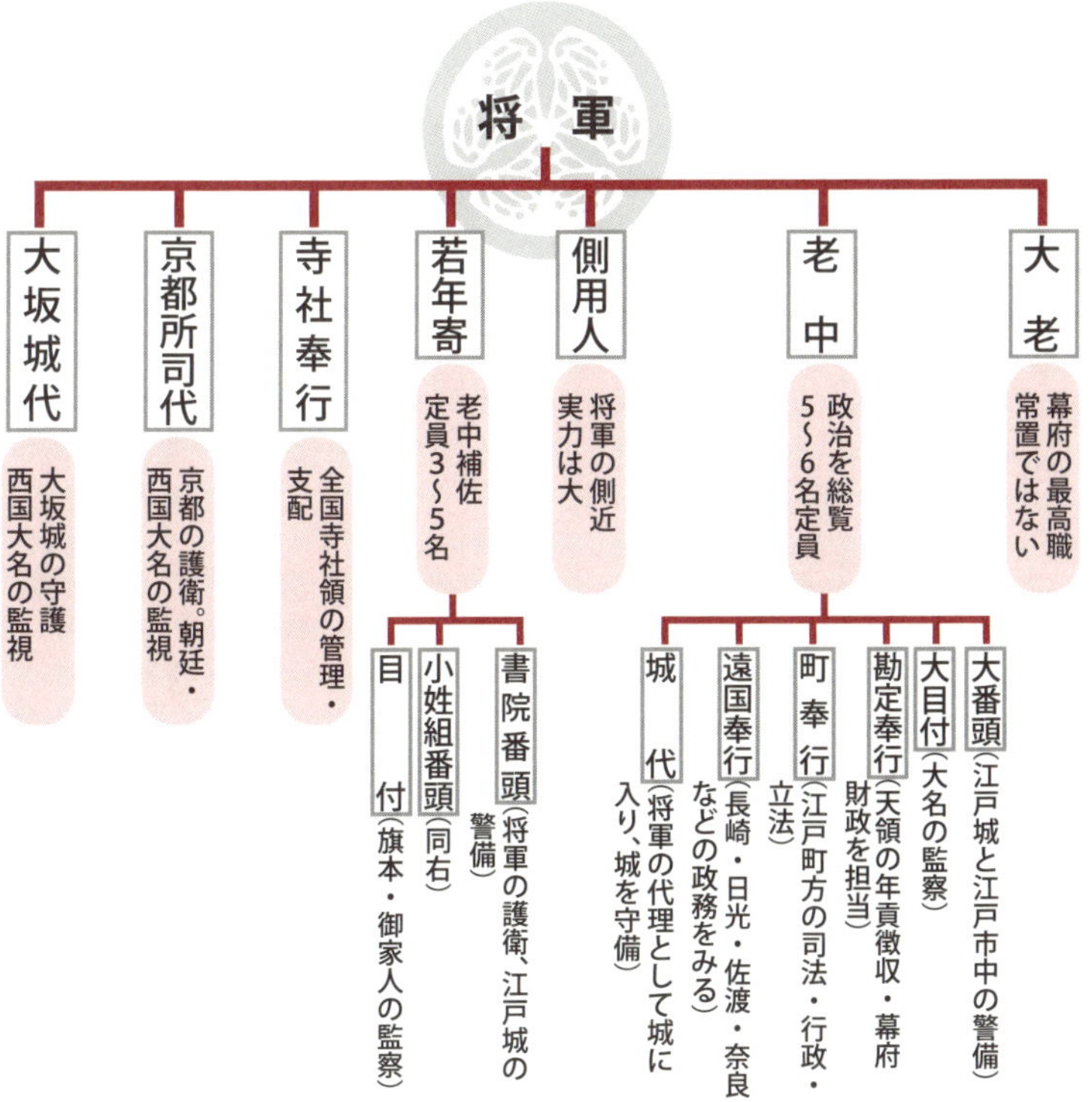
将軍
大老
幕府の最高職
常置ではない
老中
政治を総覧
5～6名定員
側用人
将軍の側近
実力は大
若年寄
老中補佐
定員3～5名
寺社奉行
全国寺社領の管理・支配
京都所司代
京都の護衛。朝廷・西国大名の監視
大坂城代
大坂城の守護
西国大名の監視
大番頭（江戸城と江戸市中の警備）
大目付（大名の監察）
勘定奉行（天領の年貢徴収・幕府財政を担当）
町奉行（江戸町方の司法・行政・立法）
遠国奉行（長崎・日光・佐渡・奈良などの政務をみる）
城代（将軍の代理として城に入り、城を守備）
書院番頭（将軍の護衛、江戸城の警備）
小姓組番頭（同右）
目付（旗本・御家人の監察）

老中の上位には国家の最高職として「大老《たいろう》」があるが、これは常置ではない。

さらに特徴をいうと、役職はすべて複数の月番制を採用し、政策は合議によって決定された。権力の集中を防止し、独裁が容易に行なわれないようにとの配慮からである。そのほか、監察機関が充実していること、軍事的職制の色彩の強いことがあげられる。

なお、役職ポストについては、老中・若年寄など将軍直属の職は譜代《ふだい》大名（徳川家の家臣だった大名）から、大番頭《おおばんがしら》・町奉行・大目付《おおめつけ》など老中支配下の職は旗本から任命された。親藩（将軍家の親戚大名）や外様《とざま》大名（関ヶ原の戦い以後、徳川家に臣従した大名）は、幕政に参画できないシステムになっていた。

**歴史メモ** 寺社奉行、江戸町奉行、勘定奉行は三奉行と呼ばれ、幕府の評定所（最高裁判所）のメンバーでもあった。

# 大坂夏の陣で家康は自殺しようとしていた

**冬の陣、夏の陣と二度の攻めで大坂城を落とすが、家康も危ないところまで追い込まれていた。**

## ◉いいがかりをつけてはじめられた大坂冬の陣

徳川家康が、豊臣家を滅ぼそうと決意したのは、1611年、二条城で19歳の豊臣秀頼に対面したときだといわれている。聡明な青年に成長した秀頼を目にし、徳川家の将来に危機感を覚えたのだという。このとき家康は70歳、老い先短い人間にとっては自然な感情であろう。

1614年7月、豊臣家が再建している方広寺の梵鐘銘に、自分を呪う文字があると、家康は大坂城の秀頼に難癖をつけ「生母淀《よど》殿を人質として差し出すか、大坂城を明け渡せ」と迫った。これに憤激した豊臣方は、数万の浪人を召し抱え、大量の兵糧を城内へ運び込んで、抵抗する姿勢を鮮明にした。ここにおいて家康は、同年11月、大坂城を包囲。大坂冬の陣の幕が切って落とされた。

しかし翌月、豊臣方が城の堀を埋めることを条件に、講和条約が締結される。だがそれは、徳川方の見せかけの和睦で、翌年4月、またも家康は秀頼に対し「国替え、あるいは城内の浪人たちを追放せよ」と迫ったのである。

## ◉実は家康も危なかった大坂夏の陣

5月、豊臣家は徹底抗戦を決意、大坂城周辺で徳川方武将と激しい戦闘を行なった。世にいう大坂夏の陣である。豊臣方の武将は、すでに勝ち目のない戦であることを自覚していた。つまり、残っている者は、死を決意した人間たちであった。死兵は強い。とくに真田幸村《ゆきむら》隊1万の勇猛さは、群を抜いていた。

その幸村が、最終決戦において討ち死に覚悟で、家康の本陣を目指して突撃を敢行する。家康はまさか本陣まで到達するとは思わず、たかをくくっていたが、真田軍は大木に錐で穴を開けるように深進し、ついに徳川本隊へとなだれ込んだ。

真田隊のために、徳川本陣はたちまち蹂躙され、馬印

## 豊臣家滅亡にいたる流れ

|  |  |  |
|---|---|---|
| 1598年 | | 秀吉病死。幼少の秀頼が家督相続 |
| 1600年 | | 関ヶ原の戦いで、家康の覇権確立 |
| 1603年 | | 家康、江戸に幕府を開く |
| | | 秀頼、家康の孫娘・千姫と結婚 |
| 1611年 | | 秀頼、二条城で家康と会見 |
| | | 成人した秀頼を見て、家康、豊臣征伐を決意 |
| 1614年 | 7月 | **家康、方広寺の鐘銘について豊臣家へ抗議（方広寺鐘銘事件）** |
| | 10月 | **秀頼、諸国に兵をつのり、兵糧を大坂城へ搬入** |
| | 11月 | **豊臣方と徳川方激突（大坂冬の陣）** |
| | 12月 | **講和条約締結** |
| 1615年 | 1月 | **徳川方、大坂城の濠を埋める** |
| | 4月 | **再び武力衝突（大坂夏の陣）** |
| | 5月 | **大坂城落城** |
| | | **秀頼、淀殿母子自害** |
| | | **豊臣家滅亡** |

も踏み倒された。旗本たちは混乱のなか、家康を残してみな逃げ散った。家康のもとにとどまったのは、小栗久次《おぐりひさつぐ》ただ1人というあり様だった。このとき家康は、

「もうだめだ。俺は腹を切る！」

と二度まで絶望して叫んだと伝えられる。

幸運なことに、家康の危機を知った諸将の後援により、幸村はついに討たれ、家康は命を長らえた。その翌日、大坂城は落ち、秀頼母子は自害した。こうして家康は、なんとか豊臣家を滅ぼすことができたのである。

**歴史メモ** 大坂夏の陣で家康は死んでしまったとの説がある。実際、周辺に家康の墓と称するものがあり、以降の家康は影武者だったという。

COLUMN

## 織田信長が人妻に出した手紙!?

あの信長が人妻に出した手紙が残っている。相手は、羽柴藤吉郎（のちの豊臣秀吉）の正妻・おねである。内容は、数日前に土産物をたずさえて安土城の自分のもとを訪れた彼女に対する謝辞が中心だが、それに加えて次のような言葉があった。

「おねよ。あなたは美しくなった。以前に会った時より倍も素敵になった。なのに藤吉郎があなたに不足を申すのはまったくけしからぬ。あなたほどの女性は、どこを探してもいまい。あの剥げ鼠（藤吉郎）の分際では、二度と求めることなどできないはず。だからあなたも、もっと奥方らしく寛大にかまえ、軽々しくやきもちなど焼いてはいけない。また、女として夫をもてなす心を忘れないでほしい。この手紙は藤吉郎にも見せなさい」

信長との面会のおり、どうやらおねは夫の藤吉郎がいかに女性にだらしないかをさんざん愚痴ったようだ。信長は、謝礼の手紙にことよせて、夫婦の不仲をとりもとうとしたのだ。

手紙には、おねに対するいたわりの気持ち、優しさが感じられ、巧みに女性の自尊心をくすぐり暗にいさめる手法など、絶妙といってよい。ただ、女性を言葉巧みに励ます信長、なんだかイメージにそぐわないのだが…。

COLUMN

## 戦国時代にはやった公衆便所づくり

「すぐ近くには公衆便所がいくつもあって、その悪臭はたまったものではなく、説教を聴きにそこへ来た人たちは、ほとんど我慢できなかった」（『日本史』）

これは、戦国時代に来日したキリスト教宣教師ルイス・フロイスの言葉だが、この時代に公衆便所が存在したというのは興味深い。もちろん公衆便所とは、人々の排便のために開放された施設で、当時は往来の激しい民家や店だなに設置された。なかには１人でいくつもの便所を備える者もいたという。なぜ、便所づくりがそんなに流行したのだろう。

「欧州人は、糞尿を汲み取り、便所を掃除してくれる人に金を払う。ところが日本では、汲み取り人が糞尿を買い、米と金を払っている」（『日欧文化比較』）

そうフロイスが語るように、糞尿は銭になった。田畑の肥料に農民が購入するからだ。戦国時代に入ると、全国の戦国大名が積極的に山野を農民に開墾させたので、山野が田畑に変わり草肥が減少した。これが甚大な肥料不足をもたらしたのである。

ちなみに、裕福な者の糞尿のほうが貧乏人の糞尿より高く購入された。食べているものがいいので、肥料としての効き目が高いのだという。

# 幕府の力を維持する絶妙の統治方法

**江戸幕府の政策は、大名の軍事力、経済力を減じさせ、民衆の生活にまで口を出す徹底ぶりだった。**

## ◉気に入らない者は遠くに

大名を押さえ込み、農民がきちんと年貢を納めている限りは、幕府の支配は永続する。ゆえに幕府は、両者に対して厳しい統制政策を行なった。

まず、関ヶ原合戦以後に臣従した大名（外様《とざま》大名）の大半を辺境の地へ配置転換し、その領国周辺には天領（幕府直轄地）や譜代《ふだい》大名（徳川家の家臣大名）を置いて監視体制を敷いた。一方、江戸や大坂など要所周辺には、親藩《しんぱん》（徳川家の親戚）や譜代大名を置いて守備を固めた。

また、「一国一城令」を出し、本城を除いたすべての城郭を破却させ、大名の軍事力を弱めておいて、「武家諸法度」（大名統制ための基本法）に違反した諸侯を、次々と改易《かいえき》（取りつぶし）したり、減封といった厳罰に処していった。

ちなみに、世継ぎがなくて断絶した大名家を含めると、家康から3代家光の時代まで、なんと120家以上が改易されている。

さらに、大名の経済力を削減するために「参勤交代」（大名が領国と江戸を1年交代で往復する制度）や「普

**農民の統制**
（本百姓を維持し、年貢を確保する）

1 田畑永代売買の禁（1643）
農民の土地売買を禁じた

2 分地制限令（1673）
田畑の分割相続を制限し、本百姓の零細化を防いだ

3 五人組制度
近隣の連帯責任制度をもうけ、年貢未納や犯罪を防止

## 江戸幕府の２大統制策

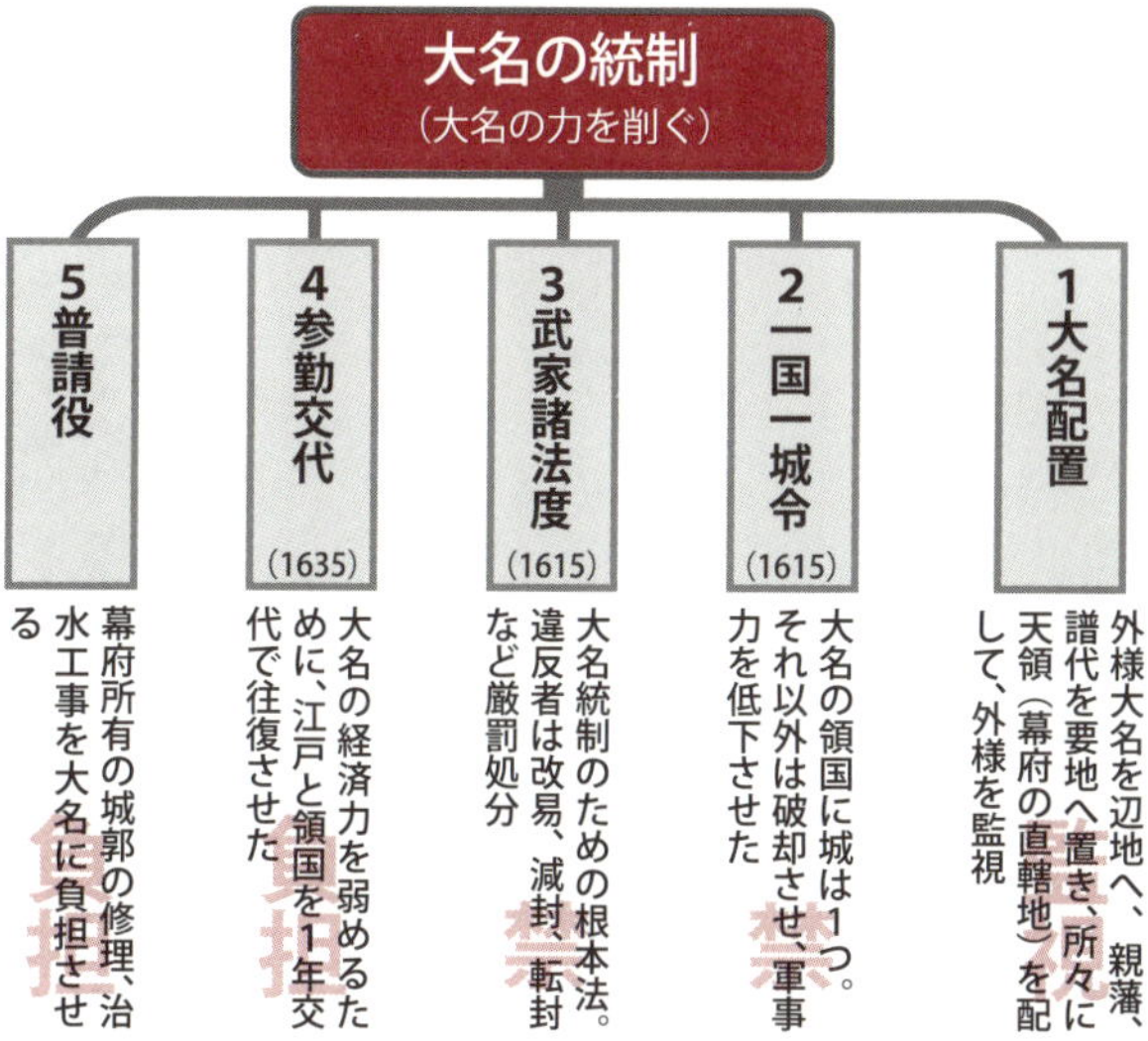
大名の統制
（大名の力を削ぐ）
1 大名配置
外様大名を辺地へ、親藩、譜代を要地へ置き、所々に天領（幕府の直轄地）を配して、外様を監視
監視
2 一国一城令
（1615）
大名の領国に城は1つ。それ以外は破却させ、軍事力を低下させた
禁
3 武家諸法度
（1615）
大名統制のための根本法。違反者は改易、減封、転封など厳罰処分
禁
4 参勤交代
（1635）
大名の経済力を弱めるために、江戸と領国を1年交代で往復させた
負担
5 普請役
幕府所有の城郭の修理、治水工事を大名に負担させる
負担

請役」（公的施設の修築や治水工事への経済的負担）を義務づけた。このような諸政策により、幕府は大名の牙を抜き取ったのである。

### ◉年貢を確実に取り立てるシステム

一方、幕府の財政は、本百姓の年貢によって運営されているから、彼らが確実に年貢を納入するシステムを構築する必要があった。

そこで、「田畑永代売買の禁」や「分地制限令」を発布して、田畑の売買・分割を禁止・制限し、農地が細分化され農民が貧窮化することを防止した。

同時に幕府は、法令によって農民の生活の細部まで口をはさみ、彼らが贅沢な生活におちいって堕落するのを防ごうとした。連帯責任制度たる「五人組」もやはり、年貢の確保がその主たる目的であった。なお、税としては年貢のほかに、農業以外の副業にかかる小物成、さらには国役、伝馬役などがあった。

こうした大名と農民への統制政策のおかげで、江戸幕府は260年以上も存続することができたのである。



江戸時代の人口は約3000万人といわれ、現在の約4分の1である。ただし農民は全体の90パーセント近くを占め、いまの4倍近くになる。

1639〜1853年◆鎖国の歴史

# 鎖国になっていない鎖国制度の不思議

**有名な日本の鎖国制度だが、完全な断絶ではない。なぜ、日本はこのような政策をとるようになったのか。**

## ◉完全に海外から閉ざされていたわけではない

そもそも「鎖国」という言葉がよくない。この制度が完成する3代将軍家光の時代には、鎖国という言葉は存在しなかった。はじめてその文字が現れるのは1801年のことで、志筑忠雄《しづきただお》がケンペルの『日本誌』を翻訳する際、用いたのが最初だった。

この言葉のせいで、日本は一切外国と交際せず、国を閉ざしていたと思ってしまう。だが、それはまったくの誤解で、江戸幕府は盛んに国際交流をはかり、貿易を行なっている。オランダ、中国、朝鮮、琉球がそれである。

とくに日本が輸出した銅は、中国やヨーロッパ経済にまで影響を与え、日本の銅銭（寛永通宝）は東南アジア諸国で貨幣としても流通した。バリ島などでは、昭和初期まで使用していたという。このように、日本は国際社会や世界経済と切り離されていなかったのである。

また、貿易により国内にも多くの舶来品が輸入された。たとえば江戸の豪商は、外国製の香水をつけ、サンゴのかんざしを差し、グラスにワインを注いで飲んでいたと伝えられる。

8代将軍吉宗の時代には、さらに輸入制限が緩和され、漢訳されたヨーロッパの書籍からペルシャ馬、ベトナム象などの珍奇な動物まで持ち込まれている。

## ◉鎖国はオランダ商人の陰謀？

もちろん、日本人の海外渡航は禁止され、交際する国も特定されていたのは事実であった。なにゆえ幕府は、このような政策をとるにいたったのだろうか――。

「実はそれは、オランダの陰謀だった」

そう考える学者もある。

日本をはじめて訪れたヨーロッパ人は、ポルトガルとイスパニア（スペイン）であった。彼らは貿易とキリス

## 鎖国までの流れ

1624年　・イスパニア（スペイン）船来航禁止
1633年　・奉書船以外の日本人海外渡航禁止（第１回鎖国令）
1634年　・日本人の海外往来と通商を制限（第２回鎖国令）
1635年　・日本人の海外渡航禁止と日本人の帰国禁止（第３回鎖国令）
1637年　島原の乱
1639年　・ポルトガル船の来航禁止（最後の鎖国令）
1641年　・オランダ人を長崎の「出島」へ移す

鎖　国

1853年　・ペリー来航により開国

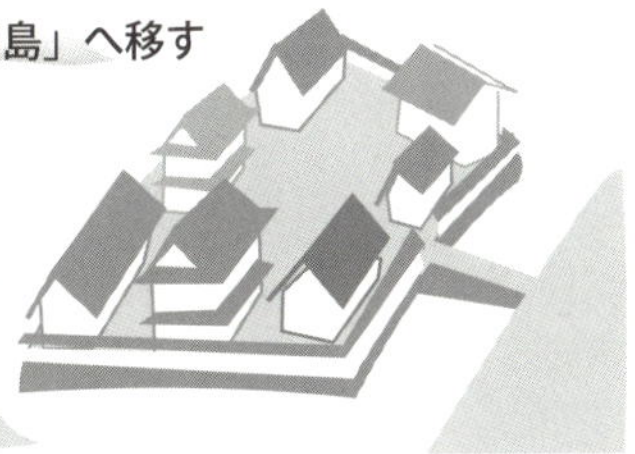

ト教の布教を一体のものだと考えた。それゆえ幕府は、貿易の利益を捨て切れずに、ある程度布教を黙認してきた。ところが、後から来日したオランダ人は、布教許可を求めなかっただけでなく、キリスト教の恐ろしさを幕閣に吹き込み、恐怖をあおったのである。イスパニアやポルトガルを排除して貿易を独占しようとしたのだ。

作戦は見事に成功、１６２４年、イスパニア船は来日できなくなり、日本人の海外渡航や豪商・諸大名の海外貿易も禁止された。１６３７年の島原の乱のときには、

「農民たちがあれほどの抵抗を見せたのは、裏でポルトガルが援助したからだ。ポルトガルは、日本を植民地にしようとしている」

と、オランダ人はまことしやかに幕府首脳部に語り、危機感をあおった。そのために幕府は、１６３９年にポルトガル船の来航を禁止し、以後、オランダはヨーロッパ諸国のなかでは、唯一の日本の貿易相手国として、多大な利益を収めるにいたるのである。この独占状態は、１８５３年のペリー来航までの約２１５年間も続いた。



歴史メモ　将軍吉宗の時代に来日した象は、徒歩で長崎から江戸へ向かう道程で庶民の人気者となり、江戸到着後は浜御殿（現浜離宮庭園）で13年間飼育された。

# 江戸時代、文化の担い手は武士から町人へ

**江戸の文化は保守的（武士）→現実主義（豪商）→享楽的（庶民）へと移り変わってゆく。**

## ◉絢爛豪華で明るい信長・秀吉の文化

戦国時代後期の文化を、安土《あづち》・桃山文化という。その名称は、織田信長が居城とした安土城と、豊臣秀吉が晩年にすごした京都桃山の地に由来する。

この文化の最大の特徴は、作品群の絢爛豪華さにある。文化の担い手は戦国大名と豪商であったが、天下を平定した豊臣秀吉の陽性の気質が、安土・桃山文化に大きな影響を与えているのは確かだろう。

安土・桃山時代

16世紀後半

| | |
|---|---|
| 文化 | 安土・桃山文化 |
| 担い手 | 大名・豪商 |
| どんな文化？ | 南蛮文化の影響。豪華、壮大、現実的 |

また、この時代、ヨーロッパ人が日本に来航したため、彼らの文化（南蛮文化）も色濃く反映されている。さらに、茶の湯の爆発的流行が、陶磁器や茶器の名作を生み、すぐれた茶室をつくった。

## ◉江戸時代の3文化

次の江戸時代の文化は、大きく寛永期の文化、元禄文化、化政文化の3つに分けられる。

寛永期の文化は、安土・桃山文化を基本的に継承してはいるが、幕藩体制の確立期にあたったことから、体制に順応した保守的な傾向が見られる。また、しばらく逼塞していた公家たちも、後水尾《ごみずのお》天皇の主導で再び文化の担い手として登場してくる。

作品としては建築物に目をみはるものがある。権現造《ごんげんづくり》の日光東照宮の細部彫刻や色彩は圧巻であり、書院造と茶室が融合した数寄屋造《すきやづくり》の建物、とくに桂離宮は優美で

## 戦国から江戸時代への文化

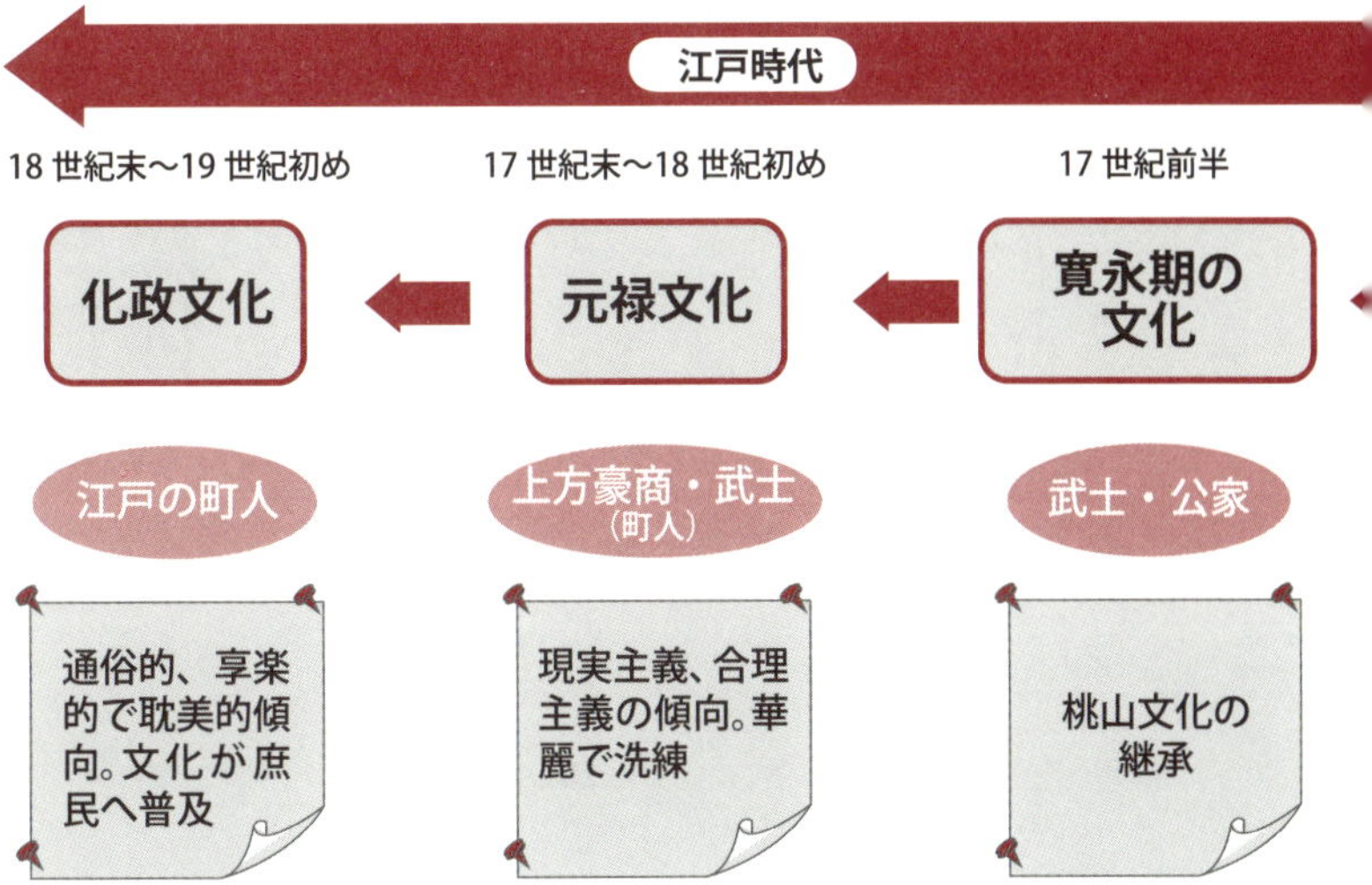
江戸時代
18 世紀末～19 世紀初め
17 世紀末～18 世紀初め
17 世紀前半
化政文化
元禄文化
寛永期の文化
江戸の町人
上方豪商・武士（町人）
武士・公家
通俗的、享楽的で耽美的傾向。文化が庶民へ普及
現実主義、合理主義の傾向。華麗で洗練
桃山文化の継承

ある。

17世紀末から18世紀初めにかけての文化が元禄文化である。「天下の台所」として栄えた大坂を中心に、豪商たちがつくりあげた文化であり、現実主義・合理主義が作品群を貫いているのが、その特徴といってよい。

代表的な作品として、絵画では尾形光琳《こうりん》の『紅白梅図屏風』、菱川師宣《ひしかわもろのぶ》の『見返り美人図』（浮世絵）が、文学では松尾芭蕉の『奥の細道』（俳諧）、井原西鶴の『好色一代男』（浮世草子）などがあげられる。

江戸時代最後の文化が、18世紀末から19世紀初頭に花開いた化政文化だ。化政の名は、文化・文政の元号から、それぞれ一字をとってつけられたものである。

元禄文化が上方中心だったのに対し、化政文化は江戸の町人たちが主役を演じた。

同文化は、当時の腐敗した政治状況を反映して、通俗的で享楽的な傾向が強く、退廃的でさえあった。画家としては喜多川歌麿《きたがわうたまろ》、東洲斎写楽《とうしゅうさいしゃらく》、葛飾北斎、歌川広重らが、作家としては十返舎一九、曲亭馬琴《ばきん》、与謝蕪村《よさぶそん》、小林一茶らが輩出、秀作を残している。



歴史メモ　芭蕉の旅に同行した弟子の河合曽良は、実は幕府の隠密で、諸藩の様子をさぐり、幕府へ伝達する密命を帯びていたという。

# 謎の浮世絵師 写楽の正体

**これまで、まったくわからなかった写楽の正体。いろいろな説があるが、最近うっすらと姿が浮かび上がってきた。**

## ◉わずか10か月間しか描いていない写楽

江戸時代には、町民文化が栄えただけあって、多くの絵画が生まれた。

なかでも代表的なのが浮世絵だろう。浮世絵は世界的評価も高く、ゴッホなど19世紀のヨーロッパの画家たちにも多大な影響を与えているほどだ。

菱川師宣《ひしかわもろのぶ》が元禄時代に創始した浮世絵は、鈴木春信によって色鮮やかな錦絵となり、その後もさまざまな画家たちによって工夫がなされてゆく。

こうした画家のなかに、天才といわれながら謎の多い浮世絵師・東洲斎写楽《とうしゅうさい》がいる。

東洲斎写楽は、浮世絵の全盛を築いた喜多川歌麿とほぼ同時代に、たった10か月だけ活躍し、１４０以上の作品を残して忽然と消えた。写楽の作品は歌麿と同じように江戸随一の版元・蔦《つた》屋《や》重三郎によって出されたが、その人物像はまったく謎に包まれている。

10か月の作品群は、期間によって4つに分類されるが、第1期の作品の質がずば抜けて高く、ほかの3期に見るべきものはほとんどない。

第1期の作品は、黒雲母擦《きららずり》による役者の大首絵《おおくびえ》で、すべて人物は戯画的にデフォルメされ、その役者の心理状態が透けて見えるような画期的な描写となっている。

だが、当時の人々は「あまり似ていない」とそのよさを理解することができず、人気画家とならぬまま、にわかに消息を絶った。

写楽の作品が評価されるのは、明治に入ってからのことである。しかも称賛したのは、クルトやフェノロサといった外国人であった。以後、日本でも評価が高まり、写楽研究が進んでゆく。けれど、どうしてもわからないのが写楽の正体である。

## 江戸時代の絵画の変遷

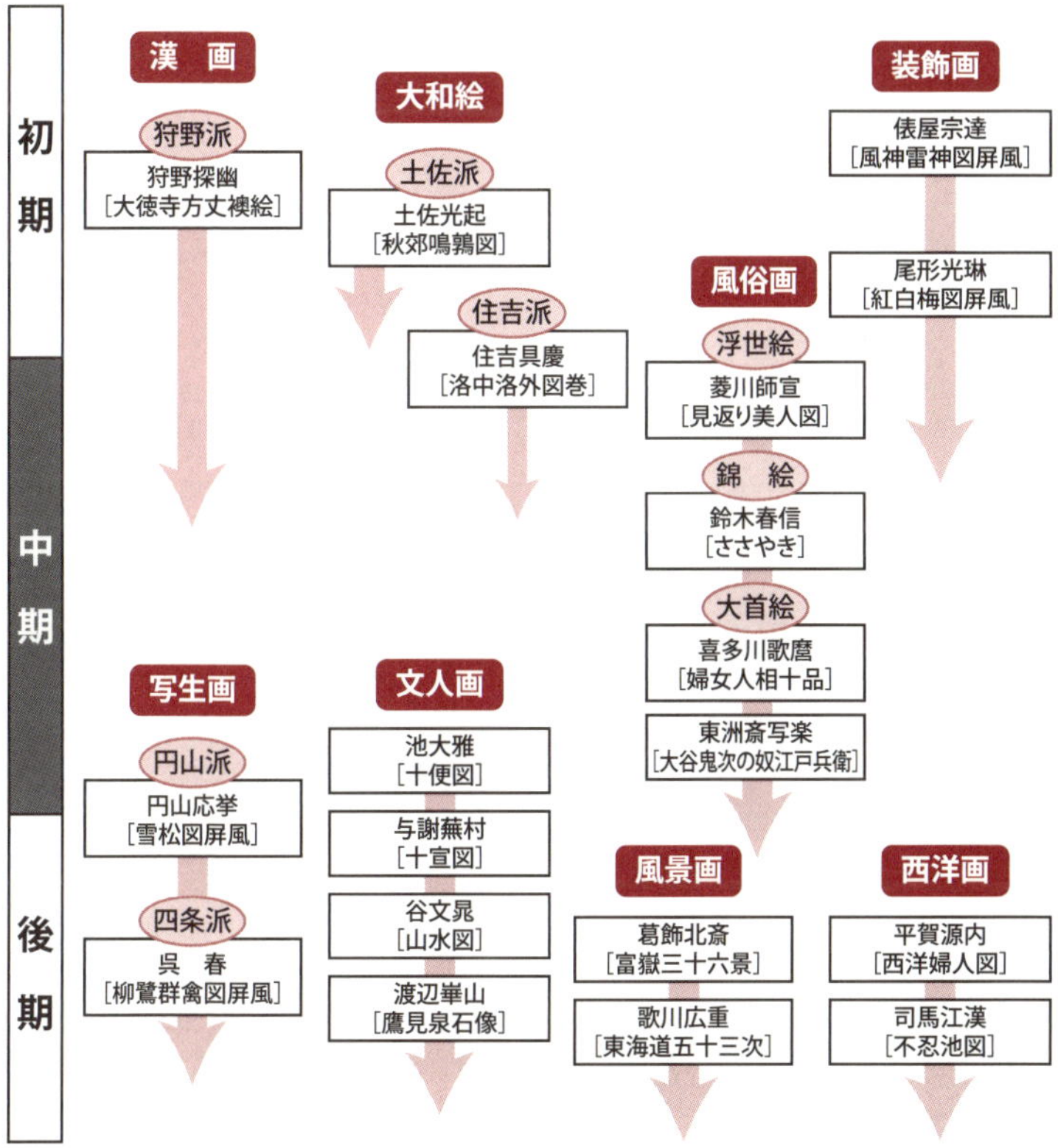
初期
中期
後期
漢画
狩野派
狩野探幽［大徳寺方丈襖絵］
大和絵
土佐派
土佐光起［秋郊鳴鶉図］
住吉派
住吉具慶［洛中洛外図巻］
装飾画
俵屋宗達［風神雷神図屛風］
尾形光琳［紅白梅図屛風］
風俗画
浮世絵
菱川師宣［見返り美人図］
錦絵
鈴木春信［ささやき］
大首絵
喜多川歌麿［婦女人相十品］
東洲斎写楽［大谷鬼次の奴江戸兵衛］
写生画
円山派
円山応挙［雪松図屛風］
四条派
呉春［柳鷺群禽図屛風］
文人画
池大雅［十便図］
与謝蕪村［十宜図］
谷文晁［山水図］
渡辺崋山［鷹見泉石像］
風景画
葛飾北斎［富嶽三十六景］
歌川広重［東海道五十三次］
西洋画
平賀源内［西洋婦人図］
司馬江漢［不忍池図］

### ◉能役者が写楽だったのか？

版元の蔦屋重三郎説、葛飾北斎説、司馬江漢《こうかん》説など、現在でもさまざまな説が語られているが、一番有力なのが阿波《あわ》藩のお抱えの能役者・斎藤十郎兵衛説だ。この説は、写楽の時代から半世紀後の時代考証家・斎藤月琴がとなえたものである。

ちなみに1997年6月、斎藤十郎兵衛の過去帳（寺院で亡くなった信徒の法名・俗名・死亡日を記録しておく帳簿）が埼玉県越谷市の法光寺で発見された。これにより、十郎兵衛が実在の人物であり、月琴が調査記録に残したように、江戸の八丁堀に住居を構えていたことが判明、ますます写楽＝十郎兵衛説が強まったといえる。



**歴史メモ** 晩年の喜多川歌麿の作品には駄作が多い。これは、大量注文に応じて作品を量産したかららしいが、別人であるという説も根強い。

# 人気作家も筆だけでは食えない!?

**江戸時代、多くの作家が誕生したが、彼らの生活は苦しかった。では、生き残るためにどうしたのか。**

## ◉兼業作家がほとんどだった

江戸時代の小説家たちは、いずれもきびしい生活を送っている。

たとえば、恋川春町《こいかわはるまち》は二足のわらじをはいた作家だった。本職は駿河小島藩の役人であったが、公務の合間をぬって『金々《きんきん》先生栄花夢《えいがのゆめ》』をはじめ次々とヒット作を世に送り出していった。しかし、藩内で留守居役、側用人と地位が上がるにつれ、時間がとれずに文筆活動が停滞してゆく。

しかも、当時は寛政の改革が行なわれた時期。風俗を乱す小説は厳しく弾劾されたので、春町は幕府に迎合する文章ばかり書くようになり、人気は凋落、当時ライバルであった朋誠堂喜三二《ほうせいどうきさんじ》との差は、開く一方になった。

春町にも意地がある。そこで、思い切って武士を揶揄する『鸚鵡返文武二道《おうむがえしぶんぶのふたみち》』を執筆した。庶民はこの作品に拍手喝さいを送ったが、春町は幕府から出頭を命ぜられ、藩への責任を感じた彼は、それから間もなく自殺してしまう。

江戸時代、ほとんどの作家は春町のように、原稿料だけで暮らしてゆけずに兼業だったのである。

## ◉はじめての専業作家誕生!

そんな日本で、はじめて原稿料だけで生活した作家が山東京伝《さんとうきょうでん》だったという。彼は洒落本《しゃれぼん》の作家として多くの作品を出したが、やはり春町同様、寛政の改革でおとがめを受け、手鎖50日の刑に処せられた。

手鎖の刑とは、執筆できぬよう手錠をはめられる刑である。文章が書けないというのは作家にとっては致命的だ。たとえば、『春色梅児誉美《しゅんしょくうめごよみ》』を著した人情本作家・為永春水《ためながしゅんすい》も、天保の改革で手鎖の刑を受けたが、そのショックは大きく、翌年、53歳の若さで亡くなっている。

## 江戸時代の小説の流れ

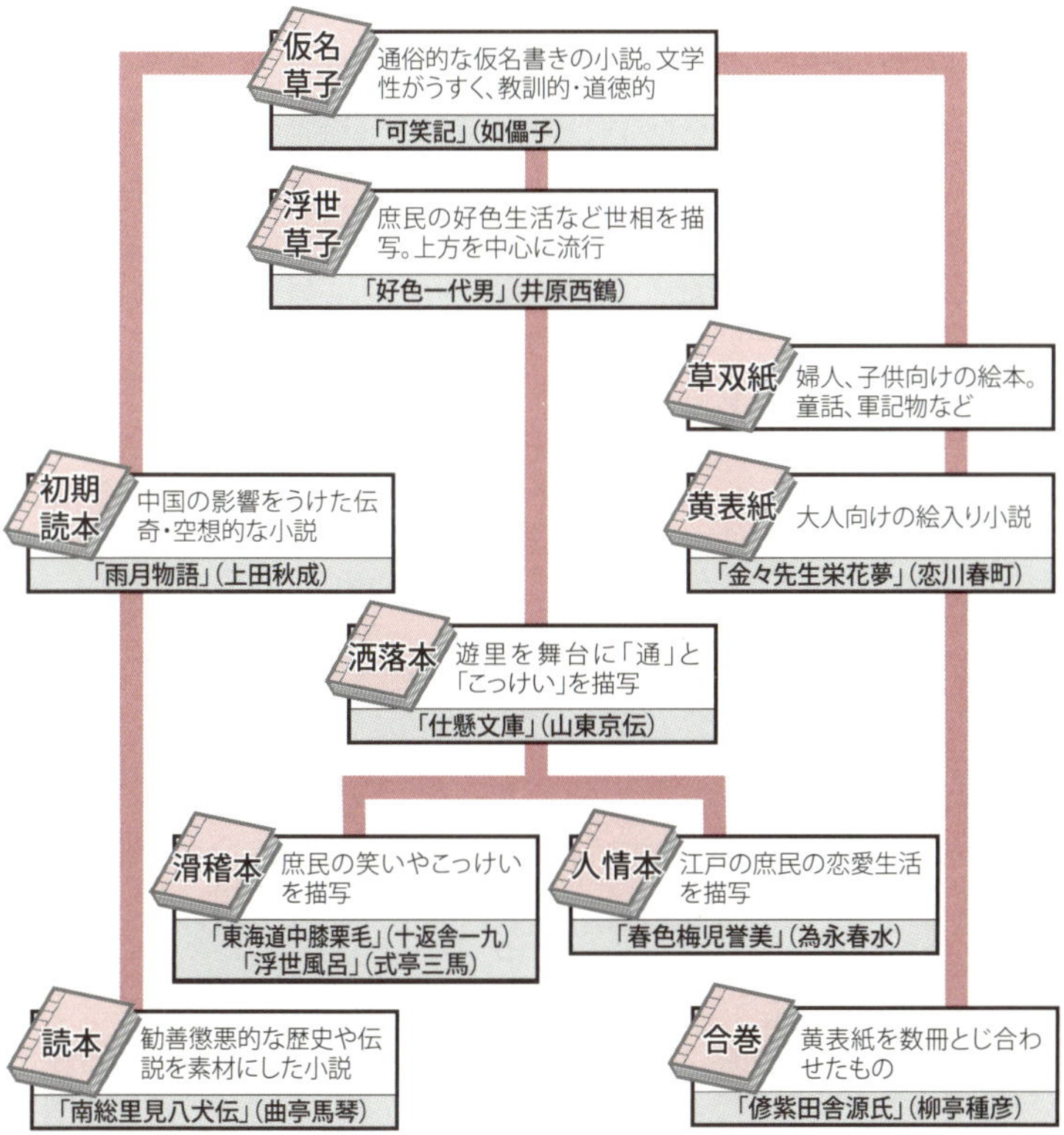
仮名草子
通俗的な仮名書きの小説。文学性がうすく、教訓的・道徳的
「可笑記」(如儡子)
浮世草子
庶民の好色生活など世相を描写。上方を中心に流行
「好色一代男」(井原西鶴)
草双紙
婦人、子供向けの絵本。童話、軍記物など
初期読本
中国の影響をうけた伝奇・空想的な小説
「雨月物語」(上田秋成)
黄表紙
大人向けの絵入り小説
「金々先生栄花夢」(恋川春町)
洒落本
遊里を舞台に「通」と「こっけい」を描写
「仕懸文庫」(山東京伝)
滑稽本
庶民の笑いやこっけいを描写
「東海道中膝栗毛」(十返舎一九)
「浮世風呂」(式亭三馬)
人情本
江戸の庶民の恋愛生活を描写
「春色梅児誉美」(為永春水)
読本
勧善懲悪的な歴史や伝説を素材にした小説
「南総里見八犬伝」(曲亭馬琴)
合巻
黄表紙を数冊とじ合わせたもの
「偐紫田舎源氏」(柳亭種彦)

曲亭馬琴も少ない専業作家の1人であるが、晩年は息子に先立たれて生活に不安を覚え、誕生会を開いたり貴重な蔵書を売ったりして、必死に金をつくり、孫のために御家人株を買っている。少ないとはいえ、武士になれば俸禄《ほうろく》という定期収入がある、それが魅力だったのだろう。

『南総里見八犬伝』を書いた大作家にして、こうである。それほど、江戸時代の小説家たちの地位はもろく、生活も不安定だったのだ。もちろん、よく考えると現代でも専業作家は百数十人程度だから、それほど当時と状況は変わっていないのかもしれない。



歴史メモ　『南総里見八犬伝』の執筆は曲亭馬琴のライフワークで、なんと完成まで28年かかり、原稿（400字）枚数は6400枚になった。

# 浮き沈みの激しい幕府の財政

**初期の武断政治から、中期以降は儒教による政治に変わっていく。なぜ、変わっていったのか？**

## ◉3代将軍までは強圧的な武断政治

家康から3代家光まで、幕府は強大な軍事力を背景に強圧的な政治を行なった。これを武断《ぶだん》政治とよび、大名・旗本を、ささいな理由で改易（領地没収）、減封（領地削減）、転封（領地替え）処分にした。このため、主家を失った牢人は40万人にものぼったと伝えられる。結果、牢人の不満は1651年の「由井正雪《ゆいしょうせつ》の乱」（幕府転覆計画）となって現れた。

## ◉4代将軍から儒教に基づいた文治政治に

4代将軍家綱の時代、幕府は、由井正雪の乱を教訓に、幕政を文治《ぶんち》政治へと転換する。文治政治とは、儒教の徳治主義に基づいて人々を教化し、社会の秩序を保とうとするものである。幕府は大名に対し、人質を廃止したり、末期《まつご》養子を認めるなどの緩和策をとった。

以後、幕府滅亡まで文治政治は続くが、なかでも有名なのが「正徳《しょうとく》の治」（新井白石の政治）である。白石は、6代家宣・7代家継の侍講であり、儒教に基づく政策を展開したが、実際には理想主義、形式主義に流れ、現実問題に適応できずに社会を混乱させる傾向があった。

## ◉幕府中興の祖・徳川吉宗

江戸中期になると、貨幣経済に巻き込まれ借金のために困窮する武士が増加、幕府財政も逼迫していった。この危機的状況にあって、8代将軍吉宗は有能な人材を多数登用して「享保の改革」を断行した。

大名の参勤交代を緩和する代償として米穀の上納を義務づけたり（上米《あげまい》の制）、農民の年貢負担を増やすとともに新田開発や殖産興業を奨励して、収入の増加につとめた。その結果、幕府財政は好転する。

また、旗本・御家人の貧窮対策として「相対済《あいたいすま》し令」が出された。「今後幕府は金銭貸借訴訟を受理しない。

当事者同士で解決せよ」という法令で、そのために武士の借金踏み倒しが横行、金融界は混乱に陥った。が、いずれにせよ、享保の改革により幕府財政は安定し、吉宗は幕府中興の祖とされ、その政治は後代の模範とされた。

## 江戸の政治史

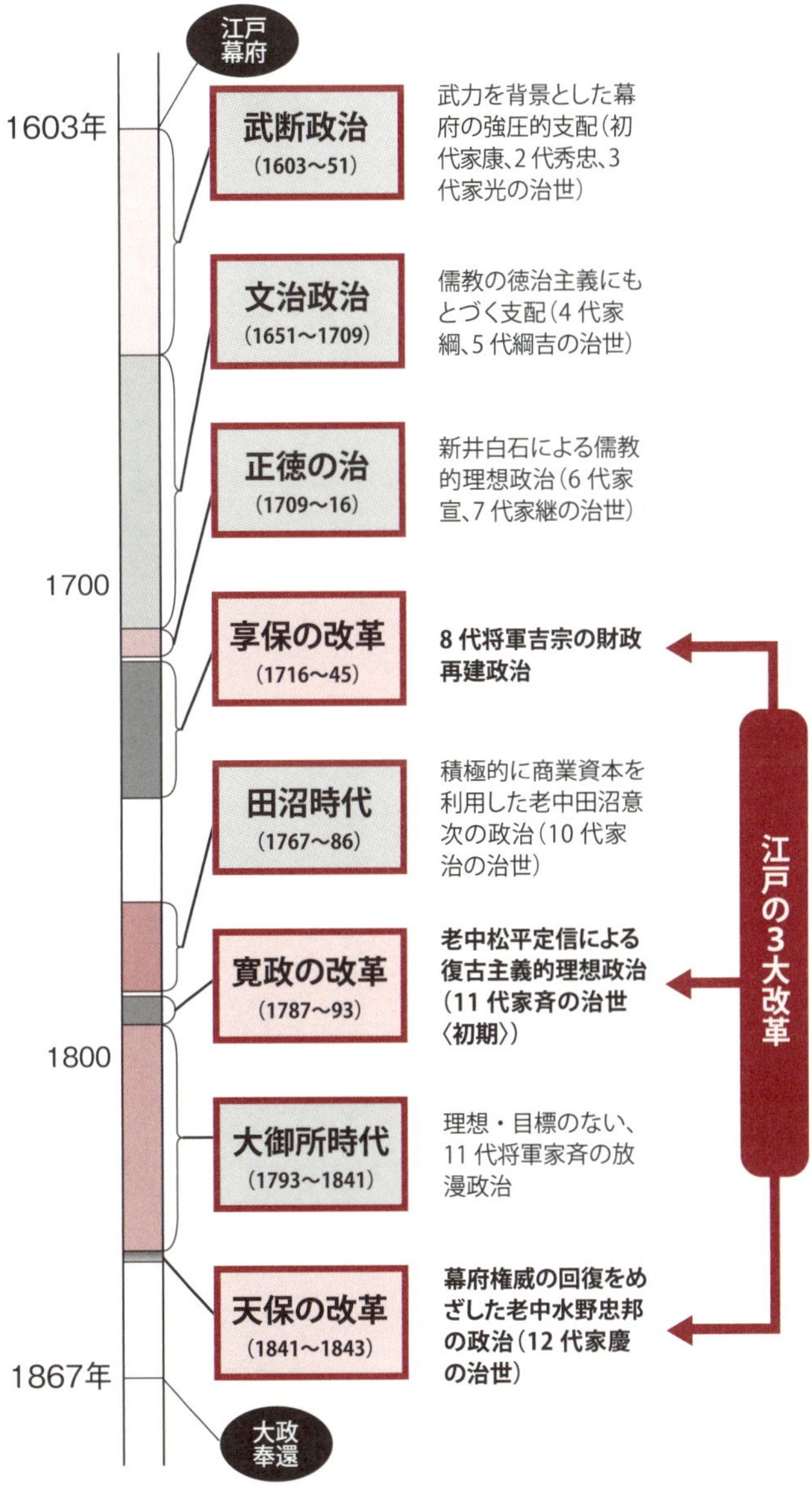

江戸幕府
1603年
1700
1800
1867年
武断政治
(1603～51)
武力を背景とした幕府の強圧的支配(初代家康、2代秀忠、3代家光の治世)
文治政治
(1651～1709)
儒教の徳治主義にもとづく支配(4代家綱、5代綱吉の治世)
正徳の治
(1709～16)
新井白石による儒教的理想政治(6代家宣、7代家継の治世)
享保の改革
(1716～45)
8代将軍吉宗の財政再建政治
田沼時代
(1767～86)
積極的に商業資本を利用した老中田沼意次の政治(10代家治の治世)
寛政の改革
(1787～93)
老中松平定信による復古主義的理想政治(11代家斉の治世〈初期〉)
大御所時代
(1793～1841)
理想・目標のない、11代将軍家斉の放漫政治
天保の改革
(1841～1843)
幕府権威の回復をめざした老中水野忠邦の政治(12代家慶の治世)
江戸の3大改革
大政奉還




**歴史メモ** 吉宗の倹約令を無視して放漫財政を続けた尾張藩主の徳川宗春は、死後も幕府から罪人として扱われ、墓の周囲に金網をかけられた。

# 貨幣経済に翻弄され3回の改革を行なう

**乱れはじめた世の中を引き締めようと、約50年ごとに3回の政治改革が行なわれた…。**

## ◉田沼意次の幕府の財政再建策

吉宗の後も貨幣経済の浸透にブレーキはかからなかった。この時勢にあって、逆転の発想をした人物がいる。10代家治の治世の老中田沼意次《たぬまおきつぐ》だ。商業資本を積極的に利用して幕府の財政を再建しようと考えたのである。

彼は、「座」（特権的な同業者組織）の新設と株仲間（商工業者の同業組合）の結成を公認し、莫大な冥加《みょうが》・運上金《うんじょうきん》（税金）を徴収したり、町人に新田開発を請け負わせたり、長崎貿易の制限を緩和して金銀を輸入することで収入の安定をはかった。

だが、この時代に天変地異が続発、凶作による生活苦から庶民の打ちこわしや一揆が増加し、賄賂《わいろ》政治の不評もからんで、田沼は失脚してしまった。

## ◉寛政の改革から放漫政治へ

11代将軍家斉《いえなり》の治世前半に政務を担当したのが、老中松平定信である。定信は、田沼時代に弛緩した世相の引きしめ、荒廃した農村の復興、幕府財政の再建を目標に政治改革を実行した。これを「寛政の改革」とよぶが、定信は8代将軍吉宗の孫にあたることもあり、政治理念を享保の改革においた。

農村対策として定信は、旧里帰農令を出して、都市へ出稼ぎにきた農民の帰村をうながし、囲い米（社倉・義倉の設置）制度による食料備蓄を命じて飢饉にそなえさせ、農村の再建をはかった。

また、倹約令《けんやくれい》を発して旗本・御家人の奢侈を禁止するとともに、棄捐令《きえんれい》を出して6年より以前の借金を帳消しにしてやり、貧困を救おうとした。

しかし、これらの諸政策は、単なる復古・反動政策に過ぎず、進展する貨幣経済に対応できてはいなかった。

定信が隠居した１７９３年から１８４１年までは、将軍家斉が親政（大御所《おおごしょ》時代）を行なった。家斉は、幕政を改善しようとする意欲をもたないまま放漫財政を行ない、台所が苦しくなると貨幣を改悪してその場をしのいだ。結果、大奥や将軍家の支出が膨張、賄賂政治が横行し、世相もこれを反映して綱紀はゆるみ、博徒《ばくと》や無頼者が街にあふれ、犯罪が多発した。農民一揆や打ちこわしも増加し、社会は動揺、庶民は疲弊した。

### 江戸政治史の明暗

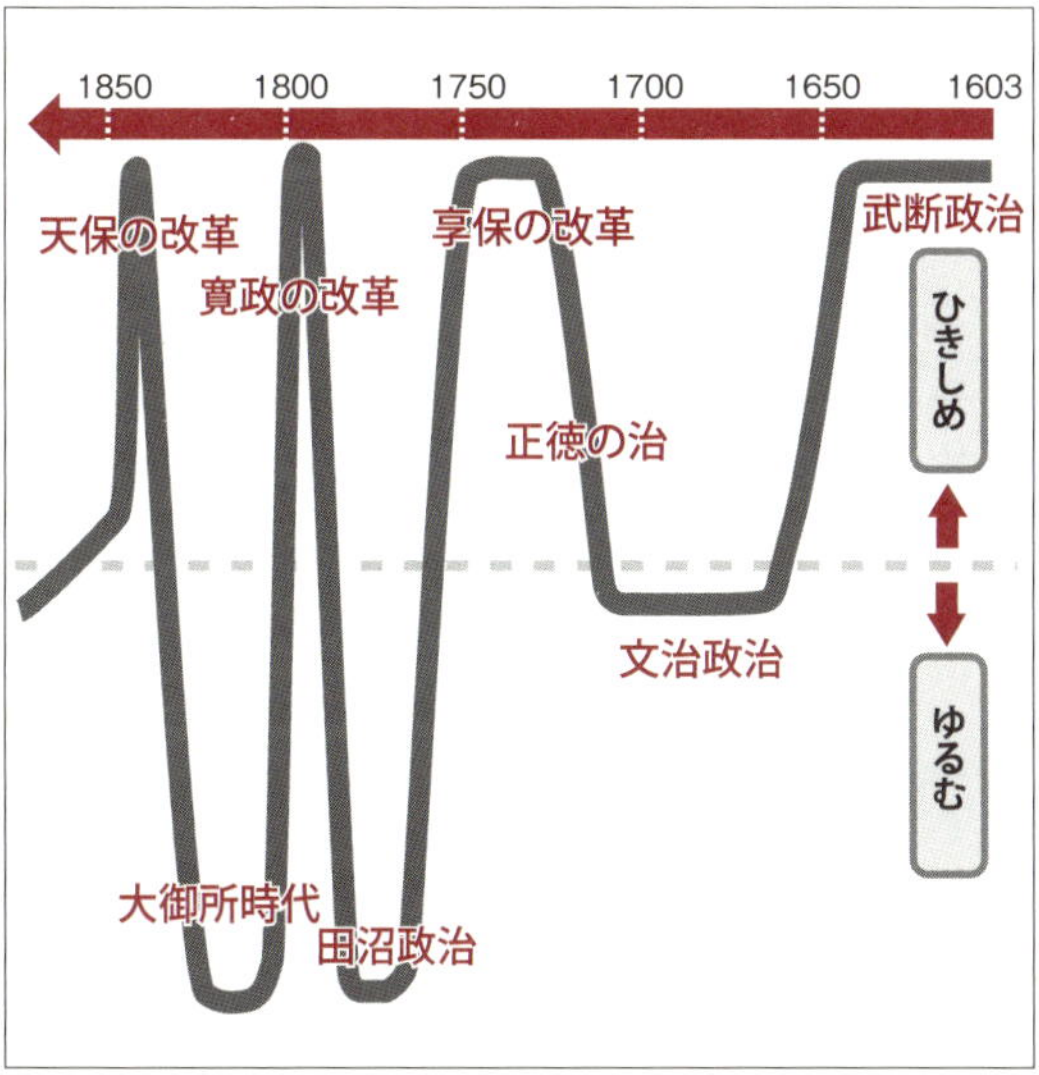
1603
1650
1700
1750
1800
1850
武断政治
ひきしめ
ゆるむ
正徳の治
享保の改革
文治政治
寛政の改革
田沼政治
天保の改革
大御所時代

## ◉さびしい世の中になった天保の改革

この状況を打開しようとしたのが、老中の水野忠邦であった。水野は12代家慶《いえよし》の治世初期（1841〜43）に「天保の改革」を断行する。

乱れきった風俗を正すため、厳しい倹約令を発し、華美な衣服や高級な料理、その他あらゆる贅沢品を禁止した。町にスパイを放って庶民の行動を監視させたともいわれ、町は火が消えたようになった。

さらに、株仲間を解散させたり、在郷商人を統制したりして商業経済の発展をおさえ、農村を復興しようと「人返し令」を出して農民を帰農させ、農本体制への回帰を強行した。

だが、このような無謀な復古政策が成功するはずがない。逆に、1843年に発した上知令（江戸・大坂十里地方を幕府直轄地とする法令）の反発を受けて、水野は失脚してしまった。農本主義を原則とする江戸の幕藩体制は、商業資本主義の進展のまえに、もはや膝を屈するほかない状況になっていたのである。



**歴史メモ** 田沼意次の屋敷は、賄賂を贈って成り上がろうとする大名の使者で溢れんばかりで、ひどいときには門外まで列をなしていたという。

COLUMN

# 3代将軍家光の実父は徳川家康 実母は春日局だった？

徳川家光は、2代将軍秀忠の嫡子だったが、秀忠が次子の忠長を偏愛し、廃嫡されそうになった。このとき、家光の乳母・春日局が駿府の家康に直訴したので、家光は三代将軍になれた、というのは有名なエピソードである（210ページ）。

家光はこれに感謝して春日局を大奥の取締役に任じ、従二位という高位を授け、しばしば政局の助言を求めたとされる。歴代将軍のなかでこれほど乳母が権力を有した例はない。そんなことから、

〈家光の母は春日局で、父親は家康である〉

とする珍説が生まれた。ちょっと信じがたいが、いくつか根拠を列記してみる。

『稲葉系図御家系典』に、春日局が将軍の子を宿したという記述が見える。『松のさかえ』という古文書には「竹千代君（家光）御腹　春日局」とある。それに、家光が家康を異常に尊崇し、自らを2代将軍だと称した。家光の生母とされる小督が、初姫を生んでから9か月後にもう家光を出産しているなど、疑わしいことは多い。

それに家康という男、異常なほどの後家好みで、春日局のようなバツイチの熟女は、最高のタイプだったはず。関係をもっても不思議ではない。それによく考えてみれば、そもそも春日局が後継者問題で、将軍秀忠を通り越して家康のもとに直接ねじこんでいること自体、非常に不思議な話ではないか。

COLUMN

## 火付盗賊改長谷川平蔵の意外な実像

「鬼平」こと長谷川平蔵は、実在の人物である。テレビドラマの平蔵は、悪を憎んで弱きを助け、ちょっとニヒルで女性に弱いヒーローだ。が、それはまったくの虚構といえる。

確かに史実の平蔵は、犯罪者の更生施設・人足寄場を江戸の石川島に設置したり、盗賊逮捕に辣腕をふるったが、その性格にはかなり問題があったようだ。平蔵の同僚森山源五郎は、

「長谷川、小賢しき性質にて、八年の間加役（火付盗賊改）勤めるうち、さまざまの計をめぐらしたり」（『蜑の焼藻』）

と痛罵しているし、平蔵を火付盗賊改に登用した老中の松平定信も、

「この人、功利をむさぼるが故に、山師などという姦なる事もあるよしにて、人々悪しくぞいう」（『宇下一言』）

と酷評している。

平蔵はわずか10年のうちに小普請役から御書院番士、同御徒頭をへて御先手弓頭へと順調に出世していった。ときは田沼意次の時代で、彼の立身は田沼へのゴマスリと莫大な賄賂のおかげと噂された。ずいぶん世渡りがうまかったらしい。

また大言壮語の癖があり、京都町奉行をしていた父の急死で若き平蔵が江戸へ戻る際、

「私こと平蔵は、いまに当世の英傑とたたえられる人間になるでしょう」

と別れの挨拶をしたので、座は一気にシラケたという。イメージを崩して申し訳ないが、本物の平蔵とは、こんな男だったのである。

# 幕府を確立させた当初3代の将軍

**江戸幕府を開き、約260年の安定政権の基盤を確立させた、最初の5人の将軍たち。**

## ◉幕府を確立させた将軍

三河の戦国大名だった徳川家康は、幼いころ駿河の今川義元の人質として辛酸をなめたが、やがて織田信長と同盟を結んで勢力を拡大、本能寺の変後は三河・駿河・遠江・甲斐・信濃の5か国を支配する大大名となる。

1590年、秀吉に領地替えを命じられて関東へ移り、1600年、関ヶ原の戦いに勝利して3年後に江戸に幕府を開いたのは、ご存じのとおりである。

家康の後継者になったのは3男の秀忠《ひでただ》である。一時、関ヶ原合戦に遅れたことで、家康の怒りを買ったが、1605年、2代将軍に就任した。

2代目というものは、ともすれば創業者を越えたいがために新しいことをはじめたり、規模を拡張しがちだが、自分の器をわかっていた秀忠は、その誘惑を断ち切り、徹底的に家康をあがめ、実直にその手法を踏襲することで幕府の安泰をはかっている。

## ◉幕政を盛り上げた3人の将軍

「余は生まれながらの将軍である」

3代将軍家光《いえみつ》は、居並ぶ諸大名に向かい、居丈高に右のように言ったとする伝説をもつ。

が、実は家光の将軍職は、生まれながらに決定していたものではなかった。家光は秀忠の長男であったが、秀忠夫妻は次男忠長《ただなが》のほうを溺愛し、後嗣《こうし》（あとつぎ）にしようとしたという。これを知った家光の乳母・春日局《かすがのつぼね》が、駿府にいる家康に直訴したので、家康は江戸に出向いて、家光をして後継者と裁定したのだった。

日光東照宮は、この措置に感謝した家光が、莫大な費用をかけて家康のために造営したものである。

将軍になった家光は法令を整え、政治機構を整備し、危険な大名を次々に改易にするとともに、鎖国制度を完成させている。

家光の長男家綱《いえつな》は、父の死により11歳で将軍職を継いだ。ゆえに自ら政務をとることは不可能で、幕政は老臣たちによる集団協議によって運営された。成人してからも家綱は病気がちだったので、政治は引き続き老臣たちが主導した。家綱はついに嫡子《ちゃくし》に恵まれず、その弟綱吉《つなよし》が5代将軍に就任した。

綱吉は、将軍につくと自ら政治を行ない、不良大名や不正代官を次々に処罰し、政治を粛正・刷新した。しかし後半になると、政治は部下に任せて贅沢三昧をするようになり、「後継者がいないのは、戌年生まれなのに犬を大切にしないからだ」という占いを信じ、極端な動物愛護令である「生類憐みの令」を出して庶民を苦しめたといわれる。

## 15代将軍の移り変わり

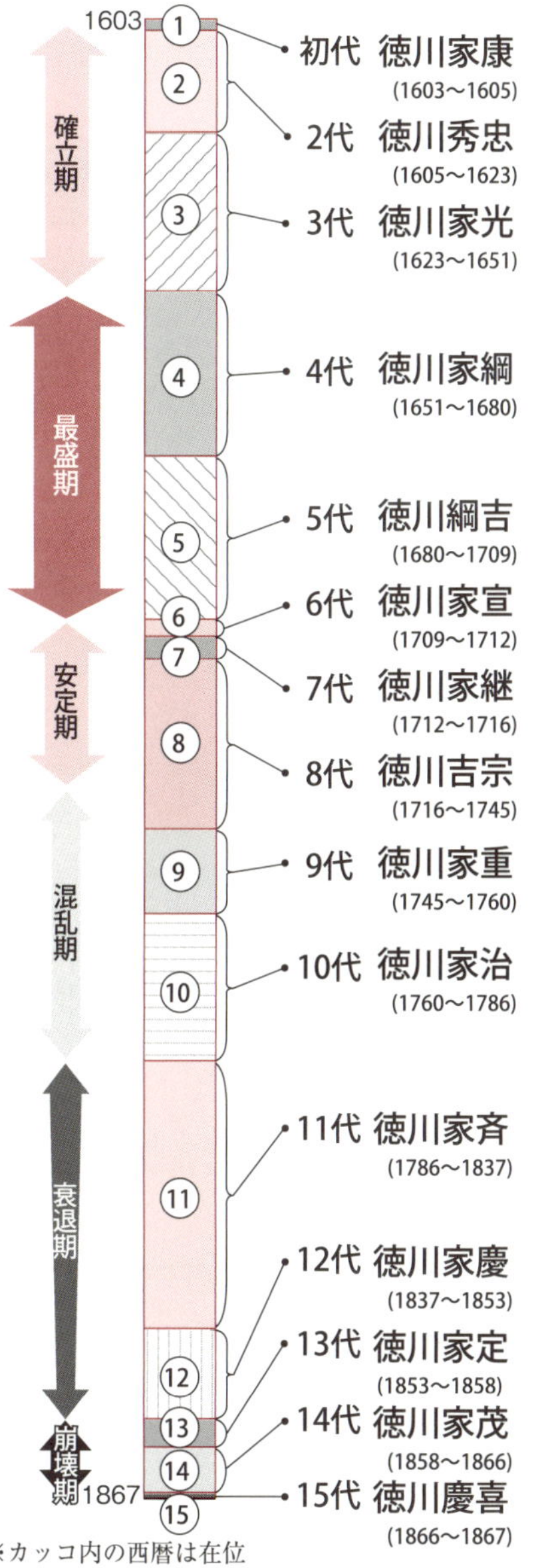
1603
1867
確立期
最盛期
安定期
混乱期
衰退期
崩壊期
初代 徳川家康 (1603～1605)
2代 徳川秀忠 (1605～1623)
3代 徳川家光 (1623～1651)
4代 徳川家綱 (1651～1680)
5代 徳川綱吉 (1680～1709)
6代 徳川家宣 (1709～1712)
7代 徳川家継 (1712～1716)
8代 徳川吉宗 (1716～1745)
9代 徳川家重 (1745～1760)
10代 徳川家治 (1760～1786)
11代 徳川家斉 (1786～1837)
12代 徳川家慶 (1837～1853)
13代 徳川家定 (1853～1858)
14代 徳川家茂 (1858～1866)
15代 徳川慶喜 (1866～1867)

※カッコ内の西暦は在位

**歴史メモ** 男性にしか興味を覚えぬ家光を心配した乳母の春日局は、少年のような少女を与え、女性に関心をもたせるのに成功したという。

# 名君・家宣と異色の将軍・吉宗

**江戸時代の中期は、善政を行った将軍もいたが、世の中が混乱していった時代でもあった。**

## ◉善政を行なった名君・家宣

徳川家宣《いえのぶ》は、家光の3男綱重《つなしげ》の子で、甲府城主であったが、5代将軍綱吉に男児がなかったことから、48歳で6代将軍となった。

まず家宣が着手したのは「生類憐みの令」の廃止だった。幕府が設けた巨大な犬小屋は撤去され、飼育されていた鳥獣は解き放たれた。同法に触れ、処罰された人間も釈放された。庶民はこの処置に感謝し、将軍をたたえる落書が街中に舞った。さらに、新井白石を登用して善政を行なわせるとともに、庶民に将軍行列の参観を認めたり、政治批判の落書をわざわざ取り寄せ自戒とした。

死に際しては、4歳の嫡子・家継《いえつぐ》がいるにもかかわらず、「幼君で天下が治まったためしはない」と言って、尾張家の徳川吉通《よしみち》に将軍職を譲ろうとした。まことに名君である。最終的に7代将軍には家継が選ばれたが、わずか8歳で没してしまい、徳川宗家の血筋は絶え、御三家の一つ、紀州家から吉宗《よしむね》が8代将軍となった。

## ◉幕府中興の英雄・吉宗

吉宗は享保の改革により、中興の英主とたたえられた将軍である。ただ、ほかの将軍と異質なのは、武家の素養である儒学に一切関心を示さず、実学に熱中したことだろう。天文学や暦学、法学を勉強し、自ら雨量調査をしたり、洪水を予知したりした。また、西洋流馬術を学んだり、部下にオランダ語を学ばせたり、海外から象を輸入したりした。吉宗は、身長182センチの大柄な身体をもち、耳が大きくあばた顔で色黒だったため、そこにいるだけで周囲を威圧したと伝えられる。

9代将軍家重《いえしげ》は、父吉宗と正反対の暗愚な人物で、生来病弱なうえ酒色にふけって大奥に入り浸っていたという。かつ、その言葉は非常に不明瞭で、側用人の大岡忠光しか理解できなかったので、忠光は絶大な権力をふるったという。家重は、軽度の脳性麻痺だったのではないかと考えられている。

10代将軍家治《いえはる》は、その家重の長男である。しかし、幼少期より大変聡明で、祖父吉宗は彼に期待して自ら帝王学を伝授すると同時に、一流の学者を家庭教師につけた。

しかし26年に及ぶ治世において、家治は見るべき業績を残していない。というのは、当時の政権を握っていた田沼意次が、家治の干渉を恐れて政治の話をする人々を将軍から遠ざけ、政治的無知状態に置いたからだった。ゆえに、豊富な知識を活用できぬまま、朽ちてしまったのだった。

## 江戸幕府の将軍15代①

| 名前・在位 | できごと | 享年 |
| --- | --- | --- |
| 初代<br>**徳川家康**<br>(1603～1605) | 1603年、江戸幕府開設<br>1613年、全国に禁教令<br>1615年、大坂夏の陣で豊臣家を滅ぼす | 75歳 |
| 2代<br>**徳川秀忠**<br>(1605～1623) | 家康の3男。多数の大名家を改易して、幕府の安定をはかる | 54歳 |
| 3代<br>**徳川家光**<br>(1623～1651) | 秀忠の嫡男。鎖国制度や参勤交代制度をつくる。島原の乱を平定。春日局のおかげで将軍になれた | 48歳 |
| 4代<br>**徳川家綱**<br>(1651～1680) | 家光の嫡男。由井正雪の乱を機に文治政治をはじめる。病弱だったため、政務は老臣にまかせていた | 40歳 |
| 5代<br>**徳川綱吉**<br>(1680～1709) | 家綱の弟。儒教を重視し、湯島聖堂を建てる。極端な動物愛護令「生類憐みの令」を出した | 64歳 |
| 6代<br>**徳川家宣**<br>(1709～1712) | 将軍綱吉の甥。「生類憐みの令」を廃止。新井白石を登用して善政をしく | 51歳 |
| 7代<br>**徳川家継**<br>(1712～1716) | 家宣の子で、4歳で将軍となる。皇女八十宮と婚約するが8歳で病死してしまう。 | 8歳 |
| 8代<br>**徳川吉宗**<br>(1716～1745) | 紀州家出身。享保の改革を行なう。身長182cm以上ある大男で、腕力は人並はずれていたという | 68歳 |



**歴史メモ** 身体壮健な将軍吉宗は、真冬でも木綿の服一枚で過ごし、食事は朝夕2食、しかも1汁3菜というかなり質素な生活をしていた。

# 幕政を混乱させた家斉から一時代を終わらせた慶喜へ

**11代将軍家斉のだらしない統治により政治は混乱し、江戸幕府滅亡への助走がはじまる。**

## ◉一時代を築いた11代家斉ではあるが…

11代将軍家斉《いえなり》の精力は、驚異というほかはない。なんと40人の側室をもち、16人の腹から男28、女27、あわせて55人もの子供を生ませたのだ。気に入った女性はことごとく手をつけたと伝えられ、1813年には、4人の子供が誕生している。そのため、家斉の時代は大奥の全盛期となり、女性の数は1500人を超えたという。

家斉は、実子を諸大名の養子や嫁に入れた。縁組は36にのぼり、当時の大名家の10分の1を超過する驚くべき数字となった。ちなみに、現在東京大学にそびえている赤門は、もと加賀藩の屋敷門で、前田家が家斉の21女をもらうにあたって新築させたものだ。

家斉の次男・家慶《いえよし》は、45歳のときに12代将軍になるも、しばらくは引退した家斉が実権を握っていた。温厚ながら凡愚な性質で、家斉の死後も自ら政治をとらず、部下が許可を求めれば、何でも「そうしなさい」と言ったところから、「そうせい様」とあだ名された。

家慶の4男・家定《いえさだ》が13代将軍になってわずか3年後、一橋慶喜《よしのぶ》と紀州家の徳川慶福《よしとみ》の間で将軍後継者争いが起こる。家定はまだ三十代前半で、前年21歳の篤姫を正室に迎えたばかりで十分跡目が生まれる可能性はあった。

老中・久世《くぜ》広周《ひろちか》の証言によると、実は「将軍は性的不能者」であったらしい。幕閣内では公然の秘密だったようだ。だから、早くも後継者争いが発生したのである。

## ◉やめたがった将軍とやめた将軍

1858年、家定は35歳の若さで脚気によって死亡、家督抗争に勝った徳川慶福が14代将軍に就任、名を家茂《いえもち》と改めた。このとき、弱冠12歳であった。

家茂の治世は、尊王攘夷《そんのうじょうい》論が吹き荒れ、朝廷の権威が強くなり幕府の威勢が衰えはじめた時代だった。家茂は、天皇の妹・和宮《かずのみや》を正室に迎え、公武合体政策を推進したが、朝廷からできもしない攘夷決行を約束させられたうえ、攘夷祈願のための天皇の賀茂社《かもしゃ》行幸に追従させられた。実直な人ゆえ、家茂は自分の無力さを痛感して朝廷に辞職を申し出る。朝廷はこれを却下したが、家茂はまもなく大坂城で病死する。

最後の将軍である水戸家出身の一橋慶喜が15代将軍になったのは1866年12月のことである。もはや幕府の瓦解は時間の問題だったが、軍事改革を中心に必死に幕政の立て直しをはかった。しかし結局、幕府の再生は果たせず、土佐藩の献策にしたがい翌年10月、大政奉還を行ない、長い将軍家の歴史は終わりを告げる。

## 江戸幕府の将軍15代②

| 名前・在位 | できごと | 享年 |
|---|---|---|
| 9代 徳川家重 (1745～1760) | 吉宗の嫡男。病弱で暗愚だったという | 51歳 |
| 10代 徳川家治 (1760～1786) | 家重の嫡男。聡明な人物であったというが、田沼意次のために政治関与をさまたげられた | 50歳 |
| 11代 徳川家斉 (1786～1837) | 一橋家出身。はじめ松平定信を用いて善政を行なうが、のちに親政をしいて政治は放漫に流れた。隠居したあとも権力をもち続けた ＝大御所時代 | 69歳 |
| 12代 徳川家慶 (1837～1853) | 家斉の子。政治はすべて家臣まかせにしていた。ペリーの来航をむかえる | 61歳 |
| 13代 徳川家定 (1853～1858) | 家慶の子。奇異な行動がしばしば見られ、性的不能者であったという | 35歳 |
| 14代 徳川家茂 (1858～1866) | 紀州家出身。井伊直弼の後援により将軍となる。攘夷運動が広がり、幕府が弱体化するなか、公武合体に尽力し、和宮をめとる。 | 21歳 |
| 15代 徳川慶喜 (1866～1867) | 一橋家出身。幼少より聡明をうたわれた人物。崩壊期の幕府の立て直しをはかるが成功せず、ついに大政奉還を断行 | 77歳 |



歴史メモ　将軍家定の趣味は調理で、よく豆や芋を煮て家臣に食べさせていたというが、その料理はとても食えた代物ではなかったといわれる。

# 水戸黄門の驚くべき実像

**テレビドラマでなじみ深い黄門様だが、実際にはずっとハイカラで今風なおじさんだった。**

## ◉美男子だった水戸黄門

徳川御三家といって、真っ先に思い出す人物は、水戸家の水戸黄門（徳川光圀《みつくに》）だろう。

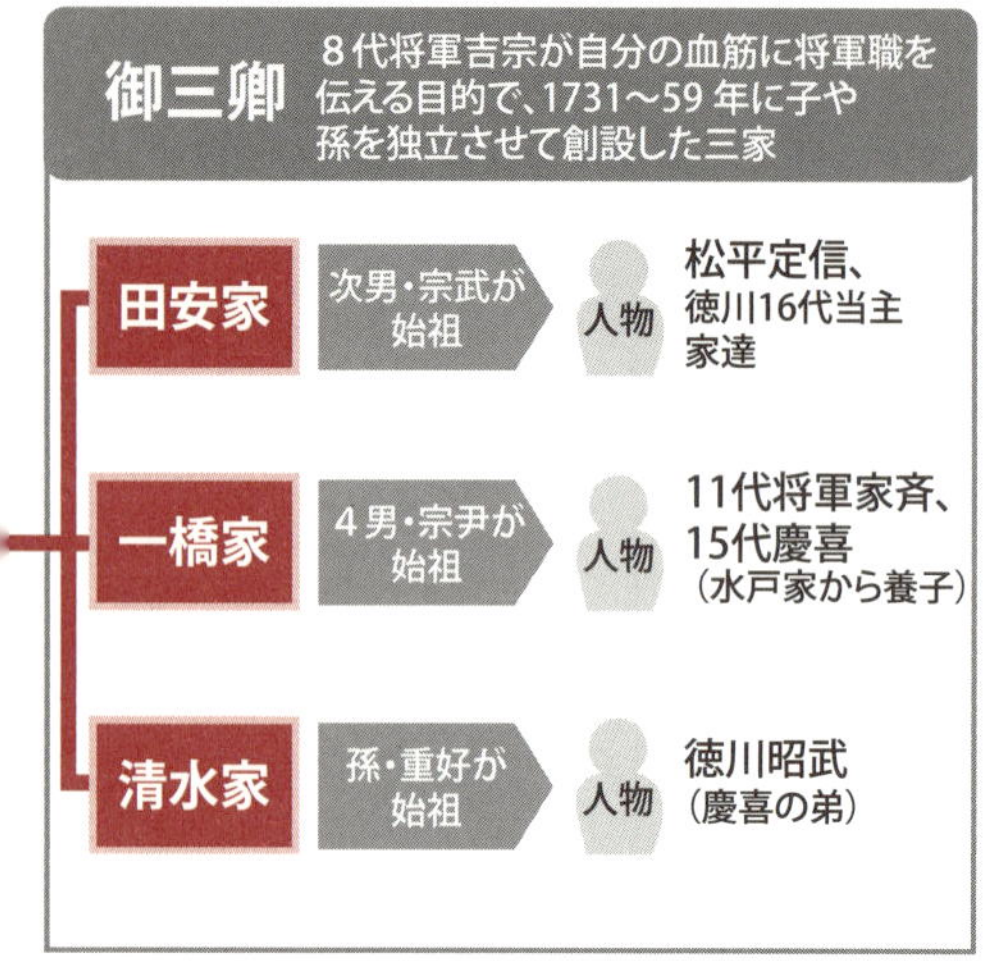

御三卿
8代将軍吉宗が自分の血筋に将軍職を伝える目的で、1731〜59年に子や孫を独立させて創設した三家
田安家
次男・宗武が始祖
人物
松平定信、徳川16代当主家達
一橋家
4男・宗尹が始祖
人物
11代将軍家斉、15代慶喜（水戸家から養子）
清水家
孫・重好が始祖
人物
徳川昭武（慶喜の弟）


彼には、天下の副将軍にして弱者の味方という、「水戸黄門漫遊記」やテレビドラマの印象が定着している。

だが、その実像は、一般的なイメージとはまるで違う。

「御色《おいろ》白く、御背《おせい》高く、…（中略）…御鼻筋とおりて高く、…（中略）…若き御時《おんとき》は世上にて美男の聞こえあり」

（『桃源遺事』）

右は光圀の容姿である。実は美男子だったのだ。しかも史実の光圀は、隅田川の船遊びと歌舞伎を好み、たびたび色里にも出入りし、このうえなく酒を愛したと伝えられる。二日酔いで苦しんだり、泥酔して客の帰るのを知らなかったりと、度を過ごす深酒もあったようだ。

また、「巴《ともえ》」という贔屓《ひいき》の女性が吉原にいたことも判明している。事実、飲み友達の鍋島元武《なべしまもとたけ》（肥前小城藩主）にあて、「お前の女が寂しがってるぜ。早く吉原に顔を出してやれ」とちゃかした光圀の書簡も残っている。

## 御三家と御三卿の関係

**御三家**　将軍家を補佐し、徳川宗家の血筋が絶えたとき、将軍職を継ぐ家柄。関ヶ原以降、家康が子息３名を独立させて創設した大名家

**尾張家 61万石**　9男・義直が藩祖
- 御三家の筆頭で、最も家格が高い
- 将軍吉宗のライバルの徳川宗春がいた
- 同家から１人も将軍を出していない

**紀伊家 55万石**　10男・頼宣が藩祖
- ８代将軍吉宗、14代家茂を輩出
- 明治維新で中立を保ち、存続の危機
- 明治政府に先んじて徴兵制を導入

**水戸家 35万石**　11男・頼房が藩祖
- 家格は一番低いが、藩主は江戸に常住
- 水戸黄門で有名な徳川光圀や烈公と呼ばれた斉昭など名君がいる
- 大日本史の編纂
- 15代将軍慶喜は水戸家出身

なんとも人間らしいではないか。人徳者としての黄門様より、本物の光圀のほうにいっそうの親近感を覚える。

### ◉家臣に黒人がいた⁉

光圀はまた、外国の文物に大変興味を示した。阿蘭陀《おらんだ》茄子《なす》（トマト）やジャガタラ蜜柑《みかん》といった果樹を海外から取り寄せて農民に栽培させたり、家臣の筑間玄述を長崎に派遣してオランダ医学を習得させたりした。さらには、中国の知識人を領内に招いたり、朝鮮使節と親しく交流した。おもしろいのは、どこから連れてきたのか、黒人を家臣に取り立てたことである。この家系は、なんと幕末まで水戸家に仕えたのだった。1688年には、アイヌ人との交易に成功、熊やラッコ、トドといった毛皮を輸入している。このように、光圀の眼は、いつも世界に開かれていた。

1690年、光圀は養子の綱條《つなえだ》に家督を譲って隠居する。その理由がふるっている。持病の痔が悪化し、下血がひどくなったので殿中で粗相《そそう》してはこまると引退したのだ。

ここまで聞けば、読者の水戸黄門のイメージは完全に崩れ去ったと思うのだが…。

**歴史メモ**　水戸黄門は諸国を旅して勧善懲悪を行なったとされているが、本当は関東地方から出たことはない。

# 江戸時代にはなぜ仇討ちが盛んだったのか

**仇討ちは幕府も奨励し、みごと仇討ちに成功した者は、一躍民衆のヒーローとなった。**

## ◉仇討ちは男色からはじまった

「仇討《あだう》ち」というのは、主君や近親者が殺されたとき、家臣や一族の者が復讐のために相手を殺すことだが、江戸時代の仇討ちは、なんと男色からはじまったのだ。

岡山藩主池田忠雄の寵童《ちょうどう》渡辺源太夫《げんだゆう》が、同藩士の河合又五郎に殺害された。これは言い寄った又五郎を、源太夫が冷たくあしらったからだという。愛人を殺害された池田侯は激怒し、源太夫の兄・数馬に又五郎を仕留めよと命じた。

又五郎はすでに逃亡して、ある旗本にかくまわれていたが、数馬は義兄・荒木又右衛門の助力を得て又五郎の所在を突き止め、彼ら一行を伊賀上野の鍵屋の辻で待ち伏せ、見事仇討ちを成功させたのである。ときに1634年11月7日のことであった。これが講談などで有名な「鍵屋の辻の仇討ち」だ。

## ◉英雄・又右衛門をめぐる噂の真相

ところで、仇討ち前の又右衛門は、大和郡山《こおりやま》藩の剣術指南をしており、当然大和郡山藩は、武名をあげた又右衛門の帰参を希望した。一方、池田藩（岡山から鳥取へ転封）も、藩主の恨みを晴らしてくれた又右衛門を、数馬とともに引き取りたかった。この両藩が二人をめぐって争ったために、数馬と又右衛門は、事件現場の藤堂《とうどう》藩に4年間も留め置かれている。

結局、軍配は池田藩に上がった。藤堂藩260名、池田藩160名という厳重な警戒のなか、伏見で2人の引き渡しが行なわれた。

ところが、鳥取に到着してからわずか2週間後、又右衛門は急逝してしまう。そのため、又右衛門の自殺説、詰腹《つめばら》説、毒殺説など、現代でもさまざまな憶測が飛びかい、定説は確立していない。

だが、興味深いのは生存説である。大和郡山藩に又右衛門を完全に諦めてもらうため、死んだことにして、密かに領内にかくまったとする説だ。

事実、又右衛門の死後、池田藩はわざわざその妻子を鳥取に呼び寄せ、扶持《ふち》をあてがったことが判明している。通常ではありえない厚遇であろう。

### 仇討ちは奨励されていた！

中国の「周礼」「礼記」などの古典は、仇討ちを家臣・一族の義務であると規定している

↓

儒教道徳の観点から、江戸幕府は仇討ちを奨励

↓

**鍵屋の辻の仇討ち（1634）**
伊賀国上野で、岡山藩士渡辺数馬が弟の仇・河合又五郎を討つ。荒木又右衛門が助太刀。

**浄瑠璃坂の仇討ち（1672）**
奥平源八が、夏目外記らの助太刀を得て、父の仇、奥平隼人らを倒す。

**赤穂浪士の討ち入り（1702）**
大石良雄ら赤穂藩旧臣が、主君の仇、吉良上野介を討ち取る。

浪士の行動に庶民は熱狂 → 以後庶民の間にも仇討ちが広がる → 仇討ちは瓦版の号外となり、仇を討った者はヒーローとなり、歌舞伎や講談の主役に

**護持院原の仇討ち（1848）**
山本りよが父の仇、亀蔵を山本九郎右衛門らの助太刀で倒す。

↓

1873年、明治政府により **敵討ち禁止令** が公布される



歴史メモ　もっとも有名な仇討ち事件である赤穂浪士の吉良邸討ち入りを、幕府は事前に察知していながらも、黙認していた可能性が強い。

COLUMN

## 江戸時代にも生活協同組合があった!?

1762年、土井利里は唐津7万石から古河7万石へ転封となった。石高は同じ7万石だが、古河の土地は悪く、年貢徴収量は半減してしまった。加えて寺社奉行に就任するため、利里は田沼意次に莫大な賄賂を贈っており、それがますます藩財政を苦しいものにした。そこで利里は1774年、上士の朝倉頼母《たのも》を家老上座に抜擢し、藩政改革に着手する。

頼母は藩政改革を「新法」と称し、期間を10年に限定して家中に倹約令中心の100カ条に及ぶ厳しい指令を発した。同時に、藩士の不満を減じるために、藩士たちが抱える借金をすべて藩が肩代わりするという、画期的な措置を講じた。

頼母が実施した諸政策のなかで、もっともユニークなのが、「御買物方制度」である。簡単に説明すれば、御買物方役所（藩直営の施設）を通じて、藩士に生活必需品のすべてを購入させようというものだ。

まず、家臣すべてに通帳を与え、事前に購入希望の品物を記入させておいて、定期的に役所の者が通帳を集めて回る。集約した通帳の品々は、一括して御買物方役所が調達、数日後、役人が各戸に配達する。代金は、翌月支給される俸禄米（給料）から差し引かれた。なんと、月賦返済も認められている。

まるで、現代の生活協同組合や通信販売のようである。が、結局このシステムはわずか4カ月で破綻した。自分の給料の額を考えず、支払い能力を超える金額の品物を購入する者が続出したからだ。現代でいえば、さしずめカードローンによる自己破産といったところであろうか――。

COLUMN

# 新撰組を脱走した者に近藤勇の息子がいた

新撰組の局中法度（規則）の１つに、「局ヲ脱スルヲ許サズ」とあり、脱走は死を意味した。新撰組幹部は決して脱走者を許さず、執拗に追いかけまわし、ほとんどを殺害した。

しかし、運良く逃げおおせた者もいる。近藤周平もその１人。しかも驚くことにこの男、新撰組局長近藤勇の息子なのだ（養子だが）。

周平ははじめ、谷昌武といった。谷家は松山藩5万石板倉侯の家臣で120石の上士。だから、新撰組では最も筋目がいい。そのうえ、昌武は容姿端麗で板倉侯の御落胤といううわささえあったので、近藤は彼を気に入り、養子にして周平と改めさせた。周平はたいへん勇敢で、池田屋事件の際も、槍を折られながらも養父に従って奮闘している。

ただ、１つ欠点があった。女ぐせが悪いのだ。屯所（駐屯地）には女性の出入りが絶えず、近藤は何度も注意したが、周平は耳を貸さなかった。そのため、養子縁組は解消されてしまう。

やがて周平は脱走、そのまま捕まることなく明治維新を迎えたが、慶応4年、やつれた姿で江戸に現れた。近藤勇の妻つねが「周平さんも、女のためにあんな姿になった」と語っていることから、女性問題で隊を飛び出したらしい。

その後、明治13年、周平は4歳の娘・政栄を連れて、神戸の裁縫師で11歳年上の播田ツルのところへ婿入りしている。政栄が誰の子かは不明である。同20年に離婚して山陽鉄道に入社、下級職員として生涯を送り、同34年12月2日病死した。数奇な運命であった。

# 御家騒動として有名な「黒田騒動」の真相

**御家騒動というのは、大名が絶対君主化する過程で発生した、家臣たちの反乱？**

## ◉大名家の内部はもめ事だらけ？

御家《おいえ》騒動とは、諸大名の家中で発生した対立や抗争が、闇に葬られず表沙汰になってしまった事件をいう。

ここでは、伊達《だて》騒動、加賀《かが》騒動と並んで「日本3大御家騒動」の1つとされる、黒田騒動の真相について迫ってみたい（伊達騒動、加賀騒動は図を参照）。

騒動は江戸時代初期の1632年、福岡藩の家老栗山大膳《だいぜん》が「我が主君に謀反の疑いあり」と幕府に訴え出た行動からはじまった。家臣が殿様を訴えるなど、尋常ではない。

いったいなぜ、こんな事態がおこったのだろう。

巷間《こうかん》に伝えられるところによれば、福岡藩主黒田忠之《ただゆき》は暗愚な暴君で、譜代の重臣をないがしろにして側近政治を行ない、私生活においても贅沢の限りをつくし、藩財政をどん底へおとしいれたという。家老の栗山はたびたび主君を諫《いさ》めたが聞き入れられず、悩んだすえ、こんな行動に走ったのだとされる。

## ◉なぜか八方丸くおさまったが…

将軍家光（3代将軍）は、事実を明らかにするため、翌年、藩主忠之と家老栗山を江戸に呼び寄せ、幕閣が居並ぶなかで両者を対決させた。

その結果、忠之の無実が立証され、領地も安堵された。しかし栗山も、主君を上訴したにもかかわらず、盛岡藩お預けという軽罪ですみ、生涯150人扶持《ぶち》が与えられている。

そんなことから後年、栗山の行為は、主君忠之にかかった幕府の嫌疑を公の場で晴らすための芝居だった、とする見方が強くなった。

## ◉藩主への反逆が御家騒動の正体

だが、それは見当違いである。この騒動は、藩主の権

## 御家騒動について

| | |
|---|---|
| 黒田騒動 (1624〜33) | 福岡藩主黒田忠之と対立する家老の栗山大膳が「忠之に謀反の疑いあり」と幕府に訴えた。幕府は調査の結果、忠之の無罪を認め、栗山を盛岡藩へ預けた |
| 伊達騒動 (1660〜71) | 仙台藩主伊達綱宗が不行跡のかどで引退、２歳の亀千代が家を継いだ。この藩主権力衰退期に、一門の伊達宗勝と原田甲斐が御家を乗っ取ろうとした事件 |
| 加賀騒動 (1745〜54) | 金沢藩主前田吉徳の没後、その寵臣大槻伝蔵と吉徳の側室お貞が、処罰された事件 |

日本3大御家騒動

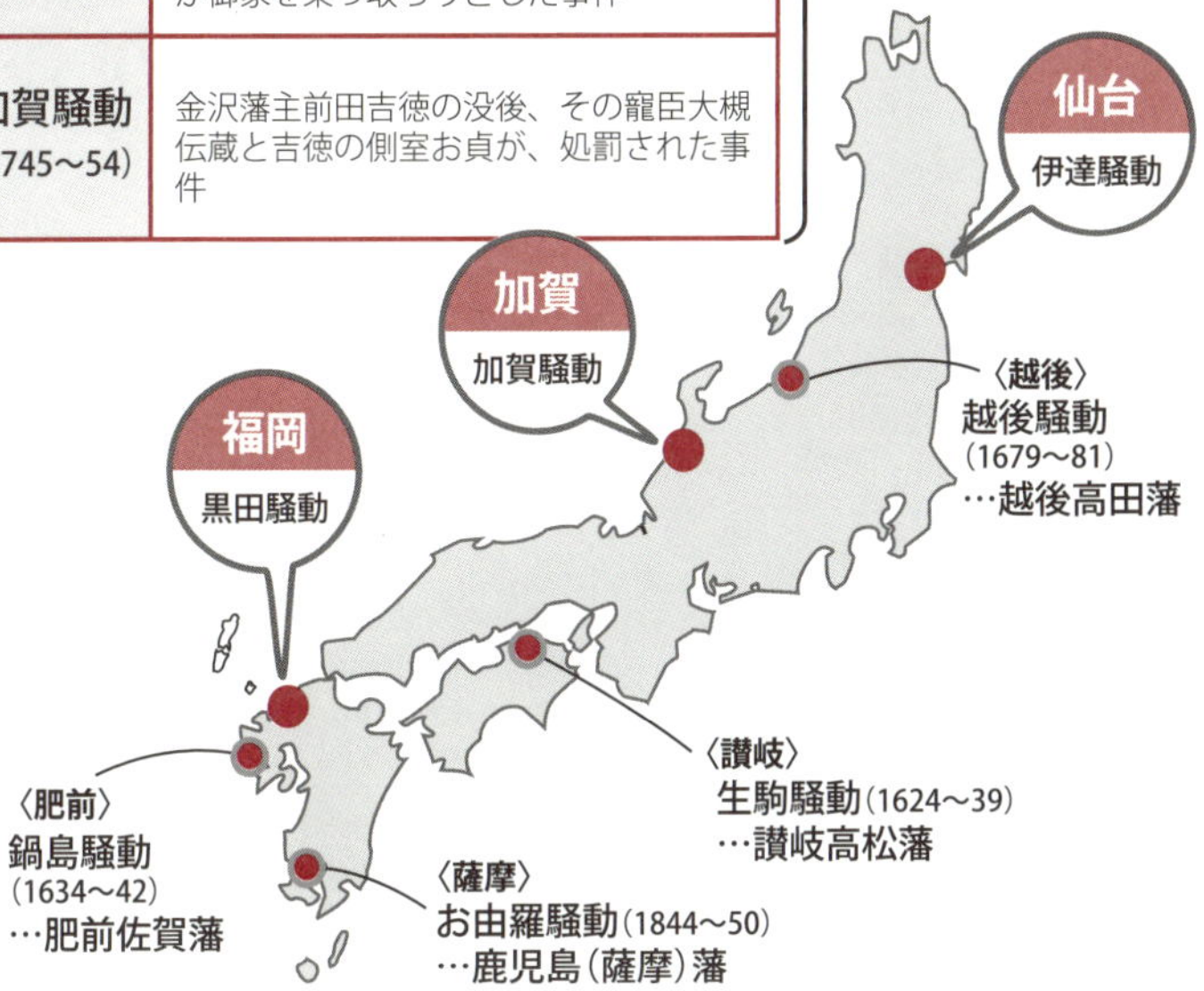
仙台
伊達騒動
加賀
加賀騒動
福岡
黒田騒動
〈越後〉
越後騒動
(1679〜81)
…越後高田藩
〈讃岐〉
生駒騒動(1624〜39)
…讃岐高松藩
〈肥前〉
鍋島騒動
(1634〜42)
…肥前佐賀藩
〈薩摩〉
お由羅騒動(1844〜50)
…鹿児島(薩摩)藩

限強化を狙う若き忠之に、栗山ら重臣層が猛反発した結果、起こった事件なのだ。

将軍家光の時代は、幕藩体制の確立期にあたり、諸藩では戦国時代に強かった重臣の発言権を抑えて藩主権力を強化し、藩主を頂点とするピラミッド組織を形成しようとしていた。

すなわち黒田騒動は、藩主が絶対君主化する過程で起こった重臣層との軋轢《あつれき》だったのである。実際、騒動のあとも井上主馬など重臣たちが、忠之の治世に耐え兼ねたとして、福岡藩を去っているのがその証拠だろう。



歴史メモ　伊達綱宗の不行跡とは身受けした高尾太夫を吊し斬りにしたことだとされるが、それは誤伝で彼女は側室になり天寿をまっとうした。

# お江戸の道徳・儒学とは何だったのか？

**江戸時代の為政者たちは、道徳として「儒学」を学んだ。なぜこんなに儒学がはやったのだろうか。**

日本の儒学には、大きく朱子学《しゅしがく》・陽明学《ようめいがく》・古学《こがく》の3派があり、その主流をなしたのは、幕府の正学（官学）となった朱子学である。

朱子学というのは、南宋の朱熹《しゅき》という人物が大成した学問で、すでに日本には鎌倉時代に伝来していたが、君臣上下の身分的秩序を絶対視する「大義名分論」が、封建的支配の正当性をとなえる支配層に都合がよかったことから、急速に大名や武士の間に広まった。

日本の朱子学には、京学と南学の2派がある。主流は京学で、創始したのは京都相国寺の僧・藤原惺《せい》窩《か》。その弟子林羅山《らざん》は徳川将軍家につかえ、林信篤《のぶあつ》は5代将軍綱吉の代に大学頭に任じられ、聖堂学問所（のち昌平坂学問所）を主宰する厚遇を受けた。

南学は土佐の南村梅軒《みなみむらばいけん》が創始し、谷時中《じちゅう》、野中兼山《けんざん》を出した。

## ◉朱子学は支配者に都合のいい学問

江戸時代になって社会が安定すると、為政者たちは儒学的教養が必須とされるようになる。庶民も道徳理念として儒学を重視するようになり、にわかにその教えは普及していく。

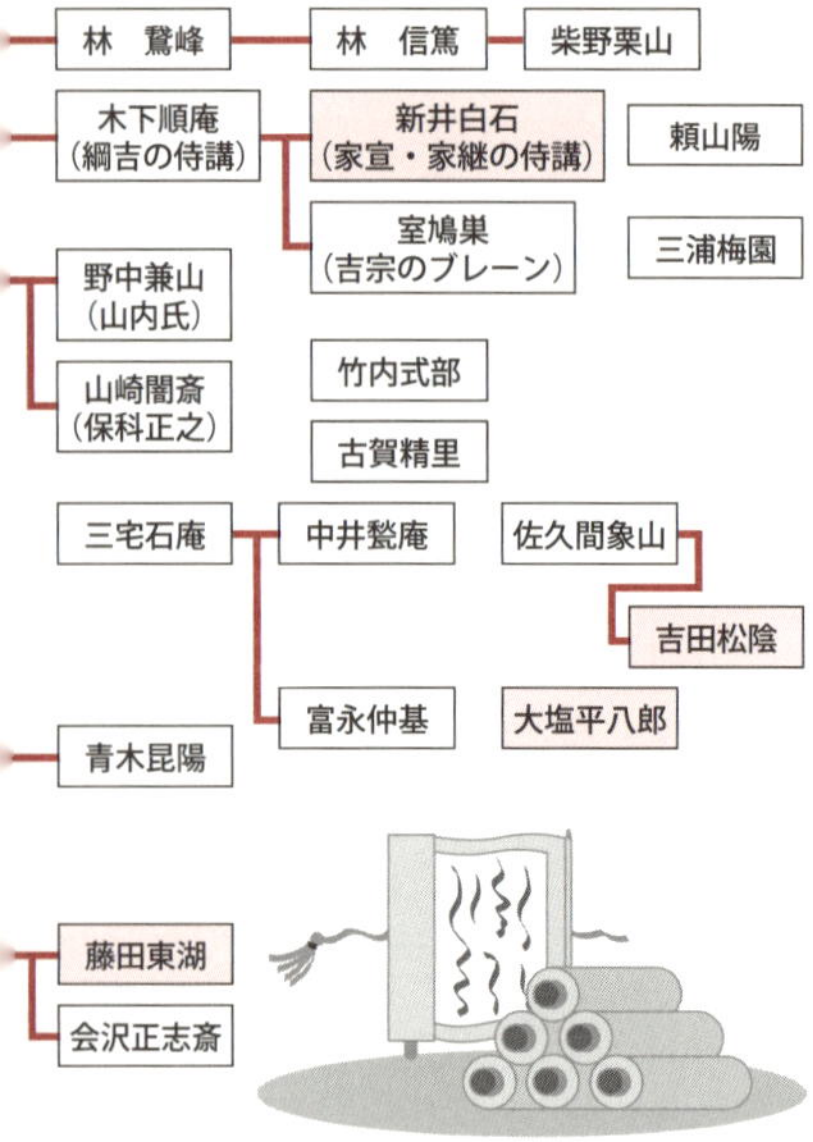
林　鵞峰
林　信篤
柴野栗山
木下順庵（綱吉の侍講）
新井白石（家宣・家継の侍講）
頼山陽
室鳩巣（吉宗のブレーン）
三浦梅園
野中兼山（山内氏）
山崎闇斎（保科正之）
竹内式部
古賀精里
三宅石庵
中井甃庵
佐久間象山
吉田松陰
富永仲基
大塩平八郎
青木昆陽
藤田東湖
会沢正志斎

儒学3派の系統

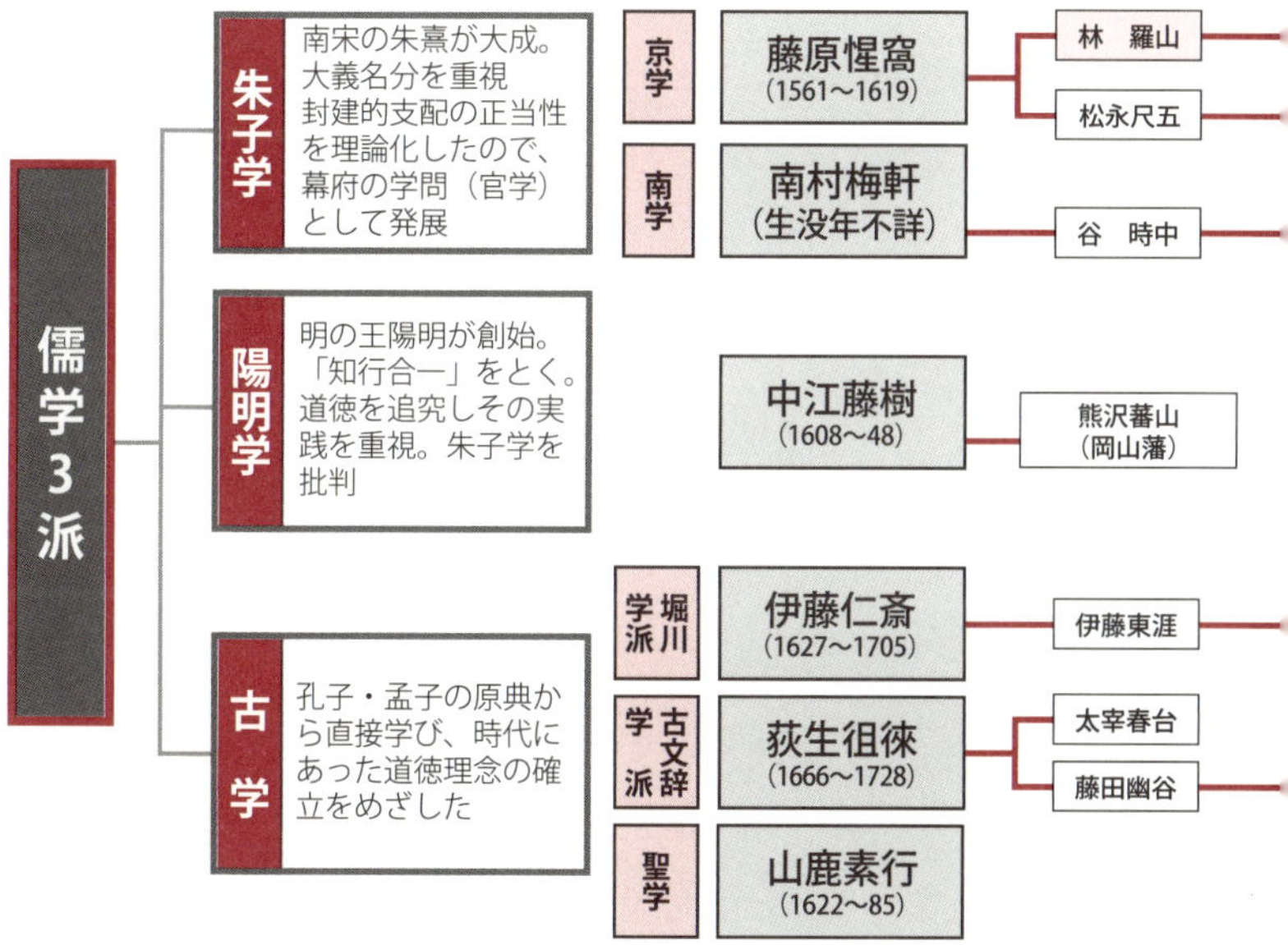
儒学3派
朱子学
南宋の朱熹が大成。大義名分を重視
封建的支配の正当性を理論化したので、幕府の学問（官学）として発展
京学
藤原惺窩
(1561～1619)
林　羅山
松永尺五
南学
南村梅軒
(生没年不詳)
谷　時中
陽明学
明の王陽明が創始。「知行合一」をとく。道徳を追究しその実践を重視。朱子学を批判
中江藤樹
(1608～48)
熊沢蕃山
(岡山藩)
古学
孔子・孟子の原典から直接学び、時代にあった道徳理念の確立をめざした
堀川学派
伊藤仁斎
(1627～1705)
伊藤東涯
古文辞学派
荻生徂徠
(1666～1728)
太宰春台
藤田幽谷
聖学
山鹿素行
(1622～85)

## ◉陽明学は反体制思想

陽明学とは、明の王陽明が創始した学派で、「知行合一」（知識・道徳は、ただちに実践に移せ）を何よりも重視する。日本で陽明学を確立したのは中《なか》江《え》藤樹《とうじゅ》であり、彼は近江聖人と崇められ、多くの門弟を得た。その門弟の1人に熊沢蕃山《ばんざん》がいる。

蕃山は岡山藩主池田光政に登用されたが、その著書『大学或問《だいがくわくもん》』で、武士は土着すべきだと説いたり、幕政を批判したため、下総国古河に幽閉された。ちなみに由井正雪は、蕃山の影響を受けて反乱にいたったとされる（204ページ）。

陽明学者には、大塩平八郎、佐久間象山、吉田松陰といった反体制派の人々が多く、幕末の志士にも同学を奉じる者が多数あった。

## ◉古学は原典主義

朱子学や陽明学にあき足らず、孔子や孟子の原典から学ぼうとした一派を古学派と呼ぶ。同派は山鹿《やまが》素行《そこう》の聖学、伊藤仁斎の堀川学派、荻生徂徠《おぎゅうそらい》の古文辞学派に分かれる。山鹿素行は、朱子学を非難して赤穂に流されたが、のちに赤穂の浅野家に仕えた。



**歴史メモ** 堀川学派の伊藤仁斎は堅物で、遊女に袖を引かれて遊郭に入った際、ずいぶん親切な女だと感謝し、お茶だけ飲んで帰ったという。

# 江戸の中期に現れた新しい〝日本の〟学問

**日本の古典を研究するちょっと国粋主義的な学問が「国学」。明治維新に大きな影響を与えるようになる。**

## ◉国学をつくり上げた4人の日本人

「国学」とは、日本の古典や古代史を研究することによって、儒教や仏教が導入される前の、日本人の精神を明らかにし、我が国独自の思想（古道）を究明してゆこうとする学問である。

国学の先駆的な動きは、江戸の中期にはじまるが、これを学問として確立したのは、国学の4大人と呼ばれる、荷田春満《かだのあずままろ》、賀茂真淵《かものまぶち》、本居宣長《もとおりのりなが》、平田篤胤《ひらたあつたね》ら4人の国学者である。ここでは、彼らの人間像を簡単に紹介してゆこう。

**成立**

**荷田春満**
（1669〜1736）

京都伏見稲荷神社の神官。
古語・古典から古道を明らかにする。

『創学校啓』

国学を学問として成立させたのは、荷田春満である。京都の伏見神社の神官をしていた彼は、日本人古来の精神を明確にする必要から、古語や古典の研究を奨励、江戸へのぼって門人をとり、彼らにその研究手法を伝えた。ちなみに春満は、吉良上野介《きらこうずけのすけ》にも古典の講義をしていたが、実は大石良雄（内蔵助《くらのすけ》）とも知り合いで、吉良邸の様子を赤穂浪士に流すなど、積極的に討ち入りに協力したといわれている。

春満の弟子・賀茂真淵は、遠江国・浜松の神官の子だったが、浜松宿脇本陣の梅谷家の婿養子になる。しかし、家業をおろそかにして国学の研究ばかりしていたので、義父は真淵を離縁しようとしたが、真淵の妻は、あの人はきっと名をなすから、学問に専念させてほしいと懇願したという。そんな内助の功によって、のちに国学者として大成、将軍吉宗の子・田安宗武に登用される。真淵

## 国学の4大人

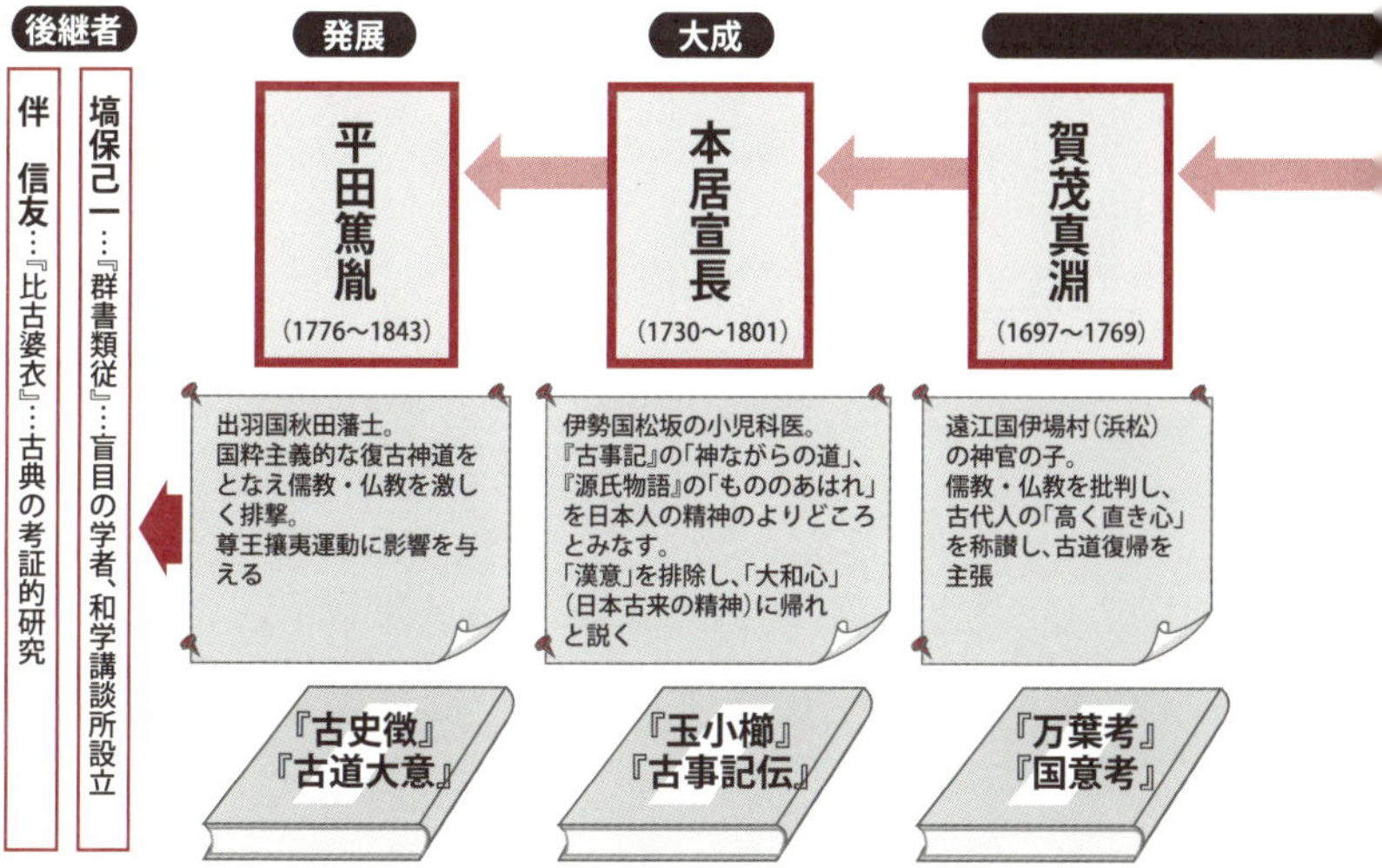

賀茂真淵
（1697～1769）
遠江国伊場村（浜松）の神官の子。
儒教・仏教を批判し、古代人の「高く直き心」を称讃し、古道復帰を主張
『万葉考』
『国意考』
大成
本居宣長
（1730～1801）
伊勢国松坂の小児科医。
『古事記』の「神ながらの道」、『源氏物語』の「もののあはれ」を日本人の精神のよりどころとみなす。
「漢意」を排除し、「大和心」（日本古来の精神）に帰れと説く
『玉小櫛』
『古事記伝』
発展
平田篤胤
（1776～1843）
出羽国秋田藩士。
国粋主義的な復古神道をとなえ儒教・仏教を激しく排撃。
尊王攘夷運動に影響を与える
『古史徴』
『古道大意』
後継者
塙保己一…『群書類従』…盲目の学者、和学講談所設立
伴　信友…『比古婆衣』…古典の考証的研究


は、古代人の「高く直《なお》き心」を称賛し、古道へ復帰せよと説いた。

伊勢国松坂の小児科医・本居宣長は、賀茂真淵と会って感化され、弟子入りして国学の研究にはげんだ。とくに三十数年かけて完成させた『古事記伝』44巻は、まさに圧巻であり、古事記研究の集大成として、いまだその質を超える研究書は現れていない。

宣長は『古事記』の「神ながらの道」や『源氏物語』の「もののあはれ」の精神こそ、日本人の魂の寄りどころだとし、「漢意」を排除し「大和心《やまとごころ》」（日本人古来の精神）に回帰せよと主張した。晩年は、500人にのぼる門弟を抱えていたという。

宣長の影響を受けた秋田藩士平田篤胤は、国学を国粋主義的な観点からとらえ、尊王思想を説き復古神道を確立する。しかし、仏教や儒教を激しく排撃したため幕府の忌避するところとなり、著述を禁じられ、江戸から秋田へ送還され、二度と江戸へ戻ることは許されなかった。が、後に彼の尊王思想は、勤王の志士に多大な影響を与えてゆくのである。





**歴史メモ** 平田篤胤は晩年、不老長寿になるという人魚の骨を知人から手に入れて食したが、その甲斐もなく、翌年亡くなってしまった。

# 蘭学は翻訳からはじまった

**現代の学問にほぼ直接つながる蘭学。鎖国中の洋書の翻訳には4年間の苦労があった。**

### ◉蘭学の出発点

ここに250ページの書物がある。文字はすべて未知の外国語で表記されている。それを辞書も通訳もなしで翻訳せよといわれたら、いったいどれほどの時間を費やせば完訳できるであろうか。杉田玄白《げんぱく》の場合、数名の共同作業で、4年という歳月を必要とした。

玄白らが挑戦した本は、オランダ語で書かれたドイツの医学解剖書で、名を『ターヘル・アナトミア』といった。のちの『解体新書』である。この書籍が訳されたことで、我が国の医学技術は急速に進展し、蘭学（洋学）普及のきっかけをつくった。そういう意味では、画期的な事業であったが、翻訳は並大抵の作業ではなかった。

玄白がこの医学書を訳そうと思ったのは、骨ヶ原（小塚原）での腑分け《ふわけ》（人体解剖）がきっかけだった。手にした『ターヘル・アナトミア』の解剖図が、目の前の人体とことごとく一致したのである。玄白らは驚嘆し、翻訳を思い立ったという。こうしてはじまった翻訳だが、いざ始めてみると、

「艪舵《ろかじ》なき船の大海に乗り出せしが如く、茫洋《ぼうよう》として寄るべきかたなく、ただあきれあきれて居たるまでなり」（『蘭学事始』）

それはそうだろう。で、どうしたのか——。

### ◉イラストの部分だけが頼り

彼らはまず、挿絵の人体解剖図に頼った。玄白らは医師である。臓器の名称は対照できる。こうして訳した臓器名を、すべて本文中に当てはめ、同時に、もっともオランダ語に通じていた前野良沢《りょうたく》に、知りうる限りの単語を日本語にさせた。そうしてから、本格的に翻訳に取りかかったのだった。

だが、初期のころは「眉《まゆ》というものは、目のうえに生

## 蘭学の発展

**はじまり**

**将軍吉宗の実学奨励政策**（農学や数学、地理学などの実用的な学問）

★吉宗は漢訳洋書の輸入を認め、野呂元丈と青木昆陽にオランダ語の研究を命じた

**発展**

**1774年　『解体新書』の刊行**

★前野良沢、杉田玄白らドイツ医学書を翻訳

◆平賀源内、エレキテルを試作（1776）

◆大槻玄沢、蘭学の入門書『蘭学階梯』出版（1788）

◆稲村三伯、蘭和辞書『ハルマ和解』刊行（1796）

◆志筑忠雄『暦象新書』のなかで、万有引力や地動説を紹介（1802）

◆高橋景保の建白で、幕府が蛮書和解御用（洋書翻訳所）を開設（1811）

◆杉田玄白『蘭学事始』を出版（1815）

◆伊能忠敬、日本初の測量全国図『大日本沿海輿地図』を完成（1821）

**普及**

**1824年　シーボルトが鳴滝塾（長崎）を開く**

◆宇田川榕庵、日本初の化学書『舎密開宗』を刊行（1837）

◆緒方洪庵、大坂で洋学を教授する『適塾』をひらく（1838）

**洋学へ**

じたる毛なり」という一文でさえも、わからずじまいで日が暮れたこともあり、馬鹿ばかしく思って脱落してゆく者も続出した。それでも玄白は諦めず、作業を続行した。

やがて、少しずつであるが進展が見られ、翻訳を開始してから1年もたつと、1日に10行ほど進むようになった。そうなると現金なもので、祭りに出掛けるように会合が楽しみになり、前の晩は嬉しくて眠れないほどになったという。艱難を味わった者だけに得られる喜びであろう。

玄白はその日訳した箇所を、自宅へ戻ってからもう一度点検し、文章にさまざまな工夫をこらした。そして、11回にも及ぶ草稿の手直しを経て、1774年、『解体新書』の刊行にいたったのである。

**歴史メモ**　エレキテルを試作した平賀源内は、つまらないケンカから人を殺して小伝馬町の牢屋につながれ、そこで獄死してしまった。享年52歳。

# 北海道には独自の歴史がある

**北のはずれの地であった蝦夷地には、15世紀になるまでまったく別の文化があった。**

## ◉奈良・平安時代まで縄文文化があった

現在の北海道という名称が誕生したのは、明治時代に入ってからのことで、それまでは蝦夷地《えぞち》（島）と呼ばれていた。蝦夷地には、本州と同じように約1万年前に縄文文化が流入するが、その後、農耕は導入されず、ずっと狩猟採取の文化が続いた。これを続縄文時代と呼ぶ。

さらに時代が下ると、同地はオホーツク文化の影響を強く受けるようになり、内面が摩滅され光沢をもつ擦文《さつもん》土器を特徴とする擦文文化（日本の奈良・平安時代）を開花させる。

古来より蝦夷地には、アイヌが住んでいた。アイヌは、和人《わじん》（日本人）と人種を異にするとされるが、どの人種に相当するかは確定されておらず、近年では和人と同一民族とする見解も有力になっている。

なお、和人が蝦夷地に進出するのは鎌倉時代のことで、執権北条義時が東北の安東氏を蝦夷管領に任命したのがはじまりだった。進出の目的は、アイヌを服属させ、彼らが行なっている交易を管理し、その利益を奪うことにあった。やがて、安東氏の代官・蠣崎（松前）氏が戦国時代に蝦夷地を統一、交易権を独占し、江戸時代も引き続いてアイヌを管理した。もちろん松前藩の支配に対し、アイヌも黙って従っていたわけではなく、たびたび反乱を起こした。その最大のものが、１６６９年の「シャクシャインの乱」だ。

## ◉先住民シャクシャインの反乱

染退《しぶちゃり》（静内）の首長シャクシャインは、首長たちとの勢力抗争に勝って次々と周辺領土を制圧していったが、この状況を松前藩は見て見ぬふりをした。自信をつけたシャクシャインは、圧政をおこなう松前藩に対して蜂起し、松前の商船を奪取して出稼ぎの和人たちを殺害する。

## 蝦夷地（北海道）の歴史

| | |
|---|---|
| 1万年前 | 縄文文化が成立<br>農耕文化が誕生しないまま続縄文文化へ突入 |
| 13世紀 | オホーツク文化の影響をうけ、アイヌ文化が確立する（擦文文化） |
| 14世紀 | 和人（日本人）の移住がすすむ。鎌倉幕府、安東氏を蝦夷管領に任命 |
| 1456年 | アイヌが挙兵し、和人の館（住居）を襲い、これを武田信広が鎮圧＝コシャマインの蜂起 |
| 1669年 | アイヌの大規模反乱がおこる＝シャクシャインの蜂起 |
| 1792年 | ロシアのラクスマン、根室に来航して通商を求める |
| 1802年 | 幕府、蝦夷奉行を置く→のちに箱館奉行 |
| 1811年 | ロシアのゴローウニンを国後島でつかまえる |
| 1869年 | 蝦夷地を北海道と名付け、明治政府、開拓使をおく |
| 1874年 | 屯田兵制度開始 |
| 1886年 | 北海道庁を設置 |

この行動にアイヌの多くが呼応、十数隻の船が襲われ、270人以上の和人が殺された。さらにシャクシャインは、大軍をおして松前（北海道福山）に攻めのぼる勢いを見せた。

驚いた松前藩は、反乱を幕府へ通報、弘前藩と盛岡藩に応援を求めた。

その後、松前氏はシャクシャインに講和を申し入れ、彼が現れたところを捕縛して討ち、乱を下火にして2年後ようやく鎮圧した。

そして明治維新後、政府は蝦夷地を北海道として日本の領土の一部に編入したのである。



歴史メモ　蝦夷地を支配した松前藩では、米が取れないため、特定地域のアイヌとの交易権を家臣に分け与え、ここからの収入を俸禄に代えた。

# 死体も食べた？東北地方の惨状

**凶作と噴火による異常気象で、空前の大飢饉が日本を襲った。だが、この飢饉には人災の側面もあった。**

### ◉飢饉は浅間山の噴火で始まった

1783年の夏、江戸の大川には、首や手足のない人間の死体がいくつも流れ着き、悪臭を放っていた。これは利根川を下ってきたもので、浅間山の噴火による犠牲者だった。推定によれば、その数は2万人を超えるというすさまじい被害であった。この噴火で江戸の町にも3センチ以上の灰が積もった。

関東、東北の空は、浅間山が吹き出す煙と灰におおわれ、日照時間が極度に減少し、気温も異常に低下した。

前年より東北地方では凶作が続いていたが、噴火のせいでこの年は、さらに作物の生育が悪く、麦は腐り、稲は青立ちのまま実を結ばなかった。こうして大凶作が始まり、空前絶後の飢饉が数年間にわたって関東、東北地方を襲うのである。これを、「天明の飢饉」と呼び、1787年まで続いた。

とくに仙台藩、津軽藩、南部藩の被害は甚大だった。人々は米殻を食い尽くすと、空腹のあまり草や木の根をかじり、大切な家畜をも殺して飢えをしのいだが、さらに飢餓が進むと、墓から死体を掘り起こして秘かに食したほどだった。

そして、それも食べ尽くすと、まだ息のある病人や力の弱い子供を襲い、これにむしゃぶりついたとされる。まさに地獄絵である。

波紋 ⇒ **高間騒動**（1733年）
＝
江戸ではじめての打ちこわし発生

波紋 ⇒ **田沼政治の終焉**
↓ 政権交代
寛政の改革へ（松平定信）

波紋 ⇒ **大塩平八郎の乱**（1837年）
↓
天保の改革へ（水野忠邦）

### 江戸時代の3大飢饉

**享保の飢饉**
（1732年）
原因：長雨と害虫（うんかなど）
範囲：西日本中心
被害：餓死・病死者…1万2000人

↓

**天明の飢饉**
（1782〜87年）
原因：長雨、浅間山噴火による異常気象
範囲：関東〜東北中心
被害：餓死・病死者…13万〜20万人

↓

**天保の飢饉**
（1833〜39年）
原因：洪水、冷害
範囲：全国
被害：餓死・病死者…20万〜30万人

## ◉天明の飢饉には人災の側面もあった！

だが、こうした状況の東北地方にあって、1人も餓死者を出さなかった藩がある。松平定信の白河藩だ。いちはやく米銭の付与、御救《おすくい》小屋の設立、米穀買い占めの禁止といった、農民救済策を講じたからである。

一方、他の東北諸藩は、商人や地主の米の売り惜しみを黙認し、ひどい藩は、米の高騰で一儲けしようと、米を江戸へ運んで売り払ったところもあったという。

自分の藩の飢饉の惨状に驚いて対策を講じたときには、すでに手遅れになっていた。こうした藩は、農民が餓死したり、他国へ逃散《ちょうさん》したりして人口が激減し、広大な田畑が荒廃して、のちにひどい損害を受けることとなった。つまり天明の飢饉は、天災であると同時に人災でもあったわけだ。

## ◉田沼政治も恨みの対象に

ところで、江戸時代の人々は、天災が続くのは、いまの政治が悪いからであるという意識をもった。天明時代は、田沼意次の全盛期に当たる。

「飢饉は、田沼の賄賂政治のせいである」といった声が日増しに強くなった。そして翌1784年、田沼の息子意知《おきとも》が個人的恨みから佐野政言《まさこと》に刺殺されると、庶民は拍手喝采し、佐野を「世直し大明神」などとあがめ、田沼の失脚を強く願った。

結局、この事件以後、田沼の力は急速に弱くなり、やがて失脚する。つまり、天明の飢饉が政権交代を促進させたともいえる。しかも、田沼に代わって政権をにぎったのは、天明の飢饉で善政を施した、あの白河藩主松平定信だったのである。



**歴史メモ** 佐野政言は切腹を命じられ、遺体は浅草徳本寺に葬られたが、人々は彼をたたえ、墓を参詣する者が後を絶たなかった。

# 反乱鎮圧後も全国に現われた平八郎の幽霊

**幕末にいたるまで長く人々の心に生き続けた大塩平八郎。なぜ、こんなにも人々に支持されたのか。**

## ◉困民救済に立ち上がった大塩平八郎

1833年から数年間にわたって日本は全国的な凶作となり、人々は大いに苦しんだ。これが「天保の大飢饉」である。

天下の台所といわれた大坂の町も例外ではなく、米価が暴騰し、それに連動して諸物価も高騰、貧民のなかには飢え死にしたり、身投げしたりする人々が続出した。これを見かねた大坂町奉行の元与力《よりき》で陽明学者の大塩《おおしお》平八郎は、町奉行の跡部山城守《あとべやましろのかみ》に貧民救済策をたびたび上申した。それに対して跡部は、越権行為だと大塩を恫《どう》喝《かつ》、困民救済どころか上方の米を幕閣の命令でせっせと江戸へ送るという行為に出た。

ここにおいて大塩は、1837年2月19日、貧民救済のため無能で無慈悲な町奉行所の役人を誅殺《ちゅうさつ》し、私腹を肥やす豪商に掣肘《せいちゅう》を加えるべく、蜂起したのだった。その際、蔵書を売った金を貧民に分け与え、参加を呼びかけた。大塩らは、市中で大砲をぶっ放し、焙烙玉《ほうろくだま》をあたりかまわず投げつけて大坂を火の海にしたが、反乱はわずか1日で鎮圧された。そして40日後、大塩は幕吏《ばくり》に隠れ家を包囲され、火を放って自殺したのであった。

## ◉大塩平八郎に生きていてほしかった民衆

ところが、である。それからいくばくもせぬうち、「大塩平八郎は死んでいない。生きている」といううわさが、立ちはじめたのだ。

大塩の遺体が焼けただれていて、顔の判別が不可能だったことが、生存説を生んだらしい。江戸、大坂、京都では、死んだはずの大塩の、幕府に対する挑戦状が連日のように奉行所に届き、町の辻々にも大塩平八郎という署名入りの幕政批判の貼り紙や落とし文が見られた。こういったいたずらに幕府は神経をとがらせたが、それを制止する手立てはなかった。

やがて大塩生存説は飛躍し、「大塩は河内から九州へ逃れ、海を渡って清国へ行き、さらにアメリカ、あるいはヨーロッパへ亡命した」という、とてつもない話まで生まれてくる。このうわさは、なんと幕末まで続いた。いかに庶民が、大塩を英雄視していたかがわかろうというもの。それほど、幕府の政治が腐敗しきっていたということだろう。

おそらく大塩は死んだと思われる。が、その思想についていえば、生きていたといってよいかも知れない。大塩の乱のあと、彼の生きざまに感銘を受けた人々が、次々と反乱を起こしているからだ。

主なものだけでも、1837年4月に備後国三原で、同年5月に播磨国加東郡で、同年6月越後国柏崎で、同年7月摂津国能勢で、大塩一党の名をかたった反乱や一揆が発生している。

### 大塩平八郎の乱

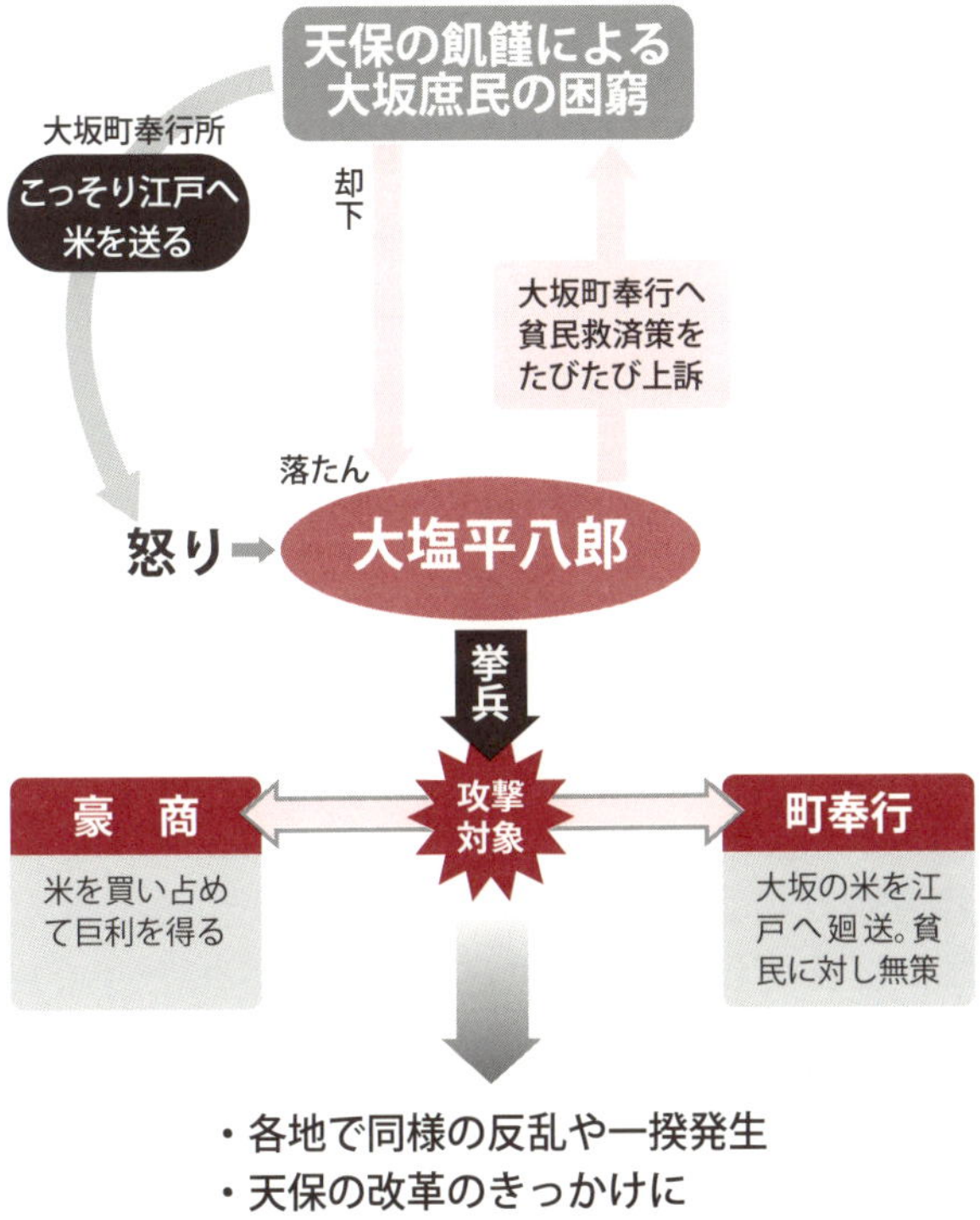
天保の飢饉による大坂庶民の困窮
大坂町奉行所
こっそり江戸へ米を送る
却下
大坂町奉行へ貧民救済策をたびたび上訴
落たん
怒り
大塩平八郎
挙兵
攻撃対象
豪 商
米を買い占めて巨利を得る
町奉行
大坂の米を江戸へ廻送。貧民に対し無策
・各地で同様の反乱や一揆発生
・天保の改革のきっかけに



歴史メモ 大塩の反乱を知って出陣した跡部良弼と堀利堅は、敵の砲声に馬が驚いた際、たずなをさばききれずに落馬したという。

COLUMN

## 能力を伸ばす勝海舟の人との接し方

「天下無二の軍学者・勝麟太郎（海舟）という大先生の門人となり、殊のほか可愛がられ候て、まず客分のようなものになり申候〈中略〉すこしエヘン（自慢）顔して密かにおり申候」

これは坂本龍馬が姉に出した手紙だ。無邪気に勝を「天下無二」と讃え、浪人の自分を幕府の軍艦奉行が「客分」のように可愛がってくれることを得意げに報告している。

実はこれが、勝の教育方針だったのである。

「若い者だといえば、たとえいかなる傑物でも、やはりこれを小僧のように思って、いつまでも風下に置くというのはいけない」

「後進の青年を導くには、なるべく卑屈にせぬよう、気位は高尚にもつようにしてやらねばいけないよ」（『氷川清話』）

このように勝は、弟子の尊厳を傷つけぬよう気を配りながら、才能を引き出していった。

たとえば勝が10名ばかりの弟子を連れて師の佐久間象山を訪ねたときのこと。象山は勝が従者と同じ粗末な服を着ているのをみて、「重職にある者が従者と同様の服装では、お役目に対して済むまい」と軽く諫めると、勝は、

「先生は私の連れを軽く見られるが、彼らは他日あなたより出世するかもしれない。だから私は、彼らを兄弟として遇しています。彼らは決して私の従者ではありません」

と反論したという。かくのごとき良師に学んで、伸びない教え子があるだろうか。

# 第5章

## 近代化する日本

▼明治維新から太平洋戦争へ

# 急速な近代化と破滅、そして復興へ

## ペリーに見せた日本人のアレルギー反応

19世紀の100年間は、アジア諸国を混乱へと突き落としたすさまじい時代であった。産業革命を達成したヨーロッパの列強諸国が、植民地を求めて津波のように押し寄せたからだ。もちろん、日本とて例外ではなかった。

国民の海外との交流を制限することで、一面、江戸幕府は200年という気の遠くなるような月日を、安穏と支配し続けることができたともいえる。しかしそのせいで、国民には世界情勢が正確に伝わらず、日本という小国が世界のすべてであるかのごとき錯覚を与えてしまった。そんなところへ、近代を象徴する巨大な蒸気船に乗ったペリーが来航、さびついた鎖を断ちきって日本国の扉をこじ開けたのである。

ペリーのあまりの強引さに、しばし人々は呆然となった。しかしやがて、国内で純粋培養されてきた日本人の身体に強烈なア

OUTLINE

レルギー反応が起る。侵入した異物を排除する免疫システムが働いたかのように、尊王攘夷運動が猛然と沸き起こり、応急処置に失敗した幕府は、人々の信頼を失ってペリーの来航からわずか15年で倒れてしまうのである。

## 急速な近代化と破滅その後の奇跡的な復興

「日本は列強の植民地にされてしまう」——新たに誕生した明治政府は、強烈な危機感を抱き、ものすごいスピードで近代化を推進する。数十年の間に憲法をはじめとする諸制度を整備し、日清・日露戦争に勝ってアジアの強国へとのし上がっていった。だが、両大戦で勝利したことが、日本の進路を誤らせる。

一時は大正デモクラシーといった民主的な方向へ進みながら、やがて軍部が台頭して軍国主義国家に変貌をとげ、日本人であれば誰でも知っているように、「大東亜共栄圏」という幻想を抱いてアメリカとの勝ち目のない戦争へ突き進み、ついに破綻してしまう。

しかし戦後、アメリカの主導とはいえ、非軍事・民主国家として日本は再生する。持ち前の勤勉さと技術力によって急激に輸出を伸ばし、1956年の神武景気以来、約20年近くものあいだ奇跡的な高度経済成長を続け、世界有数の富裕国となったのである。

# 近代の10大ニュース

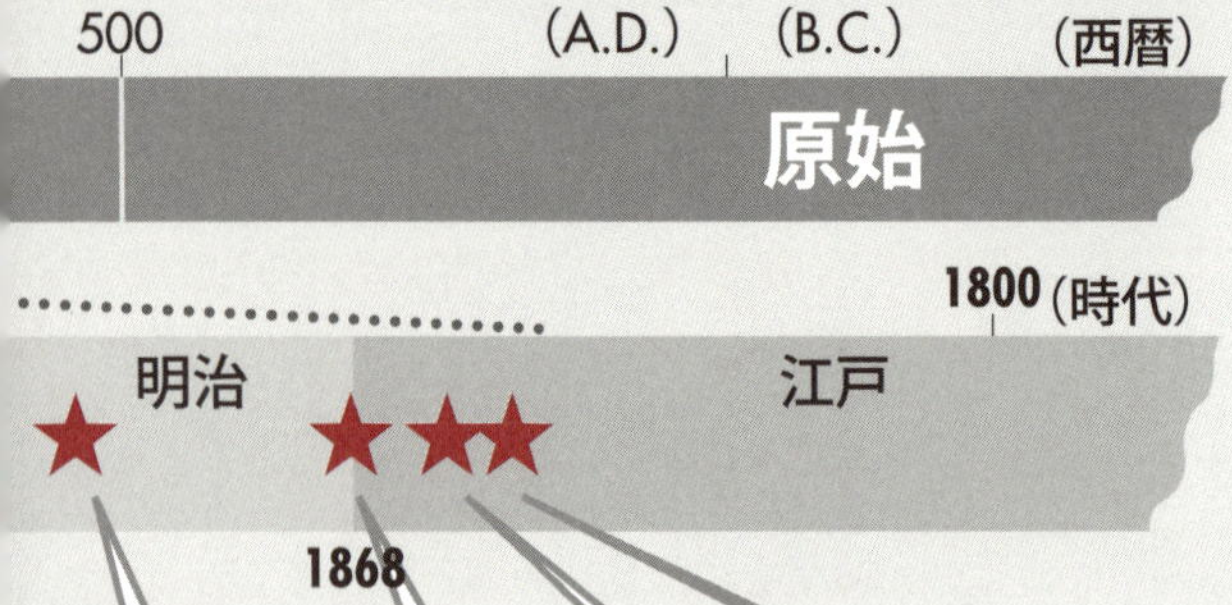


**ペリーの来航**（1853）

ペリーの強い要求で、幕府は鎖国政策を廃止し、翌年、日米和親条約を結んで正式に開国する。

**日米修好通商条約**（1858）

大老井伊直弼は天皇の勅許を得ずに通商条約を結び、これがきっかけで尊攘運動、倒幕運動が発生。

**戊辰戦争**（1868〜）

前年の大政奉還によって幕府は消失し、同年、鳥羽・伏見の戦いで新政府軍（朝廷）は旧幕府軍を破り、戊辰戦争に勝利して日本を統一。

**大日本帝国憲法発布**（1889）

日本は憲法を制定して近代国家の仲間入りをする。この憲法は天皇が国民に付与する欽定という形式をとった。

2000年
1500
1000
近代
近世
中世
古代
2000
1900
平成
昭和
大正
1926
1912


**日清戦争**（１８９４〜）

朝鮮半島の主導権をめぐって清国と戦争。圧勝して莫大な賠償金と租借地を得る。

**日露戦争**（１９０４〜）

朝鮮半島をめぐって対立、戦争へと突入する。奉天の戦い、日本海海戦で勝利したが、結局賠償金はもらえず、庶民が怒って日比谷焼打ち事件を起こす。帝国主義国家の仲間入り。

**関東大震災**（１９２３）

首都圏に大地震が起こり、東京・横浜は壊滅状態に陥る。

**満州事変**（１９３１〜）

軍部の台頭によって、日本は中国東北部へ武力侵攻し、翌年、満州国という傀儡政権をつくる。１９３７年から全面的な日中戦争へと突入する。

**太平洋戦争**（１９４１〜）

経済封鎖を打破するため、アメリカ（連合国軍）との無謀な戦争をはじめ、１９４５年、ポツダム宣言を受諾して無条件降伏する。

**サンフランシスコ平和条約**（１９５１）

非軍事化、民主化を達成した日本は、この年、同条約を締結して国際社会復帰。

## 1792〜1853年◆黒船の来航

# 幕末に続々とおしかける外国船

**諸外国の来日とペリー提督の強硬な態度を拒みきれず、1853年ついに215年ぶりに国を開くことになる。**

### ◉最初は近場のロシアが来日

日本が江戸中期にさしかかる18世紀、欧米諸国ではすでに産業革命が起こっていた。彼らは、新しい市場と植民地をもとめて、海上からアジアになだれこんでゆく。もちろん日本もその例外ではない。

18世紀も後半になると、異国の船が日本近海に出没しはじめる。まず、来訪したのはロシアであった。1792年、エカテリーナ女帝の使節としてラクスマンが根室に、1804年、遣日全権大使としてレザノフが長崎を訪れ通商を要求する。幕府は鎖国を理由にこれを拒絶したが、1811年には海軍少佐ゴローウニンが無断で国後島に上陸、幕吏によって逮捕される事件が発生している。しかしその後、ナポレオン戦争の影響で、ロシアの南下は一時的にやんだ。

### ◉とんでもなく強引なイギリスのペリー

これにかわったのがイギリスだった。1808年、ペリー大佐（アメリカのペリーとは別人）を艦長とするフェートン号が、突如長崎に侵入し、オランダ人2名を人質にして3日間にわたり湾内を遊航して立ち去る事変が起こった。これは、フランスと対立するイギリスが、フランスに併合されたオランダ船を拿捕する目的で襲来したもので、長崎奉行だった松平康英《やすひで》は責任をとって自刃した。その後も、1818年にゴルドンが浦賀《うらが》に、1824年、英国船が常陸国大津浜に投錨する。

### ◉対応に右往左往する江戸幕府

このような状況のなか、幕府は外国船対策を二転三転させる。異国船への方策が明文化されたのは1791年のことで、船を抑留し臨検したあと解放するというもの。1806年には、漂流船に薪水《しんすい》を与えて穏便に帰国させるという「撫恤令《ぶじゅつれい》」が発せられた。しかし、先のフェー

## 外国船はこんなに来た！

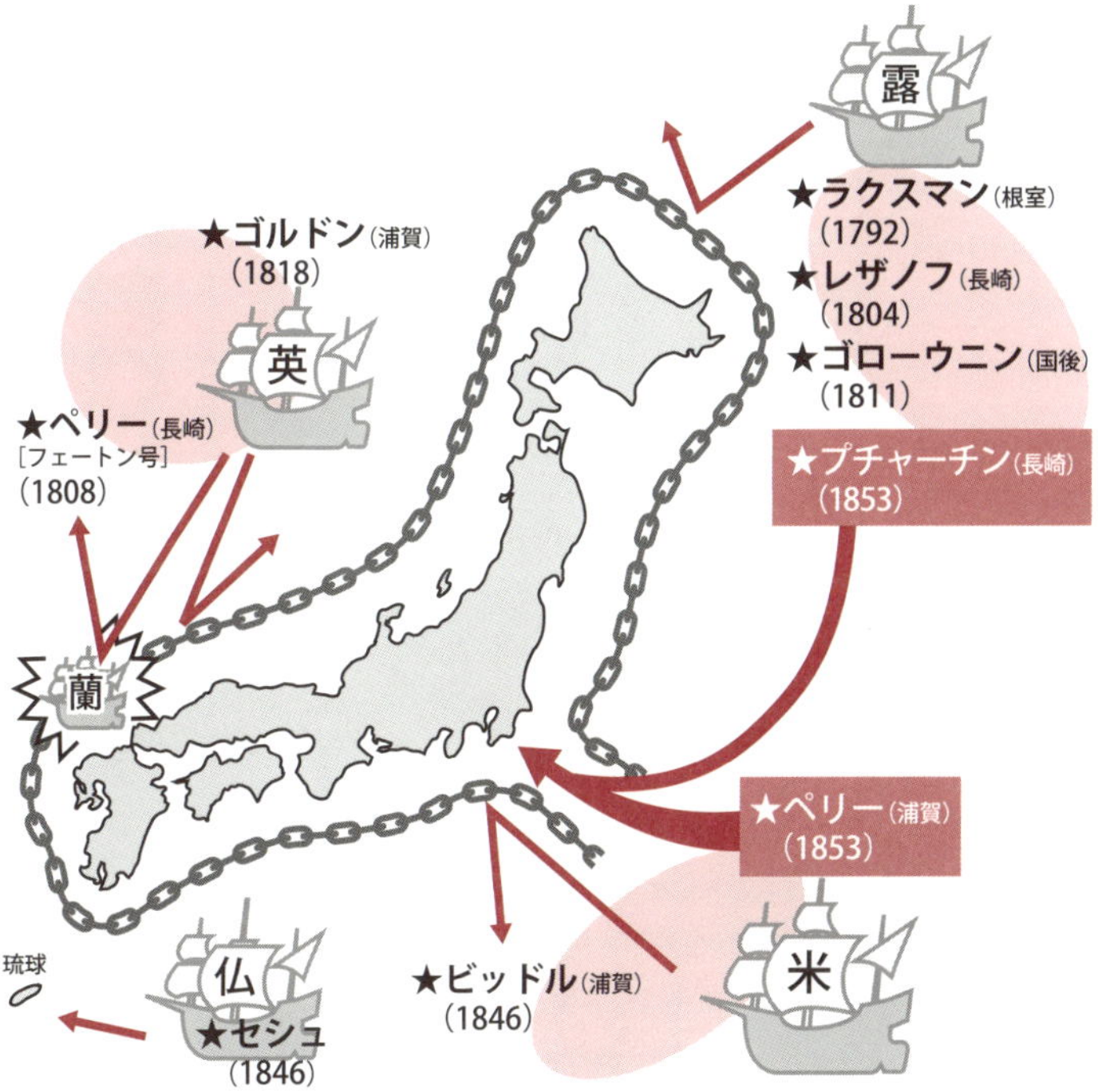
露
★ラクスマン（根室）
（1792）
★レザノフ（長崎）
（1804）
★ゴローウニン（国後）
（1811）
★ゴルドン（浦賀）
（1818）
英
★ペリー（長崎）
［フェートン号］
（1808）
★プチャーチン（長崎）
（1853）
蘭
★ペリー（浦賀）
（1853）
琉球
仏
★セシュ
（1846）
★ビッドル（浦賀）
（1846）
米

トン号事件を機に幕府は態度を硬化させ、1825年に「異国船打払令《うちはらいれい》」を出すに至る。この法令の初の犠牲が、モリソン号（アメリカ）である。同号は、1837年、日本人漂流民を送還しようと江戸湾に入ったところを、浦賀奉行所によって砲撃された。

だが同年、大洋航行型の巨大蒸気船をイギリスが完成させ、アジア進出にさらなる加速をつけた。アヘン戦争で清国をやぶって香港を獲得すると、1842年、打払令はあっさり撤廃され、「薪水給与令」が発せられる。

イギリスに次いで来訪したのがアメリカだった。同国は捕鯨の寄港地として日本をもとめた。幕府は1846年のビッドルの開国要求はなんとか拒絶したものの、ペリー提督の強硬な態度を拒みきれず、1854年、ついに213年ぶりに国を開いたのである。



歴史メモ　ペリーが来航した際、庶民はあまり驚かず、黒船に向かって小舟で漕ぎ出し、外人と物品を交換したりモノを売ったりする人もいた。

# 長州人の一徹さが時代を大きく動かした

**叩かれても踏まれても、基本的姿勢を変えなかった長州。長州なくして明治維新はなかった？**

## ◉阿部正弘が諸藩を勢いづけた

幕府が崩壊するきっかけをつくったのは、老中阿部正弘《まさひろ》である。1853年にペリーが来航したとき、外様大名から庶民にいたるまで、彼は広くその対応について意見を求めたのだ。

幕府が政治上の意見を問うことなど、かつて一度もなかった。未曾有《みぞう》の国難に挙国一致であたろうとしたのだが、これがいけなかった。江戸時代、幕政は譜代大名と旗本・御家人が担当、外様や御三家はタッチできなかった。しかし、ペリーの件で慣例は破られた。

以後、天下の政治に目覚めた「雄藩《ゆうはん》」（御三家や外様のうち天保時代に藩政改革に成功した藩）は盛んに幕政に参画しようとし、やがて幕府を見限って朝廷を奉じ、倒幕に邁進《まいしん》する。

はじめに政治に介入してきたのは水戸藩である。同藩では徳川光圀以来の「尊王」思想に加え、突然、藩領に異国船が出現したことで尊王攘夷運動が盛り上がった。やがてこの尊王攘夷運動は長州藩に継承されていく。

## ◉一途な勢いの長州藩が倒幕をはたした

運動を広げたのは、藩士の吉田松陰《しょういん》だ。彼は安政の大獄で捕縛され、やがて処刑されるが、長州に幽閉されていた時期、松下村塾《しょうかそんじゅく》を開いて子弟の教育にあたる。わずか2年間であったが、彼の熱情と独特な教育方針によって高杉晋作《しんさく》、伊藤博文、品川弥二郎《やじろう》、山県有朋《やまがたありとも》など幕末維新の原動力となる尊攘派の若者を育成したのである。

松陰の子弟は朝廷内に勢力を広げ、過激な攘夷行動に出た。外国人を殺傷したり公使館を襲撃したり、異国船を砲撃したりした。あまりの過激さゆえ、時の孝明《こうめい》天皇と幕府は、朝廷から長州勢力（公家7人）を駆逐する。これが「八月一八日の政変」である（1863年）。それに抗議する形で長州藩は翌年、大挙して京都に乱入、朝廷を守備する会津・薩摩軍と衝突して敗北する。

### 長州藩の幕末の歩み

| | |
|---|---|
| 1863年8月 | **8月18日の政変** →三条実美ら7名の公家を追放 尊攘派衰退 |
| 1864年6月 | 新撰組池田屋を襲撃 |
| 7月 | 禁門の変（蛤御門の変）→薩摩・会津らと戦い敗走 |
| | 幕府の第一次長州征討→長州藩、屈服 |
| 8月 | 4国艦隊、下関を砲撃 |
| 10月 | 幕府に謝罪 |
| 11月 | 守旧派台頭 |
| 12月 | **高杉晋作挙兵** →討幕派復活 |
| 1865年7月 | グラバーから武器購入 |
| 1866年1月 | **薩長同盟** |
| 6月 | 幕府の第二次長州征討→失敗 |
| | **1867年大政奉還へ** |

この機に幕府は長州征討《せいとう》（第一次）を行ない、同時に列強諸国も海上から長州領を砲撃する。踏んだり蹴ったりである。このため藩内の尊攘派は一時勢力を失い保守派と交代、幕府に屈服してしまう。

ところが、すぐに高杉晋作がクーデターを起こして政権を奪回。事態を知った幕府は第二次長州征討を行なうが、長州は密かに薩摩藩と同盟を結び、薩摩から最新兵器を大量に購入、奇兵隊・諸隊（士庶混成軍）など近代歩兵部隊を駆使して幕府・諸大名軍を撃退したのである。これによって幕府は権威を失墜《しっつい》、一気に明治維新に突入する。

ボロボロになりながらも長州人が一貫して主義主張を変えなかったことが、時代を大きく動かしたのである。しかしながら、そんな長州藩は新政府を発足させると、尊攘思想を未練なく捨て去り、かつて幕府が施政方針としていた開国和親を唱えてゆくのだから、政治というのはまことに不思議なものである。



**歴史メモ** 吉田松陰は教え子一人ひとりの長所を見抜き、それを本人に語り励ましてやることで自信をつけさせる教育手法をとった。

# 日米修好通商条約は何が不公平？

**日本が開国するにあたってアメリカと結んだ通商条約は、完全になめられた内容だった。**

## ◉外国人の犯罪はみんな無罪⁉

1856年に下田に着任したアメリカの駐日総領事ハリスは、江戸に出て十数回にわたる粘り強い交渉を行ない、1858年、日米修好通商条約を結んだ。

条約には一方的な最恵国《さいけいこく》待遇や居留地《きょりゅうち》制、領事裁判権、協定関税制度など不平等条項が盛りこまれた。とくに領事裁判権と協定関税制度は、日本にたいへん不利な項目だったのだ。

領事裁判権というのは、日本で犯罪をおかした外国人を駐日領事がさばくという制度で、いわゆる治外法権制度だ。つまり、日本人は外人を断罪できないのだ。この条項が論議されたとき、日本の役人はまったく異議をとなえなかったそうだ。領事裁判権が不平等なものだとわからず、むしろ外国人をさばく面倒から逃れられる良法だと喜んだと伝えられる。

ハリスが治外法権をもとめたのは、日本の刑罰があまりに苛酷だったからだという。たしかに、窃盗ごときで打ち首にされてはたまらない。だが、明治の世となり、近代法制度が整ったあとも、この条目は撤廃されなかった。

## ◉貿易で不利な課税制度

貿易品の課税については、アメリカ側ではなく幕府が言い出したものだ。むしろハリスは、自由貿易を考えていた。ただし、申し出を巧みに利用し、協議によって関税率を定める協定制度としたのは、ハリスのほうである。

折衝のすえ、税率は輸出品は5％、輸入品はおおよそ20％に設定された。自国の税率を自由に決定できないというのは不利な拘束である。しかも8年後の1866年には、兵庫開港延期の代償として改税約書が結ばれ、輸入税は一律5％に引き下げられた。

この結果、日本は欧米の安い商品の流入を防ぐことができず、近代産業の育成がはばまれ、多大な損害をこうむることとなってしまった。

このような不平等条項は、半世紀以上をへた1911年、ようやく解消された（274ページ）。

日米修好通商条約の不平等

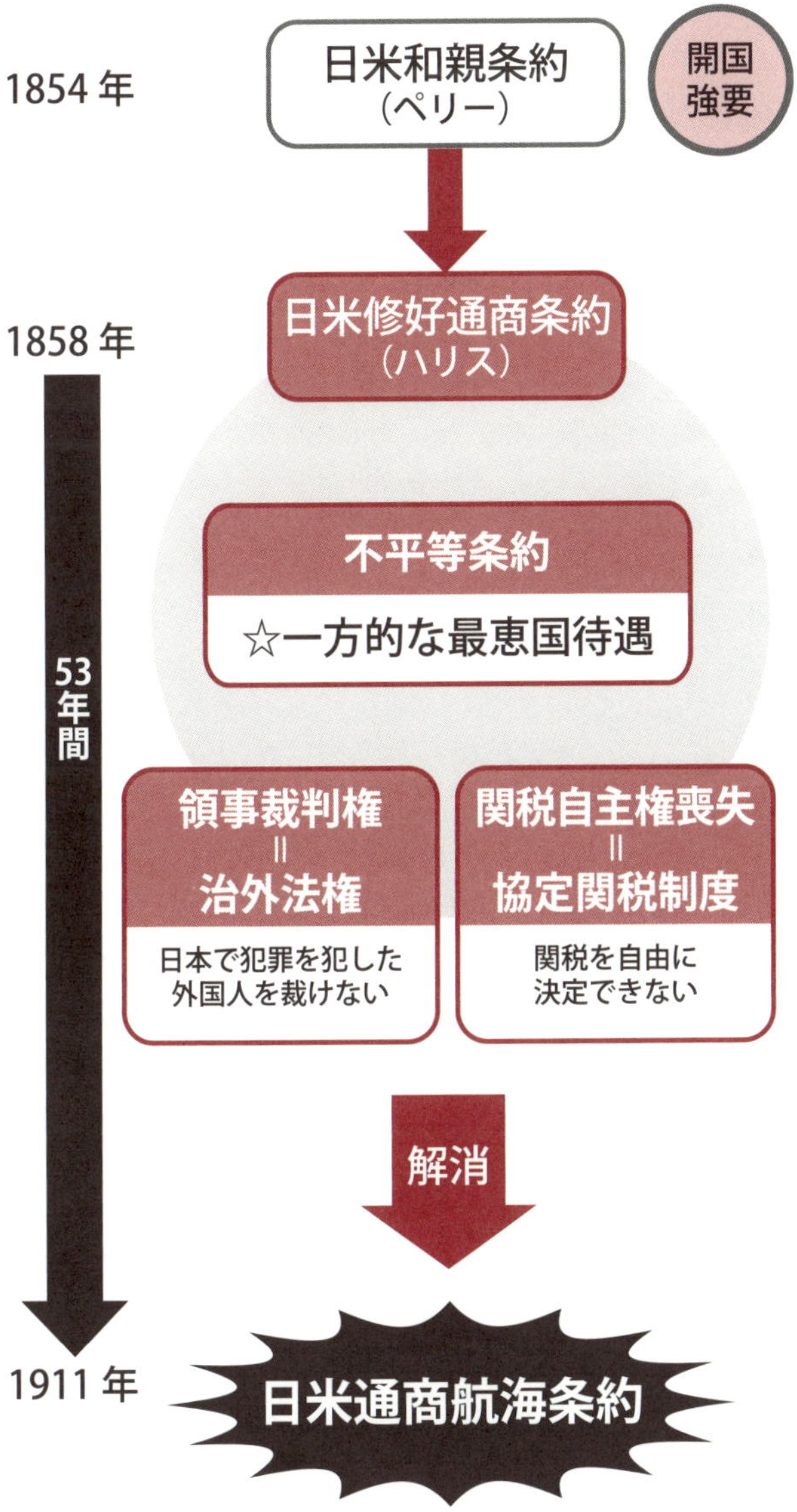
1854年
日米和親条約
（ペリー）
開国強要
1858年
日米修好通商条約
（ハリス）
53年間
不平等条約
☆一方的な最恵国待遇
領事裁判権
=
治外法権
日本で犯罪を犯した
外国人を裁けない
関税自主権喪失
=
協定関税制度
関税を自由に
決定できない
解消
1911年
日米通商航海条約



歴史メモ　ハリスは幕府の役人との交渉が進まないことに腹を立て、役人に向かって「おまえたちは世界一の嘘つきだ」と癇癪をおこしている。

# 対外貿易によって幕府の崩壊が早まった

**ついにはじめられた貿易だが、物価は上がる、流通システムは変わる、金が減る、と悪いことのほうが多かった。**

## ◉8割以上が横浜港で行なわれた

1858年に諸外国と通商条約が結ばれ、貿易がはじまった。といっても、日本人が海外へ出向いて商売するのではなく、開港場に居留する外国商人と物品を取引するのだ。主な商売相手はもっぱらイギリス人で、取引総額の80％以上を彼らが占めた。また、貿易の8割以上は横浜港でおこなわれた。

ところで横浜は、はじめ開港する予定はなく、神奈川（横浜市神奈川区東・西神奈川町）を開く約束になっていた。しかし、神奈川が東海道の宿駅だったことから、異人と庶民の接触を恐れた幕府が隣村の横浜にすりかえたのだ。米・英領事は強く抗議したが、横浜が良港だったため外国商人は続々と商館を建て、豪商も支店をかまえたので、すぐに同港は繁栄していった。

さて、貿易品目であるが、輸入品については、綿糸・綿織物・毛織物など繊維製品が主座を占め、金属・武器・砂糖・薬品がこれに次いだ。輸出品は、生糸が約8割、次いで茶が1割に達した。とくにこの頃、生糸産地のフランス・イタリアの蚕が疫病で全滅状態におちいり極度の品不足になっていたので、日本産の生糸は競って購入されたのだ。

## ◉貿易が幕府の崩壊を早めた！

ところで、貿易が国内に与えた影響は、はかり知れないほど大きかった。とくに物価の上昇である。生糸と茶は、つくればつくっただけ輸出できたので、国内ではひどい品薄状態となり、値段がわずかの間に10倍近くまではね上がった。

これに連動して諸物価が高騰し、庶民の生活を圧迫した。討幕運動が活発化したのは、こうした不満も関係しているといわれ、開国は幕府自身の首を絞めることにな

## 幕末の対外貿易

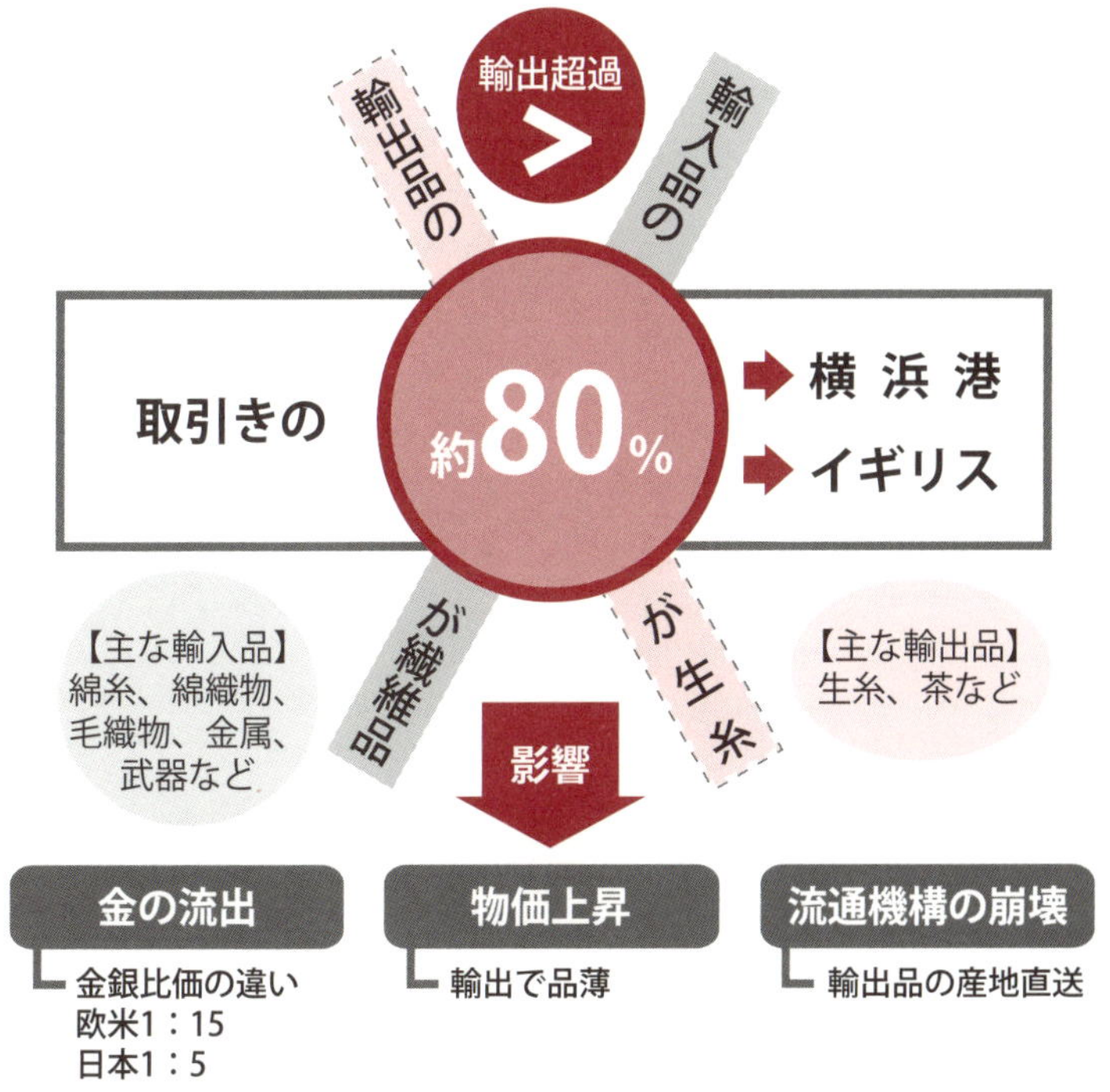
輸出超過
輸出品の
＞
輸入品の
取引きの
約80%
横浜港
イギリス
が織維品
が生糸
【主な輸入品】
綿糸、綿織物、
毛織物、金属、
武器など
【主な輸出品】
生糸、茶など
影響
金の流出
金銀比価の違い
欧米1：15
日本1：5
物価上昇
輸出で品薄
流通機構の崩壊
輸出品の産地直送

った。また、海外からの安い綿糸や織物は、国内の織物業者に手痛い打撃を与えた。

さらに、これまであらゆる物品は、江戸の問屋を経由して全国へ送られていたのだが、対外貿易がはじまると、地方商人たちが開港場へ荷を直送したため、それまでの流通機構が破綻してしまった。

しかたなく幕府は、物価の沈静化と問屋保護のため、五品江戸廻送令《かいそうれい》（1860年）を発し、雑穀《ざっこく》・水油・蝋《ろう》・呉服・生糸は、江戸を経由して港へ発送せよと命じたが、あまり効果はなかった。

もちろん良い面もあった。生糸や茶の製造過程で、作業所を設置し賃金労働者を雇うといった、工場制手工業（マニュファクチュア）が誕生し、資本主義経済への素地がつくられたことである。



歴史メモ　日本と外国の金銀比価は大きく違い、貿易が開始されたとたん10万両以上の金が海外に流出。幕府はあわてて小判の金含有量を下げた。

# 幕末の思想は15年間でこんなに変わった

**幕末の思想は、尊王攘夷の思想から、公武合体論、討幕論へとめまぐるしく移行していく。**

## ◉尊王攘夷から公武合体へ

ペリーが来航してから幕府が崩壊するまでわずかに15年。けれどこの間の思想の動向はたいへんややこしい。

そもそも尊王攘夷論（尊攘論）というのは、尊王論（天皇を貴ぶ）と攘夷論（外国人を追い払う）という別個の儒教思想だった。これを結びつけたのは水戸藩の会沢正志斎《せいしさい》（安）だが、ペリーの来航、諸外国の通商条約強要、そして幕府の弱腰外交が、天皇への期待となって、この思想を全国に普及させた。

一方、少数ではあったが開国論をとなえる者もいた。勝海舟はその典型だろう。当時、大老であった井伊直弼《いいなおすけ》は、幕府独裁（佐幕論《さばくろん》）の立場から尊攘主義者を厳しく弾圧（安政の大獄《たいごく》）したが、逆に桜田門外で暗殺されてしまい、幕府の権威は低下する。そこで幕府は、朝廷と融和して外国にあたるという公武合体《こうぶがったい》論の立場をとる。

薩摩、会津、土佐藩もこれに同調、朝廷内でも公武合体派が台頭し、長州の尊攘派とせめぎ合い、１８６３年、長州勢力が朝廷から放逐された（八月一八日の政変）。

## ◉外国の強大さを知り討幕へと動き出す

しかし、薩英戦争、英米仏蘭からなる四国艦隊下関砲撃事件を経験し、外国の強大さをあらためて実感した薩摩藩と長州藩は、幕府を倒し早急に中央集権国家をつくる必要性を強く感じた。１８６６年、密かに薩長同盟が結ばれ、第二次長州征討《せいとう》で幕府軍が長州軍に敗北すると、討幕の勢いはさらに加速する。これに対して土佐藩は、朝廷を中心とした雄藩《ゆうはん》（徳川家を含む）連合政権を構想、将軍徳川慶喜に大政奉還《たいせいほうかん》をすすめたのである。

慶喜がこれを受諾して政権を返上すると、王政復古の大号令が出され、徳川家の処分をめぐって朝廷で会議（小御所会議）が開かれた。

その席上で薩長の討幕派と土佐・越前藩ら公議政体派《こうぎせいたい》（雄藩連合政権を主張）が激しく対立、最終的に慶喜の辞官納地《じかんのうち》が決定された。しかしその後、公議政体派が巻き返しをはかり、慶喜の入閣が決定寸前まで進む。が、

討幕派の挑発で暴発した旧幕臣が鳥羽・伏見の戦いに敗れ、徳川家の新政権参加の夢はついえた。これにより公議政体派は討幕派に主導権をうばわれ、戊辰《ぼしん》戦争（252ページ）の勝利後、薩長藩閥政府が成立するのである。

### 幕末思想の系図

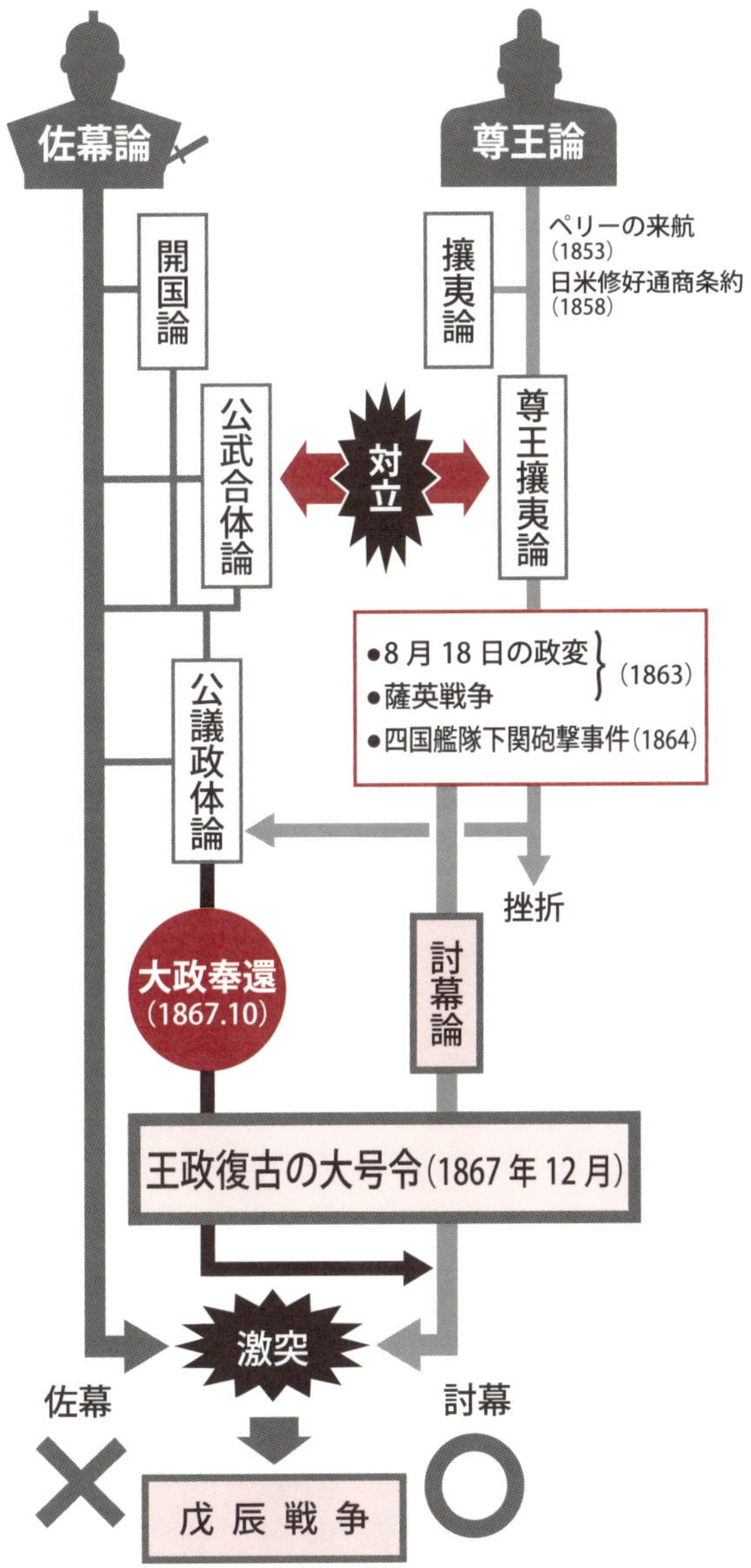
佐幕論
尊王論
開国論
攘夷論
ペリーの来航（1853）
日米修好通商条約（1858）
公武合体論
対立
尊王攘夷論
•8月18日の政変
•薩英戦争
（1863）
•四国艦隊下関砲撃事件（1864）
公議政体論
挫折
大政奉還（1867.10）
討幕論
王政復古の大号令（1867年12月）
激突
佐幕
討幕
戊辰戦争



歴史メモ　尊攘論のバイブル『新論』を書いた会沢正志斎は晩年、攘夷思想の誤りをその著書『時務策』で訂正し、開国主義者に転換した。

# 新政府による全国平定はどう進められたのか

**幕府は政権を返上したものの、まだ勢いがあった。その幕府が最後の力を使い果たしたのが戊辰戦争だった。**

## ◉官軍は京都から江戸へ

鳥羽・伏見の戦いに始まって五稜郭《ごりょうかく》の戦いが終結するまでの、新政府軍による全国平定戦を戊辰《ぼしん》戦争という。

１８６７年12月、王政復古の大号令によって新政府が樹立され、薩長ら討幕派の策動で将軍慶喜の辞官納地が決定された。しかし慶喜の巧みな巻き返しにより、辞官納地の撤回と慶喜の入閣が実現しそうになった。

あせった討幕派は、さかんに江戸で旧幕臣らを挑発し、ついに暴発させることに成功した。この情報が伝わると、慶喜は大坂城の部下を制止しきれず、１８６８年1月、ついに鳥羽・伏見で旧幕府軍と新政府軍が激突した。新政府軍の勢力は、旧幕府軍の3分の1にも満たなかったが、近代的兵備の充実によって旧幕府軍を撃破した。

これを知った慶喜は、大坂城から江戸へ逃げもどり、新政府に対して恭順の意を表明して上野寛永寺で謹慎生活に入った。一方、新政府軍（討幕派）は慶喜を朝敵として三方面から東へ進撃をはじめ、ほとんど諸藩の抵抗を受けることなく、3月初旬、江戸近郊に到達した。

その後、勝海舟と西郷隆盛の会談により、江戸城は無血開城された。これを不満とする彰義隊《しょうぎたい》（元幕臣ら）は上野に集結して敵対行動をとったが、新政府軍の攻撃で鎮圧され、まもなく関東全域も制圧された。

## ◉戦いは東北から北海道へ

ところが東北地方では、朝敵とされた会津藩の救済を嘆願していた諸藩が、奥羽越列藩《おううえつれっぱん》同盟を締結して新政府に反抗する姿勢を鮮明にする。そこで新政府軍は、東北に全力を投入した。東北戦争の始まりである。

当初、長岡藩がすさまじい奮闘を見せたが、同藩が敗北すると、列藩同盟は瓦解をはじめ、会津藩の降伏によって全域が平定された。しかし、戦争はまだ終結しない。

新政府への戦艦引き渡しを拒否した海軍副総督榎本武揚《えのもとたけあき》が、品川から旧幕艦隊をひきいて蝦夷地箱館《はこだて》の五稜郭を拠点に、政権を樹立したからだ。新政府軍は１８６９年5月、雪がとけるのを待って五稜郭に総攻撃をしかけ、これを陥落させた。こうしてようやく戊辰戦争は終わりを告げ、新しい時代が幕を開ける。

戊辰戦争・官軍の東進

東
新政府軍の進撃
西
五稜郭の戦い
1869年5月
箱館
長岡城の戦い
1868年5～7月
会津
長岡
会津戦争
1868年8～9月
江戸
京都
上野の彰義隊
の抵抗
1868年5月15日
鳥羽・伏見の戦い
1868年1月3～6日



歴史メモ 会津藩士は、子供や女性まで一丸となって新政府軍と戦い、白虎隊の少年20人が自刃する悲劇も起った。

# 危うく外国領だった⁉小笠原諸島

**日本と外国との国境が決まるまでに、多くの紆余曲折があったが、北方四島や、尖閣諸島などまだまだ問題もある。**

## ◉北方領土問題はいつからはじまった？

北の国境は、1854年の日露和親条約で、択捉島《えとろふ》とウルップ島の間と決まり、樺太《からふと》（サハリン）は両国雑居地とされた。けれど明治に入ると、ロシアがひんぱんに樺太へと南下するようになる。あせった政府は樺太の北半分を買収しようとしたが、ロシアの反対で失敗に終わった。

樺太の領有を断念した政府は、同島を手放すかわりに千島列島を保有しようと榎本武揚をロシアへ派遣して交渉にあたらせ、1875年、樺太・千島交換条約を結んだ。こうして北の国境は確定した。その後、1905年のポーツマス条約（日露戦争の講和条約）で日本は南樺太を手に入れ、樺太庁を設置して植民地経営をおこない、1943年、内地に編入した。だが、2年後の太平洋戦争の敗戦で樺太と千島はロシア（旧ソ連）軍に占拠され、択捉島をはじめ北方4島も、いまだ返還されておらず、大きな問題となっている。

## ◉さまざまな国が小笠原の領有を宣言

現在の南の国境は、小笠原《おがさわら》諸島である。ただ、小笠原に関しては、日本固有の領土とは呼べないかもしれない。というのは19世紀まで同島は無人であり、その帰属が明確でなかったからだ。

名の由来は、1592年に小笠原貞頼が発見したからだというが、確証はない。江戸幕府は、1675年と1727年に同諸島の開拓を計画したが、いずれも失敗に帰し、そのまま放置された形になって19世紀を迎える。

1827年、アメリカの捕鯨船が小笠原諸島を発見して母島に上陸、船長の名であるコッフィン諸島と名付けた。やがて今度は、イギリス船ブロッサムが父島に来航し、同諸島の領有を宣言、国旗を残して島を後にした。

### 南北の国境はこうして決まった

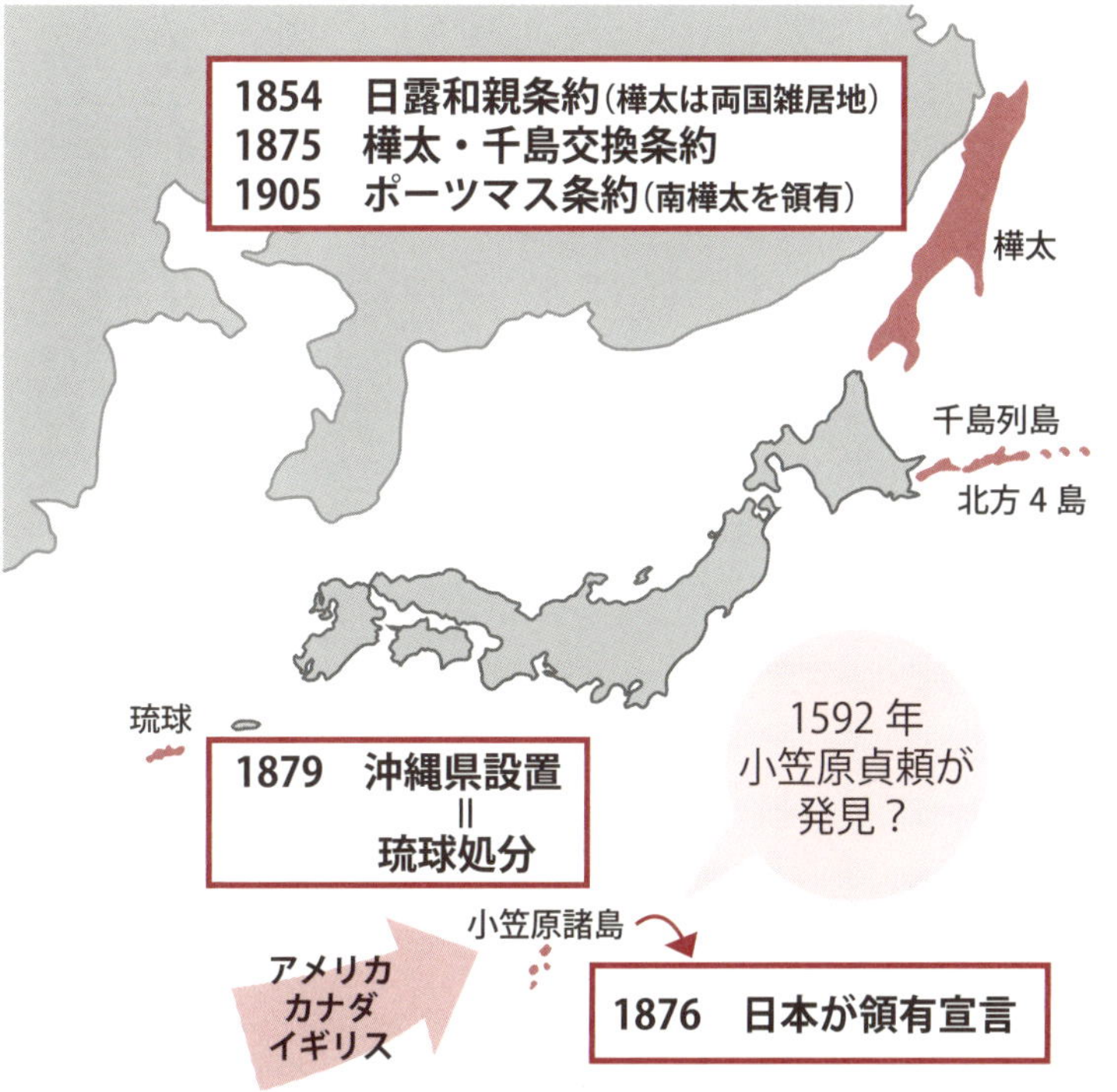
1854　日露和親条約（樺太は両国雑居地）
1875　樺太・千島交換条約
1905　ポーツマス条約（南樺太を領有）
樺太
千島列島
北方4島
琉球
1879　沖縄県設置
＝
琉球処分
1592年
小笠原貞頼が
発見？
小笠原諸島
アメリカ
カナダ
イギリス
1876　日本が領有宣言

1830年代になると、セボリーと称するアメリカ人ら5名が二十数名のハワイ人と移住、開拓をはじめた。ペリーは1853年、日本に来航する前、セボリーのもとを訪れ、彼を小笠原の植民地長官に任命している。

　こうした事態に驚いた幕府は、1861年に咸臨丸を派遣して島民に幕府への服従を誓わせ、同時に八丈島民を住まわせるなどして日本の領土たることを内外に誇示した。

　明治政府も幕府の方針を踏襲、1875年、島の開発に着手、翌年、内務省の所管とし、寺島宗則外務卿は正式に領有を宣言した。1880年、諸島は東京府の管轄となり、移住島民はすべて帰化した。太平洋戦争後、アメリカの占領下に入ったが、1968年、日本に返還され東京都に編入、現在に至っている。

**歴史メモ**　北方領土については1956年の日ソ共同宣言で、平和条約締結後に歯舞・色丹二島を返還すると決まったが、いまだ進展はない。

# 廃藩置県は政府による一か八かの策謀だった

**諸外国への抵抗力をつけるため、明治政府は「御親兵」の力によって一気に中央集権化を達成した。**

## ◉地方はなかなかまとめられない

１８６７年12月、王政復古の大号令が発せられ、形式的には天皇を頂点とする新政府が樹立したわけだが、内実は討幕派と公議政体派の数藩による烏合政権に過ぎず、明治政府の力はまだまだ弱かった。

その後、政府は戊辰戦争に勝って江戸に拠点を移し、旧幕府領を直轄地としたが、そのほかの地には相変わらず３００近い藩が割拠し、それぞれが独自に政治を行なうという地方分権体制が継続していた。

欧米列強に侵食されるアジアのなかにあって、独立を保ち続けるということは至難の業である。これを実現するには、なんとしても藩を解体し、強大な中央集権国家を構築することが急務だった。

そこで政府は１８６９年、諸藩の土地と領民を朝廷に返還することを大名に命じた。版籍奉還《はんせきほうかん》である。

しかし、これは形ばかりで、藩主は知藩事《ちはんじ》と名をかえただけで以前のように領内政治をとり続けた。政府の干渉・介入が強化されたとはいうものの、状況はあまり変化しなかったのである。そこで政府は、さらに諸藩の力を削ぐべく、兵力の縮小を命じた。

が、この布達があだとなり、士族の反政府運動が高まり、各藩の態度も硬化して秘密裏に兵制改革を進めるなど、もし事が起これば政府転覆の兵をあげようとする不穏な動きが現れはじめた。

## ◉クーデターに近かった廃藩置県

ここにおいて政府は、このまま各藩の瓦解を待つよりも、一挙に藩を解体しようと決意。全国の知藩事を一同に東京へ呼び集め、密かに薩長土3藩から1万人の兵を借り（御親兵《ごしんぺい》）、その武力で廃藩置県《はいはんちけん》を断行した。

これにより知藩事は罷免され、諸藩は府県（3府72県）

## 明治政府の中央集権策

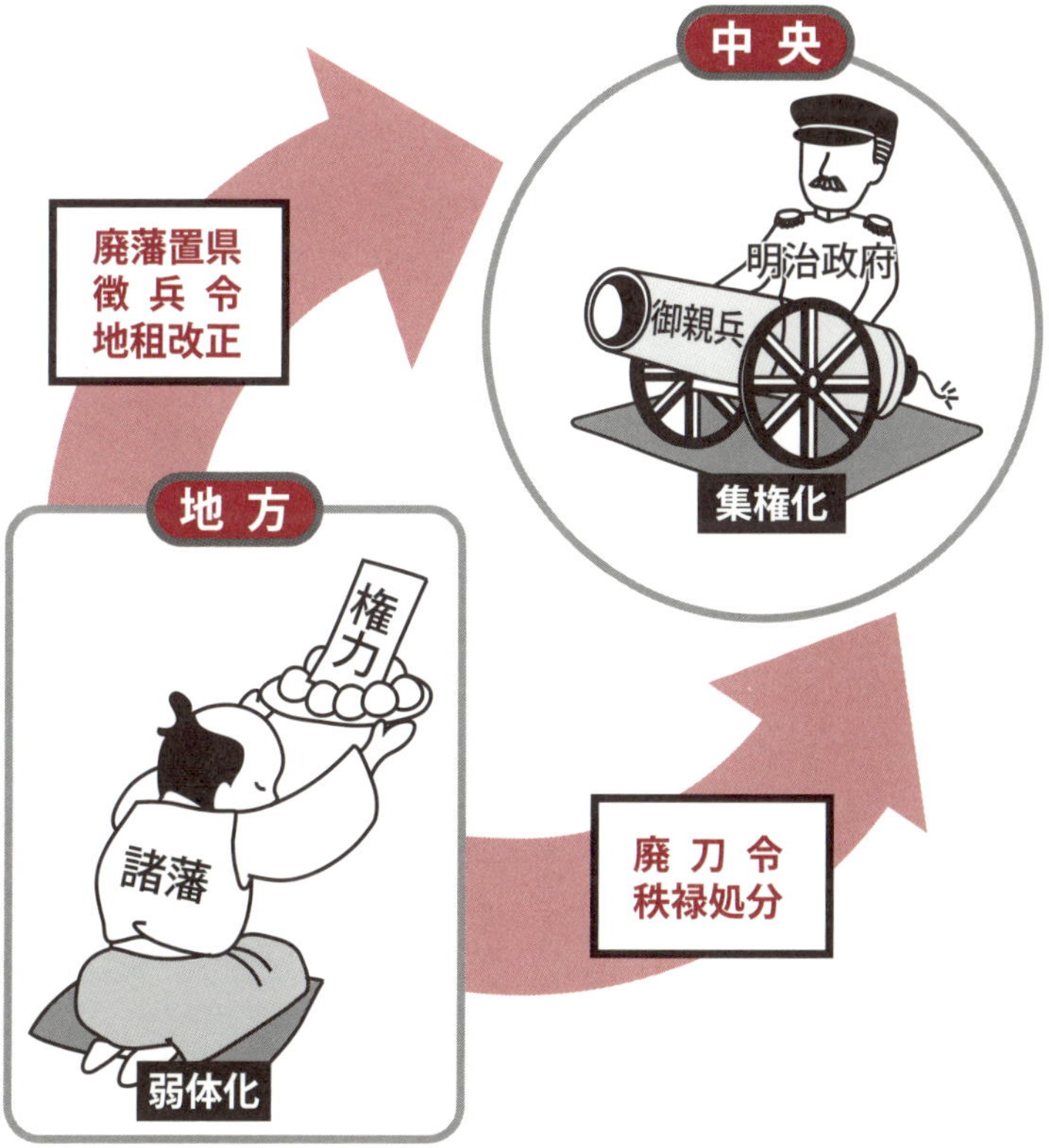
中央
明治政府
御親兵
集権化
廃藩置県
徴兵令
地租改正
地方
権力
諸藩
弱体化
廃刀令
秩禄処分

という単なる地方行政区となり、中央政府から地方官として府知事、県令《けんれい》が派遣された。ほとんどクーデターに近い方策であったが、予想外に諸藩の抵抗は少なかった。

こうして政府をおびやかす地方勢力は消失し、にわかに中央集権が確立したのである。ちなみに知藩事（元大名）や公卿は、華族としてわずかながら優遇されている。

その後明治政府は、徴兵制度をしいて直属軍を創設し、四民平等・秩禄《ちつろく》処分・廃刀令によって武士を解体、税制も全国画一的な地租にあらため、明治10年代には、強力な中央集権国家をつくり終えたのである。



歴史メモ　県名と県庁所在地が同名の県は、明治維新のとき新政府軍に味方した藩があったところ、違う県は朝廷に敵対した藩があった場所である。

# 物納から金納へ――地租改正の目的は？

**政府の体力をつけるため、税収の不安定な年貢方式から安定的な地租へと改正する。**

## ◉租税は年貢米から金納へ

江戸幕府の税収は、農民からの年貢がほとんどで、収穫の豊凶によって毎年の歳入が大きく変化した。この制度を、明治政府はそのまま引き継いだが、これでは毎年の予算を立てることがむずかしく、できるだけ早い時期に近代的税制を確立させなければならなかった。

１８７１年、廃藩置県が断行され、国家の中央集権化が一気に進んだ。これを機に政府は、税制と土地制度の改革に着手。同年、田畑でつくる作物の制限を撤廃し、年貢も米でなく貨幣で納めることを奨励。翌年には土地売買を許可し、年貢負担者を土地所有者と認定して地価を記した地券《ちけん》を発行した。土地は資本と化したのである。

ちなみに、地券発行のための土地調査で、所有権が不明確な入会地（村落の共有地）などは国有地に編入され、政府に大きな利益をあたえた。

こうした準備段階をへて、１８７３年、政府は地租《ちそ》改正を敢行する。地価の３％を地租（租税）とし、土地所有者に納入を義務づけたのだ。税率は収穫の豊凶にかかわらず一定とし、納入方法は金納とした。これにより、近代税制が確立され、国家の歳入は安定した。

## ◉農民は不満がいっぱい

だが、税の負担率は、かつての年貢と変わらず、かえって重くなった地方さえあった。政府は、将来的に地租を１％にすると約束したが、これまで黙認されていた隠し田にも課税された。

農民は新税制に強い不満をいだき、全国で地租改正反対一揆が頻発。とくに、１８７６年に発生した三重県や茨城県の一揆の規模は大きく、不平氏族の乱と結びつくことを恐れた政府は、地租を３％から２・５％に引き下げたのだった。

しかしいずれにしても、地租改正によって、国家の財政基盤は確立・安定したのである。

税制改革への道のり

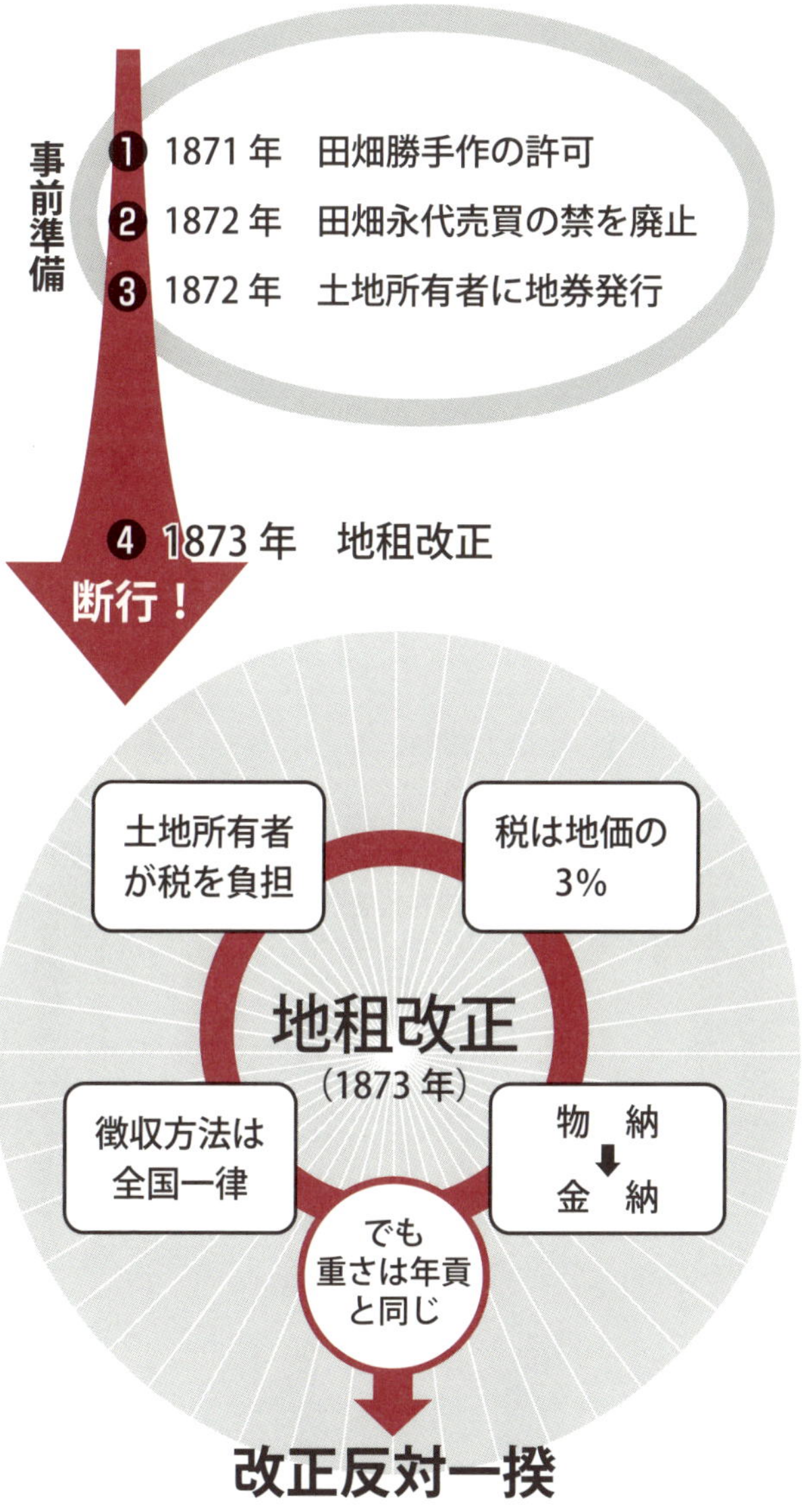
事前準備
❶ 1871年　田畑勝手作の許可
❷ 1872年　田畑永代売買の禁を廃止
❸ 1872年　土地所有者に地券発行
❹ 1873年　地租改正
断行！
土地所有者が税を負担
税は地価の3%
地租改正
（1873年）
徴収方法は全国一律
物納
金納
でも重さは年貢と同じ
改正反対一揆



歴史メモ　1873年、地租は政府の税収入6500万円のうち90%以上を占めていたが、7年後には75%にまで依存率は低下した。

# 不平士族の乱はなぜ起こったのか

**いつの世も特権には未練が残る。特権を剥奪されてしまった士族は、西日本で立ち上がるが…。**

## ◉武士の特権がほとんどゼロに…

中央集権国家を建設するために、明治政府が維新の功労者である士族（武士）を切り捨てるのは、歴史の皮肉であったといえる。

まず1871年、廃藩置県が断行され、士族はよりどころを失い、1876年には代々の禄（給与）も金禄公債（一時金）と引きかえに打ち切られた。金禄だけで生活できる者はまれで、多くの士族は資金を元手に商売をはじめるが、俗に「士族の商法」と嘲笑されたように大半は失敗した。また、四民平等となり苗字帯刀の特権が失せ、徴兵制度の施行で戦士としての価値も消失。帯刀を禁じる「廃刀令《はいとうれい》」が追い打ちをかけた。

このように士族は、政府によって経済的困窮に追いこまれ、その誇りもいたく傷つけられた。300万士族の怒りは、いつ爆発してもおかしくなかった。万が一、本格的な反乱に発展すれば、政府はひとたまりもないだろう。

この状況を非常に憂慮した人物がいた。西郷隆盛である。西郷は士族の乱を未然に防ぐため、目を外に転じさせようとした。討伐の名目で士族を朝鮮半島で戦争させ、欲求不満を解消させようというのだ（征韓論《せいかんろん》）。政府内では、その是非をめぐって激論がかわされ、結局中止される。敗れた征韓派参議は全員下野《げや》し、皮肉なことに、士族の乱を警戒していた彼ら自身が、後年その首領に祭り上げられてゆくのである。

## ◉ことごとく敗れる士族の反乱

1874年2月、ついに佐賀県において大規模な不平士族の乱が勃発する。首魁は参議で司法卿をつとめた江藤新平であった（佐賀の乱）。

内務卿大久保利通《としみち》は、鎮台兵《ちんだいへい》（政府軍）を大量に投入

## 不平士族の反乱過程

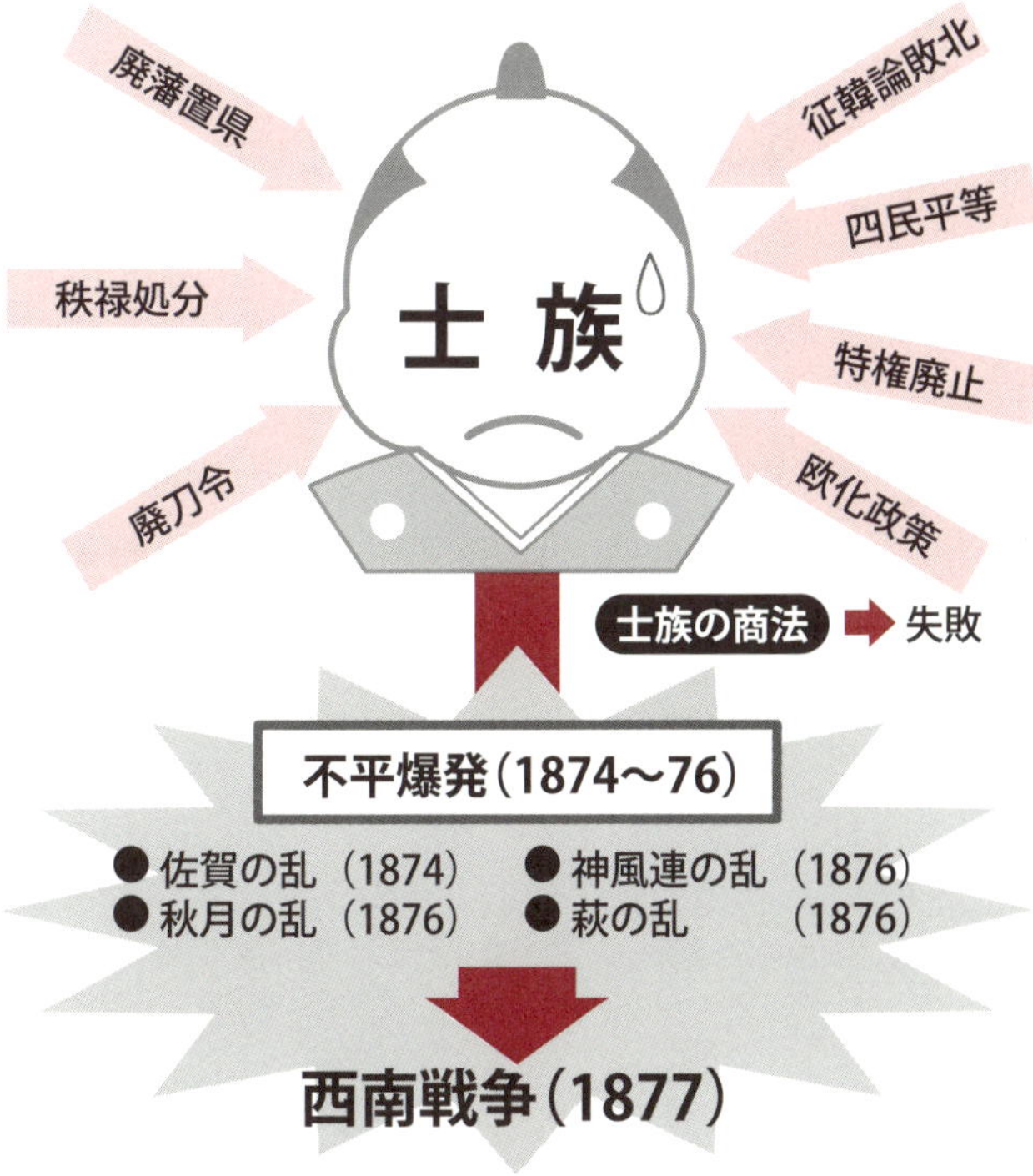
廃藩置県
秩禄処分
廃刀令
征韓論敗北
四民平等
特権廃止
欧化政策
士族
士族の商法
失敗
不平爆発（1874〜76）
佐賀の乱（1874）
秋月の乱（1876）
神風連の乱（1876）
萩の乱（1876）
西南戦争（1877）

してこれを完全に鎮圧、捕らえた江藤を見せしめとしてさらし首にした。

その後も士族の乱は続発するが、いずれも政府軍の前にあっけなく敗れた。この頃、すでに徴兵制度が確立され、近代軍備も整い、不平士族は政府の脅威の対象ではなくなりつつあった。むしろ政府としては、残る不平分子を挑発し、暴発したところを徹底的に潰しておきたかった。

1877年2月、とうとう大久保らの誘いに乗った西郷が政府に叛旗をひるがえした。鹿児島県を中心に参加士族は最大4万人におよんだという。だが、西郷軍に包囲された熊本城の鎮台兵が、猛攻によく耐えたので反乱軍は先へ進めず、逆に続々と来攻する政府軍に圧迫されて潰走、西郷は自刃した（西南戦争）。こうして政府は不平士族の乱を完全に沈静化させたのである。



歴史メモ　西郷は西南戦争で死なずにロシアに亡命したとの説が生まれ、1891年のロシア皇太子来日の際に西郷が帰国するとの噂が流れた。

# 自由民権運動が大ブームになった理由《わけ》

**士族や豪農、農民など不満がうっ積している層を巻き込んで、政治参加を求める大きな動きが起こっていった。**

## ◉民権運動は四つに分けられる

| | 士族民権（1874～1877） | 豪農民権（1877～1881） |
|---|---|---|
| 要求 | 藩閥政府打倒 | 国会開設<br>地租軽減 |
| 運動の展開 | 民撰議院設立建白書<br>立志社 | 自由党<br>立憲改進党 |
| 政府の対応（条例の制定など） | 讒謗律<br>新聞紙条例<br>（1875） | 集会条例<br>（1880） |

自由民権運動というのは、１８７４年の民撰《みんせん》議院設立建白に始まり、１８８９年の大同団結《だいどうだんけつ》運動に終わる、立憲政治の実現をめざす政治運動のことをいう。

だが、ひと口に自由民権といっても、その要求内容や支持基盤は年代によってかなり異なっており、士族民権、豪農民権、農民民権、大同団結運動と、４つに分類することができる。

まず、征韓論に敗れた板垣退助《いたがきたいすけ》ら下野参議が中心になって「民撰議院設立建白書」がつくられた。

政府の薩長藩閥独占体制を非難し、民撰議院（衆議院）を開設して民間人を政治に参加させよと主張した政府への意見書で、新聞紙上に掲載されるやいなや、大きな波紋を呼んで同調者が続出、ここに自由民権運動が発生する。

運動の担い手は、はじめ不平士族だったが、彼らに民権意識は深く浸透せず、藩閥政府の打倒をもっぱらの課

自由民権運動の変遷

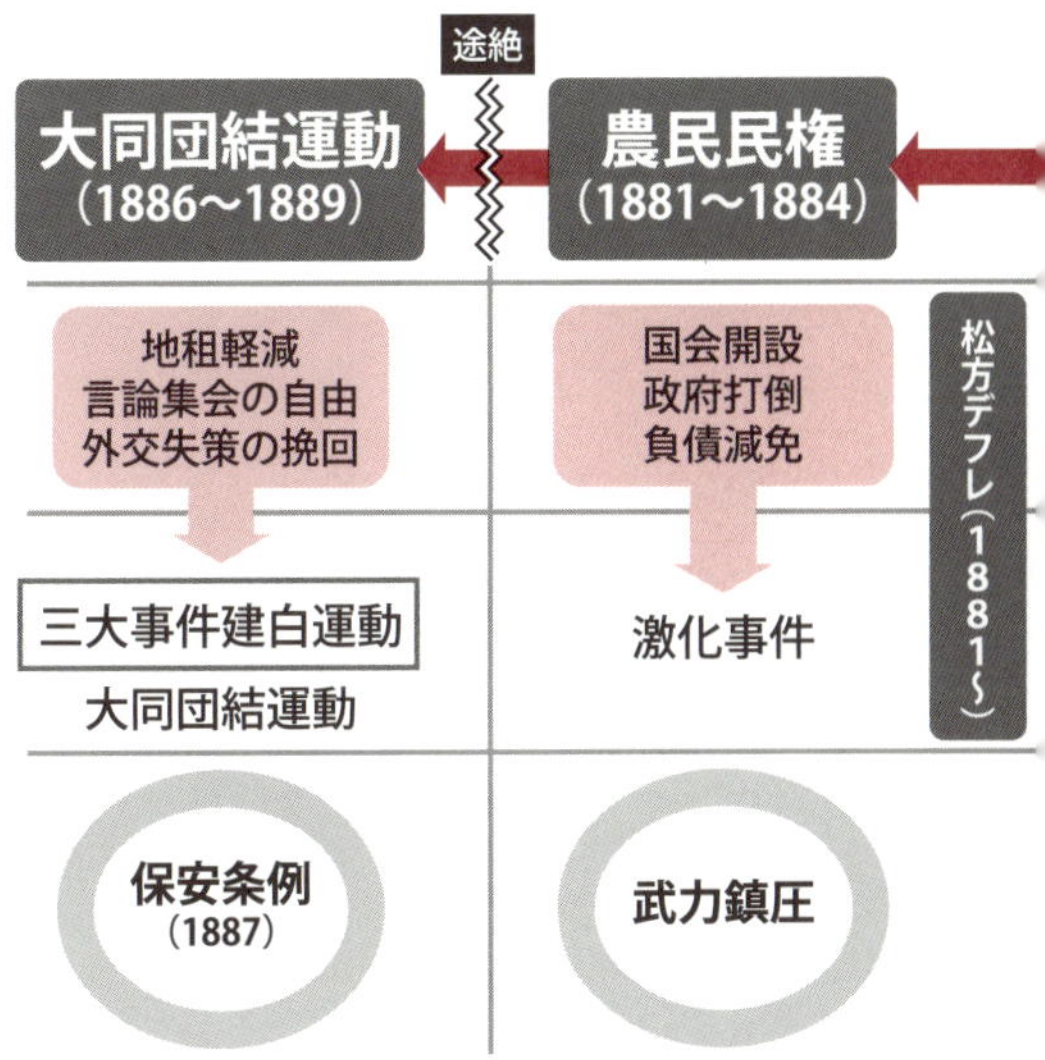
途絶
大同団結運動
（1886〜1889）
農民民権
（1881〜1884）
地租軽減
言論集会の自由
外交失策の挽回
国会開設
政府打倒
負債減免
松方デフレ（1881〜）
三大事件建白運動
大同団結運動
激化事件
保安条例
（1887）
武力鎮圧

題としたため、やがて運動から離れていき、佐賀の乱、西南戦争などの武力蜂起に参加していった（260ページ）。

その後の運動を支えたのは豪農である。江戸時代、彼らは財力、学識はあっても政治に参加することを禁じられていた。が、明治維新が起こり、時代は変わった。豪農が参政権を持つことも決して夢ではなくなったのだ。

彼らは全国から集まって国会期成《きせい》同盟を結成し、国会開設を求めて署名運動を展開していった。政府はしかたなく、10年後に国会を開くことを約束した。また、各農村では演説会や政治集会がさかんに開かれ、民権思想がすみずみにまで浸透、一般農民も運動に加わって民権運動は最高潮をむかえた。

## ◉小異を捨てて大同につけ！

しかし、松方デフレの大不況で運動は武力蜂起へと激化、これを統制できなくなった民権派の政党・自由党（264ページ）はわずか3年で解党し、また、国会開設が約束されたことで運動も求心力を失い、急速に衰退していった。

これを復活させたのが星亨《ほしとおる》であった。国会開設を4年後にひかえた1886年、後藤象二郎《しょうじろう》を奉じて「小異《しょうい》を捨てて大同につけ」と、かつての自由民権家に呼びかけたのである。また別に、高知県有志が地租軽減・言論集会の自由・外交失策の挽回を政府に建白したことで、三大事件建白運動が展開され、やがて両者が結びついて自由民権運動は再び往年の勢いを盛り返した。ところがその後、政府が保安条例で弾圧したり、後藤が黒田内閣に入閣したことで、運動は消沈してしまった。



歴史メモ　板垣退助は、遊説中に刺客に襲われたとき、「板垣死すとも自由は死せず」と名言を吐いたというが、どうやら別人が言ったらしい。

# 日本の政党政治は３党でスタートした

**はじめての国会の開設をにらんで、３つの政党がつくられたが、どの政党も短命に終わった。**

## ◉国会開設に向けて結党が相次ぐ

自由民権運動を懐柔し、うやむやのうちに衰退させる目的で、藩閥政府は１８８１年に「国会開設の勅諭《ちょくゆ》」を出した。これは、10年後に国会を開くことを約束した勅語である。

さすがに10年は長い。これで運動も沈静するだろう、そう期待した政府だったが、民権家のリーダー板垣退助は、すでに政党をつくる準備を整えつつあり、同年、日本初の政党「自由党」を結成した。これによって自由民権運動は、さらに政治的に強固な組織をもつにいたった。

自由党は、主権在民、一院制、普通選挙、民定憲法の制定をとなえるフランス流の急進的性格を有しており、農村部を中心に活動を展開していったので、その支持層はおのずから豪農・農民が圧倒的に多かった。

これに対し、翌１８８２年に結党された「立憲改進党」は、都市の資本家や知識層を支持母体とし、君民同治、二院制、制限選挙をとなえる漸進的な政党で、手本をイギリスにもとめた。同党の党首は、明治14年の政変で明治政府から追放された参議の大隈重信《おおくましげのぶ》である。

両党は主張の違いこそあれ、藩閥政府打倒で共闘が十分可能であったにもかかわらず、互いに反目しあい、和することがなかった。これは、政府にとって幸いだったといえよう。

一方、危機を感じた政府は、両党に対抗すべく、１８８２年に御用政党たる「立憲帝政党」を福地源一郎《ふくちげんいちろう》に組織させたが、民意を得られず、わずか1年で解党した。

## ◉短命だった最初の政党

しかし、全国政党に成長した自由党も、１８８４年10月に解党する。その遠因は、松方デフレにあった。この経済政策によって諸物価が暴落して多くの農民が破産、

## 日本の最初の3政党

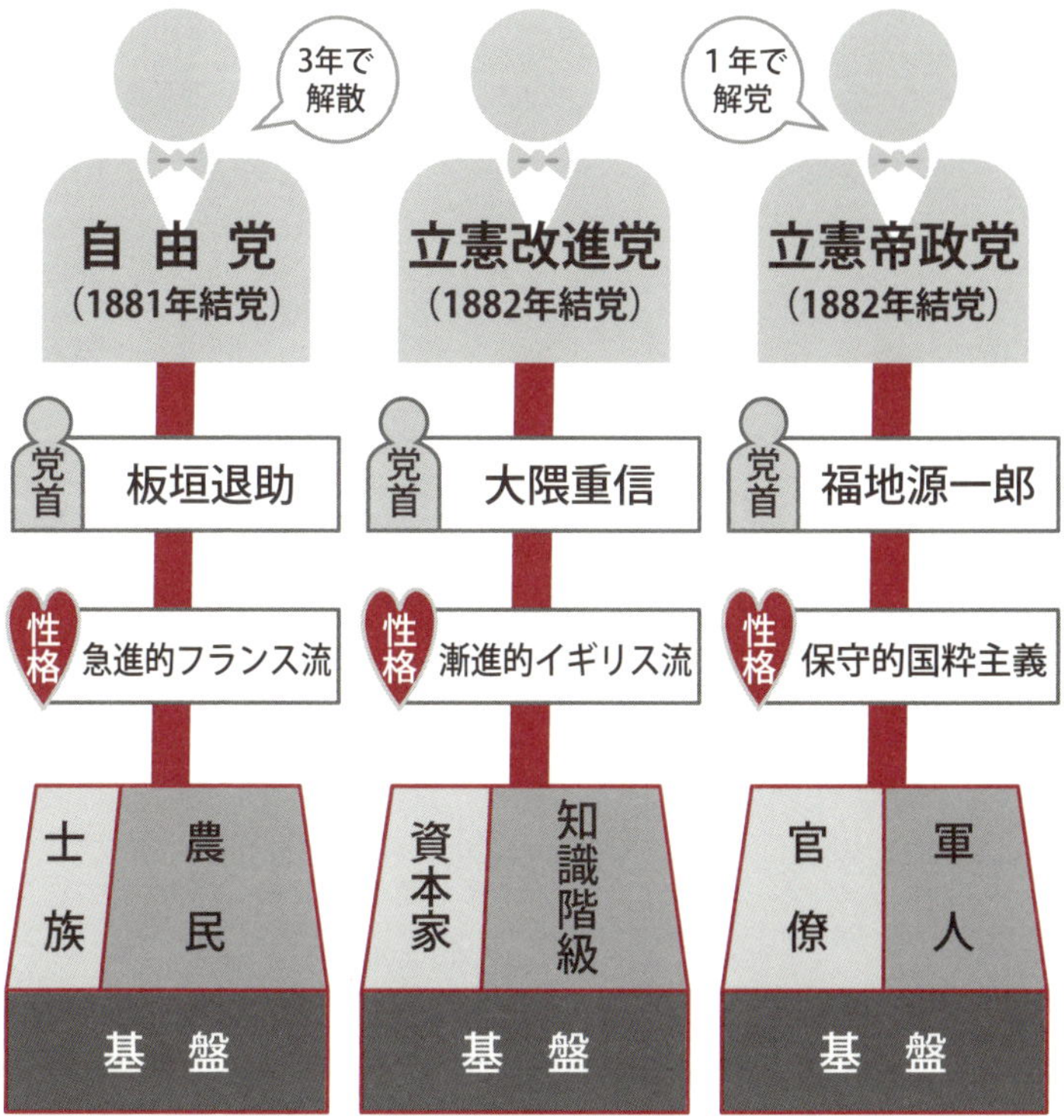
3年で解散
1年で解党
自由党（1881年結党）
立憲改進党（1882年結党）
立憲帝政党（1882年結党）
党首 板垣退助
党首 大隈重信
党首 福地源一郎
性格 急進的フランス流
性格 漸進的イギリス流
性格 保守的国粋主義
士族 農民
資本家 知識階級
官僚 軍人
基盤
基盤
基盤

各地で激化事件が頻発する。

この騒動に、農村の自由党員が指導者として深くかかわっていたのである。彼らは単独で、あるいは困民を率いて、政府に武力蜂起を試みようとした。板垣ら指導部は、そんな党員を統率しきれなくなって、ついに解党を決意したのである。

同年また、立憲改進党でも、大隈重信が離党してしまい、求心力を失って解党同然の状態におちいっている。

このように日本初の3政党は、短期間に解党や衰微の道を歩んでいった。それでもこうした政党の出現は、将来へ向けてわが国の政党政治の実現を強く促進するものとなったのである。

**歴史メモ** 立憲帝政党の党首福地源一郎は、その後歌舞伎作家に転じ、市川団十郎と組んでヒットを飛ばし、晩年は優れた歴史論文を執筆した。

# 戦前の政党は大政翼賛会にいたる

**巨大な一政党「大政翼賛会」にいたるまでには、多くの政党が生まれては消えていった。**

## ◉戦前の諸政党の流れと性格

初の衆議院選挙（1890年）をひかえ、立憲改進党は勢いを盛り返し、自由党が再結成された。選挙の結果、両党は衆議院で過半数を占めたのである。この2政党の力は、やがて政府が無視できぬほどに成長し、ついには内閣を組織して政党政治を行なうにいたる。

1898年、対立していた自由党と進歩党（旧立憲改進党）が合同し「憲政党」が誕生。同党は大隈重信を総理大臣、板垣退助を内務大臣とする隈板《わいはん》内閣を組織した。日本初の政党内閣だ。けれどもまもなく、後継大臣問題から、この党は憲政党と憲政本党に割れ内閣は崩壊した。

憲政党（旧自由党系）はやがて伊藤博文の呼びかけに応じて発展的解党を行ない、1900年、立憲政友会の中心勢力となる。藩閥政府の中心人物であった伊藤だが、政党の必要性を感じており、再び政権に返り咲こうと画策していた憲政党と、利害関係が一致したのである。

## ◉2大政党の時代から大政翼賛会へ

憲政本党（旧進歩党系）のほうは、立憲国民党と名称をかえるが、1913年、党員の半数が脱党して桂太郎が創設した立憲同志会（政府系政党）に合流したため、少数政党に転落、1922年に解党した。その後、同党の代議士は同志を糾合して革新倶楽部《くらぶ》をつくったが、さしてふるわず立憲政友会に吸収された。

さて立憲同志会であるが、次第に民党の性格を強め、憲政会、立憲民政党と名をかえながら2大政党の一つに成長し、一時期は立憲政友会と交互に内閣を担当した。

しかしながら、軍国主義が色濃くなった1940年、新体制をとなえる近衛文麿《このえふみまろ》らによって大政翼賛会《たいせいよくさんかい》が組織され、翌年あらゆる政党は解党して同会に吸収され、積極的に戦争に加担してゆくのである。

## 戦前の主な政党の系図

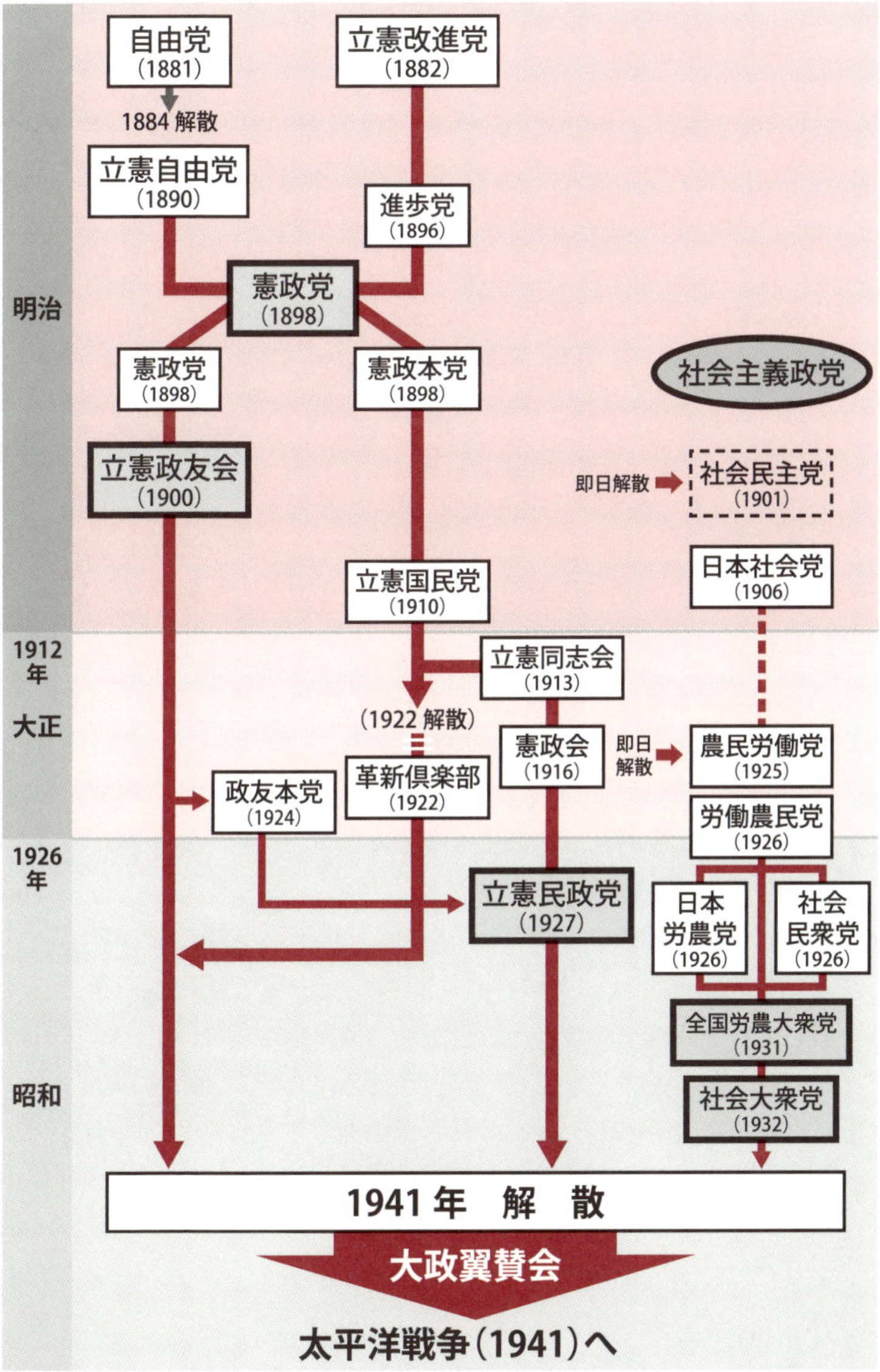
明治
1912年
大正
1926年
昭和
自由党 (1881)
1884解散
立憲自由党 (1890)
立憲改進党 (1882)
進歩党 (1896)
憲政党 (1898)
憲政党 (1898)
憲政本党 (1898)
立憲政友会 (1900)
立憲国民党 (1910)
立憲同志会 (1913)
(1922解散)
革新倶楽部 (1922)
政友本党 (1924)
憲政会 (1916)
立憲民政党 (1927)
社会主義政党
即日解散
社会民主党 (1901)
日本社会党 (1906)
即日解散
農民労働党 (1925)
労働農民党 (1926)
日本労農党 (1926)
社会民衆党 (1926)
全国労農大衆党 (1931)
社会大衆党 (1932)
1941年 解 散
大政翼賛会
太平洋戦争(1941)へ



歴史メモ 薩長藩閥政府ははじめ、政党を徹底的に無視する超然主義をとっていたが、政党の力は年々拡大、ついに隈板内閣に権力の座を譲った。

COLUMN

## 駐日総領事ハリスは日本に楽園を見た

タウンゼント・ハリスは、アメリカの駐日総領事としてわが国が列強諸国から迎え入れた初の外交官である。

ハリスが本国から与えられた任務は、日本と通商条約を締結することにあった。1858年の日米修好通商条約が、それだ。本文でも触れたように、同条約は日本にとって大変不平等なものだった。実はハリス、日本人社会の実態を知って、この条約を押しつけることにためらいを感じている。

「彼らは皆よく肥え、身なりもよく、幸福そうである。一見したところ、富者も貧者もない。これが恐らく、人民の本当の幸福の姿というものだろう。私は時として、日本を開国して外国の影響を受けさせることが、果たしてこの人々の普遍的な幸福を増進する所以であるかどうか、疑わしくなる。私は、質素と黄金の時代を、いずれの他の国におけるよりも、より多く日本において見いだす。生命と財産の安全、全般の人々の質素と満足とは、現在の日本の顕著な姿であるように思われる」(『日本滞在記』坂田誠一訳　岩波文庫)

ハリスは敬虔なキリシタンである。彼が日本領事の職を熱望したのは、野蛮国の日本をキリスト教によって文明国へ引き上げ、人々を幸福にしたいという宗教的使命感からだった。

しかしはからずも、この極東の蛮国において「地上の楽園」を目のあたりにしてしまい、ハリスの有するキリスト教的価値観は、大きく揺さぶられたのだった。

COLUMN

## 秩父事件の首魁井上伝蔵の逃亡者人生

1884年の秩父困民党事件については本文で詳しく述べるが（270ページ）、鎮圧された後、死刑を宣告された7人の首魁のなかで、欠席裁判だった人物に井上伝蔵がいる。伝蔵は秩父山中に消えたきり、その後、ようとして行方がわからなかった。

「秘密の35年――秩父事件の首魁井上伝蔵、死にのぞんで妻子に旧事を物語る！」

というセンセーショナルな見出しが「東京朝日新聞」の紙上に踊ったのは、1918（大正7）年7月8日のことだった。伝蔵は生きていたのである。彼は北海道に渡り、名を伊藤房次郎と変え、なんと結婚して5人の子供をつくり、同年の6月21日、65歳で平穏に往生したのだった。

伝蔵は臨終に際して、親族らを集め、

「私は秩父困民党の井上伝蔵である」

と衝撃的な告白を行ない、潜伏生活の全貌を明らかにしたのである。

それによれば、伝蔵は困民軍崩壊後、知人の屋敷の土蔵のなかで2年間を過ごし、その後変装して東北をへて北海道へと移ったという。北海道の石狩地方では、移民として荒れ地を開墾、財ができたところで20歳以上も年下の娘と再婚、やがて代書業、教科書販売、宿屋、雑貨屋を営み、今日に至ったのであった。彼は完全に別人になりすまして、政府を欺くことに成功したのである。

最後の土壇場になって身分を明かしたのは、政府に対する伝蔵の勝利宣言だったのかもしれない。

# 松方デフレが引き起こした激化事件

**政府の財政難を救うために、大蔵卿・松方正義が行なった無計画緊縮財政により、物価が暴落した。**

## ◉物価が暴落し、「困民」があふれた

松方デフレとは、大蔵卿であった松方正義《まつかたまさよし》の緊縮財政政策のことである。

この政策は、松方が大蔵卿に就任した1881年より開始された。当時、国家財政は破綻にひんしていた。西南戦争（260ページ）の出費で国庫が底をついてしまったからだ。さらに、戦費を紙幣の増刷でまかなったため、不換《ふかん》紙幣（金・銀など正貨と交換できない貨幣）が1億5000万円以上に膨れ上がり、そのため貨幣価値は下落し、ますます政府の財政を圧迫した。

松方は、増税によって歳入を増やすとともに、厳しく経費を節減し、思いきった不換紙幣の整理をおこなった。一説には、わずか3年で4000万円を償却したという。

その結果、数年で国家財政は好転したが、当然、世に流通する貨幣量は激減。かくして円の価値は高騰し、物価が暴落した。とくに米や繭《まゆ》の下落が激しく、生活に困って高利貸から金を借り、破産する農家が激増した。ただ、一部の農民は松方デフレに乗じて高利貸に転じたり、没落農民から安く土地を買いたたいて大地主に成長した。

貧農たちは、みずからを「困民《こんみん》」と称し、自由党員をリーダーに借金党や困民党を組織して、高利貸に利子減免や負債据え置きを哀願、あるいは役所に救済を求めた。しかし請願は聞き入れられず、窮地におちいった困民は各地で暴動を起こした。これが、激化事件である。高田事件、群馬事件など、有名な事件は数多いが、規模の大きさで政府を驚愕させたのは「秩父事件」であった。

## ◉1万人もの困民が立ち上がる！

1884年10月31日、秩父の困民3000人が下吉田村の椋《むく》神社に集結し、2隊にわかれて郡の中心地大宮郷

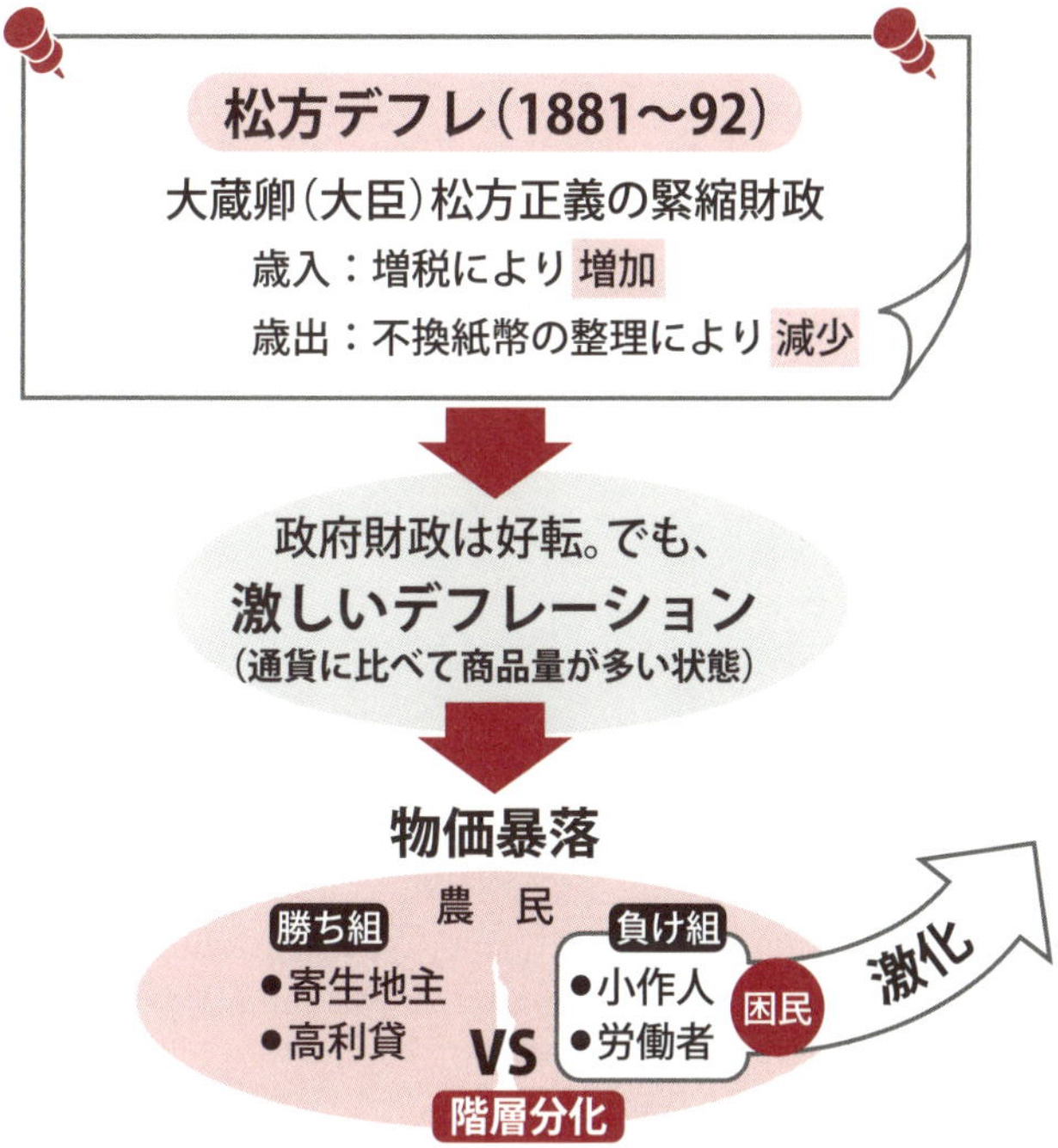
松方デフレ（1881〜92）
大蔵卿（大臣）松方正義の緊縮財政
歳入：増税により 増加
歳出：不換紙幣の整理により 減少
政府財政は好転。でも、
激しいデフレーション
（通貨に比べて商品量が多い状態）
物価暴落
農民
勝ち組
●寄生地主
●高利貸
VS
負け組
●小作人
●労働者
困民
激化
階層分化

（秩父市）に乱入、高利貸の屋敷を破壊し、役所や警察署など公的機関を占拠して郷を制圧した。同調者の参加で、困民軍は1万人近くに膨張する。

反乱は東京からわずか60キロの地点で発生していた。今後、困民軍が首都に進撃してくるのは明らかだった。事の重大性を認識した内務卿山県有朋《やまがたありとも》は、ただちに憲兵隊と鎮台兵《ちんだいへい》（政府正規軍）に出動を命じた。

その結果、11月5日になってようやく困民軍は鎮圧された。事件後、関係者は続々と捕縛され、なんと検挙者は4000人以上におよび、押収された鉄砲類は2500挺を超えた。

結局困民らは、土地と財産すべてを失い、小作人に転落するか、都市へ出て重労働するかして命をつないだのである。まことに痛ましい現実だった。ちなみに、松方正義が困民らに同情を示したという記録はない。



歴史メモ　困民党の大野苗吉は「天朝様に敵対するから加勢しろ」と党員を勧誘したといい、最終目標を明治政府打倒に置いていたことがわかる。

# 言論と思想は常に弾圧されてきた

**日本では言論・思想は大昔から弾圧されてきたが、近代ではより激しい立法がなされてきた。**

## ◉民権運動を弾圧する法律

言論・思想の自由を統制・弾圧する法律＝治安立法は、以下の7つを知っておきたい。「新聞紙条例」「讒謗律《ざんぼうりつ》」「集会条例」「保安条例」「治安警察法」「治安維持法」「破壊活動防止法」である。

「民撰議院設立建白書」をきっかけに全国に広まった自由民権運動だが、その広告塔となったのが新聞社だった。そのため政府は1875年、新聞紙条例を出して、国家転覆や教唆扇動《きょうさせんどう》をとなえる新聞を発禁処分とした。同時に讒謗律と称するわが国初の名誉保護法をもうけた。誹謗中傷《ひぼうちゅうしょう》で人の名誉を傷つけた者に罰金や懲罰を課すものだが、新聞紙条例とともに民権家の活動を封殺する手段に用いられた。ちなみに福沢諭吉ら明六社のメンバーは、弾圧を嫌い『明六雑誌』の廃刊を決めた。

ただ民権運動は終わらず、1880年に国会期成同盟が成立したので、政府は集会条例を発令した。政治結社の設立や政治集会は、事前に当局の許可を必要とし、不適当なものは即座に解散させるという内容である。

保安条例は、星亭《ほしとおる》の大同団結運動と片岡健吉らの三大事件建白運動（地租軽減、言論集会の自由、外交失策の挽回）を懸念して1887年に出された法律。とくに、内乱を陰謀教唆し治安を妨げる恐れのある者を、皇居外3里（12キロ）の地に放逐し、3年間立ち入ることを禁ずるという条項が特徴だ。この条項は、星亭、片岡健吉ら570名に適用された。

## ◉弾圧対象は社会・共産主義に移る

これまでみてきた4法は、いずれも民権運動を対象としたが、1900年に成立した治安警察法は、労働・社会主義運動の禁圧を目的とし、1901年、社会主義をかかげた社会民主党に適用、即日解党させている。

## 代表的な弾圧立法

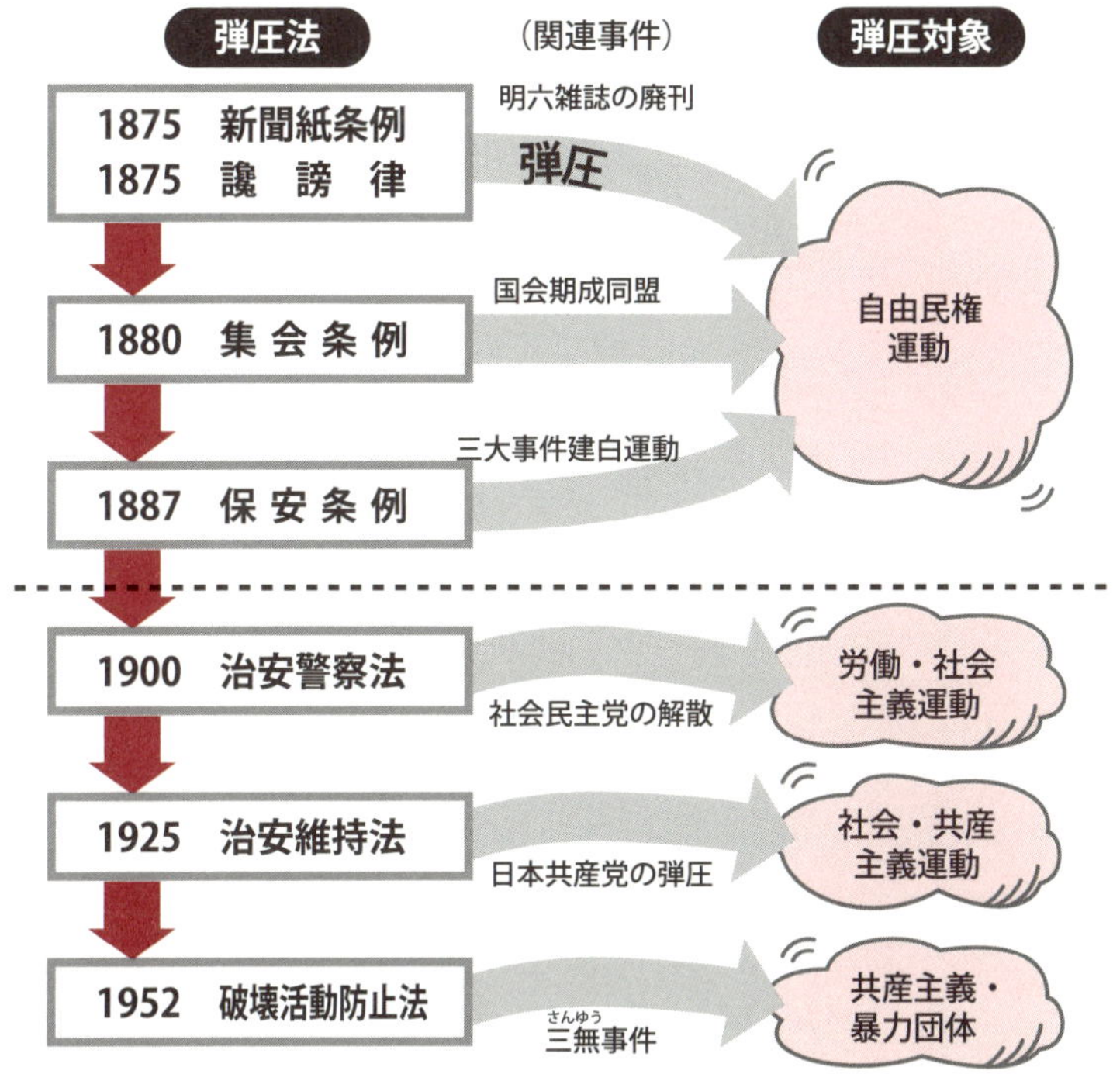
弾圧法
（関連事件）
弾圧対象
1875 新聞紙条例
1875 讒謗律
明六雑誌の廃刊
弾圧
1880 集会条例
国会期成同盟
1887 保安条例
三大事件建白運動
自由民権運動
1900 治安警察法
社会民主党の解散
労働・社会主義運動
1925 治安維持法
日本共産党の弾圧
社会・共産主義運動
1952 破壊活動防止法
三無《さんゆう》事件
共産主義・暴力団体

1917年、ソビエト政権が誕生、1922年には日本共産党が非合法のうちに結成され、社会・共産主義の浸透が深刻化する。そこで政府は1925年、「国体」の変革を企てる者、私有財産制を否定する者を処罰する治安維持法をつくり、1928年、共産党員の大量検挙を行なった（三・一五事件）。翌年、田中義一内閣は、同法を改悪して死刑を加え、再び同党を弾圧（四・一六事件）、壊滅的な打撃をあたえた。

太平洋戦争後、これらすべての治安立法は廃止されたが、日本が主権を回復すると、破壊活動防止法が1952年に制定された。これは、暴力主義的破壊活動団体を取り締まる法律だが、おもに共産党対策のためであり、労働者と警官隊が皇居前広場で衝突した血のメーデーがその成立を促進したといわれる。



歴史メモ　留学のために上京した後藤象二郎の親類で14歳の少年も、1887年の保安条例の適用を受け、皇居外3里の地へ追放されている。

# 不平等条約を正すのに半世紀もかかった！

**日米修好通商条約にはじまる列強諸国との不平等な条約。その是正には大変な努力が必要だった。**

## ◉改正のために代償を与えるのはダメ⁉

江戸幕府が列強諸国と結んだ不平等な通商条約は、そのまま明治政府に引き継がれていった。

不平等な点は大きく2点――領事裁判権を認めたこと（治外法権）と関税自主権のないこと（協定関税制度）である。日本人は罪を犯した外国人を裁くことができず、安い外国製品の流入も関税によって阻止できなかったことだ（246ページ）。岩倉使節団、寺島宗則に次いで、改正交渉に本格的に取り組んだのが、初代外務大臣井上馨《かおる》である。井上の交渉は、ふつう鹿鳴館《ろくめいかん》外交と呼ばれる。鹿鳴館とは、3年がかりで巨費を投じて建てた迎賓館《げいひんかん》だ。ここに外国の高官を招いてたびたび舞踏会を開き、日本の開化ぶりを誇示して交渉を有利に導こうとしたことから、この名がついた。

だが、改正の代償として「外国人の内地雑居」「外国人判事の登用」を認める案が世論の反発をうけ、井上は辞任に追い込まれた。

次の大隈重信外相は、井上の失敗を教訓に、徹底的な秘密主義をとった。そして、一斉談判方式をやめて個別交渉に切りかえ、米・独・露と調印にまでこぎつけたのだ。ところが、英国との交渉内容が「ロンドン・タイムズ」にすっぱ抜かれ、大隈は「大審院《だいしんいん》に外国人判事を登用する」との事実を知った国粋《こくすい》主義者から爆弾を投げつけられ、負傷して辞任。改正交渉も中止された。

## ◉まずは治外法権から

大隈のあとを受けた青木周蔵は、完全な不平等解消でなければ国民は納得しないと考え、代償なしで治外法権に絞って交渉。しかも最初の相手に、かつて一番抵抗の強かった英国を選んだ。日本と親密になることを求めていた英国は改正に同意し、まもなく新条約が調印されようとしていた。その矢先、「大津事件」（ロシア皇太子襲撃事件）が発生、青木は責任を取って外相を辞任し、交渉は水の泡となった。しかし、青木がレールを敷いてくれたおかげで、陸奥宗光外相は１８９４年、日英通商航海条約を締結し、治外法権を完全に廃止した。

その後長く放置されていた関税自主権についても１９１１年、米国との間でこれを撤廃する通商航海条約が結ばれ、不平等条項は完全に消えた。交渉者は小村寿太郎外相であった。日米修好通商条約の押しつけから、実に半世紀以上の時が過ぎていた。

条約改正の流れ

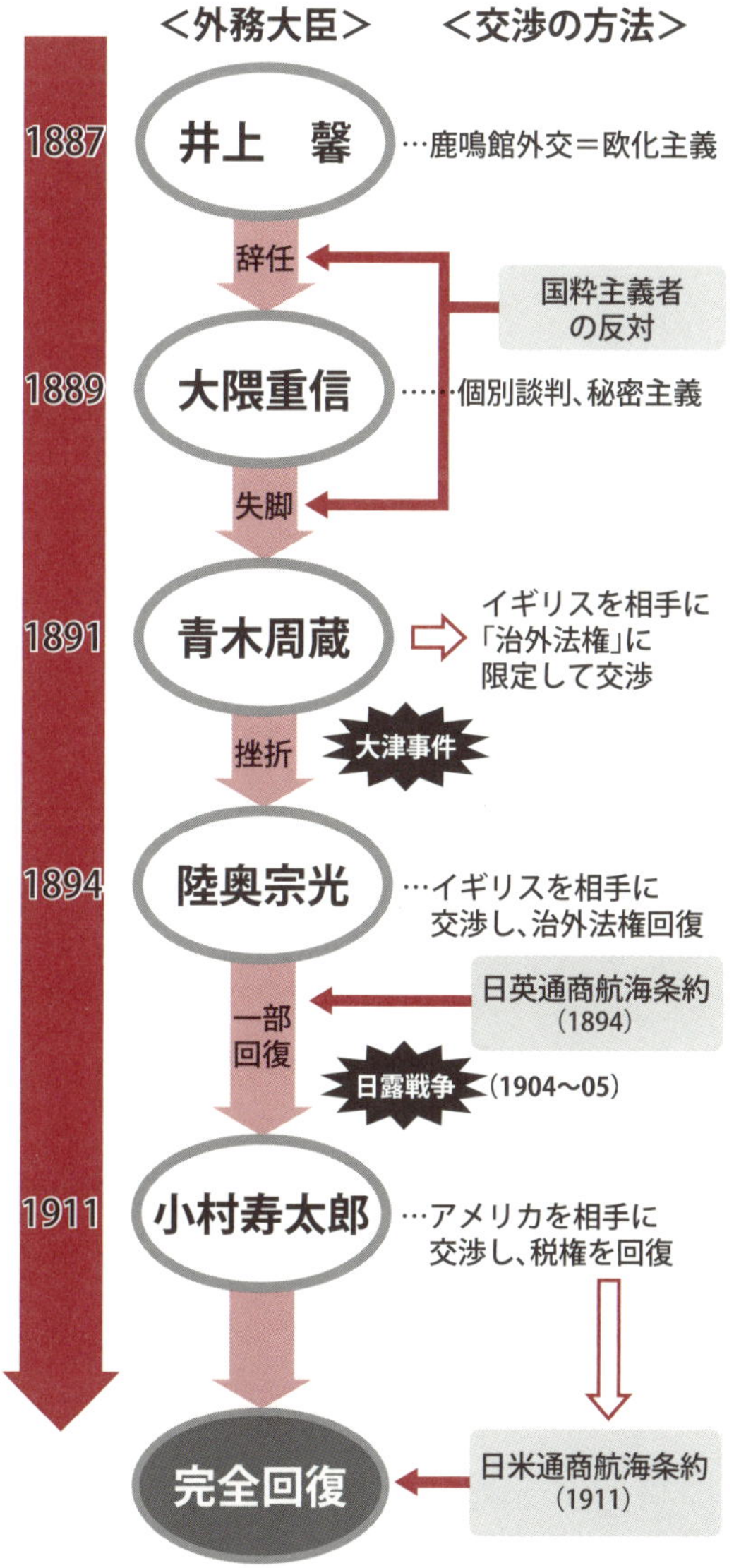
<外務大臣>
<交渉の方法>
1887
井上　馨
…鹿鳴館外交＝欧化主義
辞任
国粋主義者の反対
1889
大隈重信
……個別談判、秘密主義
失脚
1891
青木周蔵
イギリスを相手に「治外法権」に限定して交渉
挫折
大津事件
1894
陸奥宗光
…イギリスを相手に交渉し、治外法権回復
日英通商航海条約（1894）
一部回復
日露戦争（1904〜05）
1911
小村寿太郎
…アメリカを相手に交渉し、税権を回復
完全回復
日米通商航海条約（1911）

歴史メモ　鹿鳴館時代、日本語を廃止して国語を仏語にせよとか、外国人と混血しろとか、米食をパン食にせよ、など欧化を主張する人が現れた。

# 少しずつ獲得してきた選挙の権利

**現在のような選挙制度になるまでには、選挙制度が導入されてから50年以上の時間がかかっている。**

## ◉選挙は限られた人だけの〝特権〟だった

1889年、日本初の衆議院選挙が、大日本帝国憲法と同じ日（2月11日）に公布された衆議院議員選挙法にもとづいて実施された。

選挙方式は、欧米諸国の下院選挙法を参考にしたというが、有権者は25歳以上の男子で、国税15円以上の納付者に限るという制限選挙。有権者数は人口の1・1％（45万人）にすぎず、投票も単記・記名式を採用し、秘密投票ではなかった。被選挙人の資格は30歳以上で、あとは有権者資格と同じであった。議員定数は300。小選挙区制度を原則とした。

## ◉制限はどんどん緩和されていく

しかし時代がくだり、普通選挙を求める声が強くなるにつれて、制限は緩和されてゆく。

1900年の山県有朋《やまがたありとも》内閣のとき、納税額は10円まで引き下げられ、定数も369に増え、小選挙区制から府県大選挙区・市独立区制がとられた。投票制度も単記・秘密投票となった。この改正で、有権者は98万人（人口の2・2％）と倍増している。

さらに納税制限は、平民宰相と呼ばれた原敬《はらたかし》内閣の時代に3円となり、有権者数は307万人と激増。議員定数も46

制限選挙
公布
1889年
資格
男
年齢25歳以上
納税15円以上
有権者数
45万人
(1.1%)
1889

## 選挙制度の移り変わり

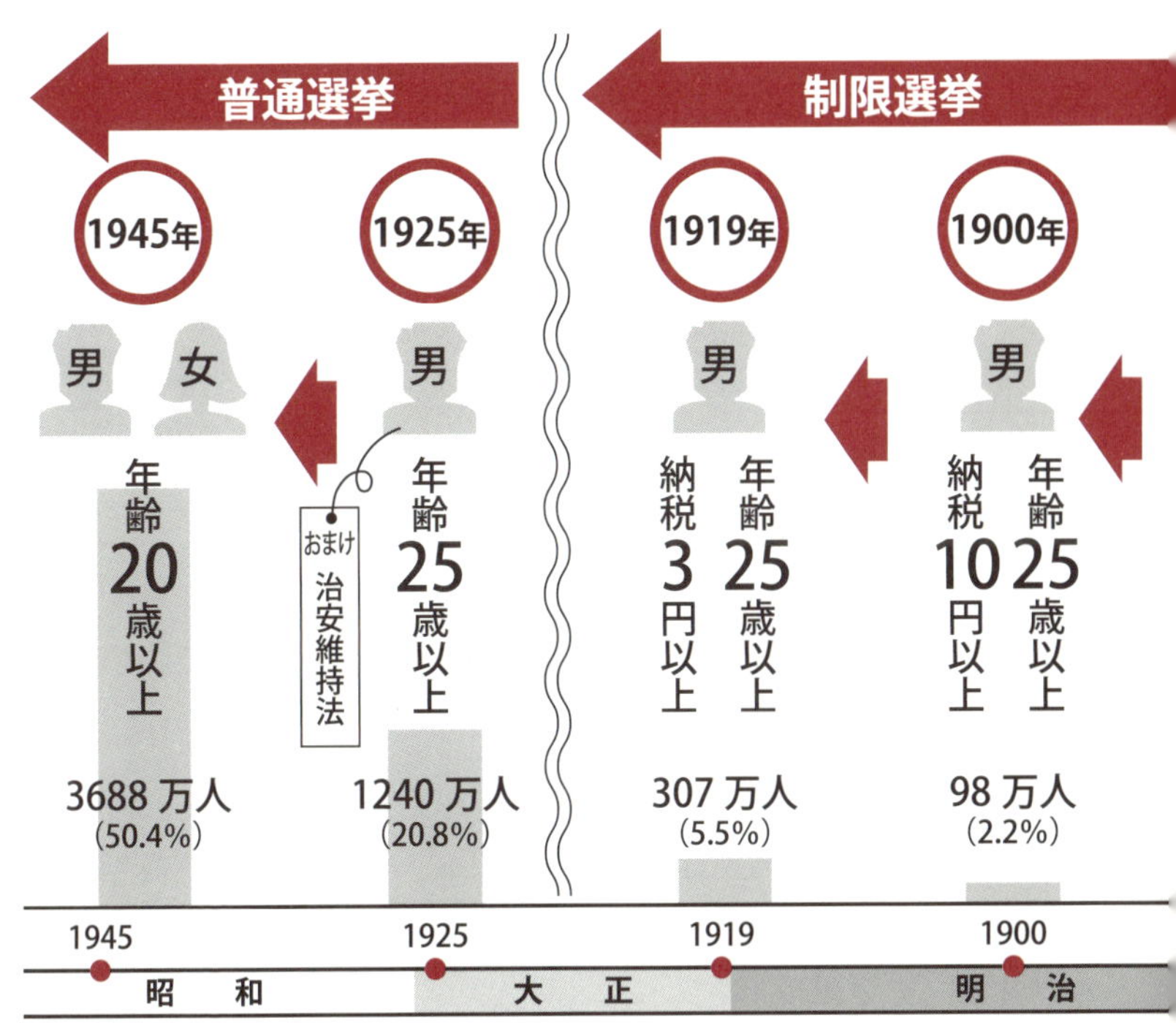
普通選挙
制限選挙
1945年
1925年
1919年
1900年
男
女
男
男
男
年齢20歳以上
おまけ 治安維持法
年齢25歳以上
年齢25歳以上
納税3円以上
年齢25歳以上
納税10円以上
3688万人
(50.4%)
1240万人
(20.8%)
307万人
(5.5%)
98万人
(2.2%)
1945
1925
1919
1900
昭和
大正
明治

4と増えた。選挙区制は、再び小選挙区にもどった。

そして1925年、ついに制限が廃止される。加藤高明《たかあき》内閣によって普通選挙法が公布されたのだ。選挙区制は、3～5名を当選させる中選挙区制。それでもまだ、女性には選挙権が与えられなかったし、社会・共産主義者の政治進出を防ぐための治安維持法（272ページ）が抱き合わせに成立された。

女性が選挙権を得るのは、終戦直後の1945年12月の改正のときである。年齢は20歳以上となり、有権者は国民の半数を超えた。被選挙人も25歳以上に引き下げられた。選挙区制については、はじめ大選挙区制（4～14名）・制限連記制（2～3名）をとっていたが、1947年の改正で中選挙区・単記制に復し、現在は小選挙区・比例代表並立制を採用している。

**歴史メモ** 1892年の総選挙で、内務大臣品川弥二郎は政党からの当選者を防ぐため選挙干渉を行ない、死者25名、負傷者388名を出した。

# 大日本帝国憲法の隠された秘密

**ドイツ憲法を手本につくられた大日本帝国憲法は、君主権の強いものだったが、実は解釈に幅をもたせている。**

## ◉民権派に憲法をつくられてはまずい！

日本が近代国家として国際的に認められるためにも、憲法の制定は急務だったが、政府を突き動かした最大の要因は、自由民権運動の高まりにあった（262ページ）。

民権家は政府に立憲政体の樹立と国会開設を約束させたうえ、憲法制定を声高に叫び、みずからも私擬《しぎ》憲法を盛んにつくりはじめた。その多くは国民の権利を重視した民主的な内容で、フランス流の急進的な案もあった。

政府の高官は、天皇制と藩閥体制を強化する憲法を模索していたが、やがて政府内部からも大隈重信のようにイギリス流の漸進的な憲法をとなえる声が上がった。動揺した高官たちは明治14年の政変で大隈を政府から追放、憲法研究のため伊藤博文をヨーロッパに派遣した。

欧州各国の憲法を比較検討した結果、伊藤は君主権の強大なドイツ流の憲法を参考にすることを決め、帰国後、日本の実態に合うように工夫と修正を加え、草案を枢密《すうみつ》

| | 日本国憲法 |
|---|---|
| 布 | 1946年11月3日 |
| 数 | 11章103条 |
| 別 | 民　定 |
| 権 | 国　民 |
| 皇 | 日本国と日本国民の統合の象徴 |
| 閣 | 議院内閣制<br>＝<br>国会に責任を負う |
| 隊 | 戦争放棄<br>恒久平和 |
| 権利 | 基本的人権の保障 |
| 正 | 国会に発議権<br>国民投票 |

院に提出した。枢密院とは、憲法草案を審議するために置かれた天皇の最高諮問《しもん》機関である。

### ◉憲法の解釈には幅があった

枢密院では、天皇出席のもと何度も法案について議論され、1889年2月11日、欽定《きんてい》（天皇が定めた）という形をとって、ついに大日本帝国憲法が発布された。

この憲法の特徴は、神聖不可侵の天皇が主権をもち、「天皇大権」という絶大な権限を有するところにあった。天皇は統治権の総攬《そうらん》者であり、軍隊の統帥《とうすい》権を握り、かつ内閣の任免権を有するとされた。

しかし、忘れてならないのは、憲法の範囲内という制限つきながら、信教・職業・言論の自由など、国民の権利がかなり広く認められていたという事実だ。

このような自由権を憲法に入れたのは、伊藤の要望だったらしい。藩閥政府の中心的人物でありながら、彼の思想は当時としてはリベラルで、のちに民権思想をとなえていた陸奥宗光を外相として入閣させたり、立憲政友会（政党）をつくって政党内閣を組織している。

しかも、彼は憲法の解釈にも幅をもたせたから、最大限に民主的な解釈をとれば、美濃部達吉《みのべたつきち》のような天皇機関説（天皇は国家の最高機関とする説）に到達するし、言葉どおりに解釈すれば天皇至上主義に行きつく。そして実際、前者が大正デモクラシー時代を築きあげ、後者が軍国主義という暗い時代を生み落としたのである。

**新旧憲法の比較**

| | 大日本帝国憲法 |
|---|---|
| 公 | 1889年2月11日 |
| 条 | 7章76条 |
| 種 | 欽　定 |
| 主 | 天　皇 |
| 天 | 国家元首<br>大権保持<br>神聖不可侵 |
| 内 | 大臣助言制<br>＝<br>天皇に責任を負う |
| 軍 | 統帥権の独立<br>兵役の義務 |
| 国民の | 法律の範囲内<br>（制限あり） |
| 改 | 天皇に発議権 |



歴史メモ　大日本帝国憲法発布の日、国民の一部は「憲法発布」を「絹布のハッピ」と取り違え、絹布が配布されるのを楽しみにしていたという。

# 日清・日露戦争の相手はいずれもロシア

**朝鮮半島の主導権をめぐる争いが、日清・日露戦争だが、実際に日本が見ていた国はロシアだった。**

## ◉戦争には勝ったもののロシアにさらわれた油揚げ

日清・日露の両大戦は、朝鮮半島をめぐる争いだった。ただし、日本側にとっては、いずれもロシアの南下を防ぐ戦争といえた。

ロシア帝国は宿命のように膨張を続け、19世紀に入ると、日本列島にもたびたび接触してくるようになる。明治政府は、朝鮮半島を自分の勢力下において、ここをロシアの防衛線にしようと考え、日朝修好条規《にっちょうしゅうこうじょうき》を結ぶなど次第に勢力を半島に広げていった。

しかしやがて、朝鮮を属国と考えていた清国との間に摩擦を生じてしまう。壬午《じんご》・甲申《こうしん》事変によって日本は影響力を失い、清国に取って代わられた。それでもなんとか、「朝鮮に派兵する際は、互いに通告し合う」という天津《てんしん》条約を、1885年に清国と結ぶのに成功した。

軍拡によって実力が清国に追いついた90年代前半、日本は一戦して劣勢を挽回しようと機会を待った。そんなとき、半島で東学党《とうがくとう》の乱が起こり、朝鮮政府の要請で清国が派兵。ただちに日本も大軍をおくり、ついに豊島沖（仁川港外）で両軍は激突し、日清戦争がはじまった。

結果は日本の圧勝に終わり、清国に朝鮮の独立を認めさせ、多額の賠償金と台湾・遼東《りょうとう》半島を得た。ところが、遼東半島を返還せよと、ロシアがドイツ・フランスを誘って、日本政府に申し入れてきたのだ。三国干渉である。しかもロシアは、日本が返した遼東半島を清国から借りたのだ。

## ◉ロシアへの不満が戦争を引き起こす

国民はこの事実に激怒し、「臥薪嘗胆《がしんしょうたん》」をスローガンにロシア打倒を誓いあった。

だが、政府が一番心配したのは、朝鮮とロシアの急接近だった。朝鮮を独立国と主張した手前、日本は文句が

## ロシアの南下と日清・日露戦争

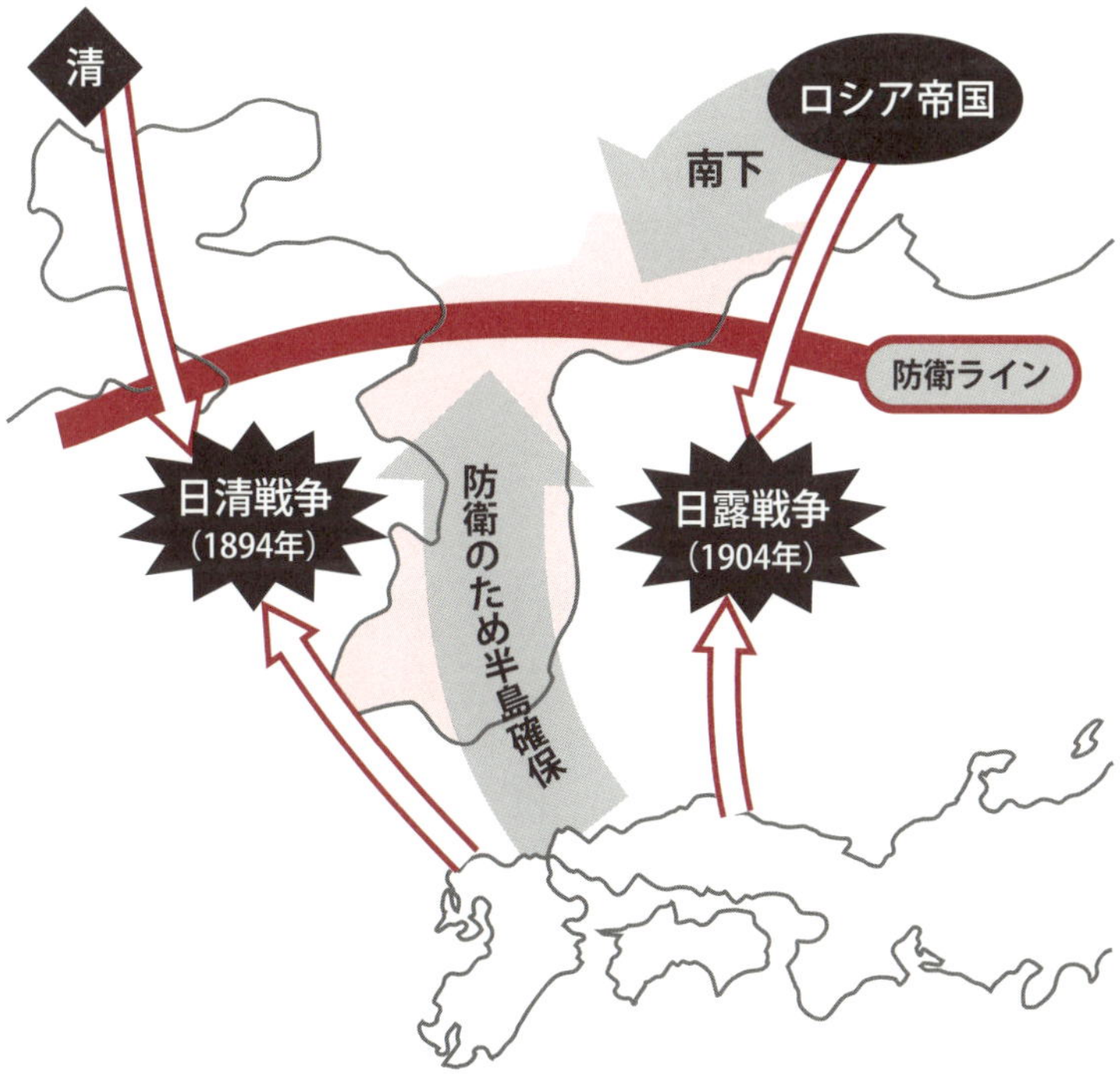
清
ロシア帝国
南下
防衛ライン
日清戦争
(1894年)
日露戦争
(1904年)
防衛のため半島確保

いえない。けれどロシアに朝鮮をうばわれることは、喉元に刃を突きつけられるようなもの。死活問題だ。そこで日本は、ロシアの満州支配を認めるから日本の朝鮮支配を認めよと交渉するが失敗、ついに戦争を決意し、イギリスにすり寄って日英同盟を締結、1904年、ロシアに宣戦布告したのである。

戦争は日本がどうにか勝ち、賠償金は獲得できなかったが、朝鮮に対する日本の優越権をロシアが認めたことで当初の目的は十分達成された。けれども国民は、講和内容に強い不満をいだき、国内では日比谷焼き打ち事件（日比谷公園に集まった群衆が、講和反対をとなえて暴動をおこした）にまで発展した。

その後日本は、ロシアの南下が停止したので、朝鮮を防衛線としてではなく「市場」ととらえるようになり、次第に植民地化してゆくのである。





歴史メモ　1996年、中国政府は日露戦争の激戦地として名高い遼東半島の旅順を、戦後はじめて日本人記者団に正式に公開した。

# 日韓併合はこうして行なわれた

**日本は、ロシアの南下の阻止を口実に、朝鮮に進出し、数十年もの間、植民地としていた。**

## ◉朝鮮には不平等条約を押しつける日本

明治政府は朝鮮に開国を働きかけたが、拒否されたので、1875年に軍艦を首都ソウルに近い江華島《こうかとう》に派遣、沿岸で挑発的行動をとった。そのため朝鮮軍は軍艦に砲撃、日本はこの責任を厳しく追及、翌年強引に日朝修好条規（不平等条約）を結び、朝鮮を開国させた。

しかしその後、宗主国を自認する清国が朝鮮に勢力を伸ばし、日本の影響力は急速に低下する。情勢打開のため日本は軍拡にはげみ、1894年、日清戦争に大勝して朝鮮が独立国たることを清国に認めさせたのである。

## ◉着々と進む日韓併合

その後、前項で述べたように日本は朝鮮に接近するロシアと対決、戦争を優勢のうちに進め、この間に韓国（朝鮮は1897年に国名を変更）と日韓議定書（同国の土地収用権を獲得）、第一次日韓協約（政府の財政・外交顧問に日本人を採用する）を結んだ。

さらに、1905年のポーツマス条約（日露講和条約）で、ロシアに日本の韓国における指導権を認めさせ、桂・タフト協定、第二次日英同盟によってアメリカ、イギリスに韓国の植民地化を黙認させることに成功した。

そうして、1905年の第二次日韓協約で韓国の外交権をうばって漢城に統監府《とうかんふ》を置き、ハーグ密使事件を理由に1907年、第三次日韓協約を結んで内政権をも奪い、軍隊を解散させたのだった。

このような事態に、韓国民衆は怒り、武力で日本軍に抵抗する義兵運動が盛り上がり、1909年、その一人安重根《あんじゅうこん》によって伊藤博文が暗殺された。しかし、韓国植民地化の流れは止まらず、ついに翌年、併合条約が締結され、韓国は完全に日本の植民地となった。

韓国民は日本語の習得、創氏改名《そうしかいめい》、神社参拝などを強制され、太平洋戦争中には多数が強制労働を強いられた。
１９１９年には激しい三・一独立運動が展開されるが、植民地からの解放は日本の敗戦を待たねばならなかった。１９４５年、韓国は植民地から脱するが、米ソの勝手な思惑から北緯38度線を境に大韓民国と朝鮮民主主義人民共和国とに分断され、現在に至っている。

**日韓併合への過程**

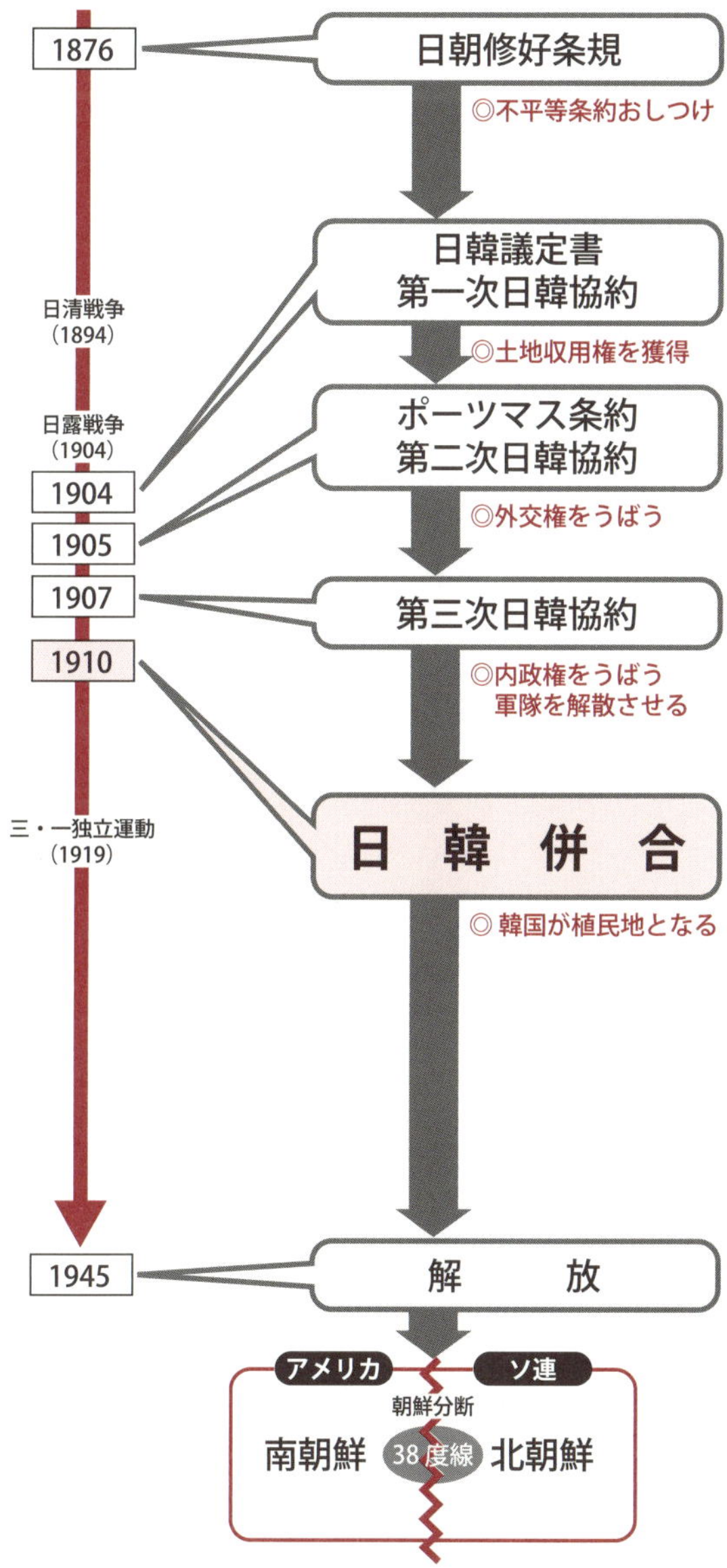
1876
日朝修好条規
◎不平等条約おしつけ
日清戦争
（1894）
日韓議定書
第一次日韓協約
◎土地収用権を獲得
日露戦争
（1904）
1904
ポーツマス条約
第二次日韓協約
◎外交権をうばう
1905
1907
第三次日韓協約
1910
◎内政権をうばう
軍隊を解散させる
三・一独立運動
（1919）
日　韓　併　合
◎ 韓国が植民地となる
1945
解　　放
アメリカ
ソ連
朝鮮分断
南朝鮮
38度線
北朝鮮



歴史メモ　ハーグ密使事件とは、オランダのハーグで開催されていた万国平和会議に韓国国王が密使を送って日本の横暴を訴えようとした事件。

# 義務教育がわずか16か月のときもあった

**近代的な教育制度は、明治になってはじめて導入されたが、最初のうちはかなり混乱があった。**

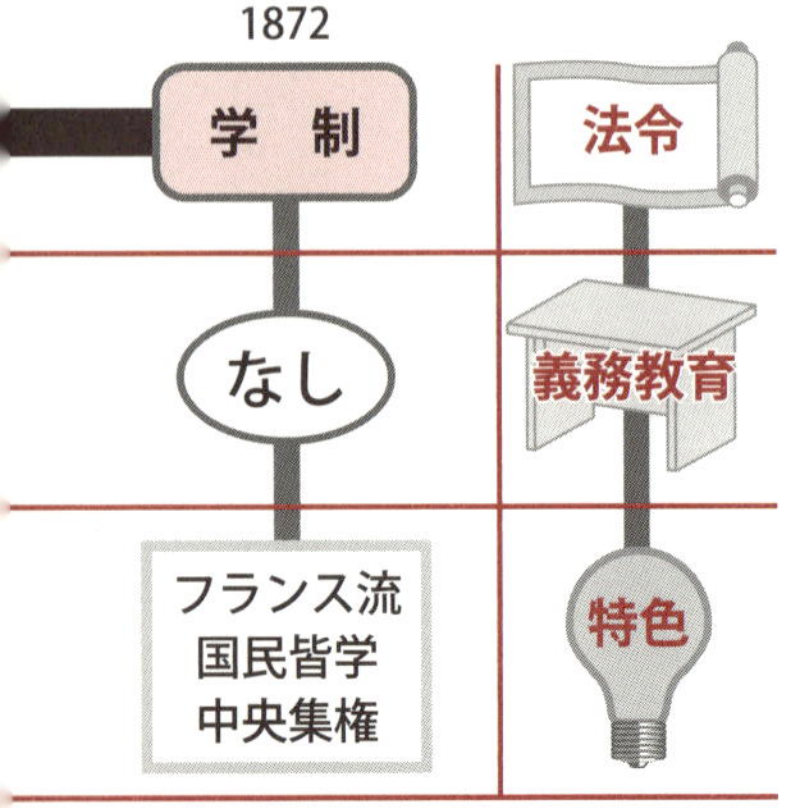


## ◉最初のうちは義務教育期間がのびたり縮んだり

学校教育は、１８７１年に文部省が創設されて以来、ずっと同省が担ってきた。

学校制度に関する最初の法令は、フランスを手本とした１８７２年の学制である。１０９章からなる学制は、国民皆学《かいがく》をめざし、学区制（大・中・小学区）をしき、教育理念に功利・個人主義をおいた自由主義的な法律だった。

しかし、４万４０００にのぼる小学校設置費や学校経費はすべて国民の負担とされたので、学制反対一揆が起こってしまった。しかたなく文部省は１８７９年、４年間で最低16カ月を義務教育とし、学区制を廃止して小学校の設置強制をやめ、学校を町村民の自由管理とする地方分権的な教育令にかえた。これは、文部大輔の田中不《ふ》二麻呂《じまろ》がアメリカの制度を模範に作成したもので、基本的には学制の理念が受け継がれている。

だが翌年、教育令は全面的に改正される。自由民権運動の高まりを心配した政府内部から、教育令に批判が集中したからだ。改正された教育令は、学校独自の教育課程編成を認めないなど国家統制が強まり、また、「修身」

## 教育制度はこう変わってきた

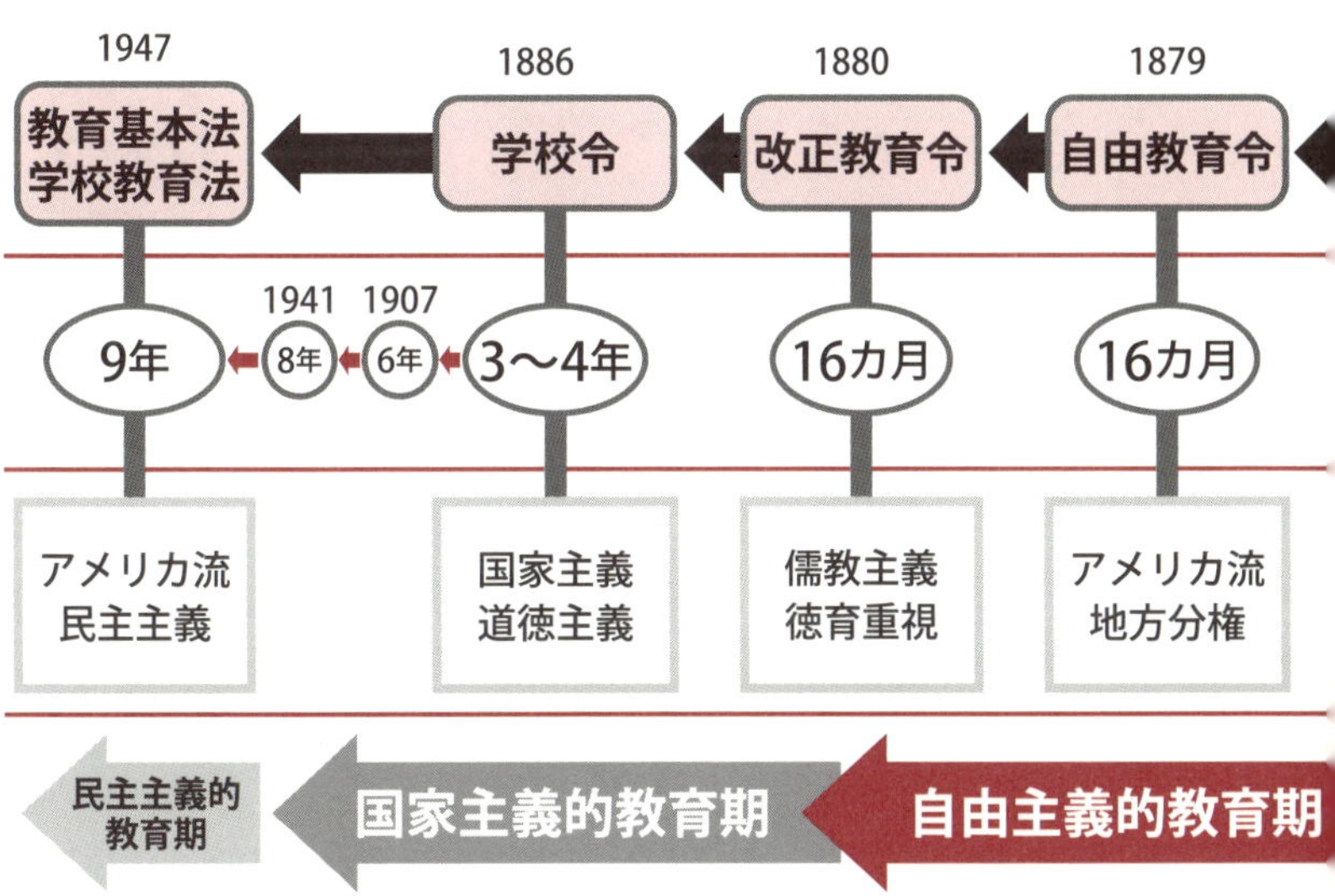
1947
教育基本法
学校教育法
1886
学校令
1880
改正教育令
1879
自由教育令
9年
1941
8年
1907
6年
3～4年
16カ月
16カ月
アメリカ流
民主主義
国家主義
道徳主義
儒教主義
徳育重視
アメリカ流
地方分権
民主主義的教育期
国家主義的教育期
自由主義的教育期

を小学校の筆頭科目にするといった、徳育・儒教重視の国家主義的な色彩が強くなった。

### ◉国家主義的教育をつくりだした学校令

1886年、学校令（帝国大学令、師範《しはん》学校令、中学校令、小学校令などの総称）が、初代文部大臣森有礼《もりありのり》によって公布された。

これにより戦前の学校教育体系が確立されるわけだが、内容的には教育の国家統制と国家主義教育観がいっそう強化されており、1890年の教育勅語、1903年の国定教科書制度がさらにそれに拍車をかけた。

ところで、初等教育における就学率だが、1873年に30％を割っていたものが、1910年には98％を超えるほどになる。また、義務教育年限は、学校令で3～4年と定められたが、1907年に6年、1941年に8年と次第にのびてゆき、現在は9年となっている。

太平洋戦争の敗戦後、学校令は廃止され、学校制度の根本法として、民主主義を基調とした教育基本法と学校教育法がアメリカの後押しで1947年に制定された。いまでも両法にもとづいて学校教育が運営されている。

**歴史メモ** 戦前の日本の教育は、1890年に出された教育勅語を最高理念としており、当時の小学校教育では全員にこれを暗唱させた。

1914〜1918年◆第一次世界大戦

# 日本は「漁夫の利」で世界の大国に

**欧州への物品供給などで輸出が急増し、大戦景気を謳歌する。日本は世界5大国の一つにのし上がっていった。**

## ◉どさくさまぎれに中国での権益を拡大

1914年6月、ヨーロッパにおいて第一次世界大戦が起こる。このとき日本は、日英同盟のよしみをもって三国協商側に加わり、ドイツに宣戦布告した。大戦は4年以上にわたって続いたが、この間、日本は戦争によって大きな利益を受ける。よくいえば「漁夫の利」、悪くいえば「火事場泥棒」であった。

8月に参戦した日本は、9月、ドイツの植民地である中国の青島《ちんたお》と南洋諸島を攻略する。その後、占領した青島は返還せず、中国政府の撤兵要求も無視して日本軍は駐留を続けた。なぜなら、中国への進出が本当の狙いだったからだ。列強が欧州で戦っているスキに、日本の勢力を拡大しようと考えたのである。

1915年、日本は中国政府に「二一カ条の要求」を突きつけた。南満州の租借延長、ドイツ権益の譲渡、福建省での日本優遇など、中国に対する権益拡大請求である。

中国は当然これを拒んだが、日本政府は最後通牒《つうちょう》という強硬な態度で承諾をせまり、列強諸国の助けが望めない中国は、同年5月9日、しかたなく日本の要求を受け入れた。中国の人々は、これを屈辱として国恥《こくち》記念日と称し、その後、広く反日運動が展開されていった。

## ◉先進国にのしあがる成金国・日本

日本は、経済面においても巨利を獲得する。いわゆる、大戦景気と呼ばれる空前の好景気である。好況の原因は、輸出の増大にある。戦争によって品不足におちいった欧州諸国への物品供給と、アジアから撤退した欧州製品の穴埋めが、輸出量を急増させたのだ。

品物はいくら値をつり上げても、つくればつくるだけ売れた。とくに繊維・造船・鉄鋼の分野は飛躍的にのび

## 第一次世界大戦の日本

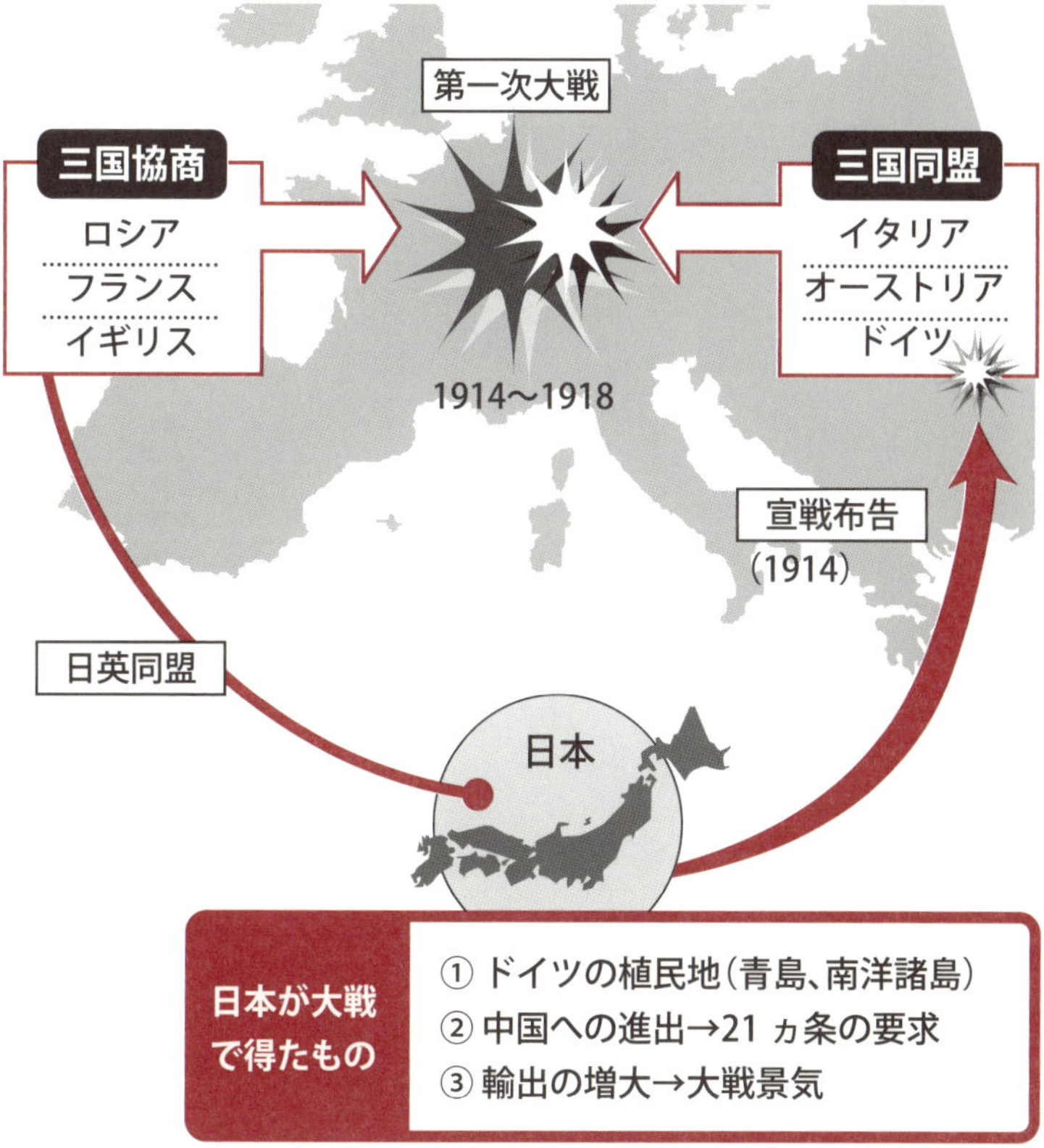
第一次大戦
三国協商
ロシア
フランス
イギリス
三国同盟
イタリア
オーストリア
ドイツ
1914～1918
宣戦布告
(1914)
日英同盟
日本
日本が大戦で得たもの
① ドイツの植民地（青島、南洋諸島）
② 中国への進出→21ヵ条の要求
③ 輸出の増大→大戦景気

た。また、戦争物資の輸送にともなう極度の船不足から海運業が発達し、英・米に次いで世界第3位となった。

この大戦景気によって、一獲千金を得た人々が誕生、彼らは成金と呼ばれ、その贅沢ぶりは今でも伝説として語られている。

しかし、一般庶民はたいして好景気の恩恵をうけず、むしろ輸出過剰による国内の品不足のために物価は上がり、生計はますます苦しくなった。

けれども日本は、この第一次世界大戦時の行動と好景気によって、世界5大国の一つに数えられる帝国主義国家にのし上がったのだ。



**歴史メモ** 料亭を出る際、暗くて靴の場所が見えなかったある成金が、100円札（現在だと約20万円）に火をつけて周囲を明るくしたという。

# 政党が信用を失い軍部への期待が高まる

**第一次世界大戦による中国進出の成功から、日本は急速に軍国主義への道を走りはじめる。**

## ◉陸軍の勝手な暴走がはじまる！

中国に二一カ条の要求を押しつけた日本は、さらに満州利権を維持しようと１９２７年から山東出兵を行ない、翌年、満州を占領する目的で軍閥張作霖《ちょうさくりん》を暗殺した。その先頭に立ったのが「関東軍」（満州駐留の陸軍）で、やがて彼らは勝手な暴走をはじめる。

１９３１年、関東軍は日本の南満州鉄道をみずから爆破（柳条湖《りゅうじょうこ》事件）し、これを中国軍の仕業だとして奉天、長春を占拠、満州事変を勃発させた。日本政府は事変の不拡大方針を決めたが、関東軍はこれに従わず、満州全土を制圧、翌年、清国の廃帝溥儀《ふぎ》を執政《しっせい》とする満州国（日本の傀儡《かいらい》国家）を建国する。

関東軍がこのように暴走できたのは、国内で軍部が台頭したからだ。台頭の原因は、汚職や腐敗の多発によって、政党が国民の信用を失ったことにあった。人々はこれに代わるものとして軍部に期待を寄せた。

こうした世論の支持を背景に、国家改造をとなえる青年将校や右翼らが、浜口雄幸《おさち》首相襲撃や血盟団事件といったテロや暗殺事件を繰り返したので、政党はますます萎縮していったのである。

そして、１９３２年5月15日、海軍将校らによって犬《いぬ》養毅《かいつよし》首相が殺害された（五・一五事件）ことで、政党政治は終わりを告げ、軍国主義の時代へ入る。

軍部や天皇制への批判は一切許されず、これに反する者は政治犯として特別高等警察に連行され、本ならば発禁になるという、厳しい言論・思想統制が行なわれた。

## ◉政権が軍に完全に乗っ取られる！

１９３６年、陸軍将校に率いられた１４００名もの兵が、軍事政府樹立をかかげて首相官邸や警視庁を襲撃、大臣ら数名を殺害する二・二六事件が発生。クーデター

### ファシズムと大陸侵略への25年

| 国内 | 年号 | 大陸(中国) |
|---|---|---|
| | 1915 | 21ヵ条の要求 |
| | 1927 | 山東出兵（〜1928） |
| 特別高等警察の全国化 | 1928 | 張作霖爆殺事件 |
| 統帥権干犯問題 | 1930 | |
| | 1931 | 柳条湖事件 |
| 5.15事件 | 1932 | 満州国建国宣言 |
| 国際連盟脱退を通告 | 1933 | |
| 天皇機関説問題 | 1935 | |
| 2.26事件 | 1936 | |
| | 1937 | 日中戦争突入(盧溝橋事件) |
| 国家総動員法 | 1938 | 広東、武漢占領 |
| 国民徴用令 | 1939 | |
| 大政翼賛会<br>大日本産業報国会 | 1940 | 北部仏印進駐 |

日米関係悪化

**太平洋戦争突入**
（1941）

は鎮圧されたものの、いっそう軍部の発言権が強くなった。

こうして政権が軍部によって握られた1937年、日中両軍の偶発的衝突（盧溝橋《ろこうきょう》事件）をきっかけに日中戦争がはじまる。

はじめ日本軍は次々に諸都市を落としてゆくが、蒋介石《しょうかいせき》の中国国民政府や中国共産党は徹底抗戦のかまえを崩さず、やがて戦争は泥沼化していった。それでも日本は中国から撤退せず、臨戦体制をしいて戦いを継続したのだった。

さらに無謀なことに、満州侵略を諸外国に非難されると、国際連盟を脱退して国際的に孤立し、やがては強大なアメリカを相手に勝てるはずのない戦いをいどみ、果てしのない二面戦争へと突入していくのである。

歴史メモ　5・15事件で海軍将校らが首相官邸に乱入した際、犬養首相は「話せばわかる」となだめたのに将校は「問答無用」と射殺した。

# 日本はどうして太平洋戦争へ突入した？

**全面戦争の回避という点では日米とも一致していたはずが、日本が開戦したのは中国からの撤退要求があったから。**

## ◉アメリカとの交渉決裂！

アメリカに宣戦布告した日本は、１９４１年12月８日、敵軍港ハワイ真珠湾を奇襲し大戦果をあげた。太平洋戦争の始まりである。

そもそも両国の関係が崩れ出したのは、日本が中国に進攻し、南方進出をくわだてたことにあった。一連の動きに憤慨したアメリカは、日米通商航海条約を破棄、鉄屑や石油の対日輸出を中止し、ＡＢＣＤ（米英中蘭）包囲網を形成して日本に経済的打撃を与えた。

だが、全面戦争の回避ということでは両国は一致しており、１９４１年４月から日米交渉が開始され妥結点が探られたが、折衝は暗礁に乗り上げ、アメリカ側から日本軍の中国撤兵を要求するハル・ノートが提出されるにおよび、交渉は決裂、日本は開戦を決意したのである。

日本は、アジアを白人支配から解放する「大東亜共栄圏」構想をかかげて戦争に突進、マニラ、シンガポールを陥落させ、南洋諸島を占領する。だが、共栄圏とは名ばかりで、占領地に軍政をしいて資源を搾取、日本の利益のために人々を強制労働させた。

## ◉わずか半年で劣勢に転換

戦況は、翌年６月のミッドウェー海戦で転機をむかえる。海戦の大敗北によって次第に日本軍は劣勢におちいり、１９４３年２月のガダルカナル島撤退、翌年７月のサイパン島陥落と、敗退を続け、制海権・制空権もうばわれ、本土は激しい空襲に見舞われた。この責任をとって東条英機内閣は総辞職、小磯国昭《こいそくにあき》内閣が誕生するも状況は好転せず、食糧不足、勤労動員が日常化し、国民生活は困窮をきわめた。そして１９４５年４月、米軍が沖縄に上陸する。もはや日本の敗北は明らかだった。

小磯首相に代わった鈴木貫太郎《かんたろう》は、国民には徹底抗戦を告げながら、ソ連を仲介にして密かにアメリカとの講和を模索した。だが、6月に激戦のすえ沖縄が陥落し、8月に広島（6日）と長崎（9日）に原子爆弾が投下され、さらにソ連が日本に宣戦したことで、ついに同年8月14日、日本政府は連合軍から出されていたポツダム宣言を受諾し、無条件降伏をしたのであった。

太平洋戦争の流れ

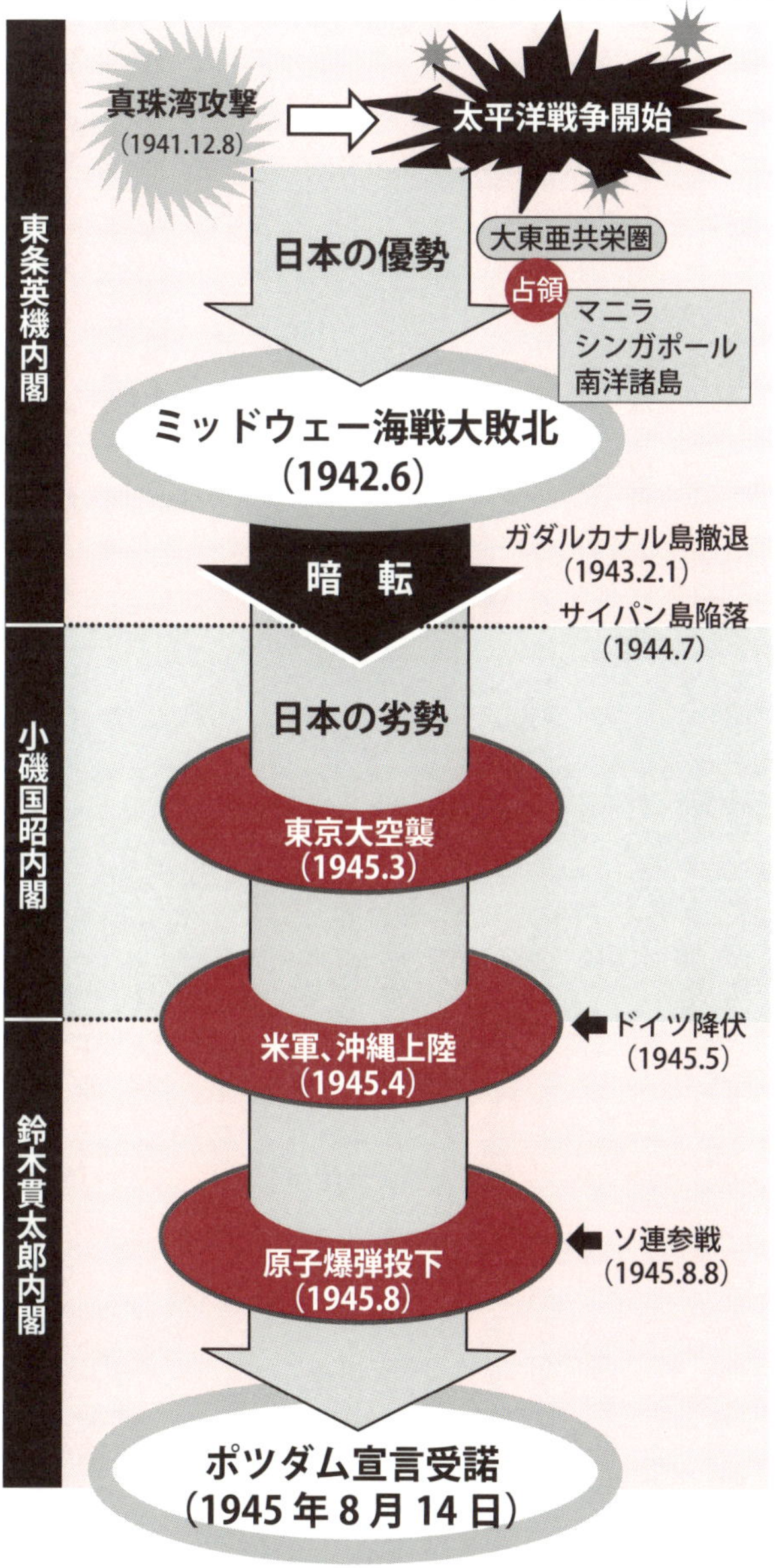
東条英機内閣
小磯国昭内閣
鈴木貫太郎内閣
真珠湾攻撃
(1941.12.8)
太平洋戦争開始
大東亜共栄圏
日本の優勢
占領
マニラ
シンガポール
南洋諸島
ミッドウェー海戦大敗北
(1942.6)
ガダルカナル島撤退
(1943.2.1)
暗　転
サイパン島陥落
(1944.7)
日本の劣勢
東京大空襲
(1945.3)
米軍、沖縄上陸
(1945.4)
ドイツ降伏
(1945.5)
原子爆弾投下
(1945.8)
ソ連参戦
(1945.8.8)
ポツダム宣言受諾
(1945年8月14日)

**歴史メモ** ミッドウェー海戦で日本は、敵の空母1隻を沈める代償として、空母4隻、戦闘機300を一瞬にして失った。

# ＧＨＱが行なった巧妙な日本統治法

**連合国軍に完敗した日本は、アメリカが主体のＧＨＱによる巧妙な統治により、西側陣営へと導かれる。**

## ◉ＧＨＱにより統治される

太平洋戦争終結後、アメリカが中心になって日本の統治が進められる。

敗戦直後、太平洋米軍総司令官マッカーサー元帥が連合国軍最高司令官に任命されて日本に着任、連合国軍最高司令官総司令部、いわゆるＧＨＱが東京に設置された。ＧＨＱは管理機構のうち、行政機関として位置づけられたが、実質的には日本の統治機関であった。

## ◉ほとんど機能しない極東委員会と対日理事会

イギリスやソ連は、アメリカがＧＨＱを通して日本を単独占領している現実に不満をいだき、自国の占領参加を要求した。そこで同年12月、極東委員会がもうけられた。

委員会はアメリカ、イギリス、フランス、中国、ソ連、カナダ、オーストラリアなどの11カ国からなる立法機関で、本部をワシントンに置いた。ここで占領の基本方針・政策が決められてＧＨＱに指示が出され、また逆にＧＨＱが進める施策を再検討する権限が与えられた。

ただ、極東委員会の指令は、必ずアメリカ政府を通す規則になっており、同国政府は拒否権をもっていたので、事実上、たいして機能しなかった。

極東委員会と同時にもうけられたのが、対日理事会である。これはアメリカ、中国、ソ連、イギリスの4カ国から構成されるＧＨＱの諮問《しもん》機関で、同会にはＧＨＱに助言する権利も与えられた。けれどもマッカーサーは、対日理事会が助言を理由に占領政策に介入してくることを嫌い、あまり諮問しなかったという。

## ◉間接統治でよい印象を与えたアメリカ

管理機構の中心機関となったＧＨＱは、ドイツのように軍政をしいて直接統治はせず、日本政府に指令や勧告をあたえるといった手法を用いた。これを間接統治と呼ぶが、この方式によって日本人のアメリカ人への反感を緩和することができ、戦後の日本をソ連から遠ざけ、巧みにアメリカ陣営に組み込むことに成功したのである。

連合軍の日本管理のしくみ

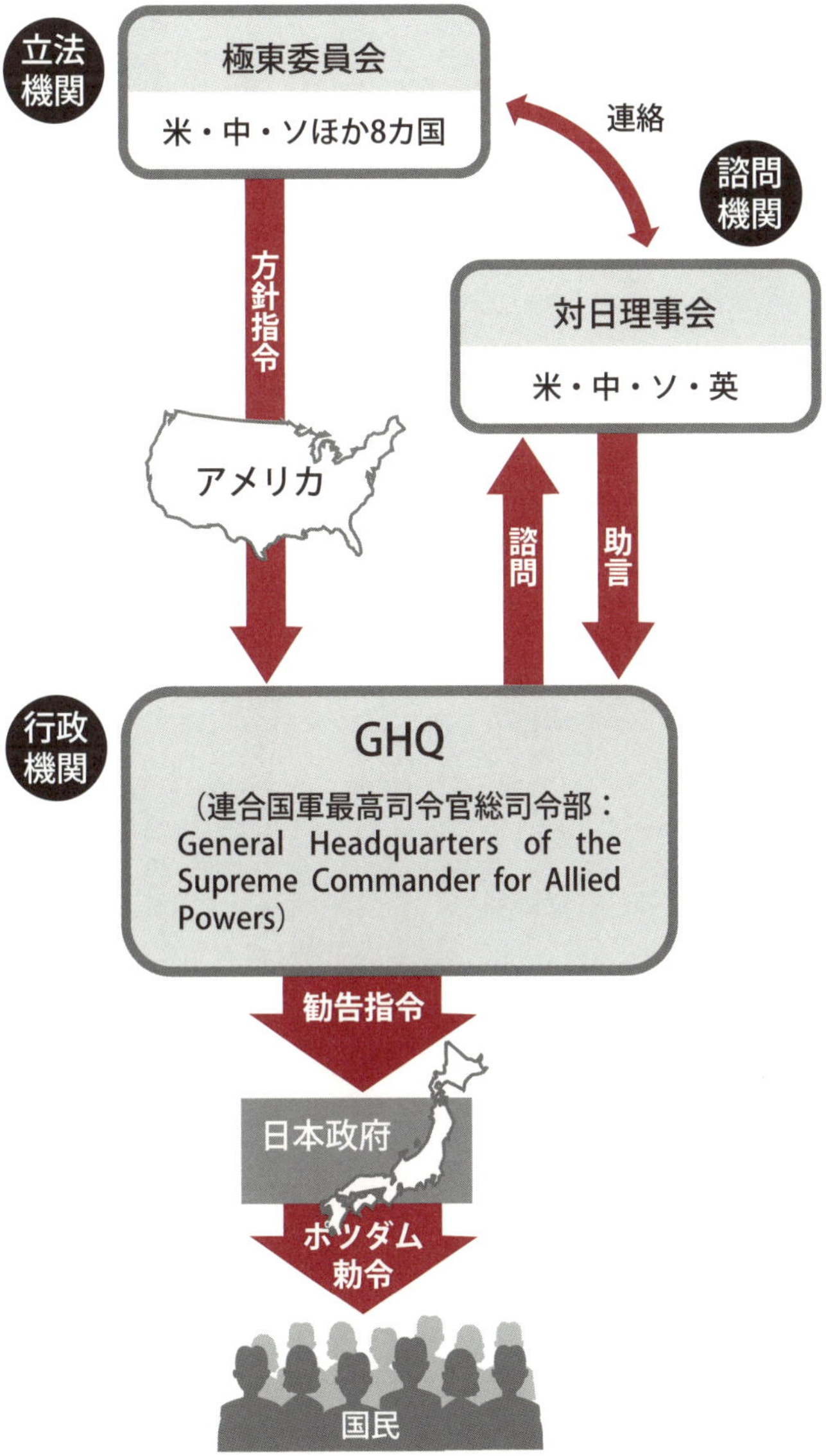
立法機関
極東委員会
米・中・ソほか8カ国
連絡
諮問機関
方針指令
対日理事会
米・中・ソ・英
アメリカ
諮問
助言
行政機関
GHQ
（連合国軍最高司令官総司令部：General Headquarters of the Supreme Commander for Allied Powers）
勧告指令
日本政府
ポツダム勅令
国民



歴史メモ GHQの本部は、はじめ横浜に置かれたあと東京へと移された。場所は、皇居前にある第一生命ビルである。

# 非軍事化と民主化が日本再建の2大方針

**すべてアメリカの主導により、非軍事化がすすめられ、経済、教育、政治について大幅に民主化された。**

## ◉わずか1年で非軍事化達成

アメリカは日本を再建するにあたり、2大方針を立てた。非軍事化および民主化である。

占領後、ただちに軍隊が解散させられ、軍需産業がストップされた。また、極東国際軍事裁判（東京裁判）を開いて戦争責任者を厳しく処罰、戦争協力者を公職から追放。同時に軍国主義教育を停止した。

さらに政治犯すべてを釈放、思想警察や特高警察を廃止し、天皇制批判の自由を認めた。1946年1月、昭和天皇も人間宣言を行い、その神格化を自ら否定した。

同年11月3日には、GHQの強力な指示のもと、戦争放棄を定めた第九条を含む日本国憲法が公布され、日本の非軍事化は、こうしてわずか1年で達成された。

## ◉変わる日本経済のしくみ

一方、日本の民主化政策は、おもに経済・教育・政治の3分野を中心に推進された。

とくに経済の民主化についてみてみると、財閥《ざいばつ》解体、農地改革、労働改革の3改革があげられる。

軍国主義の温床となっていた日本経済の財閥独占体制を解体し、今後も経済力が集中することのないよう、独占禁止法を制定した。だが、米ソの冷戦がはじまると、日本の経済再建が急務となり、制限は緩和され財閥の中心であった銀行の解体には手がつけられず、経済改革は不完全な形で終わった。

寄生地主《きせいじぬし》制も軍国主義の温床とみなされ、農地改革が進められた。小作人に不在地主の土地が与えられたことによって、多数の自作農が創設された。

また、労働組合の結成が奨励された。組合は戦時体制のなかで1940年以来絶えていたが、こうした奨励のもと続々と誕生、1948年には組織率は50％を超えた。

同時に、労働者の諸権利を保障する労働三法（労働基準法・労働組合法・労働関係調整法）も公布され、労働改革は終了した。

戦後の民主化政策

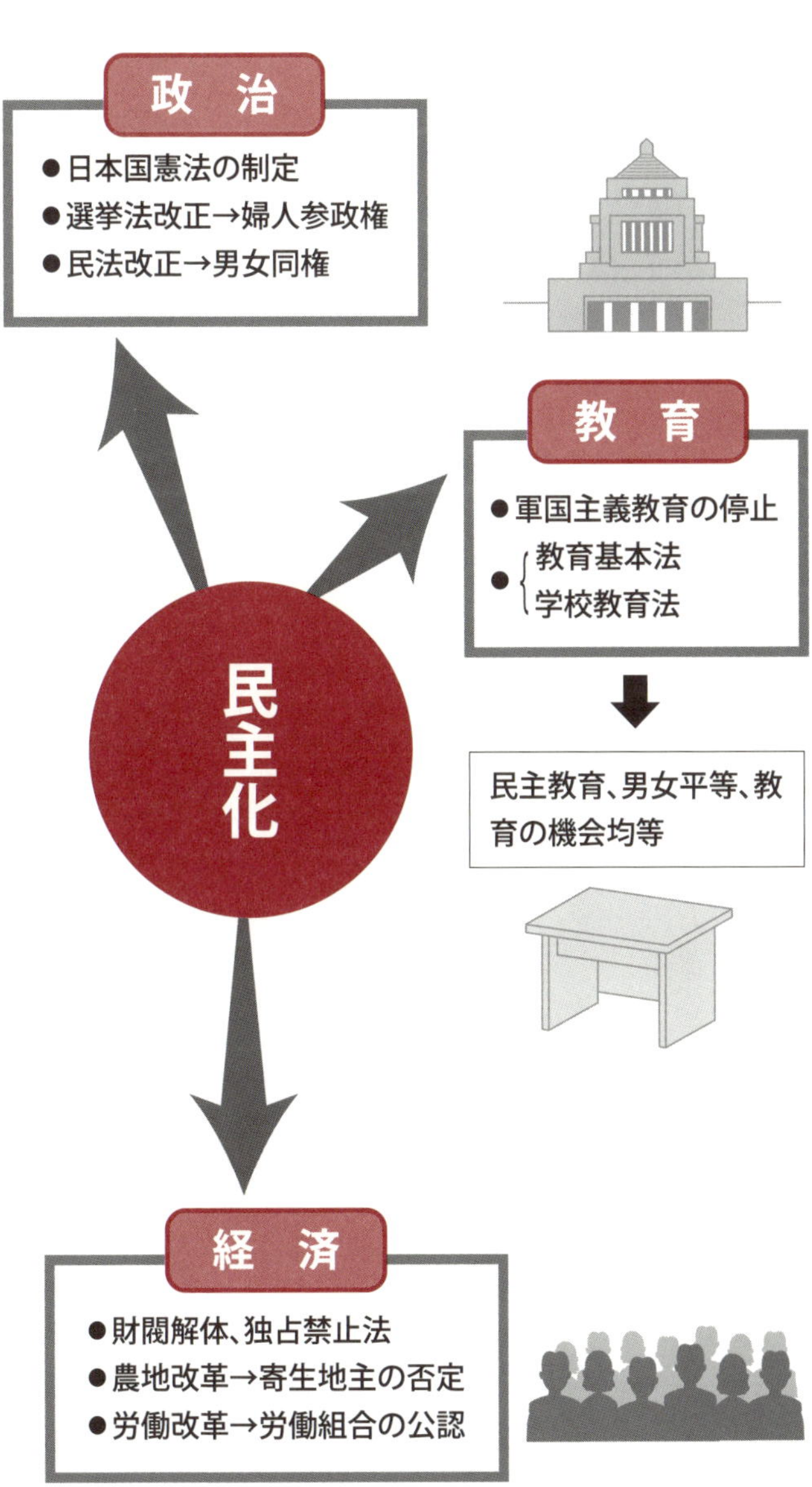

民主化
政治
●日本国憲法の制定
●選挙法改正→婦人参政権
●民法改正→男女同権
教育
●軍国主義教育の停止
●教育基本法
学校教育法
民主教育、男女平等、教育の機会均等
経済
●財閥解体、独占禁止法
●農地改革→寄生地主の否定
●労働改革→労働組合の公認




歴史メモ　1996年、東条英機元首相ら７名のＡ級戦犯の遺骨が、国民から英雄視されぬよう処刑後、太平洋に散骨されたことが判明した。

# 何度も復活する奇跡の日本経済

**日本は明治以降、急速な経済発展をとげる。何度もの危機を乗り超えた奇跡の日本経済の歩みをみてみよう。**

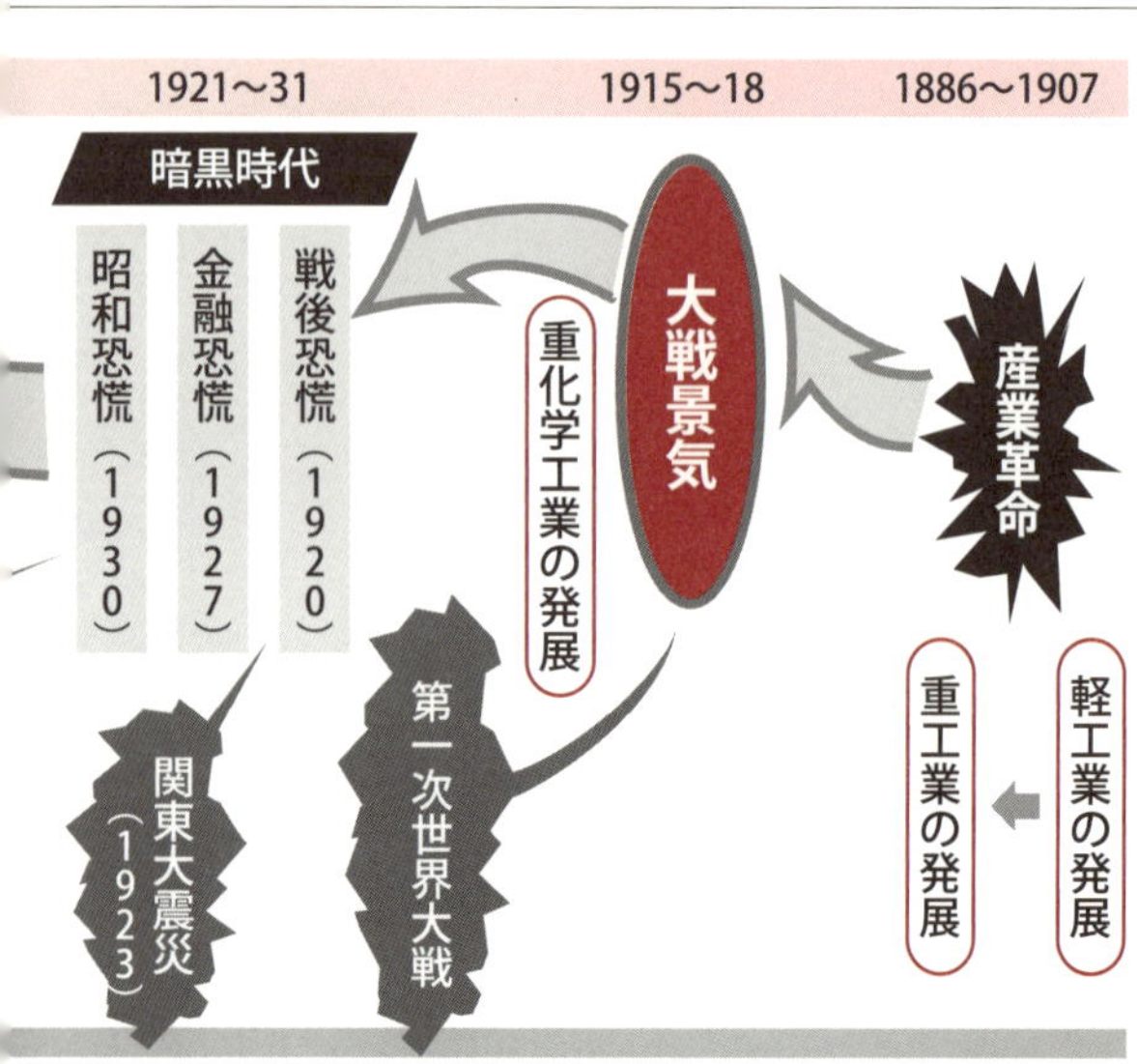
1886〜1907
産業革命
軽工業の発展
重工業の発展
1915〜18
大戦景気
重化学工業の発展
第一次世界大戦
1921〜31
暗黒時代
戦後恐慌（1920）
金融恐慌（1927）
昭和恐慌（1930）
関東大震災（1923）

## ◉第一次大戦による好景気

ペリーが来航した1853年には、日本は純然たる農業国だったが、わずか100年のうちに奇跡的に経済大国へとのし上がっていった。

明治政府は積極的に産業育成を行なうとともに、1897年に金本位制度を確立、「円」の国際的信用を高めたので、軽工業分野で産業革命がおこり、日露戦争後、今度は重工業の分野で産業革命がおこった。

その後、第一次世界大戦の影響で、ヨーロッパとアジア市場からの需要が殺到。この大戦景気で工業生産額は躍進、とくに鉄鋼、造船、繊維分野の伸びは著しかった。

## ◉恐慌後、為替政策で景気を浮揚させる

しかし、1920年に戦後恐慌、27年に金融恐慌、30年に昭和恐慌と、日本経済は立て続けに恐慌に見舞われる。

日本経済の発展

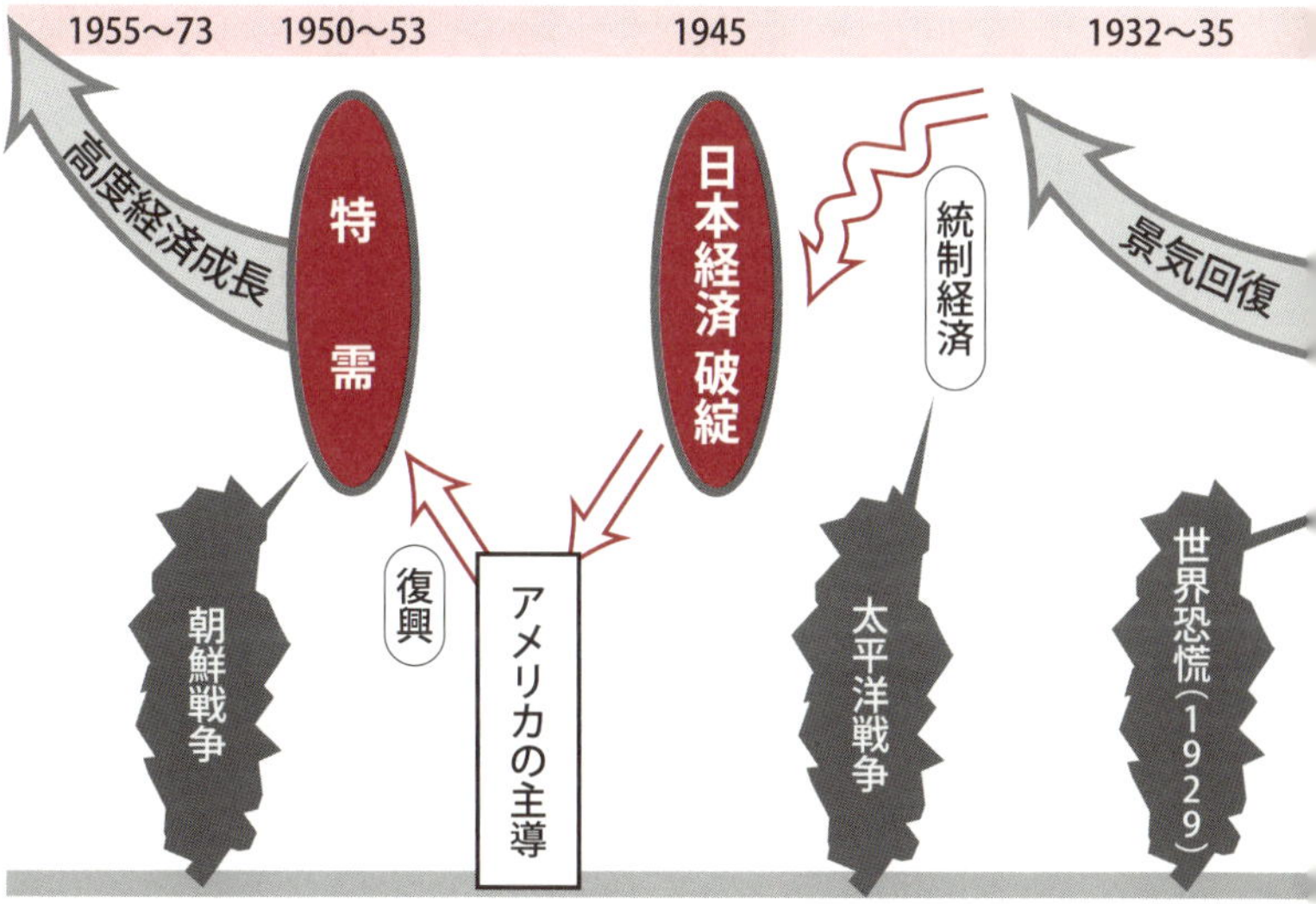
1955〜73
1950〜53
1945
1932〜35
高度経済成長
特需
日本経済破綻
統制経済
景気回復
朝鮮戦争
復興
アメリカの主導
太平洋戦争
世界恐慌（1929）

犬養毅内閣は、この不況を打開するため、1931年に管理通貨制度に移行。日本の為替・円相場の急落によって輸出が増加、状況は好転した。

だが、この好景気も長くは続かない。軍国主義への道を選んだからだ。日本は満州事変、日中戦争、太平洋戦争へと突入し、終戦後、経済はみるかげもなく破綻した。

## ◉戦後上昇一方の日本経済

戦後、日本経済はアメリカの強い主導によって再建される。傾斜生産方式、経済安定九原則、ドッジラインと、さまざまな政策が実行され、ようやく経済復興のきざしを見せた1950年、朝鮮戦争がはじまる。

戦争は日本に軍需をもたらし、以後4年間、特需《とくじゅ》景気と呼ばれる好況が続き、さらに空前の輸出ブームにより、3年間の神武《じんむ》景気を経験する。

それからも経済は上昇一方で、1970年代初頭まで高度経済成長を続け、ついには世界一、二の経済大国へと発展をとげたのである。



歴史メモ　1980年代後半、日本は好景気（バブル経済）に恵まれるが、90年代に不景気に転じて戦後最長を記録した。

COLUMN

# 「君死にたまふこと勿れ」に詠まれた弟はその後どうなった？

女流詩人の与謝野晶子が、『明星』に発表した「君死にたまふこと勿れ」は、日露戦争に出征した弟の無事を祈った歌である。これが世間に発表されると、大反響を呼んだ。

「彼女は反戦思想をとなえる乱臣賊子だから、逮捕して刑務所にぶちこんでしまえ」

という声もあったが、その多くは、弟を想う姉の真情として好意的に受け止め、共感したようである。

ところで、歌はあまりにも有名なのに、歌の主人公の晶子の弟が、その後どうなったかに関しては、あまり知られていない。

弟の名は籌三郎という。晶子のすぐ下の弟で大変仲がよかったという。籌三郎は1903（明治36）年に結婚、同年、父親の急逝によって家業を継ぐが、翌年、日露戦争の勃発によって兵隊に取られた。晶子は、弟が旅順攻撃に投入されたという噂を耳にする。ここは激戦区で、多大な犠牲を出していた。

「どうぞ、死なないで！」

そんな心の叫びが、「君死にたまふこと勿れ」の名作を誕生させたのだ。ではその後、籌三郎はどうなったのだろう。実は、無事に帰還することができたのである。彼は第2軍に編入され、旅順には赴かなかった。それからの籌三郎は、妻との間に3子をもうけ、なんと1944（昭和19）年まで長生きしたのである。

# 日本の出来事年表

紀元　100　200　300　400　500

| 年代 | | 日本の出来事 | 対外関係史 |
|---|---|---|---|
| 縄文時代 | 農耕の開始 | 十数万年前〜約1万3000年前　先土器時代（旧石器時代）<br>約1万3000年前〜紀元前3世紀頃　縄文時代<br>紀元前4世紀〜3世紀頃　弥生時代 | 57　倭奴国王、後漢に遣使し、印綬を受ける |
| 弥生時代 | 農耕社会の成立 | 小国が分立<br>147〜189　倭国で内乱。女王卑弥呼をたて、邪馬台国誕生 | 239　邪馬台国の卑弥呼が魏に遣使 |
| 古墳時代 | 古墳の築造 | 大和統一政権？<br>400年代　大仙陵古墳、造営 | 5世紀　倭の5王が中国・南朝に遣使 |

| 年代 | 600 | 700 | 800 | 900 | 1000 | 1100 | 1200 |
|---|---|---|---|---|---|---|---|

| 時代 | 文化など | 日本の出来事 | 対外関係史 |
|---|---|---|---|
| 飛鳥時代 | 飛鳥文化<br>白鳳文化 | 592 推古天皇、即位する<br>645 大化の改新はじまる<br>672 壬申の乱が起こる | 538? 仏教が伝来<br>630 遣唐使を派遣<br>663 白村江の戦い |
| 奈良時代 | 天平文化 | 710 平城京に遷都<br>712 古事記の編纂<br>720 日本書紀の編纂<br>752 東大寺に大仏開眼 | |
| 平安時代 | 弘仁貞観文化<br>摂関政治<br>国風文化<br>武士の台頭<br>院政政治<br>平氏政権誕生<br>源平の争乱 | 794 平安京に遷都<br>905 古今和歌集の完成<br>935〜941 承平・天慶の乱（平将門の乱・藤原純友の乱）<br>1016 藤原道長、摂政となる（摂関政治の全盛）<br>1051〜 前九年の役、安倍頼時・貞任らが反乱<br>1083〜1086 後三年の役、源義家が清原家の騒動に介入<br>白河上皇が院政を始める<br>1156 保元の乱<br>1159 平治の乱、平清盛が権力を掌握<br>1185 壇ノ浦の戦いで平氏滅亡 | 805 最澄が天台宗を伝える<br>806 空海が真言宗を伝える<br>894 道真、遣唐使の廃止を建議 |
| 時代 | | 1192 源頼朝、征夷大将軍となる（鎌倉幕府）<br>1221 承久の乱、幕府が朝廷軍を破る<br>1232 御成敗式目の制定 | |

| 1300 | 1400 | 1500 | 1600 | 1700 | 1800 | 1900 | 2000 |
|---|---|---|---|---|---|---|---|
| 鎌倉 | 室町時代 | 戦国時代 | 江戸時代 | | | 明治時代 | 平成・昭和・大正 |

鎌倉仏教
執権政治
北山文化
東山文化
桃山文化
元禄文化
化政文化
尊王攘夷論の台頭
明治維新
自由民権運動
富国強兵・殖産興業
大正デモクラシー
軍部の台頭
戦後の復興
高度経済成長

| | |
|---|---|
| 1334 | 後醍醐天皇による建武の新政始まる |
| 1338 | 足利尊氏、征夷大将軍となる（室町幕府） |
| 1392 | 南北朝の統一 |
| 1397 | 鹿苑寺金閣の建立 |
| 1467 | 応仁の乱、戦国時代の幕開け |
| 1560 | 織田信長、桶狭間で今川義元を討つ |
| 1573 | 足利義昭が追放され、室町幕府滅亡 |
| 1582 | 本能寺の変、明智光秀が織田信長を殺害 |
| 1585 | 豊臣秀吉、関白となる |
| 1590 | 秀吉による全国統一が完了 |
| 1600 | 関ヶ原の戦い |
| 1603 | 徳川家康が征夷大将軍となる（江戸幕府） |
| 1614 | 大坂冬の陣、翌年夏の陣（豊臣家滅亡） |
| 1615 | 武家諸法度、禁中並公家諸法度 |
| 1637 | 島原の乱 |
| 1687 | 生類憐れみの令が出はじめる |
| 1716 | 徳川吉宗、享保の改革を始める |
| 1787 | 老中・松平定信、寛政の改革を開始 |
| 1837 | 大塩平八郎の乱 |
| 1841 | 老中・水野忠邦、天保の改革を開始 |
| 1860 | 井伊直弼暗殺される（桜田門外の変） |
| 1864～ | 第一次長州征討、第二次長州征討（幕府敗北） |
| 1867 | 大政奉還、王政復古の大号令 |
| 1868 | 戊辰戦争（～69）、元号を明治と改める |
| 1869 | 版籍奉還、71年廃藩置県、73年地租改正 |
| 1877 | 西南戦争、不平士族の反乱が終息 |
| 1885 | 伊藤博文、初代首相に就任、内閣制度スタート |
| 1889 | 大日本帝国憲法制定 |
| 1890 | 第一次帝国議会が開かれる、教育勅語の発布 |
| 1918 | 米騒動起こる |
| 1923 | 関東大震災 |
| 1925 | 普通選挙制度成立、治安維持法 |
| 1946 | 日本国憲法公布 |
| 1964 | 東京オリンピック開かれる |

| | |
|---|---|
| 1274 | 文永の役 |
| 1281 | 弘安の役 |
| 1404 | 勘合貿易が始まる |
| 1543 | ポルトガル船が種子島に鉄砲を伝来 |
| 1549 | ザビエルがキリスト教を伝える |
| 1592 | 秀吉、朝鮮に出兵 |
| 1639 | ポルトガル船を追放し、41年鎖国が完成 |
| 1853 | ペリー、浦賀に来航 |
| 1854 | 日米和親条約の締結（開国） |
| 1863 | 薩英戦争 |
| 1894 | 日清戦争（～95） |
| 1904 | 日露戦争（～05） |
| 1910 | 日韓併合 |
| 1914 | 第一次世界大戦に参戦 |
| 1931 | 満州事変勃発 |
| 1937 | 日中戦争始まる |
| 1940 | 日独伊三国同盟締結 |
| 1941 | 太平洋戦争（～45） |
| 1951 | サンフランシスコ条約、日米安保条約締結 |

民撰議員設立建白……262
陸奥宗光……274
明六雑誌……272
以仁王……106
木器……45
本居宣長……52,226
物部尾輿……68
物部守屋……69
モリソン号……243
問注所……116

## や行

焼き畑農耕……43,48
薬師寺……66
屋島の戦い……107
矢尻……44
柳町遺跡……78
山鹿素行……225
山県有朋……244,270
山背大兄王……72
邪馬台国……52,58,86
大和政権……64
弥生時代……43
弥生人……36
由井正雪……225
由井正雪の乱……204
雄藩……244,250
煬帝……70,84,94
陽明学……224
養老律令……74
横穴式石室……65
横浜港……248
与謝野晶子……298
与謝蕪村……199
吉田松陰……225,244

## ら行

蘭学……228
律……74
立憲改進党……264
立憲国民党……266
立憲政友会……266
立憲帝政党……264
立憲同志会……266
立憲民政党……266
六国史……88
律令国家……74
琉球……162,196
柳条湖事件……288
令……74
領事裁判権……246,274
遼東半島……280
臨済宗……124
綸旨……142
ルイス・フロイス……193
連署……118
老中……188
労働改革……294
労働三法……295
六波羅探題……140
鹿鳴館……274
盧溝橋事件……289

## わ

隈板内閣……266
若年寄……188
和気清麻呂……91
和寇……158
和様……127
侘び茶……166

藤原秀郷……97
藤原秀衡……106
藤原不比等……74,90
藤原道長……99
藤原泰衡……107
藤原頼長……102
藤原頼通……99
藤原文化……66
藤原北家……98
普請役……194
譜代大名……189,194
武断政治……204
府知事……257
普通選挙……276
仏教……68,66
不入の権……82
フビライ……136
不輸の権……82
フランシスコ・ザビエル……184
文永の役……136
分国法……134
分地制限令……195
文治政治……204
文保の和談……138

## へ

平安京……93
平家物語……120
平治の乱……104
平城京……90
ペリー……243

## ほ

保安条例……272
法皇……100
方形周溝墓……56
保元の乱……102
方広寺……190
方丈記……120
北条氏……118
北条早雲……153
北条時政……118
北条時宗……119,136
北条時頼……119,124
北条政子……118,124,132
北条泰時……118
北条義時……118
法然……122
法隆寺……66
ポーツマス条約……254,282
北朝……144
北面の武士……101,132
星亨……263,272
戊辰戦争……251,252
北海道……230
ポツダム宣言……291
堀越公方……152
本能寺の変……180

## ま行

前野良沢……228
枕草子……66
増鏡……120
磨製石器……44
松尾芭蕉……199
松方デフレ……263,264,270
松方正義……270
末期養子……204
松平定信……206,233
満州国……288
満州事変……288
政所……118
水野忠邦……207
水戸藩……244,250
南樺太……254
南淵請安……72
南満州鉄道……288
源実朝……118
源範頼……106
源義家……108
源義経……106
源義朝……102
源義仲……106
源頼家……118
源頼朝……106,116,128
源頼政……106
冥加金……206
三好三人衆……149

土坑墓……………………………… 56
土佐藩……………………………250
外様大名……………………189,194
ドッジライン……………………297
舎人親王………………………… 88
鳥羽上皇…………………………102
鳥羽・伏見の戦い………………251
豊臣秀吉……………… 182,186,198
豊臣秀頼…………………………190
渡来人…………………………… 68

## な行

中江藤樹…………………………225
長岡京…………………………… 92
長岡藩……………………………252
中臣鎌足………………………… 72
中大兄皇子…………………… 72,76
長屋王…………………………… 90
南無阿弥陀仏……………………122
南無妙法蓮華経…………………125
南朝……………………………144,151
南北朝時代………………………144
南北朝文化………………………120
２１ヵ条の要求…………………286
日英同盟…………………………286
日米修好通商条約…………246,268
日米通商航海条約………………290
日明貿易……………………158,160
日蓮………………………………122
日露戦争……………………280,298
日韓議定書………………………282
日韓併合…………………………282
日清戦争…………………………280
新田義貞……………………140,150
日朝修好条規……………………280
二・二六事件……………………288
日本共産党………………………273
日本後紀………………………… 88
日本書紀………… 41,52,54,70,73,88
念仏札……………………………123
能…………………………………121
農地改革…………………………294

## は

梅松論……………………………120
配石遺構………………………… 39
廃刀令……………………………260
廃藩置県…………………………256
白鳳文化………………………… 66
箱式棺墓………………………… 56
長谷川平蔵………………………209
バテレン…………………………184
林羅山……………………………224
ハリス………………………246,268
ハル・ノート……………………290
版籍奉還…………………………256
班田収授法……………………… 80

## ひ

稗田阿礼………………………… 88
東山文化…………………………121
菱川師宣…………………………199
人返し令…………………………207
日野富子…………………………164
ヒノホニニギ…………………… 55
日比谷焼き打ち事件……………281
姫塚古墳………………………… 79
百姓一揆…………………………156
評定衆……………………………118
平等院…………………………… 66
平田篤胤…………………………226

## ふ

不換紙幣…………………………270
溥儀………………………………288
福島正則…………………………186
福地源一郎………………………264
福原遷都…………………………106
武家諸法度…………………135,194
武士………………………………131
撫恤令……………………………242
藤原京……………………………110
藤原惺窩…………………………224
藤原純友………………………… 97
藤原忠通…………………………102
藤原種継………………………… 92
藤原仲麻呂……………………… 90

打製石器……44
橘諸兄……90
竪穴式石室……65
竪穴住居……38
伊達騒動……222
田沼意知……233
田沼意次……206,233
為永春水……202
壇ノ浦の戦い……107


## ち


治安維持法……272
治安警察法……272
知行国……104
地券……258
地租改正……258
秩父事件……268,270
治天の君……100
知藩事……256
中国共産党……289
中尊寺……108
長慶天皇……151
逃散……154
長州征討……245
長州藩……244,250
朝鮮戦争……297
徴兵制度……261
チンギス・ハン……136
鎮台兵……260


## つ


月番制……189
ツクヨミ……54
土一揆……154,156
徒然草……120


## て


帝紀……88
鉄器……44
鉄剣……44
てつはう……136
鉄砲……172
天下布武……180
天智天皇……74,76
天守閣……172
天孫降臨……55
天皇機関説……279
天皇制……278
田畑永代売買の禁……195
天平文化……66
転封……204
天保の改革……207
天明の飢饉……232,234
天領……194


## と


銅戈……44
東学党の乱……280
道鏡……91
銅剣……44
道元……122
東洲斎写楽……199,200
東大寺……126
銅鐸……58
闘茶……166
銅鉾……44
土器……38,44
土偶……38,40
徳川家定……214
徳川家重……212
徳川家継……212
徳川家綱……211
徳川家斉……214
徳川家宣……212
徳川家治……213
徳川家光……208,194,210
徳川家茂……214
徳川家康……180,186,188,210
徳川家慶……214
徳川綱吉……211
徳川秀忠……210
徳川光圀……216
徳川慶喜……215,252
徳川吉宗……212
特需景気……297
徳政……156
得宗家……119
徳治主義……204

昌平坂学問所……224
聖武天皇……66
縄文時代……38
縄文人……36,42
庄屋仕立……188
生類憐みの令……211,212
昭和恐慌……296
続日本紀……88,95
白河上皇……100,104
白河法皇……102
城……172
真珠湾攻撃……290
新人……36
壬申の乱……76
薪水給与令……243
新撰組……221
新皇……97
神皇正統記……120
親藩……189,194
新聞紙条例……272
神武景気……297
神武天皇……55
親鸞……122
神話……36

## す

隋……70
推古天皇……70,84
隋書……162
枢密院……278
菅原道真……85
杉田玄白……228
スサノオ……41,54
崇徳上皇……102

## せ

世阿弥……121
征夷大将軍……116
征韓論……260
聖堂学問所……224
青銅器……44
西南戦争……261,270
西面の武士……132
清和源氏……96
関ヶ原の戦い……186,194,210
摂関家……98,105
摂関政治……66,98
石器……44
摂政……70,98
折衷様……127
戦後恐慌……296
禅宗様……127
千利休……167

## そ

惣村……154
曹洞宗……124
僧兵……100
蘇我稲目……68
蘇我入鹿……72
蘇我馬子……69,70
蘇我蝦夷……72
蘇我倉山田石川麻呂……72
続縄文時代……230
ソビエト……273
尊王攘夷……244,250
尊王論……250

## た

ターヘル・アナトミア……228
第一次世界大戦……286,296
大覚寺統……138
大学或問……225
大義名分論……224
大政奉還……250
大政翼賛会……266
大東亜共栄圏……290
大同団結運動……262,272
大日本帝国憲法……279
大仏様……126
太平記……120,138,141,150
大宝律令……74
平清盛……85,102,104,106
平将門……96
大老……188
高杉晋作……244
高床式倉庫……48
武田信玄……168,174

五人組……195
近衛文麿……266
小早川秀秋……187
小林一茶……199
五品江戸廻送令……249
古墳……64
古墳時代……64
小村寿太郎……274
古モンゴロイド……36
五稜郭……252
金剛力士像……128
墾田永年私財法……80,82
近藤勇……221
困民……270

## さ

座……206
最恵国待遇……246
西郷隆盛……252,260
財閥解体……294
堺……160
佐賀の乱……260
坂本龍馬……236
防人……87
佐久間象山……225
鎖国……196
薩摩藩……245
擦文土器……230
擦文文化……230
佐幕論……250
サハリン……254
侍所……116
早良親王……92
産業革命……242,296
参勤交代……194
三国干渉……280
三国協商……286
三世一身法……80
山東京伝……202
山東出兵……288
三内丸山遺跡……46
讒謗律……272

## し

GHQ（連合国軍最高司令官総司令部）……292
只管打坐……124
辞官納地……252
式……75
式目追加……134
地下検断……155
時宗……123
治承・寿永の乱……105,106
氏姓制度……69
士族……260
士族の商法……260
執権……118
湿田……49
十返舎一九……199
地頭……105,107,116
柴田勝家……182
島原の乱……185
持明院統……138
社会民主党……272
遮光器土偶……40
集会条例……272
衆議院選挙……276
修身……284
自由党……264
自由民権運動……262,278
守護……107,116
朱子学……224
攘夷論……250
荘園……82,96,105
蔣介石……289
彰義隊……252
承久の乱……132
上皇……100
尚氏……162
正中の変……138
上知令……207
聖徳太子……70
正徳の治……204
浄土宗……122
浄土信仰……66
浄土真宗……122

喜多川歌麿……199
北山文化……121,146
義務教育……284
格……75
格式……75
旧辞……88
旧人……36
旧石器……36
旧石器時代……38
旧里帰農令……206
教育勅語……285
教育令……284
協定関税制度……246,274
享保の改革……204
曲亭馬琴……199,203
清原清衡……108
清原氏……108
居留地制……246
漁労……43
キリシタン大名……184
金閣……121
銀閣……121
欽定憲法……279
金融恐慌……296

く

愚管抄……120
公卿……257
楠木正成……138
国一揆……156
首実検……170
久保2号古墳……79
熊沢蕃山……225
公文所……116
黒田騒動……222
軍師……170

け

経済安定九原則……297
傾斜生産方式……297
下剋上……164
喧嘩両成敗……135
元寇……136
元弘の変……138
原子爆弾……291
源氏物語……66,227
憲政会……266
憲政党……266
憲政本党……266
遣唐使……166
減封……204
憲法十七条……70
建武式目……134
倹約令……206
県令……257
元禄文化……198

こ

恋川春町……202
五・一五事件……288
弘安の役……136
公儀政体……251
高句麗……70
荒神谷遺跡……58
強訴……154
公地公民……73,80
光仁・貞観文化……66
高師直……144
興福寺……122
光明子……90
孝明天皇……244
古学……224
古河公方……152
国学……226
国風文化……66
国民皆学……284
御家人……116
小御所会議……250
後三年の役……108
古事記……41,54,88,227
古事記伝……227
後白河上皇……102
後白河法皇……106,116
御親兵……256
御成敗式目……118,134
後醍醐天皇……119,138,140,142
後藤象二郎……263
後鳥羽上皇……132

延暦寺……122

## お

御家騒動……222
奥羽越列藩同盟……252
奥州藤原氏……107
王政復古の大号令……250,252
応仁の乱……148,164
近江令……74
大海人皇子……76
オオクニヌシ……54
大首絵……200
大久保利通……260
大隈重信……264,266,274
大蔵卿……270
オオゲツヒメ……41
大御所時代……207
大坂冬の陣、夏の陣……190
大塩平八郎……225,234
大台山元Ｉ遺跡……47
大津事件……274
大友皇子……76
太安万侶……88
大和田泊……85
小笠原諸島……254
尾形光琳……199
荻生徂徠……225
御救い小屋……233
織田信長……149,180,192,198
踊念仏……123
おね……192
小野妹子……70,84,94

## か

改易……194,204
快慶……128
開国論……250
解体新書……228
貝塚……38,42
火炎土器……39
加賀騒動……222
鍵屋の辻……218
革新倶楽部……266
学制……284
囲い米……206
春日局……208,210
化政文化……198
火葬……65
荷田春満……226
片部遺跡……78
勝海舟……236,252
学校令……285
葛飾北斎……199
桂太郎……266
桂離宮……198
花伝書……121
姓……74
株仲間……206
鎌倉公方……152
鎌倉新仏教……122
鎌倉幕府……116
鎌倉文化……120
甕棺墓……56
加茂岩倉遺跡……58
賀茂真淵……226
樺太・千島交換条約……254
川中島の戦い……168
観阿弥……121
冠位十二階……70
寛永期の文化……198
寛永寺……252
漢書……50,84
環状集落……39
鑑真和上……95
寛政の改革……206
乾田……49
貫頭衣……50
関東管領……152
関東軍……288
観応の擾乱……144
関白……98
桓武天皇……92
桓武平氏……96
咸臨丸……255

## き

棄捐令……206
魏志……50,52

# さくいん


## あ

相対済し令……204
会津藩……252
アイヌ……230
青木周蔵……274
悪党……138
悪人正機説……123
明智光秀……182
上米の制……204
浅鉢土器……38
足利尊氏……140
足利持氏……152
足利義昭……180
足利義輝……148
足利義政……164
飛鳥浄御原令……74
飛鳥文化……66
吾妻鏡……116,120,130
仇討ち……218
安土城……172
安土・桃山文化……198
安倍氏……108
阿部正弘……244
アヘン戦争……243
アマテラス……54
阿弥陀信仰……66
新井白石……52,212
安政の大獄……250
安堵……82,119

## い

井伊直弼……250
イエズス会……184
異国警固番役……136
異国船打払令……243
イザナギ……54
イザナミ……54
石斧……44
石鎌……44
石皿……44
石田三成……186
石包丁……44
板垣退助……264,266
一揆……156
一向一揆……156
一国一城令……194
一遍……122
伊藤仁斎……225
伊藤博文……244,266
稲作……48
犬上御田鍬……85
井上馨……274
井原西鶴……199
今川義元……180
岩橋千塚……65
院政……100
院政期文化……66
院宣……100
院庁……100

## う

上杉謙信……168
浮世絵……199,200
氏……74
歌川広重……199
厩戸王……70
運慶……128
運上金……206

## え

永享の乱……147,152
栄西……122
永平寺……124
会合衆……160
蝦夷管領……230
蝦夷地……230
江藤新平……260
榎本武揚……252

河合　敦（かわい　あつし）
1965年、東京都に生まれる。青山学院大学文学部史学科卒業。早稲田大学大学院修士課程（日本史専攻）修了。現在、多摩大学客員教授。日本史をわかりやすく解説するのをモットーとしている。
第17回郷土史研究賞優秀賞、第6回NTTトーク大賞優秀賞を受賞。
著書に『早わかり江戸時代』『早わかり〈日本〉近現代史』（日本実業出版社）、『完全制覇戦国時代』（立風書房）、『目からウロコの日本史』『目からウロコの近現代史』（PHP研究所）、『徳川御三家の野望』『東京12ヵ月歴史散歩』『教科書から消えた日本史』（光人社）、『「日本地理」おもしろ雑学』『最新日本史がわかる本』（三笠書房）、『ナビゲーター日本史B3』『ナビゲーター日本史B4』（山川出版社）、『こんなに変わった!〔日本史〕偉人たちの評判』（講談社）など多数。

**早《はや》わかり日本史《にほんし》**

1997年12月20日　初 版 発 行
2008年10月1日　最新版発行
2025年8月10日　第28刷発行

著　者　河合　敦 
発行者　杉本淳一

発行所　株式会社 日本実業出版社　東京都新宿区市谷本村町3－29　〒162-0845
編集部　☎03－3268－5651
営業部　☎03－3268－5161　振　替　00170－1－25349
https://www.njg.co.jp/

印刷・製本／三晃印刷



ISBN 978-4-534-04448-8　Printed in JAPAN